高顿教育
GOLDEN EDUCATION

U0890033

CMA中文教材随书享有

报表分析名师课、本书导学课

智能题库，章节扫码边学边做

CMA免费代报名服务、CMA报考资讯、CMA备考交流群

2000元课程优惠券等你拿

扫码添加助教
领取本教材使用指南

高顿教育 GOLDEN EDUCATION | 持证无忧系列

2022

美国注册管理会计师

CMA认证考试教材

CMA

财务规划、绩效与分析

PART I FINANCIAL PLANNING, PERFORMANCE, AND ANALYTICS

高顿财经研究院　编著

SPM
南方出版传媒
广东经济出版社
·广州·

图书在版编目（CIP）数据

财务规划、绩效与分析 / 高顿财经研究院编著 .—广州：广东经济出版社，2021.10
ISBN 978-7-5454-7948-5

Ⅰ. ①财…　Ⅱ. ①高…　Ⅲ. ①企业管理—财务管理—资格考试—教材　Ⅳ. ① F275

中国版本图书馆 CIP 数据核字（2021）第 200502 号

策 划 人：王春蕊
责任编辑：赵　娜　罗嘉慧
封面设计：汤惟惟

财务规划、绩效与分析
CAIWU GUIHUA，JIXIAO YU FENXI

出版人	李　鹏
出　版 发　行	广东经济出版社（广州市环市东路水荫路 11 号 11 ~ 12 楼）
经　销	全国新华书店
印　刷	浙江广育爱多印务有限公司 （杭州市萧山经济技术开发区桥南区块鸿兴路 329 号）
开　本	787 毫米 × 1092 毫米　1/16
印　张	30.5　　　　插页 1
字　数	708 千字
版　次	2021 年 10 月第 1 版
印　次	2021 年 10 月第 1 次
书　号	ISBN 978-7-5454-7948-5
定　价	120.00 元

图书营销中心地址：广州市环市东路水荫路 11 号 11 楼
电话：（020）87393830　邮政编码：510075
如发现印装质量问题，影响阅读，请与本社联系
广东经济出版社常年法律顾问：胡志海律师

推荐序一

很高兴应邀为高顿教育的CMA(美国注册管理会计师)认证考试辅导教材《财务规划、绩效与分析》《战略财务管理》作序。高顿财经研究院的凤凤老师从事CMA认证考试辅导教学已有很多年,积累了丰富的教学经验,本套教材就是他根据中国考生备考的思维特点与习惯进行汇编与梳理的结果,我相信这对中国考生顺利通过CMA认证考试将大有帮助。

我猜,中国考生在了解CMA认证考试和备考过程中很可能会思索如何才能学好管理会计——尽管CMA认证考试的内容并不局限于管理会计。厦门大学余绪缨教授于2007年逝世,他被誉为中国现代管理会计的奠基人和开拓者,余教授在晚年多次强调:学会计做会计不能“就会计论会计”,必须坚持“由技入道”。所谓“技”,就是会计方法和数据。“由技入道”就是要把那些“枯燥的”“干巴巴的”会计方法和数据转化为决策者所需要的决策信息和保障企业持续创造价值的解决方案和措施,就是要把那些“枯燥的”“干巴巴的”会计方法和数据与企业的供产销、人财物、技术研发、新产品开发等衔接起来。我以为这就是“会计灵性”,这样会计才有趣、才有意义!换言之,通过“由技入道”,我们才能真正领悟到“会计灵性”。

随着我国市场秩序规范化,市场竞争也不断升级,企业已感受到压力,遗憾的是,很多企业并未采用科学的财务管理方法来减缓压力,而是关注员工工资、税收、环保等方面。财务管理仍是民营企业的软肋。比如成本,某家民营企业年销售额为几亿元,利润接近一亿元,在境外挂牌交易,但迄今仍不能准确、系统地计算成本。国有企业的成本管理看起来还不错,但仔细分析,仍有很大的改进空间。比如国企负债率在60%左右,我国贷款利率在7%左右,国企投资报酬率(ROI)在3%左右,粗略地说,在这样的情况下,国有企业权益资本的机会成本是7%,而实际赚到的报酬却不足7%,所以与其这样投资,还不如将权益资本拿去放贷,那样还可以多赚4%左右。造成这种情况的原因,可能是贷款利率太高,也可能是投资报酬率太低,还有可能是收入少、成本高,或者兼而有之。根据财政部发布的经济数据显示,2018年我国国有企业营业成本为57万亿元,我国行政事业单位成本费用接近30万亿元,假如每个国有单位将成本费用降低1%,困难应该不会太大,这样可节约8 700亿元,如果按照国外的经验,降低1元成本相当于增加5~7元的销售收入,效果则相当可观。学习CMA认证考试课程,可以帮助我们理解这些数据之间的联系及其背后的经济意义,也可以帮助我们在实务上处理好这些数据之间的关系,为企业创造价值。

随着改革开放、经济全球化以及信息技术和制造技术的发展,我国经济、企业经营和财务人员都处在转型之中。财务人员实现转型的最便捷途径就是转型为管理会计。

我国管理会计人才培养的基本趋势就是职业化,也就是通过 CMA 认证考试。我们并不认为成为未来优秀财务人员必须通过 CMA 认证考试,但很显然,借助 CMA 认证考试实现转型,对现有财务人员来说,有明确的路径可循,也容易成功。关键点还在于,财务人员通过 CMA 认证考试之后,财务人员根据自己的意愿,可以成为认证机构的会员。认证机构有义务保证其会员不断地积累和更新知识、技能和行之有效的实务方法,以使其会员有足够的专业能力应对财务工作中的各种挑战。

凤老师主编的这套教材,除了满足 CMA 认证考试的需要,还特别强调以下几个部分,以兼顾财务人员转型的需要。

① 信息技术。IT 行业的快速发展和变化,对企业的经营环境影响很大,包括且不限于互联网、物联网、移动通信等信息技术的应用。一般的财务软件大多数人都可以操作,甚至不需要具备财会方面的专业知识学会计都可以。但从财务共享服务的角度来说,又让财务工作变得复杂化、高端化、系统化,设计这个系统并不容易,对实际使用系统的管理会计人员的技能水平也提出了一定的要求。实际上,管理会计应用信息技术的关键是先"弄明白管理会计怎么一回事儿",即管理会计实现智能化需要算法(algorithm),而算法的内容就是管理会计原理。

② 企业"走出去"战略。国际化对企业影响巨大,国际直接投资的成功率在 40%~50%之间;蔓延全球的疫情冲击并加剧了全球化"逆转"的趋势,在这一充满了不确定性的大背景下,"走出去"的中国企业面临着前所未有,更加复杂和充满不确定性的商业环境。我国"一带一路"倡议不断细化,我国企业国际化经营在取得丰硕成果的同时,也面临着若干亟须解决的现实问题:首先是文化和法律的差异,其次是国际投资评价、海外子公司管控,国际转移价格等。借助管理会计思维对"走出去"的企业在资源约束下进一步优化资源配置,构建全球化的风险管理体系和合规的企业文化,进而积极推动"走出去"的中国企业及时走出疫情影响造成的困局,并增强企业"走出去"的可持续的活力。

③"三去一降一补"政策。供给侧改革的重要内容就是"三去一降一补"。"三去"即去产能、去杠杆、去库存,"降"是降成本,"三去"也直接或间接地与成本有关系。从控制权的角度看,成本分为两大类:一类是企业成本,基本上由企业决定,比如产品成本中的料工费、管理费用、营销费用等;另一类是制度或交易成本,基本上由国家决定,比如政府税费、物流费、水气电等公用事业费用等。实际上,管理会计可以参与政府宏观经济政策的贯彻和落实。例如,某市有两家尿素企业,一家企业的单位成本接近全行业最低,另一家企业接近全行业最高。该市采取"一刀切"的行政手段,要求两家企业统一减产 20%,而且不允许降价。按照管理会计原理,这种情况下,政府应该采取市场手段,允许成本低的企业降价,然后拓展市场,将成本高的企业或者逼出市场,或者收到自己的麾下。果真如此,这将成为管理会计实施低成本战略的经典案例。

④ 职业道德。对管理会计师来说,职业道德是判断是非和正误的标准。管理会计师协会都有一套正规的职业道德规范,在遵循这套规范时,最重要的是坚持职业主义,抵制商业主义和犬儒主义。职业主义的最高原则是在利益相关者利益的约束下创造股东价值,为了维护这条原则,管理会计师可以用自己的专业知识否决 CEO(首席执行官)

的决策——如果决策损坏股东价值。这并非挑拨管理会计师与领导的关系。商业主义的原则是个人经济利益第一，犬儒主义则是随波逐流，即领导“让干啥就干啥”，这两种都不可取。

目前，我国职业管理会计人才培养的声势浩浩荡荡。根据IMA官方发布的统计数据，2019年参加CMA认证考试的人数超过3万，而且增长势头依然强劲。我国财务人员已经超过2 000万人，根据国外企业的经验，CMA占财务人员的比重应在30%左右，据此估算我国还需要200万以上的CMA，参考中国注册会计师数目估计，目前我国通过各类CMA认证考试的财会人员不会超过20万人，足见职业管理会计人才培养的巨大潜力。但是，我国“土生土长”、行之有效、成体系的管理会计理论和方法还在初创时期，中文版的CMA认证考试教材主要还是从IMA英文版的教材翻译而来的，由于翻译者管理会计专业水准和对美国营商环境和方式的理解力的限制，很多教材给人的感觉是在模仿和拼凑，只重视考试而忽略理论、方法和内容的内在联系。作为尝试，高顿教育于2016年首次推出CMA认证考试辅导教材，主要是为了配合CMA考纲改革，总结过去几年教学“打磨”积累的经验和增加中国特色，尽量使中文版的CMA认证考试教材更适合中国考生、更适合中国的营商环境和营商方式。

特此向中国考生推荐这套教材！相信他们能够借此教材顺利地通过CMA认证考试，走上一条职业发展的康庄大道。

于增彪
清华大学经管学院会计学教授、博士生导师
美国《IMA教育案例杂志》(*IMA Educational Case Journal*)编委和审稿人
中国会计学会管理会计专业委员会副主任委员

推荐序二

很高兴接到高顿教育的邀请,为本套美国注册管理会计师(CMA)教材作序。我与主编凤凤老师素昧平生,但通过阅读本套教材,我欣喜地发现凤老师携高顿教育推出如此优秀的书籍,能够让更多的同学了解CMA考试的要求,并帮助他们通过考试。

我多年前在美国工作期间取得了CMA认证,之后也经常参与CMA协会的活动,从而对CMA有了更深一层的认识。作为财务人员,不仅要具备财务会计、财务报表分析方面的知识,还要了解战略会计管理、全面预算、成本控制、价值链分析、内部风险管控、业绩评价等管理会计方面的知识。而这些与会计实务操作息息相关的知识,都包含在CMA考试的内容中。所以,通过CMA的学习和认证,财务人员可以更好地理解企业经营所需的财务与管理信息,与管理人员之间的沟通也会更加顺畅。同时,CMA也可以增加管理人员在管理会计方面的知识,令他们更加有效地去参与整个财务过程与战略决策,保证企业战略的有效实施。从这个角度来讲,CMA认证对于财务及管理人员在企业中发挥更大的作用,加速其职业生涯的发展,会有相当大的帮助。

美国管理会计师协会(IMA)成立于1919年,拥有百余年历史,2009年进入中国,已发展成为凝聚财务高管和企业决策制定者的高端平台,中国区会员人数超过75 000名,遍布工商界、学术界、政府部门以及各类非营利机构。2010年,IMA开始推出CMA中文考试。根据IMA官方发布的统计数据显示,在2010—2020年间,中国地区获取CMA认证的专业人士超过6 000人,2018年新增CMA考生逾25 000人。CMA认证所取得的回报也相当可观,根据IMA 2014年度的全球薪酬调查,CMA持证者的年总收入比非CMA持证者高出约63%。

CMA的考试共有两门,每门考试时长为4个小时,包括100道选择题和2道限时30分钟的情境题。其中第一门考试名为财务规划、绩效与分析,其内容包括:外部财务报告决策(15%),规划、预算和预测(20%),绩效管理(20%),成本管理(15%),内部控制(15%),科技与分析(15%)。第二门考试名为战略财务管理,其内容包括:财务报表分析(20%),公司财务(20%),决策分析(25%),风险管理(10%),投资决策(10%)以及职业道德(15%)。本套教材对每一部分的知识点及重难点都做了很好的归纳与总结,并通过针对性的例题与解析,帮助考生更好地把握每个知识点的要点与难点。

本套教材的一大亮点是对CMA考试所涉及的内容有非常详细的串讲。对于在大学中学过财务管理类课程或者经过MBA培训的考生,可以直接使用本套教材,从而使知识更加融会贯通。而对于在大学中既没有学过财务管理类的课程也没有经过MBA培训的考生,我的建议是首先自学或通过参加相关的培训掌握CMA课程的基础知识,然后通过使用本套教材提升自身的水平。

当然,如同其他职业考试一样,希望快速通过 CMA 考试的考生们,仅仅掌握基础知识并通过本套教材的学习加深对每一个知识点的理解,还是不够的。考生们还须于每一讲后,更好地总结书中的知识点,将知识加以串联并融会贯通。而后,通过一定量的习题练习去查漏补缺,知道有哪些知识是自己暂时没有完全理解的。在复习的最后阶段,考生们还需要通过试做往年考试真题,调整自己的做题速度及策略,以更加适应考试的节奏。

最后,我在这里预祝所有认真学习本套教材的考生都能够顺利通过 CMA 考试,从而为自己的事业增加更多的竞争优势。

陈世敏
美国注册管理会计师(CMA)
中欧国际工商学院朱晓明会计学教席教授、副教务长、MBA 主任

作者序

组织是为了一个既定目标而生的,而管理会计是为了帮助组织实现目标而生的。我们无法想象一个没有管理会计的组织,就像我们无法想象一个没有组织的社会。组织中的管理会计通过“决策”和“控制”来为管理者提供相关的数据,这也是整个 CMA(美国注册管理会计师)认证体系所希望传递给大家的宝贵信息——如何进行有效的决策与控制。约翰逊和卡普兰在《管理会计兴衰史——相关性的遗失》中就从三个方面陈述了“定期财务报告与内部管理之间无关联性”:① 财务会计数据与降低成本和提高效率无关;② 财务会计数据无法准确地提供成本信息,不能及时反映产品对企业资源的消耗,对决策有害;③ 定期的财务会计数据对企业的投入和价值产生进行了不当或武断的划分,短期业绩的压力会对企业产生长期的损害。如果您觉得上述的三个观点都不对,那现在就是您学习管理会计的最佳时刻。

这套教材的首要目的是帮助大家“多、快、好、省”地学习 CMA 认证所要求的知识体系,最终顺利地通过考试并获得相关资质认证。

“多”——整套教材的编写不仅依据了 IMA 公布的考纲内容,而且参考了大量的美国教材,将更多可靠和权威的知识信息呈现给大家。

“快”——整套教材就是为应试而准备的,所以编写的格式不同于传统的教科书,而是以大纲的结构列示所有重要的知识点,减少了您的阅读时间。

“好”——形象思维可能更易于接收者理解传递的信息,所以这套教材中列示了大量的图形和表格,尽可能地降低理解难度。

“省”——考试最终的落脚点仍然是题目,所以我们为与整套教材配套的题目都给出了详细的解析,省去您“求之不得,寤寐思服”的时间。

编写教材是一项极富挑战的任务,各种焦虑和烦躁只有自己知道。可喜的是,高顿 CMA 项目学术组的小朋友们(高潘健、张宇轩、徐一丹) 已经羽翼丰满了,在整个编写过程中,他们给我提供了很多宝贵的意见。没有他们的帮助,这套教材的出版是不可想象的。这里也感谢帮我调整格式的小朋友们,他们使得这套教材以更好的视觉效果呈现在大家面前。期待下一次改考纲时,由他们来主持教材的编写。

编者学识水平有限,衷心期待读者的批评与指教。

凤夙

高顿财经研究院

前言

无论我们是否在财务部门工作,我们每天都在做管理会计。从广义上讲,用数字来管理就可以定义为管理会计。因此有人把 management accounting 改写成 management by accounting。管理会计强调管理和运营,而会计只是方法,从这个角度来讲,管理会计可以被理解为运用各种会计方法来提升管理绩效的路径。那我们为什么要学习管理会计呢?

古罗马有一个叫塞涅卡的人说过这么一句话:“听话的,命运领着走;不听话的,命运拖着走。”我们并非想给管理会计涂上宿命论的颜色,但在人类发展的进程中,社会活动大体上都是以一定的逻辑在运行,经济活动亦是如此。在某些层面上,管理会计为企业的经济活动提供了特定的逻辑,比如价值链的植入、边际思维的应用、机会成本的贯彻、目标一致的实现、因果关系的把握、可控性与公平性的体现等。这些逻辑可以协助管理者了解如何提升企业运营的效用(effectiveness)和效率(efficiency)并赋予他们相应的方法。这可能就是外界一直在宣传的所谓管理会计提升企业价值的内在逻辑。“大音希声,大象无形”,管理会计多少体现了这种中国传统的美学思想,因为管理会计的理论和实践完全源自且又融入企业运营的每一个角落和层面,化于企业管理的无形之中,所以我们最终能看到的只是企业的价值增加与否。

在提供 CMA 考前辅导的十余年中,高顿教育深刻理解管理会计在实务和思考角度上带给财务人员的支持。在研究 IMA 的考纲变化以及知识点的过程中,高顿教育对 CMA 考试体系有了更深刻的掌握,并能够抓住考生在知识理解过程中的难点和薄弱点。于是,高顿教育旗下的研究院于 2013 年组建教研团队,邀请中国 CMA 培训专家凤夙等人,开始全身心地投入到编著适合中国学员的 CMA 教科书中。真心希望这套集聚了心血的“经验之谈”能够助 CMA 学员一臂之力。

本套书的结构与特色:

本套书按照 IMA 2020 年考试大纲顺序编写,依次是外部财务报告决策,规划、预算和预测,绩效管理,成本管理,内部控制,科技与分析,财务报表分析,公司财务,决策分析,风险管理,投资决策和职业道德。知识点与实际案例相结合,使考生更易理解;每章开始前有章节视频导学,学员在开始一章学习之前能对章节框架有清晰认识;章节末尾有章节习题,学员看完一章后可对照自测;每小节加入了易错题和真题改编的题目,并进行了详解;针对考试中高频出现的考点进行考试技巧的讲解,部分减轻学员总结归纳的压力。在这里,要感谢高顿教育的领导、研究院的老师们在校订文稿上付出的大量时间和精力。更重要的校订意见,还有待读者反馈。读者在阅读、学习的过程中,必能找出更多被疏漏的问题。写前言,也是为了表达恳请读者不吝来函指正之意。我们的邮箱是 cma@gaodun.cn。

高顿教育研究院

CMA 考试简介

关于 CMA 认证

美国注册管理会计师(Certified Management Accountant,CMA)是全球最大的管理会计组织——美国管理会计师协会(The Institute of Management Accountants,IMA)于 1972 年推出的管理会计领域的全球高端财会认证,是全球管理会计及财务管理领域的最权威认证。

CMA 认证是一个完整的体系,不仅需要通过两门考试,还需要综合评估学员在管理会计及财务管理方面的相关工作经验、教育背景、职业道德规范, 同时 IMA 规定,CMA 会员通过考试后,必须以后续教育的方式保证知识体系的更新以及能够在实践中运用。

CMA 报考条件

报考 CMA 需要满足以下资格要求:

① 持有教育部认可的三年全日制大专毕业证书;

② 持有教育部认可的学士学位证书;

③ 持有教育部认可的硕士研究生毕业证书、硕士学位证书、博士研究生毕业证书、博士学位证书;

④ 持有中国注册会计师协会认证的注册会计师证书(CPA)或国家会计资格评价中心认证的中级或高级会计师证书(中高级会计职称证书);

⑤ 另外,特许公认会计师公会(The Association of Chartered Certified Accountants,ACCA)的全面合格会员符合 CMA 学士学位的教育要求。

通过 CMA 考试后,需要 2 年的财务相关工作经验认证才能获得 CMA 认证(2 年的工作经验可在通过考试后 7 年完成)。

企业真正需要的知识体系(CMA 考试科目)

CMA 的知识体系设置反映了现今商业环境对财务人员所需的财务管理综合能力的要求,侧重考察财会专业人员在工作中遇到的一些关键性的问题, 包括财务计划、财务分析、成本控制、风险管理和决策支持,长久以来,CMA 一直被视为财会领域的 Mini-MBA。CMA 考试最鲜明的特点是知识覆盖面很广, 具有很强的实用性和可操作性。

CMA 知识体系的设置,兼具理论性、实用性和可操作性,而非仅为应试。最新的

2020 年考试大纲如下表所示。

2020 年考试大纲

第一部分 财务规划、绩效与分析	第二部分 战略财务管理
外部财务报告决策(15%)	财务报表分析(20%)
规划、预算与预测(20%)	公司财务(20%)
绩效管理(20%)	决策分析(25%)
成本管理(15%)	风险管理(10%)
内部控制(15%)	投资决策(10%)
科技与分析(15%)	职业道德(15%)

CMA 考试方式

CMA 的考试方式较为灵活,考生可以依据自身的学习情况自己预约考试时间、考试地点,在同一个考试期间,可以选择一科或全科参加考试,可以自由选择科目的考试顺序。

考试时间

英文:

每年 3 个考试窗口,每个考试窗口的时间为 2 个月,分别是:1 月和 2 月,5 月和 6 月,9 月和 10 月。

中文:

每年 3 个考试日期,分别选取 4 月、7 月、11 月的某个周六。

考试题型

在 CMA 考试中,每科考试包括 100 道单选题和 2 道情境题,单选题时间为 3 个小时,情境题时间为 1 个小时,共 4 小时。

注意:英文机考单选题部分完成后,考生将不能返回。单选题部分正确率在 50%以上的考生,才有资格进行情境题部分的考试。

考试费用

	会员年费	会员注册费	认证报名费	考试费(每科)
普通会员	$ 230	$ 15	$ 250	$ 415
学生会员	$ 39	$ 0	$ 188	$ 311

① 考生必须是 IMA 会员，并且支付考试认证报名费（准入费）后才能注册考试。

② 支付考试准入费后必须在 3 年内考完双科，否则费用失效，之前的考试科目成绩失效。

③ CMA 证书 maintenance fee 为每年$ 30。

④ 自 2018 年 8 月 10 日起，IMA 所有产品均需支付 6%的增值税。获取 CMA 认证后，每年 CMA 考生年费为$ 260。

考试流程

扫描下方二维码，添加教材小助手，咨询更多报考信息。

目录

第1章 外部财务报告决策

作为管理会计的组成部分，财务会计的作用是收集并处理数据，然后向相关方呈报财务报告。整个系统将大量的交易转变成简洁有用的信息，这种信息被称为商业的语言。管理会计师需要使用这种语言来解读企业的过去、现在和未来。

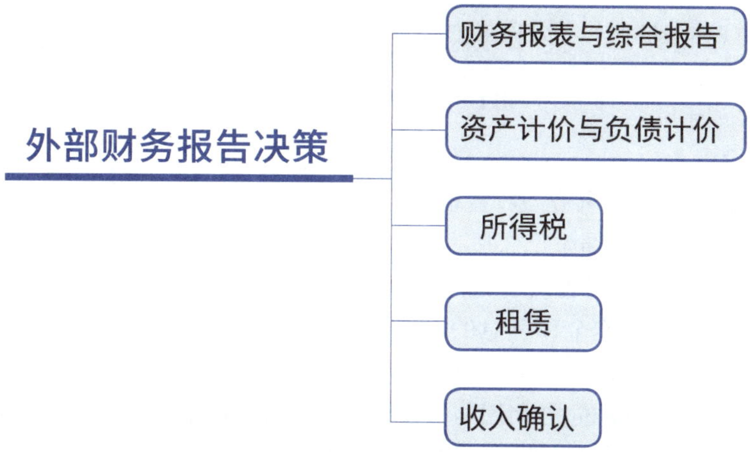

本章导学
扫码观看

1.1 财务报表

1.1.1 理解财务报表

1. 财务报告

(1) 财务报告的目标

财务报告的目标是提供关于报告实体的**财务信息**,这些财务信息有助于现有和潜在的权益投资者、贷款人和其他债权人**在是否向该实体提供资源上进行决策**。

(2) 财务报告的使用者(见图1-1)

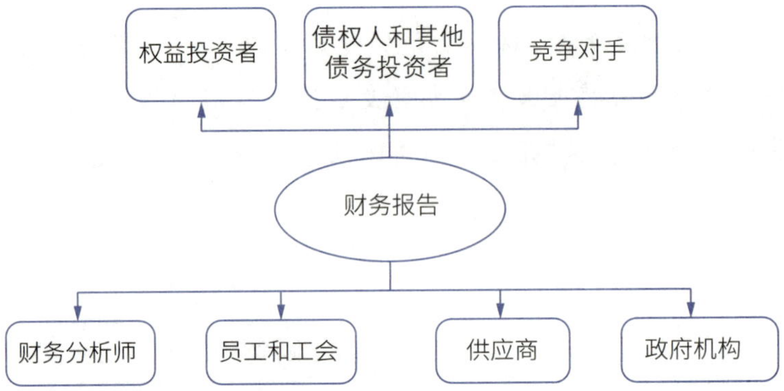

图1-1 财务报告的使用者

① **权益投资者**(equity investors)使用财务信息来判断企业**产生收益和现金流的能力**,并对自己潜在的投资风险与收益进行评估;评估企业在一段时间内的**支付股息及其增长能力**,这对于投资者通过出售股票盈利而言是至关重要的。

② **债权人和其他债务投资者**(creditors and other debt investors)使用财务信息来判断企业**借款到期后偿付本金和利息的可能性**,判断债务企业资产**求偿权的顺序**及其债务人**目前和未来的盈利能力**与增长前景。

③ **竞争对手**(competitors)利用财务信息来判断自身相对于报告实体的市场定位,识别其他企业的目标、假定条件、整体业务战略和能力。

④ **财务分析师**(financial analysts)根据获得的信息,使用各种技术方法来预估**实体的价值**,这些信息的来源包括:企业的年报,其他公开的信息和企业高管、行业专家或经济专家的访谈。

⑤ **员工和工会**(employees and labor unions)使用财务信息来评估雇佣工会成员企业的**经济业绩和流动性**。

⑥ **供应商**(suppliers)使用财务信息来评估企业支付采购货款的能力。

⑦ **政府机构**(government agencies)会出于各种理由来检查上市公司的财务报表。

2. 利润表和综合收益

(1) 基础

① **利润表**(income statements)旨在通过报告一段时间内实体的财务业绩,来呈现综

合收益的所有要素。报告的方式有两种：

A. 使用一张报表，通常被称为**综合收益表**(statement of comprehensive income)。

B. 使用两种连续的报表：**净利润表**(statement of net income)和综合收益表。

② **综合收益**(comprehensive income)是指一段时间内企业权益的变动。这种变动是由企业的交易、时间和环境引发的，而不是所有者投资的交易引发的(见图 1－2)。

净利润(net income)是指一项衡量财务业绩的指标，该财务业绩是由不属于其他综合收益的收入、费用、利得和损失综合在一起而产生的。

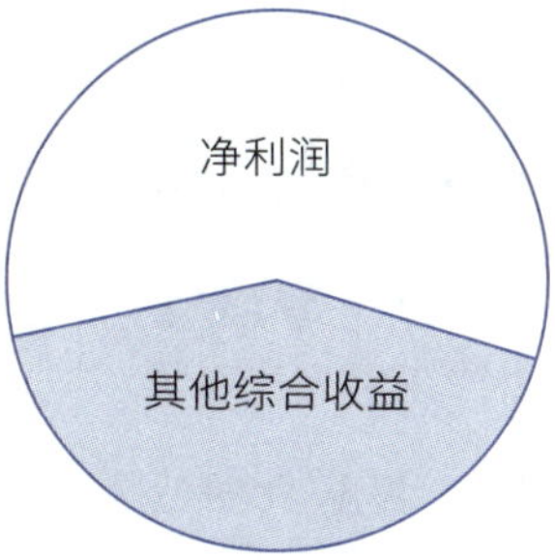

其他综合收益(other comprehensive income)是由收入、费用、利得和损失构成的，但它们并不包括在会计准则所确定的净收益中。

图 1－2　综合收益

(2) 作用和局限性

① 利润表的作用：

A. 利润表能够让财务报表的使用者**评估实体过去的业绩**。

B. 利润表有**预测的价值**，因为它提供了预测未来业绩的基础。

C. 利润表提供的信息有助于评估实现未来现金流的**风险或不确定性**。

② 利润表的局限性：

A. 企业的某些收入、费用、利得和损失**无法可靠地计量**，所以无法将其报告在利润表上。

B. 收益的计量**取决于所选择的会计方法**。

C. 由于财务报告中存在着明显的主观性和预估的不确定性，管理层可以通过调整收入、利得、费用和损失来粉饰他们的判断，以此来提高实体的财务业绩。

(3) 净利润表的构成要素

① **收入**(revenues)是指在一段时间内，通过交付或生产产品、提供服务或开展其他可以构成实体持续主营业务的活动，使实体的资产获得流入或价值提升，或者清偿其负债。

② **费用**(expenses)是指在一段时间内，通过交付或生产产品、提供服务或开展其他可以构成实体持续主营业务的活动，使实体的资产流出或耗用，或者产生负债。

③ **利得**(gains)是指实体次要或偶然的交易所产生的权益(净资产)的增加，这些交易与收入或所有者的投入无关。

④ **损失**(losses)是指实体次要或偶然的交易所产生的权益(净资产)的减少，这些交易与向投资者支付的费用或分配的股息无关。

(4) 净利润表的列示

净利润表可以以多步式或单步式的方式进行列示。**多步式**(multiple-step)**净利润表**相比单步式净利润表能够为评估和预测业绩提供更有效的信息，因为多步式净利润表清晰地区分了关键的业绩指标，这些指标包括：

① 毛利；

② 经营收益；

③ 税前收益(持续经营的税前收益，若有非持续经营项目)；

④ 持续经营的收益(若有非持续经营项目)；

⑤ 净利润；

⑥ 每股收益。

多步式净利润表分5个部分来报告这些关键业绩指标(见图1-3、表1-1)。

图1-3 多步式净利润表的5个部分

表1-1 FENG公司净利润表

截至20×1年12月31日

销售收入		$ 280 000 000
减：退货与折让	$ 2 500 000	
折扣	$ 1 000 000	($ 3 500 000)
净销售收入		$ 276 500 000
销货成本		($ 138 500 000)
销售毛利		$ 138 000 000
经营费用		
销售费用	$ 15 000 000	
管理费用	$ 10 000 000	
折旧费用	$ 8 000 000	($ 33 000 000)
经营收益		$ 105 000 000
其他收入和利得		
利息收入	$ 1 800 000	
股息收入	$ 1 200 000	

续表

权益投资收益	$ 1 000 000	$ 4 000 000
其他费用和损失		
设备处置的损失	$ 800 000	
利息费用	$ 700 000	
水灾损失	$ 1 000 000	($ 2 500 000)
税前持续经营的收益		$ 106 500 000
所得税(40%)		($ 42 600 000)
持续经营的收益		$ 63 900 000
非持续经营		
来自 X 部门的经营收益（税后）	$ 3 000 000	
X 部门处置的损失（税后）	($ 2 000 000)	$ 1 000 000
净利润		$ 64 900 000
普通股每股收益（10 000 000 股）		
持续经营的收益		$ 6. 39
非持续经营的收益		$ 0. 10
净利润		$ 6. 49

(5) 非持续经营

非持续经营(discontinued operations)是指企业已经处置或正在处置的一部分业务。

非持续经营部分包括任何来自实体经营部分或一组经营部分的收益,这些经营部分在报告期内已经被**处置**、**放弃**,或在报告期末被划分为**持有待售**。

实体的一个经营部分是指实体的一个部分所持有的运营活动和现金流,在运营和财务报告上,能与实体的其他部分做出明确的区分。

该企业还必须显示出,此类处置代表企业的一项**战略转移**,它会(或将会)对实体的经营和财务结果产生**重大的影响**。

在净利润表的非持续经营部分,企业需要报告**3 种类型**的收益、利得或损失:

① 来自非持续分部、单位或集团的**经营**收益或损失,以税后金额报告(见图 1-4)。

如果企业**已经出售**了非持续经营项目,它需要将**从报告期期初到处置日这段时间内**产生的经营收益报告在净利润表的非持续经营中。

如果企业在报告期期末**继续持有**该非持续经营项目待售,它需要将**整个报告期内**的经营收益报告在净利润表的非持续经营中。

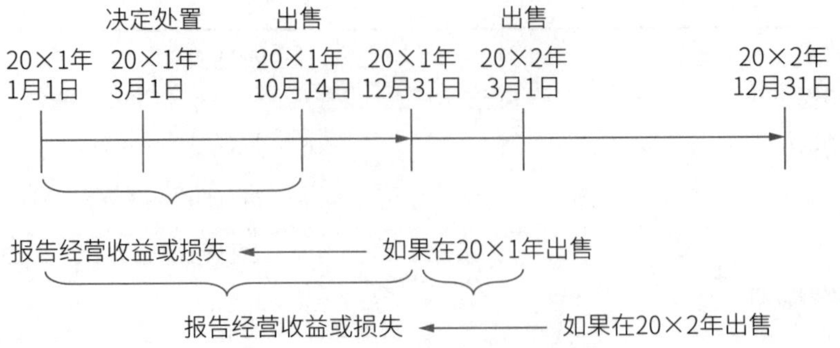

图1-4 非持续的经营收益或损失

② 根据"公允价值扣除处置成本"的金额对持有待售净资产进行**初始再计量**,由此得到的损失以税后金额报告。在后续的再计量中,需要报告损失或利得;利得金额的上限等于之前已确认的损失(见图1-5)。

在第一个报告期内,企业对经营项目的资产和负债进行再计量,只能报告损失。

再计量的损失=净资产的账面价值-(净资产的公允价值-处置成本)

在企业在下一个报告期内继续持有这些净资产的情况下,若公允价值扣除处置成本的金额增加,该公司可以在后续报告期内报告利得。

当期确认的利得≤上一期再计量的损失

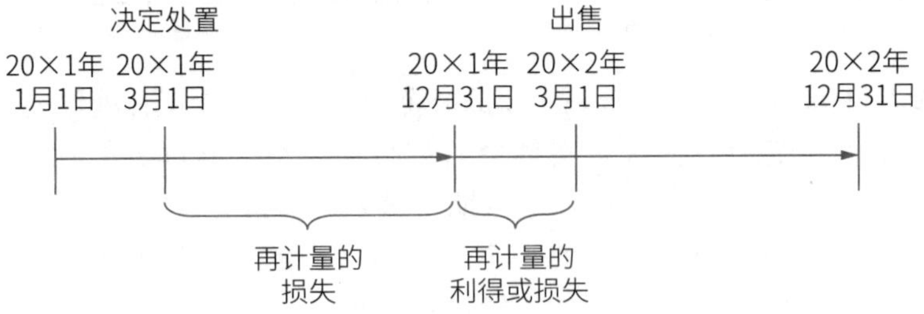

图1-5 再计量的利得或损失

③ **对构成非持续经营的资产或集团进行处置**而产生的利得或损失,以税后金额报告。

当企业出售非持续经营的项目时,出售会产生**已实现的利得或损失**。

例1.1-1

20×1年12月31日,FENG公司报告本年度来自经营的税前收益为$40 000 000。20×1年3月1日,FENG公司决定处置该公司的X部门,该部门被认定为实体的一个经营分部。因此,对于X部门,应作为非持续经营来处理。X部门在20×1年的经营收益为$4 000 000,其账面价值大于扣除了处置成本的公允价值,差额为$500 000。20×2年,FENG公司报告的税前收益为$38 000 000,其中包括了X部门从年初到20×2年3月1日(X部门的实际处置日期)发生的经营损失$4 000 000。通过出售X部门而实现的利得为$1 500 000,该金额没有包括在$38 000 000的税前收益中。FENG公司的所得税率为 40%。

A. 20×1 年，部分净利润表的编制见表 1-2：

持续经营收益 = ($40 000 000−$4 000 000)×(1−40%) = $21 600 000

X 部门的经营收益（税后）= $4 000 000×(1−40%) = $2 400 000

净资产再计量未实现的损失（税后）= −$500 000×(1−40%) = −$300 000

净利润 = $21 600 000+[$2 400 000+(−$300 000)] = $23 700 000

表 1-2　FENG 公司净利润表

截至 20×1 年 12 月 31 日

税前持续经营收益		$36 000 000
所得税(40%)		$14 400 000
持续经营收益		$21 600 000
非持续经营		
X 部门的经营收益（税后）	$2 400 000	
再计量未实现的损失（税后）	($300 000)	$2 100 000
净利润		$23 700 000
普通股每股收益（10 000 000 股）		
持续经营收益		$2.16
非持续经营收益		$0.21
净利润		$2.37

B. 20×2 年，部分净利润表的编制见表 1-3：

持续经营收益 = [$38 000 000−(−$4 000 000)]×(1−40%) = $25 200 000

X 部门的经营收益（税后）= −$4 000 000×(1−40%) = −$2 400 000

处置 X 部门的利得（税后）= $1 500 000×(1−40%) = $900 000

净利润 = $25 200 000+[(−$2 400 000)+$900 000] = $23 700 000

表 1-3　FENG 公司净利润表

截至 20×2 年 12 月 31 日

税前持续经营收益		$42 000 000
所得税（40%）		$16 800 000
持续经营收益		$25 200 000
非持续经营		
X 部门的经营收益（税后）	($2 400 000)	
处置 X 部门的利得（税后）	$900 000	($1 500 000)
净利润		$23 700 000
普通股每股收益（10 000 000 股）		
持续经营收益		$2.52

续表

非持续经营收益	($0.15)
净利润	$2.37

(6) 综合收益表

公认会计原则(generally accepted accounting principles,GAAP)提供了应纳入其他综合收益中的所有列示项,包括:

① 由**可供出售证券投资**和划归为现金流套期保值的衍生品产生的**未实现利得和损失**(unrealized gains and losses)。

② 在现行汇率法下由外币折算产生的利得和损失。

③ 将会计养老金资产或负债调整为养老金计划融资状况而产生的未确认成本(收益)。

例1-1中,FENG公司的综合收益表如表1-4所示。

表1-4　FENG公司综合收益表

截至20×1年12月31日

净利润			$64 900 000
其他综合收益(税后)			
可供出售证券未实现持有利得			
未实现持有利得	$5 000 000		
减:对于利得的再划分调整	($300 000)	$4 700 000	
既定收益养老金计划			
当期发生的前期服务成本	($500 000)		
当期发生的净损失	($100 000)		
减:前期服务成本摊销	$200 000	($400 000)	
外币折算调整		($1 000 000)	
其他综合收益(税后)			$3 300 000
综合收益			$68 200 000

3. 股东权益变动表

股东权益变动表(statement of stockholders' equity)是指汇总了当期股东权益变化的财务报表,包括以下项目(见图1-6):

① 与所有者投资项目的投入资本账户(例如普通股、优先股和超过面值的投入资本);

② 留存收益,包括净利润(损失)和向所有者的分配;

③ 累积其他综合收益;

④ 库藏股;

⑤ 非控制权益。

虽然GAAP并不要求提交股东权益变动表,但是美国证券交易委员会(the U.S.

Securities and Exchange Commission, SEC)要求上市公司提交该报表。

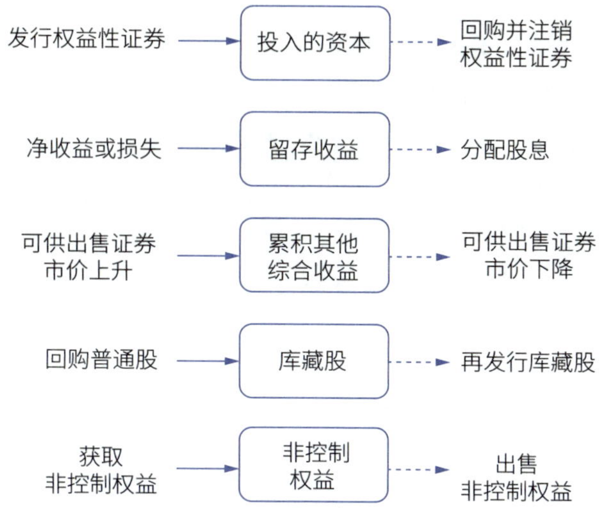

图 1－6　股东权益的变化

例 1.1－2

FENG 公司在资产负债表上报告了一些股东权益项在 20×1 年的期初余额，见表 1－5 。20×1 年的净利润和相关交易见表 1－6。

表 1－5　20×1 年权益账户的期初余额

普通股，面值$ 10/股（20 000 000 股）	$ 200 000 000
资本公积	$ 250 000 000
留存收益	$ 140 000 000
累积其他综合收益	$ 30 000 000

表 1－6　20×1 年的净利润和相关交易

净利润	$ 64 900 000
宣告的股息	$ 30 000 000
发行了 1 000 000 股普通股，融资金额为$ 40 000 000	$ 40 000 000
可供出售证券未实现利得	$ 4 700 000
既定收益养老金计划	－$ 400 000
外币折算调整	－$ 1 000 000
回购库藏股(500 000 股)	$ 17 500 000

A. FENG 公司资产负债表上，股东权益账户期末余额的确定如下：

普通股＝$ 200 000 000＋1 000 000×$ 10＝$ 210 000 000

资本公积＝$ 250 000 000＋1 000 000×($ 40－$ 10)＝ $ 280 000 000

留存收益＝$ 140 000 000＋$ 64 900 000－$ 30 000 000＝$ 174 900 000

累积其他综合收益 = \$30 000 000 + \$4 700 000 + (- \$400 000) + (- \$1 000 000) = \$33 300 000

库藏股 = 0 + \$17 500 000 = \$17 500 000

B. 公司股东权益变动如表1-7所示。

表1-7 FENG公司股东权益变动表

截至20×1年12月31日（单位：百万美元）

	普通股	资本公积	留存收益	累积综合收益	库藏股	合计
期初余额（1月1日）	200	250	140	30	0	620
净利润	—	—	64.9	—	—	64.9
宣告的股息	—	—	(30)	—	—	(30)
发行普通股	10	30	—	—	—	40
其他综合收益（税后）	—	—	—	3.3	—	3.3
回购库藏股	—	—	—	—	(17.5)	(17.5)
期末余额（12月31日）	210	280	174.9	33.3	(17.5)	680.7

4. 财务状况表

（1）基础

财务状况表（statement of financial position），也称为**资产负债表（balance sheet）**，呈现了一家实体在某一特定时点所持有的资产、负债和权益（见图1-7）。

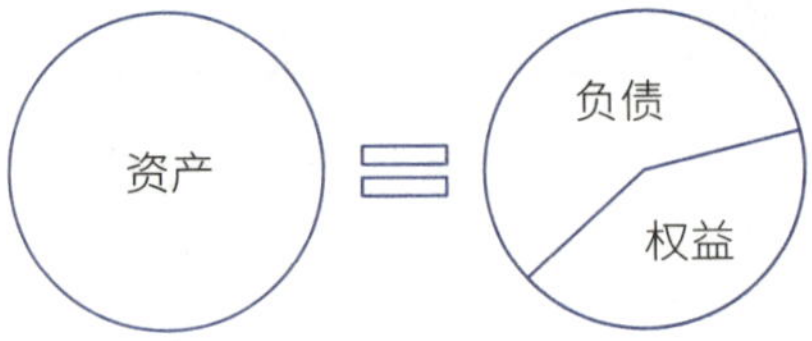

图1-7 资本负债表的结构

（2）作用和局限性

① 财务状况表的作用：

A. 资产负债表汇总了企业的经济资源和负债，它们会影响到实体产生现金流的能力。

B. 在与利润表一并考察时，资产负债表有助于**评估实体基于其投资金额而获得的投资回报率**。

C. 资产负债表通过提供现金流的指标，协助管理者**评估与实体相关的风险**。

流动性（liquidity）描述的是一项资产变现或转换成现金的能力，或偿付债务需要耗用的时间。

偿债能力（solvency）是指一家企业支付其到期债务的能力。

财务弹性（financial flexibility）衡量的是一家企业采取有效措施来调整其现金流金额和时间的能力，该能力可以协助企业应对不期而至的需求和机会。

② 财务状况表的局限性：

A. 资产负债表上大部分账户都是以**历史成本**，而不是用市场价值或清算价值，来报告的。

B. 资产负债表不得不舍弃那些有财务价值但企业无法客观记录的项目。

C. 企业需要使用**判断和预估**来确定很多在资产负债表上报告的项目。

(3) 资产负债表的分类

① **资产**(assets)是指一个特定的主体由于过去的交易或事项而获得或控制的可能的未来经济利益。

A. **流动资产**(current assets)是指企业预计会在一年或长于一年的一个经营周期内转变成现金、使用或消耗的资产。

现金和现金等价物(cash and cash equivalents)包括现金(硬币、纸币和汇票)和现金等价物(在 3 个月或更短的时间内到期的短期高流动性投资)。

没有被划分为现金等价物的**短期投资**(short-term investments)是指投资于其他公司或政府的负债或权益证券，该实体有能力且有意图在下一年度或长于一年的一个经营周期出售这些投资。

应收账款(accounts receivable)是指以赊账的方式将商品或服务销售给客户，进而造成的对实体的欠款。

存货(inventory)是指一类有形财产。企业持有此类财产的用途包括：(a)用于日常的经营活动；(b)作为原材料，用于生产在日常经营活动中销售的产成品；(c)作为物料，在提供商品或服务时被耗用。

预付账款(prepaid expenses)是指在费用已支付但交易未发生时产生的资产。

B. **非流动(或长期)资产**(noncurrent or long-term assets) 是指预期不会在超过一年或长于一年的一个经营周期内转变成现金或消耗掉的资产。

长期投资(long-term investments)是指不会在业务经营过程中直接使用的非流动资产。

物业、厂房和设备(property, plant and equipment)是指企业在生产商品和提供服务的过程中使用的有形长期资产。

无形资产(intangible assets)是指没有物理形态但又有经济价值的资产，这些资产的价值来自它们赋予持有人的权利。

② **负债**(liabilities)是指一个特定的主体由于过去的交易或事项而产生的现时的责任，并由此导致的未来经济利益的丧失，此类责任要求该主体需向其他主体交付资产或提供服务。

A. **流动负债**(current liabilities)是指企业预期通过使用流动资产或以产生其他流动负债的方式来清偿债务的责任。

应付账款(accounts payable)是指在正常的经营过程中，由于供应商提供了商品或服务而产生的责任。

短期应付票据(short-term notes payable)是指在未来固定到期日支付现金的正式书面承诺。

一年内到期的长期负债(current maturities of long-term debt)代表的是在下一年或长于一年的一个经营周期内应偿付的那部分长期债务。

应计负债(accrued liabilities)代表的是一个主体在会计期期末已发生但未支付的费用。

预收账款(unearned revenues),亦称为**递延收入**(deferred revenues),是指在现有的销售或服务合同下,在提供商品或服务之前,由于提前从客户处收到了现金而产生的负债。

B. **非流动负债**(noncurrent liabilities)是指主体预期不会在一年或长于一年的一个经营周期内履行的责任。主要有以下3种类型:

a. 因某些特定的融资状况而产生的责任,比如**债券**(bonds)、**长期租赁负债**(long-term lease obligations)和**长期应付票据**(long-term notes payable)。

b. 因企业日常经营活动而产生的责任,比如**养老金负债**(pension obligations)和**递延所得税负债**(deferred income tax liabilities)。

c. 基于未来某件或某些事件的发生或不发生而确定的应付金额、收款人或应付日期,并因此而产生的责任,比如**服务或商品的保修**(service or product warranties)和其他**或有事项**(contingencies)。

③ **权益**(equity)也称为**净资产**(net assets),亦称为公司的**股东权益**(shareholders' or stockholders' equity),是指在扣除了负债之后,对于主体剩余资产所主张的利益。

A. **投入资本**(contributed capital)也称为**实收资本**(paid-in capital),主要代表了股东的投资金额(见图1-8)。

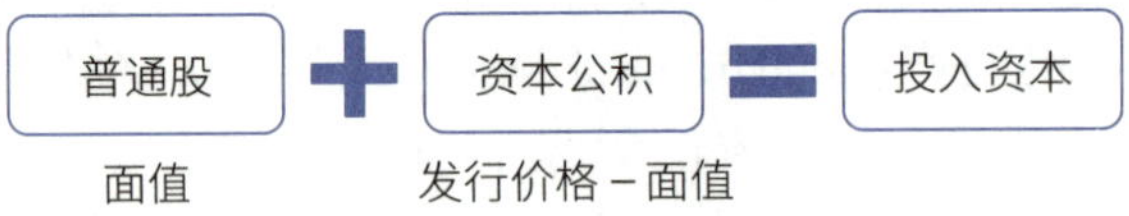

图1-8 投入资本的结构

B. **留存收益**(retained earnings)是指在未向股东分配股息之前,企业累计的收益(损失)。

C. **累积其他综合收益**(accumulated other comprehensive income)是指在实体整个生命周期内,其他综合收益的累积金额。

D. **非控制性权益**(noncontrolling interest)是指不归属于母公司的那部分子公司的权益(净资产)。

E. **库藏股**(treasury stock)是指回购的普通股票的金额。

(4) 资产负债表的列示

① 对于流动和非流动资产项,企业根据流动性,以降序的方式列示这些资产。

流动资产先于非流动资产列示。

② 企业根据到期日,以升序的方式列示负债。

流动负债先于非流动负债列示。

③ 资产负债表有两种列示方式:

A. **账户式**将资产列示在报表的左侧，而右侧列示负债和权益。

B. **报表式**在同一页上将负债和权益列示在资产的上方。

表 1－8 为账户式资产负债表的示例。

表 1－8　FENG 公司财务状况表

截至 20×1 年 12 月 31 日　　(单位：百万美元)

资产			**负债**	
流动资产			**流动负债**	
现金		120	应付账款	20
交易性证券(按照公允价值)		80	短期应付票据	12
应收账款（净值）		80	一年内到期的长期负债	35
存货		130	应付利息	8
办公室物料		7.7	应付税款	43
预付账款		20	预收账款	28
流动资产合计		437.7	流动负债合计	146
非流动资产			**非流动负债**	
长期投资		60	应付票据	30
物业、厂房和设备			应付债券	150
土地		200	非流动负债合计	180
建筑物	120		负债合计	326
减：累计折旧	(60)	60	**所有者权益**	
机器	250		普通股(按照面值)	210
减：累计折旧	(50)	200	资本公积	280
物业、厂房和设备（净值）		460	留存收益	174.9
无形资产		30	累积其他综合收益	33.3
其他资产		19	库藏股	(17.5)
非流动资产合计		569	所有者权益合计	680.7
资产合计		1 006.7	**负债和所有者权益合计**	1 006.7

5. 现金流量表

(1) 基础

现金流量表(statement of cash flow)汇总了企业一段时间内的现金流入和流出。

(2) 作用和局限性

① 现金流量表以 4 种方式为使用者提供有价值的信息。

A. 与其他基于权责发生制编制的财务报表相比，现金流量表可以更好地预测未来的现金流。

B. 现金流量表可以让使用者评估企业的流动性。

C. 现金流量表还能协助评估收益的可靠性。

D. 现金流量表可以提供关于资产、负债和权益变化的信息。

② 现金流量表的局限性:

A. 现金流量表无法报告一些有价值的事项,如果企业无法对它们进行可靠的计量。

B. 现金流量表没有基于权责发生制进行编制。

C. 现金流量表无法从经营性现金流的角度来披露企业的净利润并对企业的盈利能力进行评估。

(3) 现金流量表的分类(见表1-9)

现金流量表可以分解为**3个不同的部分**:经营活动、投资活动和融资活动。

① **经营活动**(operating activities)涉及用于确定净利润的交易所产生的现金影响。

分析来自经营活动的现金流可以让财务报表的使用者对企业在正常盈利环节中产生未来现金流的能力进行评估。

② **投资活动**(investing activities)包括发放和收回贷款,购置和处置投资(债务和权益)及长期生产性资产。

③ **融资活动**(financing activities)涉及负债和所有者权益项目。

表1-9 3种活动通常涉及的现金流入和流出

	现金流入	现金流出
经营活动	• 来自商品或服务销售 • 来自利息和股息收益	• 向供应商和员工支付货款和工资 • 向政府支付税金 • 向贷款人支付利息 • 向其他人员支付费用
投资活动	• 来自票据的收回或出售 • 来自债券股票投资的出售 • 来自生产性资产的出售	• 购置固定资产 • 购置投资性证券 • 向其他主体贷款
融资活动	• 来自股票的发行 • 来自债券的发行	• 向股东支付股息 • 从股东手上回购股票 • 从债权人手上赎回债券

上述3项活动涉及的现金流入和流出之和,等于当期现金及现金等价物的净增加或减少额(见图1-9)。

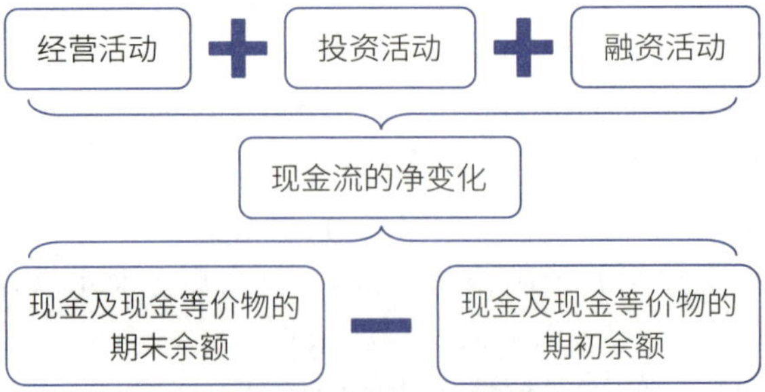

图1-9 现金流量表涉及的3项活动

(4) 经营活动现金流的编制方法

① **直接法(direct method)**,也称为**利润表法**,报告了经营活动的现金流入和现金支出(见表 1 - 10)。

流入与流出金额的差异就是经营活动产生的净现金流。

表 1 - 10　经营活动现金流的直接法

收到现金:
收到消费者的货款
债券投资的利息收入
股票投资的股息收入
现金收取的合计值
支付现金:
向供应商支付货款
向员工支付工资
支付利息
支付所得税
现金支付的合计值
由经营活动产生的净现金流

② **间接法(indirect method)**或称**调整法**,起始于利润表上的净利润,然后将净利润调整为由经营活动产生的净现金流(见图 1 - 10)。

调整的项目分为两大类:对非现金项目的调整和对经营性资产和负债的调整。

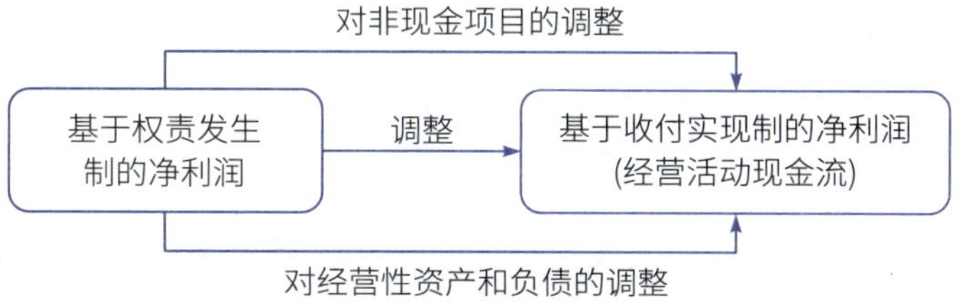

图 1 - 10　间接法的调整过程

常见的调整项目,见表 1 - 11。

表 1 - 11　间接法的调整项目

净利润
增加
非现金项目
折旧、折耗和摊销费用
坏账费用
长期资产处置的损失

续表

交易性证券和其他投资未实现的损失
债券融资的折价摊销
经营性资产和负债的调整
流动资产的减少（应收账款、存货、预付账款）
流动负债的增加（应付账款、应计负债）
减少
非现金项目
长期资产处置的利得
交易性证券和其他投资未实现的利得
债券融资的溢价摊销
经营性资产和负债的调整
流动资产的增加（应收账款、存货、预付账款）
流动负债的减少（应付账款、应计负债）

在权责发生制下，非现金支出会在利润表上被扣除，但是并不会发生实际的现金流出。因此，这种非现金支出会导致权责发生制的利润小于收付实现制的利润。使用间接法调整要求将这些非现金支出加回利润表上报告的净利润中，见图 1－11。

非现金支出→权责发生制的净利润<收付实现制的净利润(经营活动现金流)

(权责发生制的净利润+**非现金支出**)→收付实现制的净利润(经营活动现金流)

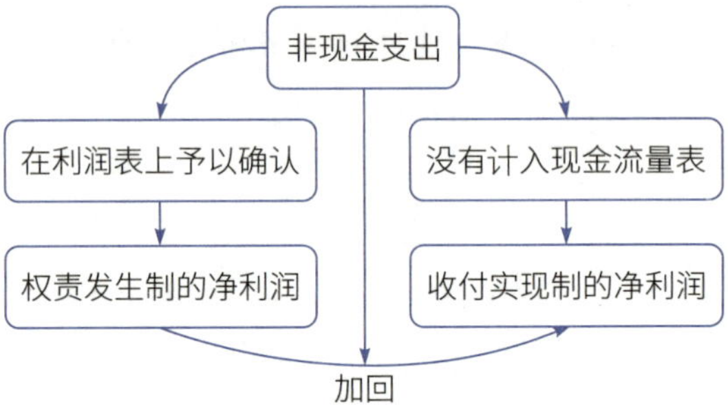

图 1－11　调整非现金支出

长期资产处理的利得或损失会在利润表上予以确认，进而影响净利润。与此同时，现金流量表在投资活动中报告了出售资产的总现金流入，而没有报告在经营活动中。处置的利得使得权责发生制的净利润大于收付实现制的净利润，而损失会使权责发生制的净利润更低。因此，需要对净利润进行调整，使其等于经营活动现金流，见图1－12。

处置的利得→权责发生制的净利润>收付实现制的净利润(经营活动现金流)

(权责发生制的净利润-**处置的利得**)→收付实现制的净利润(经营活动现金流)

处置的损失→权责发生制的净利润<收付实现制的净利润(经营活动现金流)

(权责发生制的净利润+**处置的损失**)→收付实现制的净利润(经营活动现金流)

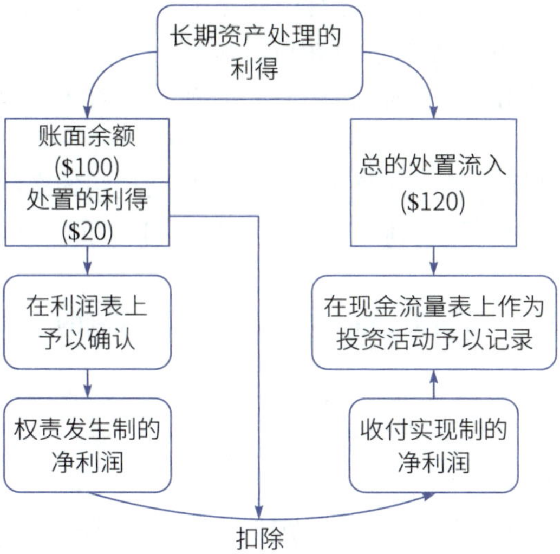

图 1－12　调整长期资产处置的利得

交易性证券未实现的利得或损失会计入利润表，但"未实现"意味着，只有公允价值的变动，销售并没有发生。因此，必须通过加回未实现的损失或扣除未实现的利得来调整权责发生制的净利润，见图 1－13。

继续持有的未实现利得→权责发生制的净利润>收付实现制的净利润（经营活动现金流）

（权责发生制的净利润－**交易性证券未实现的利得**）→收付实现制的净利润（经营活动现金流）

继续持有的未实现损失→权责发生制的净利润<收付实现制的净利润（经营活动现金流）

（权责发生制的净利润＋**交易性证券未实现的损失**）→收付实现制的净利润（经营活动现金流）

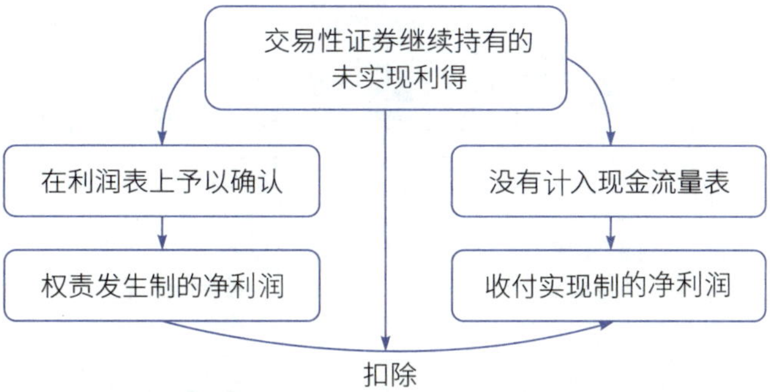

图 1－13　调整交易性证券继续持有的未实现利得

当一家企业以折价或溢价的方式发行债券时，GAAP 要求发行企业必须在每一期摊销折价或溢价的部分。此外，折价或溢价会导致利润表上确认的利息费用与实际支付给债券持有人的现金利息不一致。对于折价发行，利息费用总是大于定期支付的现金利息（见图1－14）；对于溢价发行，利息费用总是小于定期支付的现金利息。因此，需要对利息费用与现金利息之间的差额进行相应的调整。

折价发行→（利息费用>现金利息）→权责发生制的净利润<收付实现制的净利润（经营活动现金流）

（权责发生制的净利润+**折价摊销的金额**）→收付实现制的净利润（经营活动现金流）

溢价发行→（利息费用<现金利息）→权责发生制的净利润>收付实现制的净利润（经营活动现金流）

（权责发生制的净利润−**溢价摊销的金额**）→收付实现制的净利润（经营活动现金流）

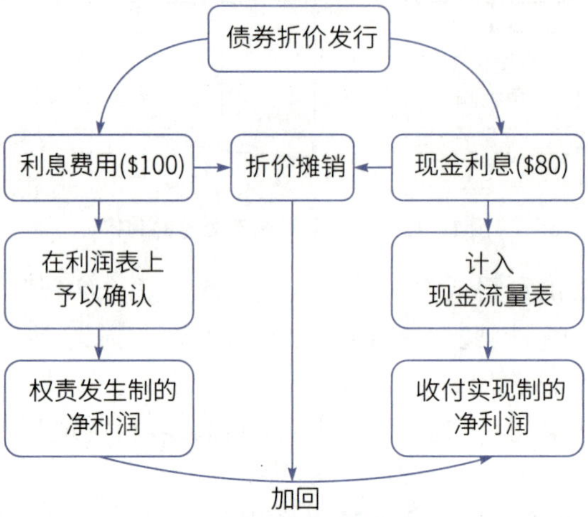

图1－14　调整折价摊销

赊销会导致利润表上确认的收入不等于从消费者那里收到的现金。应收账款的期末余额上升意味着，权责发生制会计确认的销售收入大于当期收到的现金（见图1－15）；收到的现金大于确认的收入，则意味着应收账款期末余额下降。因此，需要通过调整权责发生制的净利润和收付实现制的净利润实现平衡。

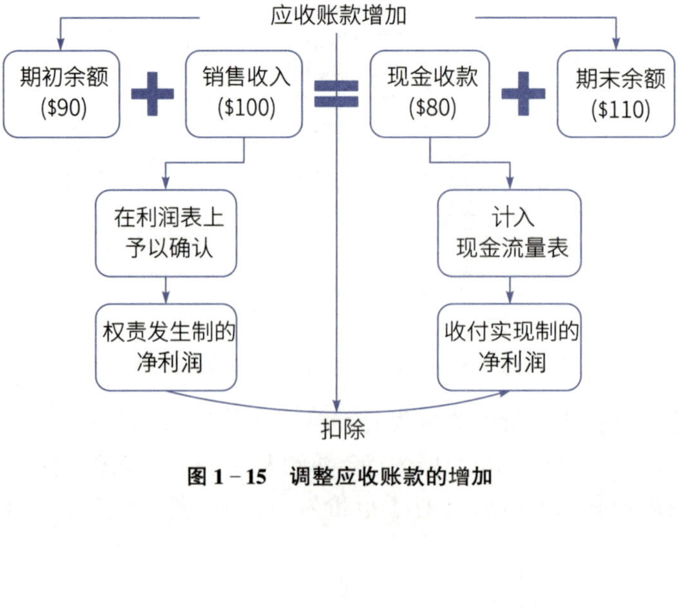

图1－15　调整应收账款的增加

(期末余额>期初余额)→(确认的收入>收到的现金)→权责发生制的净利润>收付实现制的净利润(经营活动现金流)

(权责发生制的净利润-**增加的金额**)→收付实现制的净利润(经营活动现金流)

(期末余额<期初余额)→(确认的收入<收到的现金)→权责发生制的净利润<收付实现制的净利润(经营活动现金流)

(权责发生制的净利润+**减少的金额**)→收付实现制的净利润(经营活动现金流)

权责发生制要求会计在费用发生的当期就予以确认,即使这些费用尚未支付。这被称为应计负债,应付工资就是一个典型的例子。发生的人工成本会在每期期末计入利润表,而工资是在下一期实际支付给工人的。应付工资期末余额增加,表示权责发生制会计确认的工资费用会大于现金支付的工资;支付给员工的现金大于确认的费用,则意味着应付工资期末余额下降(见图 1-16)。所以依然需要对权责发生制的净利润进行调整,使其等于收付实现制的净利润。

(期末余额>期初余额)→(确认的费用>支付的现金)→权责发生制的净利润<收付实现制的净利润(经营活动现金流)

(权责发生制的净利润+**增加的金额**)→收付实现制的净利润(经营活动现金流)

(期末余额<期初余额)→(确认的费用<支付的现金)→权责发生制的净利润>收付实现制的净利润(经营活动现金流)

(权责发生制的净利润-**减少的金额**)→收付实现制的净利润(经营活动现金流)

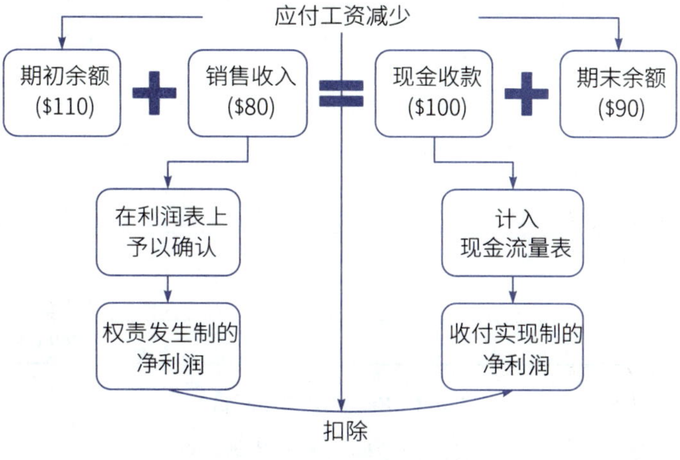

图 1-16　调整应付工资的减少

③ 直接法与间接法的差异并不会影响到投资活动和融资活动现金流的计算。

例 1.1-3

FENG 公司正在编制该公司 20×1 年的现金流量表,相关信息见表 1-12 和表 1-13。其他信息如下:

- 经营费用包括折旧成本$ 33 000 和到期的预付费用$ 2 000。
- 土地是按照账面价值出售的。

- 当期宣告并支付的现金股息为$ 55 000。
- 用现金支付的利息费用为$ 12 000。
- 当期以$ 166 000的现金购置了设备。处置账面净值为$ 36 000的设备,处置价格为$ 34 000;该设备的购置成本为$ 41 000。
- 以面值赎回部分债券。
- 以面值($ 1)发行普通股,筹集资金。

表1-12　FENG公司财务状况表

截至20×1年12月31日

项目	20×1年	20×0年
资产		
现金	$ 54 000	$ 37 000
应收账款	$ 68 000	$ 26 000
存货	$ 54 000	$ 0
预付费用	$ 4 000	$ 6 000
土地	$ 45 000	$ 70 000
建筑物	$ 200 000	$ 200 000
累积折旧——建筑物	($ 21 000)	($ 11 000)
设备	$ 193 000	$ 68 000
累计折旧——设备	($ 28 000)	($ 10 000)
合计值	$ 569 000	$ 386 000
负债与权益		
应付账款	$ 33 000	$ 40 000
应付债券	$ 110 000	$ 150 000
普通股($ 1)	$ 220 000	$ 60 000
留存收益	$ 206 000	$ 136 000
合计值	$ 569 000	$ 386 000

表1-13　FENG公司净利润表

截至20×1年12月31日

收入		$ 890 000
销货成本	$ 465 000	
经营费用	$ 221 000	
利息费用	$ 12 000	
出售设备的损失	$ 2 000	$ 700 000
经营收益		$ 190 000
利息费用	$ 65 000	
净利润		$ 125 000

A．经营活动。

净利润＝$ 125 000

折旧费用＝（$ 21 000－$ 11 000）＋[（$ 28 000－$ 10 000）＋（$ 41 000－$ 36 000）]＝$ 33 000

设备处置的损失＝$ 36 000－$ 34 000＝$ 2 000

应收账款的增加＝$ 68 000－$ 26 000＝$ 42 000

存货的增加＝$ 54 000－0＝$ 54 000

预付费用的减少＝$ 4 000－$ 6 000＝－ $ 2 000

应付账款的减少＝$ 33 000－$ 40 000＝－ $ 7 000

经营活动现金流＝$ 125 000+$ 33 000+$ 2 000－$ 42 000－$ 54 000+$ 2 000－$ 7 000＝$ 59 000

B．投资活动。

出售土地的现金流入＝$ 70 000－$ 45 000＝$ 25 000

出售设备的现金流入＝$ 34 000

购置设备的现金流出＝$ 166 000

投资活动现金流＝$ 25 000+$ 34 000－$ 166 000＝－ $ 107 000

C．融资活动。

按面值发行股票的现金流入＝$ 220 000－$ 60 000＝$ 160 000

按面值赎回债券的现金流出＝$ 150 000－$ 110 000＝$ 40 000

支付股息的现金流出＝$ 55 000

融资活动现金流＝$ 160 000－$ 40 000－$ 55 000＝$ 65 000

现金流的净变化值＝$ 59 000－ $ 107 000+ $ 65 000＝$ 17 000

FENG 公司采用间接法编制的现金流量表见表 1－14。

表 1－14　FENG 公司现金流量表

截至 20×1 年 12 月 31 日

经营活动		
净利润		$ 125 000
将净利润调整至经营活动现金流的调整项		
加：折旧费用	$ 33 000	
加：设备处置的损失	$ 2 000	
减：应收账款的增加	（$ 42 000）	
减：存货的增加	（$ 54 000）	
加：预付账款的减少	$ 2 000	
减：应付账款的减少	（$ 7 000）	（$ 66 000）
经营活动净现金流		$ 59 000

续表

投资活动		
出售土地	$ 25 000	
出售设备	$ 34 000	
购置设备	($ 166 000)	
投资活动净现金流		($ 107 000)
融资活动		
发行普通股	$ 160 000	
赎回债券	($ 40 000)	
支付股息	($ 55 000)	
融资活动净现金流		$ 65 000
现金的净变化		$ 17 000
现金的期初余额(20×1 年 1 月 1 日)		$ 37 000
现金的期末余额(20×1 年 12 月 31 日)		$ 54 000

(5) 重大的非现金投资和融资交易

企业通常会参与很多重大的非现金投资和融资交易，而这些交易不会对现金产生直接的影响。

企业可以将这些重大的非现金投资和融资交易报告在现金流量表的底部或在财务报表的附注中进行披露(见表 1-15、图 1-17)。

表 1-15　披露重大的非现金交易

需要披露	无需披露
通过承担债务(包括融资租赁)或发行股票来获取资产; 非货币性资产的交易; 长期负债再融资; 债券或优先股转换成普通股; 以发行股票的方式来赎回债券	股票股息; 股票拆分; 留存收益的限制

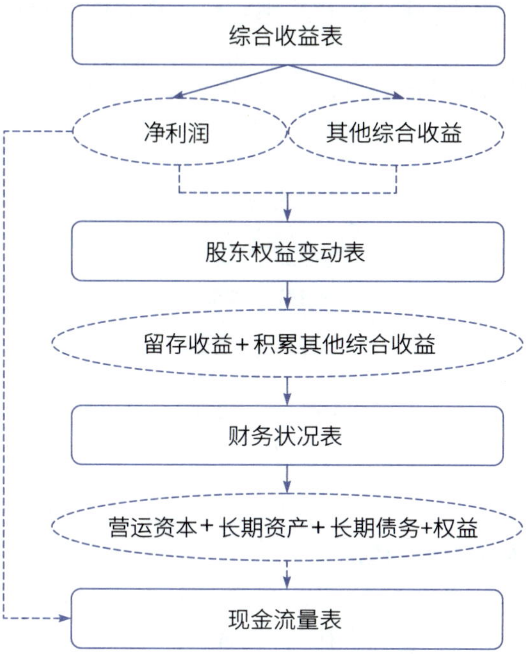

图 1－17　财务报表之间的关系

EQ1.1－1

汇总一段时间内企业经营结果的财务报告是(　　)。

A. 利润表　　B. 财务状况表

C. 股东权益变动表　　D. 留存收益表

【答案】A

【考点】理解利润表的作用

利润表旨在通过报告一段时间内实体的财务业绩,来呈现综合收益的所有要素。

1.1.2　综合报告

1. 基础

(1) 定义

① **综合报告编制**(Integrated Reporting) 是一个建立在综合思维之上的过程,该过程会让组织定期提交一份关于其在一段时间内创造价值的综合报告,并且沟通与价值创造相关的各方面事宜。

② **综合报告**(integrated report)是一种简明扼要的信息沟通方式,该方式旨在陈述,在企业所处的外部环境中,其自身的战略、治理方式、业绩和前景是如何在短期、中期和长期内创造价值的。

③ **综合思维**(integrated thinking)是指一个组织积极地考察自己每个经营和职能部

门与其所使用的资本之间的关系。综合思维会产生综合的决策及行动,用于在短期、中期和长期内创造价值。

综合思维、综合报告编制和综合报告的关系见图1-18。

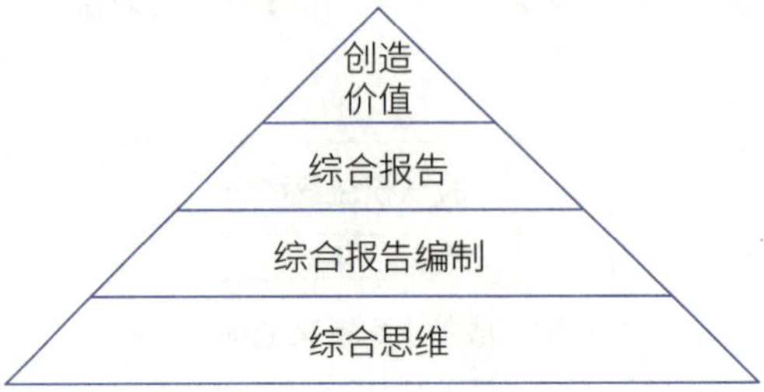

图1-18 综合思维、报告编制和综合报告的关系

(2)目的

① 综合报告的首要目的是根据财务和非财务的相关信息,向**财务资本的提供者**解释组织在一段时间内是如何**创造价值**的。

② 综合报告可以惠及所有对组织在一段时间内如何创造价值感兴趣的**利益相关者**,包括员工、消费者、供应商、业务合作者、当地社群、立法者、监管者和政策制定者等。

2. 基本概念

(1)为组织和其他人创造价值

① 组织在一段时间内创造价值,揭示了由组织的业务活动和产出引起的**资本的增减或转变**。

② 价值包含了两个相关的方面——价值创造的对象:

A. 能为财务资本提供者带来财务回报的组织;

B. 其他人(即利益相关者和一般意义上的社会)。

③ 组织为自身创造价值与该组织为其他人创造价值是相关的。

除了与改变财务资本直接相关的活动之外,产生这种关联性还需要通过一系列的活动、互动和关系(见图1-19)。

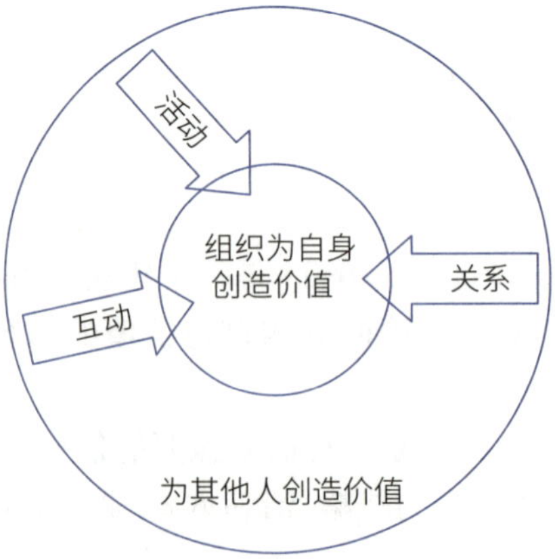

图1-19 组织为自身和其他人创造价值

当这些活动、互动和关系对组织为自身创造价值的能力产生重大影响时，就应该将其纳入综合报告。

需要考察外部性对资本产生影响的程度。外部性最终会增加或减少组织为自身创造的价值，因此，财务资本的提供者需要了解这些重要的外部性，以此来评估它们的影响并相应地对资源进行分配。

（2）资本

资本是指价值的存量，组织的业务活动和产出会引起这些价值的增减或转变。

资本整体的存量会随着时间的变化而变化，所以在资本之间不同价值会出现持续的互动和转变。

根据本框架的目的，资本的分类如图 1－20 所示。

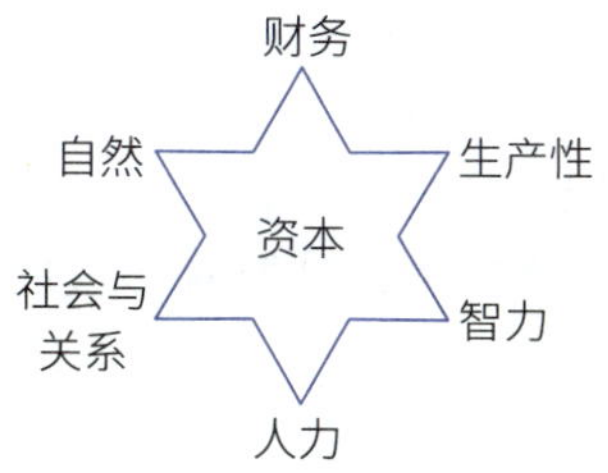

图 1－20　6 类资本

① **财务资本**——资金池：

A．组织可以用于生产产品或提供服务的资金；

B．通过融资方式获得的资金，比如债务、权益或赠与，或通过经营或投资获得的资金。

② **生产性资本**——生产用的实物（区别于自然的实物）。组织可以在产品生产或服务提供的过程中使用这些实物，这些实物包括：

A．建筑物；

B．设备；

C．基础设施（比如道路、港口、桥梁和废弃物与水处理工厂）。

生产性资本通常是由其他组织生产的，但也包括报告组织生产的用于销售或自用的资产。

③ **智力资本**——组织的、基于知识的无形资产，包括：

A．知识产权，比如专利、版权、软件、权利和执照；

B．组织资本，比如默会知识、系统、流程和协议。

④ **人力资本**——员工的胜任能力，人才的创新能力，包括：

A．员工对于组织的治理框架、风险管理方法和伦理价值的认可度和支持度；

B．员工理解和实施组织战略的能力；

C．员工的忠诚度及提升流程、产品和服务的动力，包括他们的领导能力、管理能力和协作能力。

⑤ **社会与关系资本**——不同社区、利益相关群体和其他网络内的制度以及它们之

间的关系，这些个体或组织通过共享信息来提升个体与群体福祉的能力。社会与关系资本包括：

A．公认的规范和共有的价值观及行为方式；

B．核心利益相关者的关系，组织已经建立起来的并努力与外部利益相关者构建和维护的互信和参与的意愿；

C．组织已经建立起来的与品牌和声誉相关的无形资产；

D．组织运营的**社会许可**（social license）。

⑥ **自然资本**——所有可再生和不可再生的环境资源和过程。它们为组织过去、现在和未来的繁荣提供商品或服务。自然资本包括：

A．空气、水、土地、矿产和森林；

B．生物多样性和生态系统的健康。

将这些资本纳入本框架的主要原因：

A．作为创造价值概念的理论基础；

B．作为一种指南，确保组织能够考虑到所有形式的资本。这些资本既为组织所使用，也能够受其影响。

（3）价值创造的过程（见图1－21）

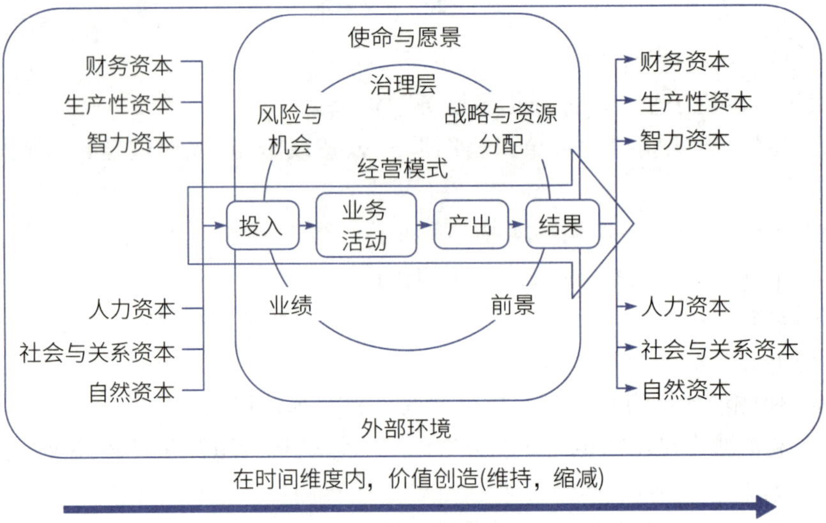

图1－21　价值创造的过程

① **外部环境**，包括政治环境、经济状况、技术变化、社会问题和环境挑战，设定了组织运营所在的环境。

② **使命与愿景**涉及整个组织，以清晰、简洁的方式识别组织的目标和意图。

③ **治理层**负责创建合理的监管结构，用来支持组织创造价值的能力。

④ **经营模式**处于组织的核心位置，它将各种资本拉入组织作为投入的要素，并通过经营活动将这些资本转化成产出（产品、服务、副产品和废弃物）。

A．组织的活动及其产出会以对资本产生影响的方式产生最终结果。

B．经营活动包括计划、产品的设计与生产或在提供服务时使用专门的技术和知识。

C．结果是由组织的经营活动和产出带来的对资本产生的内部和外部结果（积极的和消极的）。

⑤ 根据组织的使命和愿景，持续地对外部环境进行监督和分析可以识别出众多的**风险和机会**。这些风险和机会与组织、组织的战略及经营模式都密切相关。

⑥ 组织的**战略**可以用来发现该组织是如何降低或管理风险的，同时又是如何最大程度地利用机会的。它设定了战略目标及实现这些目标的方法。战略需要通过**资源分配**计划得到实施。

⑦ 组织需要了解自己的**业绩**。这涉及设置计量的方法和监督系统的运行，进而为决策提供信息。

⑧ 价值创造的过程并不是静态的，在这个过程中需要对每个要素及要素之间的互动进行定期评估，并且需要持续关注组织的**前景**。这些都有助于组织通过修正和改良来提升所有的要素。

3. 内容要素

（1）组织概述和外部环境

综合报告需要回答：组织是**做**什么的？它是在何种**环境**中运营的？

综合报告需要确认组织的使命和愿景，并且通过识别下列事项来提供必要的环境。

① 下列要素在组织的价值链中的地位：

A．文化、伦理和价值观；

B．所有权和经营结构；

C．主要的活动和市场；

D．根据五力模型确定的竞争格局和市场定位；

E．在价值链中的地位。

② 关键的**定量信息**（比如员工数量、收入和业务所涉及国家的数量），特别需要强调的是，与前期相比发生的重大变化。

③ 影响到外部环境的**重要因素**及组织的应对。

对外部环境产生影响的重要因素包括：法律、商业、社会、环境和政治等。这些因素都会对组织短期、中期或长期的价值创造能力产生影响。

（2）治理

综合报告需要回答：组织的**治理结构**是如何支持其短期、中期和长期的价值创造能力的？

综合报告提供了一些见解，即以下事项是如何与组织的价值创造能力相结合的：

① 组织的**领导结构**，包括治理层的技能和多样性（比如背景、性别、能力和经验）及其监管要求对治理结构的设计的影响。

② 用于制定战略决策和建立并监督组织文化的**特定步骤**，包括对待风险的态度和解决诚信和伦理问题的机制。

③ 治理层用来影响和监督组织战略决策和风险管理的**特殊举措**。

④ 在对资本的使用和对资本的影响中体现出组织的文化、伦理和价值观，包括该组织与核心利益相关者的关系。

⑤ 组织对一些**超过法律要求**的治理措施的态度。

⑥ 治理层对于促进创新所承担的责任。

⑦**薪资与激励**是如何与组织短期、中期和长期的价值创造能力相结合的，包括它们是如何与组织使用和影响资本联系的。

(3) 经营模式

综合报告需要回答：什么是组织的经营模式？

组织的经营模式是指组织通过其经营活动将投入的要素转变成产出和结果的系统，该系统的最终目的是实现组织的战略目标及让其在短期、中期和长期创造价值（见图1－22）。

① 综合报告需要显示关键的投入要素是如何与组织所依靠的资本产生联系的，或者为组织提供差异化的来源，在某种程度上，这些投入的要素对于理解经营模式的稳健性和复原力是至关重要的。

综合报告并不试图呈现所有投入要素的清单，而是只关注那些对于短期、中期和长期价值创造能力有重要影响的投入要素。

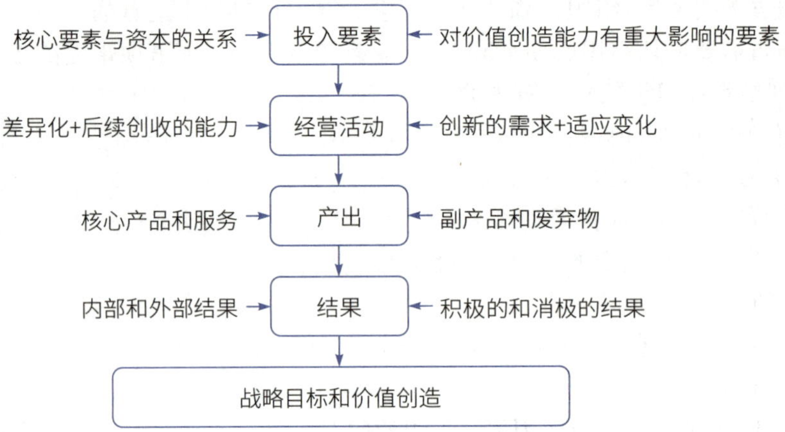

图1－22 经营模式及其要素

② 综合报告需要描述**核心经营活动**，包括：

A. 组织如何在市场中对自身进行差异化（比如产品差异、细分市场、分销渠道和市场营销等方面）；

B. 在产品销售之后，经验模式对创收的依赖程度（比如延长质保协议费用或网络使用费用等）；

C. 组织如何应对创新；

D. 如何设计经营模式使其适应变化的需求。

③ 综合报告需要识别组织产出的**核心产品与服务**。

④ 综合报告也需要在经营模式中讨论其他产出，比如副产品和废弃物（包括废气），这取决于它们的重要性。

⑤ 综合报告还需要描述**核心结果**,核心结果包括:

A. **内部结果**(比如员工的士气、组织的声誉、收入和现金流)和**外部结果**(比如客户满意度、税费的支付、品牌忠诚度和对社会与环境的影响);

B. **积极的结果**(比如那些会导致资本增加,因而创造价值的结果)和**消极的结果**(比如那些会导致资本减少,进而使价值缩水的结果)。

(4) 风险与机会

综合报告需要回答:哪些**特定的风险与机会**会对组织短期、中期和长期创造价值的能力产生影响以及组织应该**如何应对它们**?

综合报告需要识别那些与组织明确相关的核心风险与机会,包括那些与组织短期、中期和长期资本有关联的事宜,比如对资本的影响,是否可以持续获得资本,资本的质量,以及是否用得起资本等。识别的方式包括:

① 识别风险和机会的特定来源。它可以是内部的来源或外部的来源,但通常是两者混合的来源。

② 组织对风险与机会发生的**概率**及其一旦发生后所产生影响的**程度**进行评估。

③ 组织采取特定步骤来**降低风险**或**利用机会**,从而**创造价值**。

(5) 战略和资源分配

综合报告需要回答:组织发展的目标是什么,组织**如何实现该目标**?

综合报告同时需要识别:

① 组织**短期、中期和长期的战略目标**。

② 为了实现战略目标,组织正在执行或意图执行的战略。

③ 为了执行战略而制定的资源分配计划。

④ 组织如何衡量其在短期、中期和长期取得的成就。

(6) 业绩

综合报告需要回答:组织的战略目标在当期实现到何种程度,即对资本的影响而言,组织的结果是什么?

综合报告需要包含与业绩相关的定性和定量的信息,包括:

① 针对目标和风险与机会的**定量指标**,用于解释它们的重要性、影响和方法及编制这些信息所使用的假设条件。

② 组织对资本积极和消极的影响,包括在价值链的上游和下游对资本的重要影响。

③ 核心利益相关者关系的状况及组织如何应对核心利益相关者的合法需求和利益。

④ 过去与目前业绩的联系,目前业绩与组织前景的关系。

将财务指标和其他要素相结合的关键绩效指标(比如温室气体排放量与销售额之比),或用于解释对其他资本产生重大影响的财务后果和其他因果关系的描述(比如人力资本提升导致的预期收入的增长)。这些指标和描述可以用来显示财务业绩与其他资本业绩之间的关联性。

(7) 前景

综合报告需要回答:在实施战略的过程中,组织可能会面临什么样的挑战和不确定性,以及它们对组织的经营模式和未来业绩会产生何种潜在的影响?

综合报告通常会强调组织在一段时间内的预期变化,并根据健全、透明的分析提供相关的信息,这些信息包括:

① 组织在短期、中期和长期内预期可能会面临的外部环境。

② 外部环境将如何对组织产生影响。

③ 组织如何提升现有的能力来应对可能出现的重大挑战和不确定性。

综合报告还需要提供一些领先指标、关键绩效指标或目标,这些目标是通过已确认的外部来源的相关信息及敏感性分析获得的。比较实际业绩与之前确认的目标,以此对当前的展望进行进一步的评估。

(8) 编制和呈报的基础

综合报告需要回答:组织如何确定将哪些事项包括在综合报告中,并且量化或评估这些事项?

综合报告应对组织重要性的判断过程和关键决策进行汇总。

对于综合报告的编制和呈报,重要性的确定过程涉及:

① 根据对价值创造的影响力来识别相关的事项。

② 根据对价值创造的已知或潜在影响来评估相关事项的重要性。

③ 根据相对的重要性对事项进行排序。

④ 确定信息并以此披露重要事项。

综合报告需要确定**报告的范围**并解释该范围的确定过程。

确定综合报告的范围有两个方面:

财务报告实体需要确定的第一个方面是哪些子公司、合资企业与关联企业的交易和相关事项应包括在编制的财务报告中。

报告范围确定的第二个方面是识别那些在财务报告实体之外的,归属于可能与实体或利益相关者相关的**风险**、**机会和结果**。这些风险、机会和结果会对财务报告实体价值创造的能力产生重大的影响。

综合报告应对重要的框架和方法进行汇总。该框架和方法用于量化或评估报告中的重要事项(比如适用于提交财务信息的财务报告准则,企业设定的用于衡量顾客满意度的公式,或基于行业的风险评估框架)。

4. 综合报告编制的作用和挑战

(1) 作用

① 提升财务资本提供者所用信息的质量,以此来提高资本配置的效率和生产率。

② 推动形式一种更全面和更高效的企业报告形式。这种形式可以依据报告的不同侧面,呈现在一段时间内所有会对组织价值创造能力产生重要影响的因素。

③ 在资本更宽泛的基础(财务、生产性、智力、人力、社会与关系和自然)上加强问责和管理,并进一步理解它们之间的互相依存性。

④ 支持综合思维、决策和关注短期、中期和长期价值创造的行动。

(2) 挑战

① 综合报告编制面临的基本挑战是如何获取投资者的信息,特别是那些长期的投

资者。

② 综合报告编制对于企业的另一项挑战是，如何才能充分地披露基于未来的信息。

③ 综合报告编制如何以平衡的视角对组织和外部利益相关者都认为重要的事项进行披露也是一项挑战。

④ 在综合报告中，在简洁性和其他指导原则之间寻求有效的平衡是具有挑战性的，特别是寻求简洁性与"完整性和可比较性"之间的平衡。

1.2 确认、计量、计价和披露

1.2.1 资产计价

1. 应收账款

(1) 基础

① **应收款项(receivables)**是指企业持有的对顾客和其他人关于货币、商品或服务的索取权。

② 对于财务报表而言，企业应将应收款项划分为流动的(短期的)或非流动的(长期的)。

企业预期会在一年或长于一年的一个经营周期内收回流动的应收款项，将其他的应收款项划分为非流动的资产。

③ 在资产负债表上，应收款项会被进一步划分为贸易或非贸易的应收款项。

由赊销商品或服务产生的应收款项被称为**应收账款(accounts receivable)**或**贸易应收款项(trade receivables)**，见表 1-16。

非贸易应收款项是那些不是由贸易产生的应收款项，包括退税、应收利息、企业向其他实体(包括股东或员工)的贷款。

表 1-16 应收账款计量和报告的汇总

确认	基于收入的确认。对于大多数赊销，在发货时，应确认收入和相关的应收款项
初始计量	根据出售方有权收到的对价金额进行的初始记录，会受到现金折扣和变化考虑因素(比如销售折扣和销售退货)的影响
后续计量	坏账准备会降低初始计量的金额，所以资产负债表以出售方预期可以收到的现金金额来报告应收账款

(2) 初始计量

① 销售条款会影响到应收账款的初始计量，比如贸易折扣和销售折扣。

② **销售折扣(sales discounts)**，也称为**现金折扣(cash discounts)**是指给予消费者的折扣，以鼓励其提前支付货款。

销售折扣可以让出售方提前收到现金，扩大其现金流和提高流动性。

销售折扣的典型表达形式为 2/10，*n*/30，这意味着消费者如果在发票日之后的 10 天内付款，可以享受 2%的折扣；若在发票日之后的 30 天内付款，则需要支付总额。

有两种核算销售折扣的方法：总值法和净值法。

A．**总值法**（gross method）假定消费者不会使用现金折扣。因此，会计师会根据总额来记录销售收入和相关的应收账款，如果消费者在折扣期内支付货款，则通过借记“销售折扣”账户来减少销售总额。

B．**净值法**（net method）假定消费者都会使用现金折扣。因此，需用认可的价格减去现金折扣来计量销售收入和应收账款，如果消费者没有使用现金折扣，则通过贷记“未实现销售折扣”账户来调整销售总额。

例 1.2－1

FENG 公司在 20×1 年 3 月 1 日销售了价值＄10 000 的商品；销售条款为 2/10，*n*/30。3 月 9 日，该公司收到了发票金额为＄7 000 的货款，3 月 30 收到了发票金额为＄2 000的货款。剩余的＄1 000 在月末尚未收到。

A．总值法。

记录的初始金额＝＄10 000

3 月 9 日收到的现金＝＄7 000×（1－2%）＝＄6 860

3 月 9 日借记“销售折扣”的金额＝＄7 000×2%＝＄140

3 月 30 日收到的现金＝＄2 000

B．净值法。

记录的初始金额＝＄10 000×（1－2%）＝＄9 800

$$3\text{ 月 }9\text{ 日收到的现金}=\$9\ 800\times\frac{7\ 000}{10\ 000}=\$6\ 860$$

$$3\text{ 月 }30\text{ 日收到的现金}=\$10\ 000\times\frac{2\ 000}{10\ 000}=\$2\ 000$$

3 月 30 日贷记“未实现销售折扣”的金额＝＄2 000×2%＝＄40

3 月 31 日贷记“未实现销售折扣”的金额＝＄1 000×2%＝＄20

销售折扣的两种核算方法见表 1－17。

表 1－17　销售折扣的两种核算方法

总值法			净值法		
记录销售收入 20×1 年 3 月 1 日			记录销售收入 20×1 年 3 月 1 日		
应收账款	＄10 000		应收账款	＄9 800	
销售收入		＄10 000	销售收入		＄9 800
在折扣期内收款 20×1 年 3 月 9 日			在折扣期内收款 20×1 年 3 月 9 日		
现金	＄6 860		现金	＄6 860	
销售折扣	＄140		应收账款		＄6 860
应收账款		＄7 000			

续表

总值法			净值法		
在信用期内收款 20×1 年 3 月 30 日			在信用期内收款 20×1 年 3 月 30 日		
现金	$ 2 000		现金	$ 2 000	
应收账款		$ 2 000	未实现销售折扣		$ 40
			应收账款		$ 1 960
20×1 年 3 月 31 日			调整未使用的现金折扣 20×1 年 3 月 31 日		
			应收账款	$ 20	
			未实现销售折扣		$ 20

(3) 后续计量

在资产负债表上，企业根据**可变现净值**(net realizable value)对应收账款进行计量和报告，并在利润表上报告**坏账费用**(bad debt expense)，来反映坏账的成本。

有两种核算应收账款的方法：直接注销法和备抵法。

① **直接注销法**(direct write-off method)是一种简易的确认坏账的方法，但并不为 GAAP 所接受。

A. 这种方法允许企业在确定应收账款无法收回时，对坏账进行注销。

当企业判定某一金额确实无法收回时，它可以将损失计入"坏账费用"账户，并同时减少"应收账款"账户的金额。

B. 这种方法的缺陷主要体现在两个方面。

第一，它没有在销售发生的当期记录费用，这不符合配比原则，坏账费用确认的延迟扭曲了净利润的金额。

第二，它无法在资产负债表上以可实现净额来报告应收账款，使用该方法会高估应收账款的余额。

例 1.2－2

3 月 1 日，FENG 公司认定 GE 公司$ 10 000 的应收金额无法收回，并予以注销(见表 1－18)。

表 1－18　注销坏账

20×1 年 3 月 1 日

坏账费用	$ 10 000	
应收账款——GE 公司		$ 10 000

② **备抵法**(allowance method)可以预估应收账款的可变现净值，并在销售发生的当期预计坏账费用的金额。

有两项与坏账相关的重要考量因素：

A. 在资产负债表上，以预估的可变现净值（“应收账款”与“坏账准备”之差）对应收账款进行计量。

“坏账准备”账户是“应收账款”的**备抵账户**（contra-account）。

B. 在利润表上，将与坏账相关的坏账费用在恰当的会计期内予以报告。

例 1.2－3

FENG 公司 20×0 年的赊销金额为$ 18 000 000。在 12 月 31 日，还有$ 600 000 尚未收回。信用经理预估，有$ 20 000 的应收账款无法收回（见表 1－19、表 1－20）。

表 1－19　记录坏账费用

20×0 年 12 月 31 日

坏账费用	$ 20 000	
坏账准备		$ 20 000

表 1－20　FENG 公司资产负债表

20×0 年 12 月 31 日

流动资产		
现金		$ 25 000
应收账款	$ 600 000	
减：坏账准备	$ 20 000	$ 580 000
存货		$ 450 000
预付保险		$ 30 000
流动资产合计		$ 1 085 000

当企业预期无法从某一个客户处收回到期的账款时，则需要注销该笔应收账款。

当企业决定注销某个特定的金额时，需要同时减少“坏账准备”和“应收账款”账户的金额。

例 1.2－4

20×0 年 3 月 1 日，FENG 公司的 CFO 授权对 GE 所欠的$ 10 000 货款予以注销（见表 1－21、表 1－22）。

表 1－21　注销无法收回的 GE 公司货款

20×0 年 3 月 1 日

坏账准备	$ 10 000	
应收账款——GE 公司		$ 10 000

表 1-22 FENG 公司资产负债表

20×0 年 12 月 31 日

流动资产		
现金		$ 25 000
应收账款	$ 590 000	
减:坏账准备	$ 10 000	$ 580 000
存货		$ 450 000
预付保险		$ 30 000
流动资产合计		$ 1 085 000

当企业收回之前已经注销的账款时,备抵法需要用两个步骤来核算已注销账户的后续收回:

A. 恢复应收账款的金额及坏账准备的金额。

B. 记录现金的收回。

例 1.2-5

20×0 年 10 月 14 日,GE 公司支付了 FENG 公司在 3 月 1 日已经注销的货款,金额为$ 5 000(见表 1-23、表 1-24)。

表 1-23 收回之前已注销的 GE 公司的坏账

20×0 年 10 月 14 日

应收账款——GE 公司	$ 5 000	
坏账准备		$ 5 000
现金	$ 5 000	
应收账款——GE 公司		$ 5 000

表 1-24 FENG 公司资产负债表

20×0 年 12 月 31 日

流动资产		
现金		$ 30 000
应收账款	$ 590 000	
减:坏账准备	$ 15 000	$ 575 000
存货		$ 450 000
预付保险		$ 30 000
流动资产合计		$ 1 085 000

备抵法的关键步骤是预估“坏账准备”的金额。

使用**资产负债表法**时,企业根据每期期末尚未收回的应收账款来预估坏账金额。

账龄表(accounts receivable aging schedule)通过考察未收回应收账款的时间来帮助预估坏账金额。

例 1.2-6

FENG公司的会计师正在利用账龄表来预估20×1年坏账准备的金额(见表1-25、表1-26)。

表1-25 20×1年FENG公司的部分经营数据

20×1年的净赊销	$ 20 000 000
20×1年12月31日的应收账款余额	$ 750 000
20×0年12月31日的坏账准备余额(贷方余额)	$ 15 000
20×1年注销的坏账	$ 5 000
20×1年收回之前已注销的坏账	$ 3 000

表1-26 20×1年FENG公司的账龄表

客户	余额	60天	61~90天	91~120天
GE公司	$ 160 000	$ 100 000	$ 50 000	$ 10 000
HENG公司	$ 290 000	$ 200 000	$ 70 000	$ 20 000
SU公司	$ 300 000	$ 200 000	$ 80 000	$ 20 000
合计	$ 750 000	$ 500 000	$ 200 000	$ 50 000
账龄		**金额**	**坏账计提百分比**	**坏账准备应确认的余额**
小于(或等于)60天		$ 500 000	1%	$ 5 000
61~90天		$ 200 000	5%	$ 10 000
91~120天		$ 50 000	10%	$ 5 000
期末坏账准备的余额				$ 20 000

调整之后,坏账准备的期末余额=$ 20 000

借记"坏账费用"的金额=$ 20 000+$ 5 000-$ 15 000-$ 3 000=$ 7 000

坏账准备为贷方余额时,坏账费用的记录见表1-27、表1-28。

表1-27 坏账准备为贷方余额时,记录坏账费用

20×1年12月31日

坏账费用	$ 7 000	
坏账准备		$ 7 000

表 1－28 记录坏账费用的 T 型账户

坏账费用（借）	坏账费用（贷）	坏账准备（借）	坏账准备（贷）
$ 7 000		$ 5 000	$ 15 000
			$ 3 000
			$ 7 000
			$ 20 000

如果 FENG 公司 20×0 年 12 月 31 日“坏账准备”账户为借方余额，则借记“坏账费用”的金额将会不同（见表 1－29、表 1－30）。

调整之后，坏账准备的期末余额＝$ 20 000

借记“坏账费用”的金额＝$ 20 000+$ 5 000+$ 15 000−$ 3 000＝$ 37 000

表 1－29 坏账准备为借方余额时，记录坏账费用

20×1 年 12 月 31 日

坏账费用	$ 37 000	
坏账准备		$ 37 000

表 1－30 记录坏账费用的 T 型账户

坏账费用（借）	坏账费用（贷）	坏账准备（借）	坏账准备（贷）
$ 37 000		$ 15 000	$ 3 000
		$ 5 000	$ 37 000
			$ 20 000

使用**利润表法**时，管理者根据每期赊销额来预估坏账金额。

例 1.2－7

FENG 公司的会计师正在利用利润表法来预估 20×1 年坏账准备的金额（见表 1－31）。历史数据显示，坏账金额为净赊销额的 0.1%。

表 1－31 20×1 年 FENG 公司的部分经营数据

20×1 年的净赊销	$ 20 000 000
20×1 年 12 月 31 日的应收账款余额	$ 750 000
20×0 年 12 月 31 日的坏账准备余额（贷方余额）	$ 15 000
20×1 年注销的坏账	$ 5 000
20×1 年收回之前已注销的坏账	$ 3 000

借记“坏账费用”的金额＝$ 20 000 000×0. 1%＝$ 20 000

调整之后，“坏账准备”的期末余额＝$ 15 000+$ 3 000+$ 20 000−$ 5 000＝$ 33 000

坏账费用的记录见表 1－32、表 1－33。

表 1-32 坏账准备为贷方余额时,记录坏账费用

20×1 年 12 月 31 日

坏账费用	$ 20 000	
坏账准备		$ 20 000

表 1-33 记录坏账费用的 T 型账户

坏账费用		坏账准备	
$ 20 000		$ 5 000	$ 15 000
			$ 3 000
			$ 20 000
			$ 33 000

(4) 利用应收账款融资

应收账款的质押和转让都是抵押融资的方式。

当企业**对应收账款进行质押**(pledges accounts receivable)时,应收账款就是融资方案的抵押品。

当企业**对应收账款进行转让**(assigns accounts receivable)时,特别指定的应收账款就是贷款的抵押品,但是企业必须将收回的应收账款用于偿付借款。

当企业以折价的方式**将应收账款出售给第三方**(被称为保理商)时,就出现了应收账款**保理**(factoring)。

保理商(factors)是指从企业那里收购应收款项的金融公司或银行,它们通过保理向企业收取费用,并直接从客户那里收取货款。

对于应收账款出售的确认,应满足以下 3 个条件:

① 转让的应收账款应独立于出售企业。

② 保理商有能力对应收账款进行质押或交易。

③ 出售企业不持有对应收账款的有效控制权。

无追索权(without recourse)的应收账款保理发生的条件为:转让应收账款,并不确保款项的收回;保理商承担了无法收回货款的风险及所有的信用损失;出售企业不确保账款的可回收性,客户直接向保理商支付货款。

<u>例 1.2-8</u>

20×1 年 3 月 1 日,FENG 公司将$ 800 000 的应收账款出售给 GE 金融公司,且没有追索权。保理商经过评估后,要求收取应收账款的 2%作为收入,并保留应收账款的 4%作为保证金(见表 1-34)。

表 1-34 以无追索权的方式向 GE 公司出售应收账款

20×1 年 3 月 1 日

现金	$ 752 000	
应收保理商账款(4%)	$ 32 000	
应收账款出售损失(2%)	$ 16 000	
应收账款		$ 800 000

应收保理商账款 = $ 800 000×4% = $ 32 000

应收账款出售损失 = $ 800 000×2% = $ 16 000

现金(实际融资的金额) = $ 800 000-$ 32 000-$ 16 000 = $ 752 000

对于**有追索权(with recourse)**的应收账款的出售,在债务人无法支付货款时,出售企业需要向购入方承诺由其负责支付费用。因此,出售企业需要预估并确认由对购入方的承诺造成的负债。

例 1.2-9

20×1 年 3 月 1 日,FENG 公司以有追索权的形式将$ 800 000 的应收账款出售给 GE 金融公司。保理商经过评估后,要求收取应收账款的 2%作为收入,并保留应收账款的 4%作为保证金。此外,FENG 公司认定,该项追索权负债的公允价值为$ 8 000(见表 1-35)。

表 1-35 以有追索权的方式向 GE 公司出售应收账款

20×1 年 3 月 1 日

现金	$ 752 000	
应收保理商账款	$ 32 000	
应收账款出售损失	$ 24 000	
应收账款		$ 800 000
追索权负债		$ 8 000

应收保理商账款 = $ 800 000×4% = $ 32 000

应收账款出售损失 = $ 800 000×2%+$ 8 000 = $ 24 000

现金(实际融资的金额) = $ 800 000-$ 32 000-$ 16 000 = $ 752 000

EQ1.2-1

表 1-36 是 FENG 公司的信息,该公司的经营周期为 6 个月。

表 1-36 FENG 公司的信息

现金销售	$ 100 000
在第 6 个月发生的赊销金额,账期为 30 天	$ 150 000
在第 5 个月发生的赊销金额,特殊的账期为 9 个月	$ 10 000
由投资赚取并应计的利息;该项投资会在下个周期的第 3 个月到期	$ 2 000

在本经营周期结束时，FENG 公司贸易应收款项的总额为（　　）。

A. $ 152 000

B. $ 160 000

C. $ 260 000

D. $ 262 000

【答案】B

【考点】确定应收账款的金额

由赊销商品或服务产生的应收款项被称为应收账款或贸易应收款项。企业预期会在一年或长于一年的一个经营周期内收回流动的应收款项。

贸易应收款项 = $ 150 000+$ 10 000 = $ 160 000

2. 存货

（1）基础

存货（inventory）是指企业在正常经营活动中为销售而持有的资产，或在生产待销售商品过程中需要使用或消耗的商品。

制造业企业通常会根据不同的生产阶段报告 3 种类型的存货：

① **原材料存货**（raw materials inventory）包括企业尚未投入生产的生产要素。

② **在产品存货**（work-in-process inventory）是指正处于生产过程中的产品，包括 3 种类型的成本：原材料、人工成本和分配的制造费用。

③ **完工品存货**（finished goods inventory）包括生产流程已经结束的产品。

（2）存货系统

① 采用**定期盘存制**（periodic system）核算存货时，企业在每个会计期末确定存货余额和销货成本。

每次发生销售时，企业不会扣减存货余额和增加销货成本，而是定期确定存货余额和销货成本。

<u>**例 1.2－10**</u>

FENG 公司使用定期盘存制来核算其存货。3 月份存货的采购和销售数据列示在表 1－37 中。20×1 年 3 月 31 日，该公司通过存货盘存，确定仓库内的存货金额为 $ 50 000。

表 1－37　20×1 年 3 月份的采购和销售情况

日期	期初	采购成本	销售收入	期末
3 月 1 日	$ 100 000			
3 月 5 日			$ 70 000	
3 月 10 日		$ 18 000		

续表

日期	期初	采购成本	销售收入	期末
3 月 18 日			$ 100 000	
3 月 24 日		$ 30 000		
3 月 31 日				$ 50 000

A. 销售产品时,记录销售收入(见表 1－38、表 1－39)。

表 1－38　记录赊销

20×1 年 3 月 5 日

应收账款	$ 70 000	
销售收入		$ 70 000

表 1－39　记录赊销

20×1 年 3 月 18 日

应收账款	$ 100 000	
销售收入		$ 100 000

B. 采购存货时,记录采购金额(见表 1－40、表 1－41)。

表 1－40　记录赊购

20×1 年 3 月 10 日

采购	$ 18 000	
应付账款		$ 18 000

表 1－41　记录赊购

20×1 年 3 月 24 日

采购	$ 30 000	
应付账款		$ 30 000

C. FENG 公司确定销货成本,并在“销货成本”账户中借记$ 119 000(见表 1－42)。

表 1－42　记录销货成本

20×1 年 3 月 31 日

销货成本	$ 119 000	
存货		$ 71 000
采购		$ 48 000

销货成本＝期初存货＋当期采购－期末存货＝$ 100 000＋($ 18 000＋$ 30 000)－$ 50 000＝$ 119 000

---

② 采用**永续盘存制**(perpetual system)核算存货时,企业会根据每次的采购和销售数据对存货账户进行持续更新。

永续盘存制优于定期盘存制，因为它总是可以提供当前存货水平、销货成本和毛利的信息。

例 1.2－11

FENG 公司采用永续盘存制来核算其存货。3 月份存货的采购和销售数据列示在表 1－43 中。该公司对于所有的销售都采用统一的毛利率 30%。

表 1－43 20×1 年 3 月份的采购和销售情况

日期	期初	采购成本	销售收入	期末
3 月 1 日	$ 100 000			
3 月 5 日			$ 70 000	
3 月 10 日		$ 18 000		
3 月 18 日			$ 100 000	
3 月 24 日		$ 30 000		
3 月 31 日				

A. 销售产品时，记录销售收入和销货成本（见表 1－44、表 1－45）。

表 1－44 记录赊销及其销货成本

20×1 年 3 月 5 日

应收账款	$ 70 000	
销售收入		$ 70 000
销货成本	$ 49 000	
存货		$ 49 000

销货成本＝$ 70 000×(1－30%)＝$ 49 000

表 1－45 记录赊销及其销货成本

20×1 年 3 月 18 日

应收账款	$ 100 000	
销售收入		$ 100 000
销货成本	$ 70 000	
存货		$ 70 000

销货成本＝$ 100 000×(1－30%)＝$ 70 000

B. 采购存货时，记录采购金额（见表 1－46、表 1－47）。

表 1－46 记录赊购

20×1 年 3 月 10 日

采购	$ 18 000	
应付账款		$ 18 000

表1-47　记录赊购

20×1年3月24日

采购	$ 30 000	
应付账款		$ 30 000

(3) 包括在存货中的商品

① **在途商品**(goods in transit)是指已经离开出售方的经营所在地,但是采购方尚未收到的商品。

如果商品是以**离岸价——装运地**[F. O. B. (free on board) shipping point]的方式装运的,则在商品装运时,其所有权就转移至了采购方。

如果商品是以**离岸价——目的地**(F. O. B. destination)的方式装运的,则商品只有在被采购方收到时,其所有权才从出售方转移至采购方(见图1-23)。

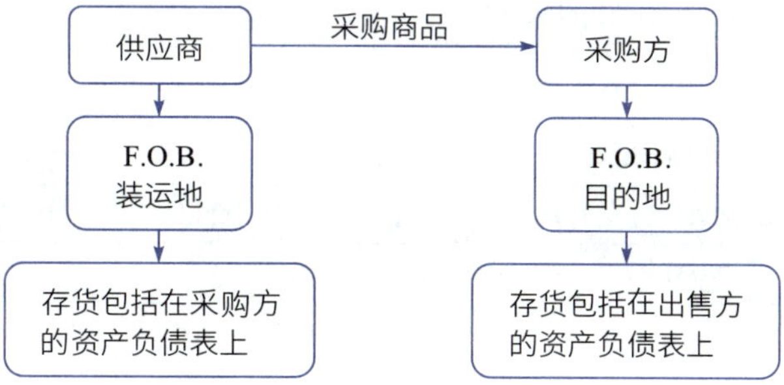

图1-23　在途商品的存货确认

② 有时,一家企业会以**寄售**(consignment)的方式将商品转交给另一家企业,并由后者负责商品的销售。

商品的实体被转移至另一家企业(受托方),但转移方(寄售方)依然持有商品的法定所有权(见图1-24)。

如果受托方无法找到买家,则商品会被退还给寄售方。

如果能找到买家,受托方会将销售金额(扣除佣金和认可的费用)汇给寄售方。

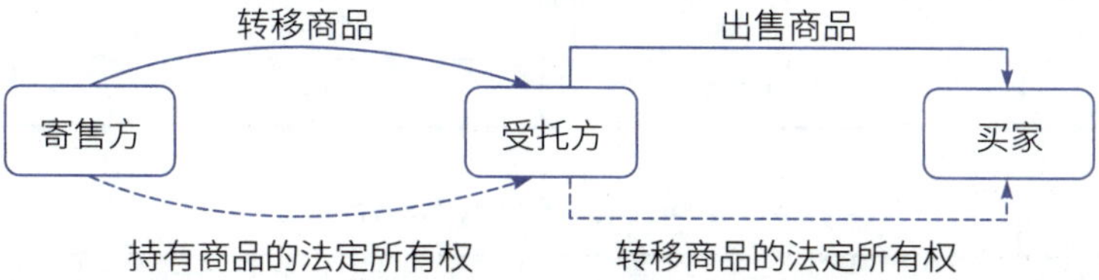

图1-24　寄售协议

(4) 存货成本流转假设

有**4种常用的方法**将可供出售的存货成本在期末存货和销货成本之间进行分配:特别认定法、平均成本法、先进先出法、后进先出法。

① 采用**特别认定法**(specific identification method)时,企业需要确定每一件出售的

商品并追踪与特定商品相关的成本。

A. 有些企业出售的商品,**单价高且能轻易被识别但销量低**,特别认定法就适用于此类企业。

B. 在特别认定法下,成本流转与商品的实际流转是完全匹配的。

特别认定法对实际成本与实际收入进行匹配,期末存货以存货的实际成本进行报告。

C. 特别认定法也可以让企业通过选择不同的成本来计算销货成本,以此来调节净利润。

例 1.2-12

FENG 公司采用特别认定法来计算 20×1 年 3 月份的销货成本和期末存货。3 月份存货的财务信息见表 1-48。经过识别,出售的 7 000 个商品中,2 000 个来自期初存货,另外的 5 000 个来自 3 月 10 日的采购。

表 1-48 20×1 年 3 月份 FENG 公司的存货信息

日期	期初余额		采购		销售	期末存货
	数量/个	价格	数量/个	价格	数量/个	数量
3 月 1 日	3 000	$ 4.00				
3 月 10 日			6 000	$ 4.50		9 000
3 月 18 日					7 000	2 000
3 月 24 日			1 000	$ 5.00		3 000
3 月 31 日						3 000

销货成本和期末存货的计算如表 1-49、表 1-50、图 1-25 所示。

表 1-49 销货成本的计算

日期	数量	单位成本	总成本
3 月 1 日	2 000	$ 4.00	$ 8 000
3 月 10 日	5 000	$ 4.50	$ 22 500
合计	7 000		$ 30 500

表 1-50 期末存货成本的计算

日期	数量	单位成本	总成本
3 月 1 日	1 000	$ 4.00	$ 4 000
3 月 10 日	1 000	$ 4.50	$ 4 500
3 月 24 日	1 000	$ 5.00	$ 5 000
合计	3 000		$ 13 500

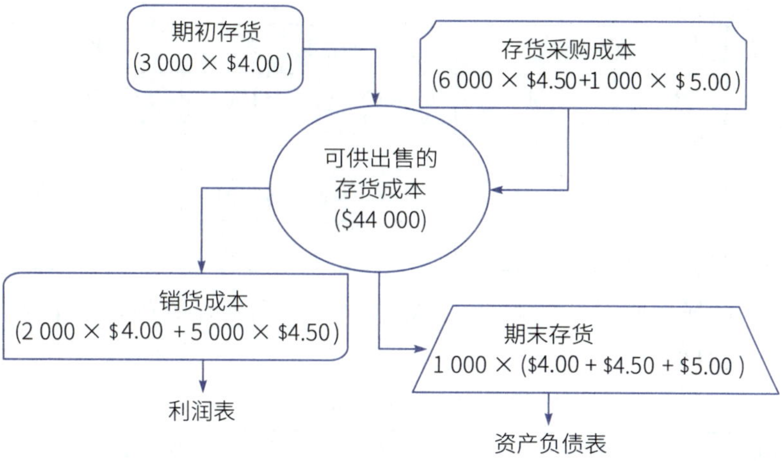

图 1－25 使用特别认定法的销货成本和期末存货

② **平均成本法(average cost method)**假定销货成本和期末存货包含了所有可供出售存货的总和。

A．用于已售商品或期末存货的平均单位成本并不是简单意义上的当期单位采购成本的平均值，而是不同单位成本用采购量作为权重计算出来的平均单位成本。

$$\text{加权平均单位成本}=\frac{\text{可供出售的存货成本}}{\text{可供出售的存货数量}}$$

B．采用**定期盘存制**时，只在期末计算一次加权平均单位成本。

C．**永续盘存制**中的加权平均单位成本变成了**移动加权**平均单位成本。

每次采购新的存货就需要计算一次新的加权平均单位成本。

该平均值用于计算在下一次采购发生之前，所有已售商品的销售成本。

D．由于平均成本法的简便和客观，企业使用平均成本法只是出于实用性而非理论上的原因。

E．使用平均成本法无法调节利润。

例 1.2－13

FENG 公司采用平均成本法来计算 20×1 年 3 月份的销货成本和期末存货。3 月份存货的财务信息，见表 1－51。

表 1－51 20×1 年 3 月份 FENG 公司的存货信息

日期	期初余额		采购		销售	期末存货
	数量	价格	数量	价格	数量	数量
3 月 1 日	3 000	$ 4. 00				
3 月 10 日			6 000	$ 4. 50		9 000

续表

日期	期初余额		采购		销售	期末存货
	数量	价格	数量	价格	数量	数量
3月18日					7 000	2 000
3月24日			1 000	$ 5.00		3 000
3月31日						3 000

在定期盘存制下使用平均成本法，销货成本和期末存货的计算如表1－52～表1－54、图1－26所示。

表1－52　平均成本的计算

日期	数量	单位成本	总成本	单位成本
3月1日	3 000	$ 4.00	$ 12 000	
3月10日	6 000	$ 4.50	$ 27 000	
3月24日	1 000	$ 5.00	$ 5 000	
可供出售的存货	10 000		$ 44 000	$ 4.40

表1－53　销货成本的计算

日期	数量	单位成本	总成本
3月18日	7 000	$ 4.40	$ 30 800

表1－54　期末存货成本的计算

日期	数量	单位成本	总成本
3月31日	3 000	$ 4.40	$ 13 200

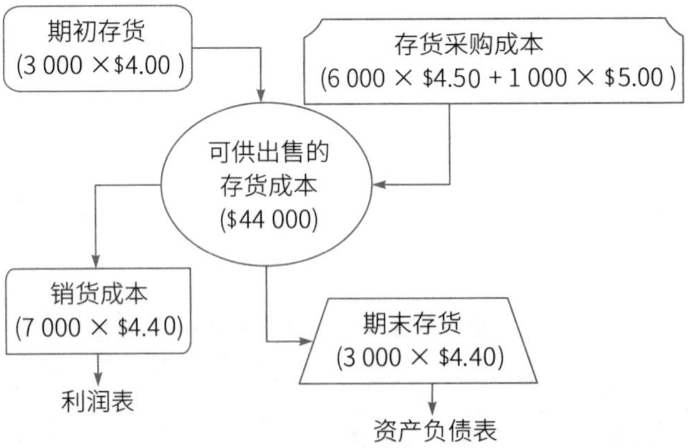

图1－26　定期盘存制下使用平均成本法的销售成本和期末存货

在永续盘存制下使用平均成本法，销货成本和期末存货的计算如表1－55～表1－58、图1－27所示。

表 1－55　用于销货成本的平均成本的计算

日期	数量	单位成本	总成本	单位成本
3 月 1 日	3 000	$ 4.00	$ 12 000	
3 月 10 日	6 000	$ 4.50	$ 27 000	
可供出售的存货	9 000		$ 39 000	$ 4.33

表 1－56　销货成本的计算

日期	数量	单位成本	总成本
3 月 18 日	7 000	$ 4.33	$ 30 310

表 1－57　用于期末存货成本的平均成本的计算

日期	数量	单位成本	总成本	单位成本
3 月 18 日	2 000	$ 4.33	$ 8 660	
3 月 24 日	1 000	$ 5.00	$ 5 000	
可供出售的存货	3 000		$ 13 660	$ 4.55

表 1－58　期末存货成本的计算

日期	数量	单位成本	总成本
3 月 31 日	3 000	$ 4.55	$ 13 660

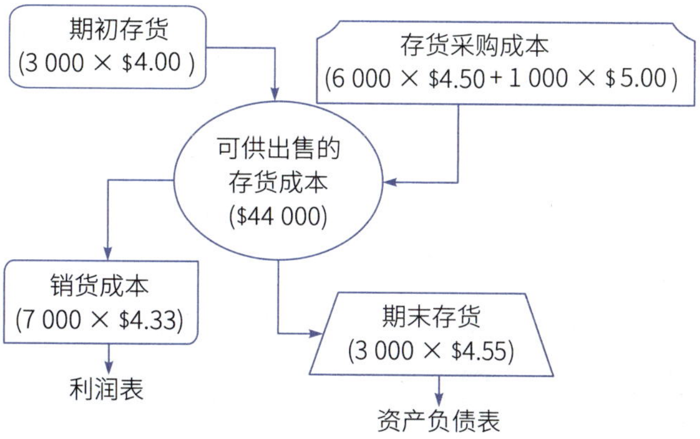

图 1－27　永续盘存制下使用平均成本法的销售成本和期末存货

③ **先进先出法(first-in first-out,FIFO)** 将最新的成本分派给期末存货，而将最旧的成本分派给销货成本。

A. 先进先出法的成本流转假设非常精确地描绘了大多数企业的实际商品流转。

B. 在先进先出法下，就期末存货和销货成本而言，使用**永续盘存制或定期盘存制产出的结果是完全一样的**。

C. 先进先出法**杜绝了调节利润的可能性**，因为企业无法在利润表中选择特定的成本项目作为费用扣除。

D．先进先出法的另一个优点是**期末存货成本更接近当期成本**。

E．先进先出法**无法在利润表上对当期的成本与当期的收入进行配比**。

例 1.2－14

FENG 公司采用先进先出法来计算 20×1 年 3 月份的销货成本和期末存货。3 月份存货的财务信息见表 1－59。

表 1－59 20×1 年 3 月份 FENG 公司的存货信息

日期	期初余额		采购		销售	期末存货
	数量	价格	数量	价格	数量	数量
3 月 1 日	3 000	$ 4.00				
3 月 10 日			6 000	$ 4.50		9 000
3 月 18 日					7 000	2 000
3 月 24 日			1 000	$ 5.00		3 000
3 月 31 日						3 000

在永续盘存制下使用先进先出法，销货成本和期末存货的计算如表 1－60、表 1－61、图 1－28 所示。

表 1－60 销货成本的计算

日期	数量	单位成本	总成本
3 月 1 日	3 000	$ 4.00	$ 12 000
3 月 10 日	4 000	$ 4.50	$ 18 000
合计	7 000		$ 30 000

表 1－61 期末存货成本的计算

日期	数量	单位成本	总成本
3 月 10 日	2 000	$ 4.50	$ 9 000
3 月 24 日	1 000	$ 5.00	$ 5 000
合计	3 000		$ 14 000

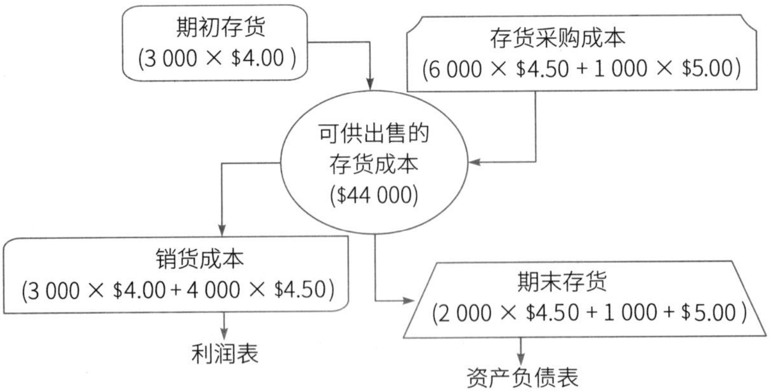

图 1－28 永续盘存制下使用先进先出法的销货成本和期末存货

在定期盘存制下使用先进先出法，销货成本和期末存货的计算如表 1－62、表 1－63、图 1－29 所示。

表 1－62　可供出售存货成本的计算

日期	数量	单位成本	总成本
3 月 1 日	3 000	$ 4. 00	$ 12 000
3 月 10 日	6 000	$ 4. 50	$ 27 000
3 月 24 日	1 000	$ 5. 00	$ 5 000
可供出售存货	10 000		$ 44 000

表 1－63　期末存货成本的计算

日期	数量	单位成本	总成本
3 月 10 日	2 000	$ 4. 50	$ 9 000
3 月 24 日	1 000	$ 5. 00	$ 5 000
合计	3 000		$ 14 000

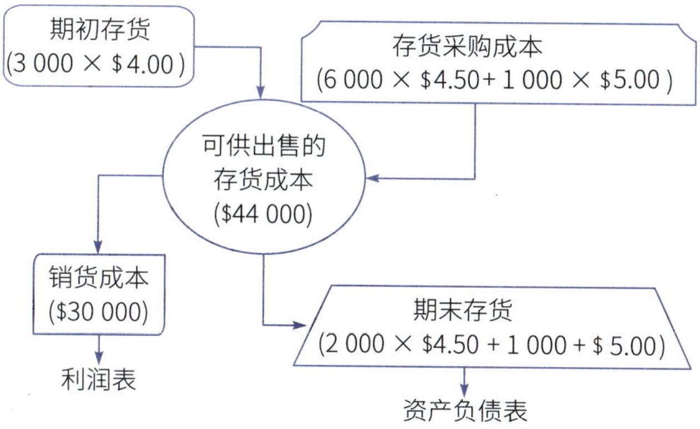

图 1－29　定期盘存制下使用先进先出法的销货成本和期末存货

销货成本＝可供出售的存货成本－期末存货成本＝$ 44 000－$ 14 000＝$ 30 000

---

④ **后进先出法（last-in first-out，LIFO）** 将最旧的成本分派给期末存货，将最新的成本分派给销货成本。

A．后进先出法假定出售的商品是最近一期采购的商品。

B．与永续盘存制相比，在定期盘存制下使用后进先出法会产生**不同**的期末存货和销货成本金额。

C．后进先出法通过**后进先出清算**为企业提供了调节利润的机会。

D．后进先出法让企业在利润表上对当期的成本与当期的收入进行配比。

E．后进先出法用最旧的成本来计量期末存货。

例 1.2－15

FENG 公司采用后进先出法来计算 20×1 年 3 月份的销货成本和期末存货。3 月份存货的财务信息见表1－64。

表1－64　20×1年3月份FENG公司的存货信息

日期	期初余额		采购		销售	期末存货
	数量	价格	数量	价格	数量	数量
3月1日	3 000	$ 4.00				
3月10日			6 000	$ 4.50		9 000
3月18日					7 000	2 000
3月24日			1 000	$ 5.00		3 000
3月31日						3 000

在永续盘存制下使用后进后出法，销货成本和期末存货的计算如表1－65、表1－66、图1－30所示：

表1－65　销货成本的计算

日期	数量	单位成本	总成本
3月10日	6 000	$ 4.50	$ 27 000
3月1日	1 000	$ 4.00	$ 4 000
合计	7 000		$ 31 000

表1－66　期末存货成本的计算

日期	数量	单位成本	总成本
3月1日	2 000	$ 4.00	$ 8 000
3月24日	1 000	$ 5.00	$ 5 000
合计	3 000		$ 13 000

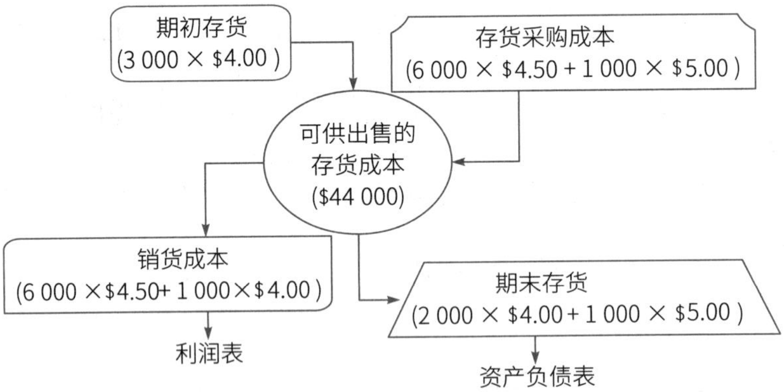

图1－30　永续盘存制下使用后进先出法的销货成本和期末存货

在定期盘存制下使用后进后出法，销货成本和期末存货的计算如表1－67、表1－68、图1－31所示。

表 1－67　可供出售存货成本的计算

日期	数量	单位成本	总成本
3 月 1 日	3 000	$ 4. 00	$ 12 000
3 月 10 日	6 000	$ 4. 50	$ 27 000
3 月 24 日	1 000	$ 5. 00	$ 5 000
可供出售存货	10 000		$ 44 000

表 1－68　期末存货成本的计算

日期	数量	单位成本	总成本
3 月 1 日	3 000	$ 4. 00	$ 12 000
合计	3 000		$ 12 000

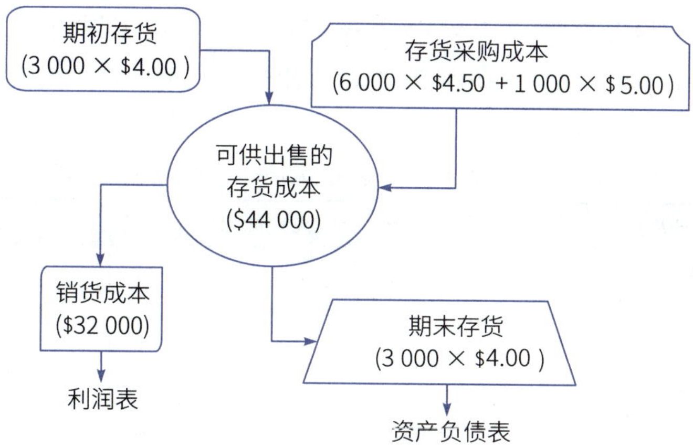

图 1－31　定期盘存制下使用后进先出法的销货成本和期末存货

销货成本 = 可供出售的存货成本－期末存货成本 = $ 44 000－$ 12 000 = $ 32 000

⑤ 通过几项财务指标来比较平均成本法、先进先出法和后进先出法。

采购成本的变化会使 3 种方法产生不同的销货成本。

在**采购成本上升**时，后进先出法的销货成本最高，而先进先出法的销货成本最低，见图 1－32。

采购成本下降会对销货成本产生相反的效果。

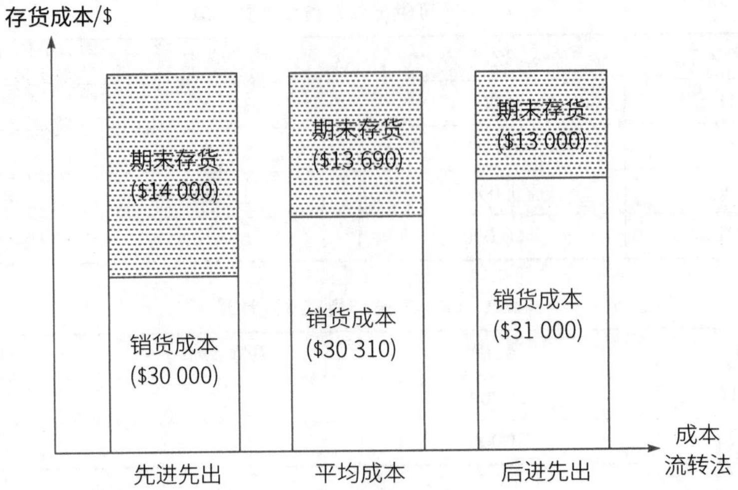

图 1－32 采购成本上升时，先进先出法、平均成本法和后进先出法的销货成本与期末存货

表 1－69 列示了采用先进先出法和后进先出法时，采购成本上升对几项财务指标的影响。

表 1－69 采购成本上升，对两种成本流转法的财务指标的影响

项目	先进先出	后进先出
销货成本	↓	↑
毛利	↑	↓
期末存货	↑	↓
存货周转率	↓	↑
流动资产	↑	↓
营运资本	↑	↓
流动比率	↑	↓

表 1－70 列示了采用先进先出法和后进先出法时，采购成本下降对几项财务指标的影响。

表 1－70 采购成本下降，对两种成本流转法的财务指标的影响

项目	先进先出	后进先出
销货成本	↑	↓
毛利	↓	↑
期末存货	↓	↑
存货周转率	↑	↓
流动资产	↓	↑
营运资本	↓	↑
流动比率	↓	↑

(5) 后进先出法的其他问题

① 当后进先出法用于对外财务报告和报税而先进先出法用于内部记录时，就需要使用一个叫作“**后进先出储备**”(LIFO reserve) 的备抵账户来进行转换调整。

“后进先出储备”账户的余额等于存货账户用先进先出法与后进先出法计算的金额之差。

后进先出储备 = 先进先出法的期末存货 - 后进先出法的期末存货

后进先出法的销货成本 = 后进先出法的销货成本 + 后进先出储备

例 1.2 - 16

FENG 公司的对外财务报告使用后进先出法，而采用先进先出法对存货进行内部记录。4 月份存货的财务信息见表 1 - 71。内部记录显示，4 月份的销货成本为 $ 19 500。

表 1 - 71　20×1 年 4 月份 FENG 公司的存货信息

日期	期初余额			采购		销售	期末		
	数量	成本		数量	价格	数量	数量	成本	
		FIFO	LIFO					FIFO	LIFO
4 月 1 日	3 000	$ 14 000	$ 13 000						
4 月 10 日				2 000	$ 5. 50				
4 月 20 日						4 000			
4 月 30 日							1 000	$ 5 500	$ 4 000

内部记录的销货成本 = $ 14 000+1 000×$ 5. 50 = $ 19 500

后进先出储备的期初余额 = $ 14 000-$ 13 000 = $ 1 000

后进先出储备的期末余额 = $ 5 500-$ 4 000 = $ 1 500

“后进先出储备”账户当期增加值 = $ 1 500-$ 1 000 = $ 500

对外报告的销货成本 = $ 19 500+$ 500 = $ 20 000

采用后进后出法调整后的销货成本见表 1 - 72。

表 1 - 72　采用后进先出法调整后的销货成本

20×1 年 4 月 30 日

销货成本	$ 500	
后进先出储备		$ 500

② 当**采购成本持续上升**且采用**后进先出法的情况下的存货水平下降**时，就会发生**后进先出清算**(LIFO liquidation)。相应的结果就是下降的销货成本会导致利润上升。

存货水平下降意味着商品采购得少而卖得多。

例 1.2 - 17

FENG 公司创建于 20×1 年，采用后进先出法来核算其存货。在 20×4 年末，该公司的存货一共有 4 个层级，见表 1 - 73。

表 1－73　20×4 年末使用后进先出法的存货层级

年份	数量	单位成本	总成本
20×1	10 000	$ 20	$ 200 000
20×2	6 000	$ 22	$ 132 000
20×3	8 000	$ 24	$ 192 000
20×4	4 000	$ 30	$ 120 000
20×4 年的期末存货			$ 644 000

A．若 20×5 年 FENG 公司以$ 35 的单位成本采购了 55 000 件商品，并以$ 50 的价格出售了 60 000 件商品，使用后进先出法的销货成本计算如表 1－74 所示。

表 1－74　20×5 年使用后进先出法的销货成本（采购 55 000 件）

年份	数量	单位成本	总成本
20×5	55 000	$ 35	$ 1 925 000
20×4	4 000	$ 30	$ 120 000
20×3	1 000	$ 24	$ 24 000
20×5 年的销货成本			$ 2 069 000

20×5 年的毛利＝60 000×$ 50－$ 2 069 000＝$ 931 000

B．假如 20×5 年 FENG 公司以$ 35 的单位成本采购了 50 000 件商品，并以$ 50 的价格出售了 60 000 件商品，使用后进先出法的销货成本计算如表 1－75 所示。

表 1－75　20×5 年使用后进先出法的销货成本（采购 50 000 件）

年份	数量	单位成本	总成本
20×5	50 000	$ 35	$ 1 750 000
20×4	4 000	$ 30	$ 120 000
20×3	6 000	$ 24	$ 144 000
20×5 年的销货成本			$ 2 014 000

20×5 年的毛利＝60 000×$ 50－$ 2 014 000＝$ 986 000

(6) 存货差错的影响

① **错误的金额计入采购和存货**会导致资产负债表上存货和应付账款的余额被高估或低估（见图 1－33）。

② **期末存货的错报**会对净利润产生直接的影响。

如果企业因为存货盘点不准确而**低估了期末存货**，则**销货成本就会被高估**进而导致**净利润被低估**。

如果由于存货盘点不准确而**高估了期末存货**，则**销货成本就会被低估**进而导致**净利润被高估**（见图 1－34）。

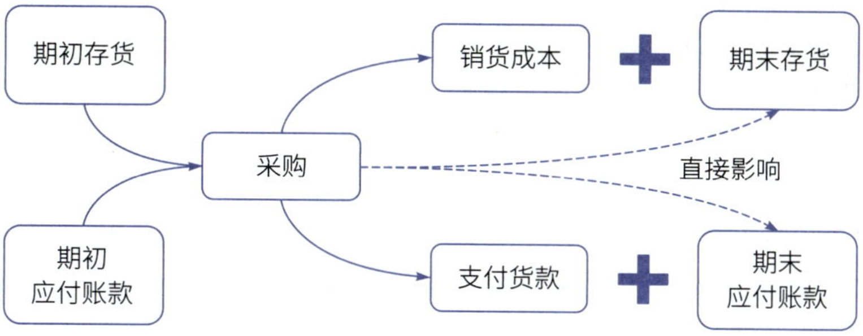

图 1-33　存货采购差错的影响

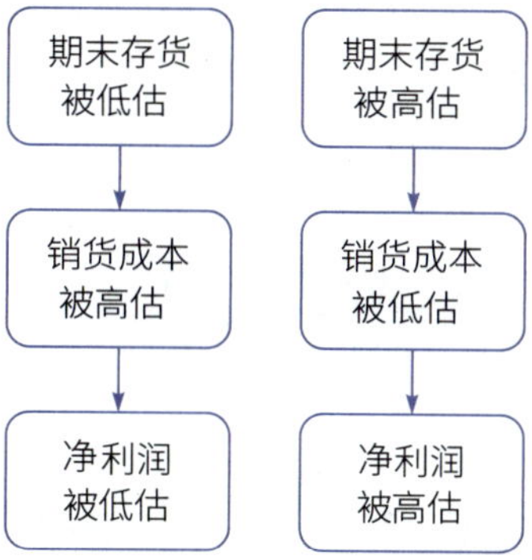

图 1-34　在一个会计期内期末存货的错报

③ 在**两个会计期**内，存货差错是可以**自动修正**的（见图 1-35）。

如果第一年的期末存货被低估了，则当年高估的销货成本会导致第一个会计期的净利润和留存收益被低估。如果期末存货在下一个年度内是记录正确的，则原来的差错会在第二年内产生相反的效果。

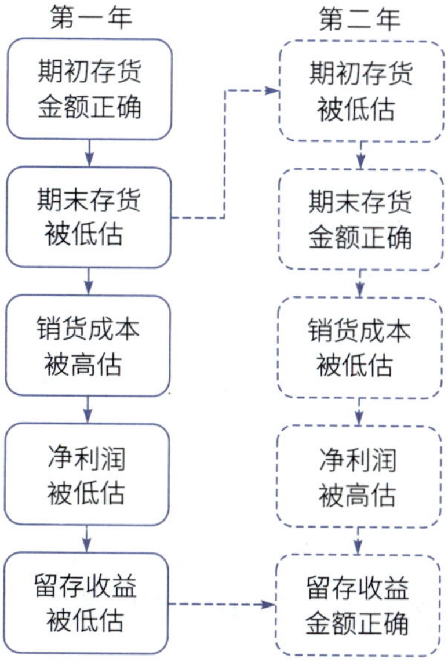

图 1-35　在两个会计期内期末存货的错报

因为第二年期初存货被低估而期末存货的金额是正确的，所以被低估的销货成本会引起净利润被高估。由于留存收益在第二年的期初余额被低估了，所以第二年被高估的净利润结转至留存收益后会使后者能以正确的金额报告在第二年末的资产负债表上。

（7）存货的后续计量

① 如果企业使用除“后进先出法”“先进先出法”或“平均成本法”之外的任一方法来报告存货，则该企业应使用**成本与可变现净值孰低法**（lower of cost or net realizable value，LCNRV）来进行存货的后续计量。

A．在该方法下，企业需要对存货的**成本**与其**可变现净值**进行比较。

可变现净值（net realizable value，NRV）是指在正常业务过程中存货的**预计售价**扣除**可以合理预估的完工、处置和运输成本**（比如，佣金和运费）之后的金额。

B．在对成本和可变现净值进行比较之后，企业应以两者中更低的金额来报告存货。

如果可变现净值比成本低，则企业需要做调整分录，将存货的金额从原来记录的采购成本下调至更低的可变现净值。该可变现净值就变成了资产负债表上存货的新的持有价值。

如果成本低于可变现净值，则企业无需做调整分录。

C．成本与可变现净值孰低法避免了以高于存货可产生现金流的金额来报告存货的价值。

例 1.2-18

FENG 公司使用先进先出法来核算其存货。到年末，该公司使用成本与可变现净值孰低法来确定其期末存货的价值。相关信息见表 1-76、图 1-36。

表 1-76 使用成本与可变现净值孰低法需要的财务数据

项目	成本	售价	处置成本	正常毛利	重置成本
A	$ 12 000	$ 34 000	$ 16 000	$ 8 000	$ 15 000
B	$ 5 000	$ 6 000	$ 3 000	$ 1 000	$ 4 000
C	$ 15 000	$ 41 000	$ 31 000	$ 1 000	$ 8 000

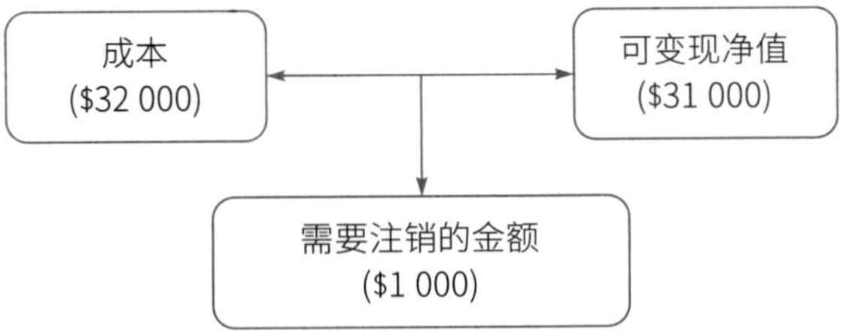

图 1-36 成本与可变现净值孰低法

确定每种产品的可变现净值：

A = $ 34 000-$ 16 000 = $ 18 000

B = $ 6 000 - $ 3 000 = $ 3 000

C = $ 41 000 - $ 31 000 = $ 10 000

对总成本与总可变现净值进行比较：

总成本 = $ 12 000 + $ 5 000 + $ 15 000 = $ 32 000

总可变现净值 = $ 18 000 + $ 3 000 + $ 10 000 = $ 31 000

存货的总可变现净值小于其总成本。

故，以更低的可变现净值报告存货金额：

注销的金额 = $ 32 000 - $ 31 000 = $ 1 000

存货注销通常会被包括在销货成本中，因为它们是持有存货的一个自然结果，也必然是存货成本的一个部分。

但是如果注销的金额巨大且异常，则应将此项注销记录在一个损失账户中（见表 1 - 77）。

表 1 - 77　成本与可变现净值孰低法的存货减值

20×1 年 12 月 31 日

销货成本	$ 1 000	
存货		$ 1 000
存货减值损失	$ 1 000	
存货		$ 1 000

② 如果企业使用后进先出法、先进先出法或平均成本法来报告存货，则该企业应使用**成本与市价孰低法**（lower of cost or market，LCM）来进行存货的后续计量。

A．使用成本与市价孰低法时，市价就是存货当前（购置或生产）的重置成本，除非：

a．市价不得高于可变现净值（该金额构成了市价的上限）；

b．市价不能低于可变现净值扣除正常毛利之后的金额（该金额构成了市价的下限）。

B．指定的市价需要与成本进行比较，两者中的更低者被用于报告存货的价值。

例 1.2 - 19

FENG 公司使用先进先出法来核算其存货。到年末，该公司使用成本与市价孰低法来确定其期末存货的价值。相关信息见表 1 - 78、图 1 - 37。

表 1 - 78　使用成本与可变现净值孰低法需要的财务数据

项目	成本	售价	处置成本	正常毛利	重置成本
A	$ 12 000	$ 34 000	$ 16 000	$ 8 000	$ 15 000
B	$ 5 000	$ 6 000	$ 3 000	$ 1 000	$ 4 000
C	$ 15 000	$ 41 000	$ 31 000	$ 1 000	$ 8 000

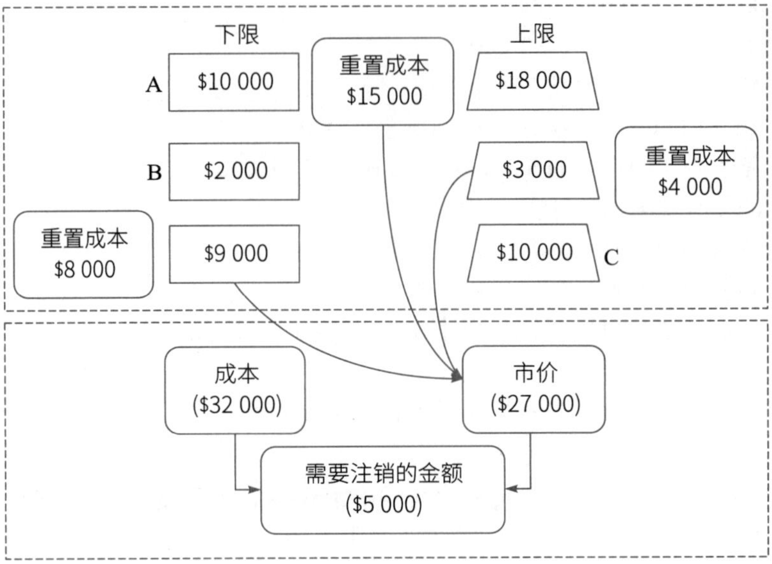

图 1－37 成本与市价孰低法

确定每种产品的市价上限：

A＝$ 34 000－$ 16 000＝$ 18 000

B＝$ 6 000－$ 3 000＝$ 3 000

C＝$ 41 000－$ 31 000＝$ 10 000

确定每种产品的市价下限：

A＝$ 18 000－$ 8 000＝$ 10 000

B＝$ 3 000－$ 1 000＝$ 2 000

C＝$ 10 000－$ 1 000＝$ 9 000

确定每种产品的指定市价：

$ 10 000(下限) <$ 15 000(重置成本) <$ 18 000(上限)→A＝$ 15 000

$ 3 000(上限) <$ 4 000(重置成本)→B＝$ 3 000

$ 8 000(重置成本) <$ 9 000(下限)→C＝$ 9 000

对总成本与总指定市价进行比较：

总成本＝$ 12 000+$ 5 000+$ 15 000＝$ 32 000

总指定市价＝$ 15 000+$ 3 000+$ 9 000＝$ 27 000

存货的总指定市价低于其总成本。

故，以更低的指定市价报告存货金额(见表 1－79)：

注销的金额＝$ 32 000－$ 27 000＝$ 5 000

表 1－79 成本与市价孰低法的存货减值

20×1 年 12 月 31 日

销货成本	$ 5 000	
存货		$ 5 000

续表

存货减值损失	$ 5 000	
存货		$ 5 000

EQ1.2－2

以下行为中，会导致利润下降的是(　　)。

A．在价格上涨期间，进行后进先出清算

B．在价格下降期间，将先进先出法变更为后进先出法

C．在价格上涨期间，采用后进先出法，在期末加快存货的采购

D．调整后进先出类别的数量

【答案】C

【考点】理解存货对利润的影响

在通货膨胀期间，进行后进先出清算会使毛利上升，因为金额更低的旧成本会被计入销货成本。

在通货紧缩期间，后进先出法会产生更高的毛利，因为金额更低的新成本会被计入销货成本。

在通货膨胀期间，在期末加快采购会使更高的新成本被计入销货成本，进而降低当期的毛利。

调整后进先出类别的数量可以对利润产生正面或负面的影响。

3. 投资

(1) 基础

① **债务性证券**(debt securities)代表了债权人与另一实体之间的关系。

企业将债务性投资分为 3 个不同的类别，用于核算与报告(见表 1－80)。

表 1－80　债务性证券的 3 个类别

类别	计量	未实现持有利得或损失	对收益的其他影响
持有至到期证券	摊余成本	不予确认	赚取的利息；出售所实现的利得和损失
交易性证券	公允价值	在利润表上确认利得或损失	
可供出售证券	公允价值	在资产负债表上确认为其他综合收益	

② **权益性证券**(equity securities)代表了所有权**所体现的**利益，比如普通股、优先股或其他股本。

权益性证券的分类取决于投资者持有的被投资企业有投票权股票的比例(见表 1－81)。

表 1－81　权益性证券的 3 个类别

类别	计量	未实现持有利得或损失	对收益的其他影响
持股比例小于 20%	公允价值	在利润表上确认利得或损失	宣告的股息；出售所实现的利得和损失

第1章

续表

类别	计量	未实现持有利得或损失	对收益的其他影响
持股比例在20%到50%之间	权益法	不予确认	按比例确认被投资企业的净利润
持股比例超过50%	合并报表	不予确认	不使用

(2) 债务性证券的投资

① **持有至到期证券**(held-to-maturity securities)是指企业有明确的意图且有能力持有至到期的债务性证券。

A. 在购入时,企业以**成本**记录持有至到期的债务性证券。

购置价格/成本是通过折现的方式来确定的,等于面值与利息的现值之和。

购置价格<面值→折价购入债券

购置价格>面值→溢价购入债券

B. 企业使用有效利率法进行摊销来确认持有至到期债券投资的利息收入。

有效利率法(effective interest method)通过到期收益率(yield to maturity,YTM)乘以债券投资在**每期期末**的账面余额来计算利息收入。

确认的利息收入=债券的账面余额×YTM

收到的现金利息=面值×票面利率

C. 企业以**摊余成本**来报告持有至到期的债务性投资。

摊余成本(amortized cost)是指对初始成本进行折价或溢价摊销之后的金额。

购入债券后,在债券的期限内,企业都需要针对收益进行折价或溢价的摊销。

折价/溢价摊销=收到的现金利息-确认的利息收益

D. 企业在出售债券时,需要根据实际收到的金额与**账面余额**进行比较,来确定**已实现的利得或损失**。

例 1.2-20

20×1 年 1 月 1 日,FENG 公司购入了 GE 公司发行的债券;债券的面值为$ 10 000,票面利率为10%。债券的到期日为20×4 年 1 月 1 日,到期收益率为 8%。计息日为每年的 6 月 30 日和 12 月 31 日(见表 1-82)。

表 1-82 使用有效利率法进行溢价摊销(到期收益率为 8%)

日期	现金利息(10%/2)	利息收入(8%/2)	溢价摊销	账面余额
20×1 年 1 月 1 日				$ 10 524
20×1 年 6 月 30 日	$ 500	$ 421	$ 79	$ 10 445
20×1 年 12 月 31 日	$ 500	$ 418	$ 82	$ 10 363
20×2 年 6 月 30 日	$ 500	$ 415	$ 85	$ 10 278
20×2 年 12 月 31 日	$ 500	$ 411	$ 89	$ 10 189
20×3 年 6 月 30 日	$ 500	$ 407	$ 93	$ 10 096
20×3 年 12 月 31 日	$ 500	$ 404	$ 96	$ 10 000

记录购入成本(见表 1－83)。

$$成本=\frac{\$\,10\,000\times10\%}{2}\times PVIFA_6^{4\%}+\$\,10\,000\times PVIF_6^{4\%}=\$\,10\,524$$

表 1－83　记录债券购入成本

20×1 年 1 月 1 日

持有至到期债券投资——GE 公司	\$ 10 524	
现金		\$ 10 524

记录利息收入(见表 1－84)。

$$20\times1\text{ 年 6 月 30 日确认的利息收入}=\$\,10\,524\times\frac{8\%}{2}=\$\,421$$

$$20\times1\text{ 年 6 月 30 日收到的现金利息}=\$\,10\,000\times\frac{10\%}{2}=\$\,500$$

表 1－84　记录利息收入

20×1 年 6 月 30 日

现金	\$ 500	
利息收入		\$ 421
持有至到期债券投资——GE 公司		\$ 79

在资产负债表上以摊余成本报告债券价值。

摊余成本＝\$ 10 524－\$ 79＝\$ 10 445

---

② **交易性证券**(trading securities)是指为了在短期内从价格差异中获取利润而购入和持有的债务性证券。

A．当企业计划通过积极的证券交易来获取收益时,该企业就可以把此类证券划分为交易性证券。

B．投资者将交易性证券**公允价值的变动**,作为未实现持有利得或损失报告在当期的**净利润**中。

对债券投资根据其当期的公允价值进行重新计价,需要使用一个独立的“**公允价值调整账户**”(fair value adjustment account)来反映公允价值与摊余成本之间的差异。

C．除了对公允价值调整进行记录以外,企业还必须对所有的折价或溢价进行摊销,摊销的方法与持有至到期债券的摊销方法一致。

D．企业出售证券时,也需要将已实现的利得或损失报告在净利润中。

例 1.2－21

20×1 年 1 月 1 日,FENG 公司购入了 HENG 公司发行的债券。债券的面值为 \$ 10 000,票面利率为 8%。债券的到期日为 20×4 年 1 月 1 日,到期收益率为 10%。计息日为每年的 6 月 30 日和 12 月 31 日。20×1 年 6 月 30 日,HENG 公司债券的交易价格为\$ 9 587。该债券被划分为交易性证券,用于获取短期的利润(见表 1－85)。

表 1-85 使用有效利率法进行折价摊销(到期收益率为 10%)

日期	现金利息(10%/2)	利息收入(8%/2)	溢价摊销	账面余额
20×1 年 1 月 1 日				\$ 9 492
20×1 年 6 月 30 日	\$ 400	\$ 475	(\$ 75)	\$ 9 567
20×1 年 12 月 31 日	\$ 400	\$ 478	(\$ 78)	\$ 9 645
20×2 年 6 月 30 日	\$ 400	\$ 483	(\$ 83)	\$ 9 728
20×2 年 12 月 31 日	\$ 400	\$ 486	(\$ 86)	\$ 9 814
20×3 年 6 月 30 日	\$ 400	\$ 491	(\$ 91)	\$ 9 905
20×3 年 12 月 31 日	\$ 400	\$ 495	(\$ 95)	\$ 10 000

记录购入成本(见表 1-86)。

$$成本=\frac{\$10\ 000\times 8\%}{2}\times PVIFA_{6}^{5\%}+\$10\ 000\times PVIF_{6}^{5\%}=\$9\ 492$$

表 1-86 记录债券购入成本

20×1 年 1 月 1 日

交易性债券投资——HENG 公司	\$ 9 492	
现金		\$ 9 492

记录利息收入(见表 1-87)。

$$20\times1\text{ 年 6 月 30 日确认的利息收入}=\$9\ 492\times\frac{10\%}{2}=\$475$$

$$20\times1\text{ 年 6 月 30 日收到的现金利息}=\$10\ 000\times\frac{8\%}{2}=\$400$$

表 1-87 记录利息收入

20×1 年 6 月 30 日

现金	\$ 400	
交易性债券投资——HENG 公司	\$ 75	
利息收入		\$ 475

记录未实现持有利得(见表 1-88)。

摊余成本=\$ 9 492+\$ 75=\$ 9 567

公允价值=\$ 9 587

未实现持有利得=\$ 9 587-\$ 9 567=\$ 20

表 1-88 记录未实现持有利得

20×1 年 6 月 30 日

公允价值调整——交易性债券	\$ 20	
未实现利得——净利润		\$ 20

在资产负债表上,以公允价值报告债券价值。

公允价值=\$ 9 567+\$ 20=\$ 9 587

③ **可供出售证券**(available-for-sale securities)是指无法划分为持有至到期证券或交易性证券的债务性证券。

A. 企业以**公允价值**来报告可供出售证券,并将未实现的利得或损失报告在**其他综合收益**中。

B. 与交易性证券相似的是,企业也需要通过借记或贷记“公允价值调整”账户,来核算资产公允价值与其摊余成本的差异。

C. 企业需要使用有效利率法对折价或溢价进行摊销。

D. 当企业在出售此类证券时,需要在净利润中报告其已实现的利得或损失。

企业需要通过**再划分**(reclassification)来避免在“综合收益”中重复报告利得或损失,即把累计的未实现持有利得或损失从“综合收益”中剔除,并注销财务状况表上公允价值账户的余额。

例 1.2-22

20×1 年 1 月 1 日,FENG 公司购入了 HENG 公司发行的债券。债券的面值为$ 10 000,票面利率为 8%。债券的到期日为 20×4 年 1 月 1 日,到期收益率为 10%。计息日为每年的 6 月 30 日和 12 月 31 日。20×1 年 6 月 30 日,HENG 公司债券的交易价格为$ 9 547。FENG 公司将该债券划分为可供出售证券(见表 1-89)。

表 1-89 使用有效利率法进行折价摊销(到期收益率为 10%)

日期	现金利息(10%/2)	利息收入(8%/2)	溢价摊销	账面余额
20×1 年 1 月 1 日				$ 9 492
20×1 年 6 月 30 日	$ 400	$ 475	($ 75)	$ 9 567
20×1 年 12 月 31 日	$ 400	$ 478	($ 78)	$ 9 645
20×2 年 6 月 30 日	$ 400	$ 483	($ 83)	$ 9 728
20×2 年 12 月 31 日	$ 400	$ 486	($ 86)	$ 9 814
20×3 年 6 月 30 日	$ 400	$ 491	($ 91)	$ 9 905
20×3 年 12 月 31 日	$ 400	$ 495	($ 95)	$ 10 000

记录购入成本(见表 1-90)。

$$成本=\frac{\$\,10\ 000\times8\%}{2}\times PVIFA_{6}^{5\%}+\$\,10\ 000\times PVIF_{6}^{5\%}=\$\,9\ 492$$

表 1-90 记录债券购入成本

20×1 年 1 月 1 日

可供出售债券投资——HENG 公司	$ 9 492	
现金		$ 9 492

记录利息收入(见表 1-91)。

$$20\times1\ 年\ 6\ 月\ 30\ 日确认的利息收入=\$\,9\ 492\times\frac{10\%}{2}=\$\,475$$

$$20\times1\text{ 年 6 月 30 日收到的现金利息} = \$\,10\ 000\times\frac{8\%}{2} = \$\,400$$

表 1－91 记录利息收入

20×1 年 6 月 30 日

现金	$ 400	
可供出售债券投资——HENG 公司	$ 75	
利息收入		$ 475

记录未实现持有损失(见表 1－92)。

摊余成本＝$ 9 492+$ 75＝$ 9 567

公允价值＝$ 9 547

未实现持有损失＝$ 9 547－$ 9 567＝－ $ 20

表 1－92 记录未实现持有利得

20×1 年 6 月 30 日

其他综合收益——未实现损失	$ 20	
公允价值调整——可供出售债券投资		$ 20

在资产负债表上,以公允价值报告债券价值。

公允价值＝$ 9 567+(－ $ 20)＝ $ 9 547

(3) 在每个报告日应重新评估债务性证券分类的合理性

① 当某一证券从一种报告类别重新划分为另一种类别时,应以该证券在转换日的公允价值进行转换。

② 对于由转换引起的任何未实现持有利得或损失,应按照重新分类后证券的类别进行核算。

证券转换的会计处理见表 1－93。

表 1－93 证券转换的会计处理

从	至	根据公允价值,由转换产生的未实现利得或损失
可供出售证券	交易性证券	计入当期的净利润
可供出售证券	持有至到期证券	不计入当期的净收入;报告在累计其他综合收益中,然后在证券的剩余年限中进行摊销并将相应的金额计入每期的净利润中
持有至到期证券	交易性证券	计入当期的净利润
持有至到期证券	可供出售证券	计入其他综合收益
交易性证券	持有至到期证券	已经计入了净利润;无需进行调整
交易性证券	可供出售证券	已经计入了净利润;无需进行调整

(4) 权益性证券的投资

① 对于**无法实施重大影响**且已有可确定公允价值的权益投资,企业应以**公允价值**对其进行报告。

A．如果投资企业持有被投资企业**少于20%**有投票权的股票，则通常认为投资企业对被投资企业无法实施重大影响。

B．在每一报告期内，企业需要**根据公允价值对这些投资进行重新计量**，并将**未实现的利得或损失报告在净利润中**。

C．在出售此类证券时，企业还需要**在净利润中报告已实现的利得或损失**。

D．所有**收到的股息**都作为股息收益报告在利润表上。

例 1.2－23

20×1 年 1 月 1 日，FENG 公司以$ 15 000 的价格购入了 SU 公司 1 000 股普通股。12 月 6 日，FENG 公司收到$ 1 000 的现金股息。这些 SU 公司普通股年末的公允价值为$ 16 500。

记录购入成本（见表 1－94）。

表 1－94　记录股票购入成本

20×1 年 1 月 1 日

权益投资——SU 公司	$ 15 000	
现金		$ 15 000

记录股息收益（见表 1－95）。

表 1－95　记录股息收益

20×1 年 12 月 6 日

现金	$ 1 000	
股息收益		$ 1 000

记录未实现持有利得（见表 1－96）。

购入成本＝$ 15 000

公允价值＝$ 16 500

未实现持有利得＝$ 16 500－$ 15 000＝$ 1 500

表 1－96　记录未实现持有利得

20×1 年 12 月 31 日

公允价值调整——权益投资	$ 1 500	
未实现利得——净利润		$ 1 500

在资产负债表上以公允价值报告股票价值。

公允价值＝$ 15 000＋$ 1 500＝$ 16 500

② 当投资企业能对被投资企业实施重大影响但无法控制被投资企业时，该企业需要使用**权益法（equity method）**来核算此项投资。

A．投资企业在持有被投资企业 **20%或以上的有投票权的股票**时，通常认为能对被投资企业实施重大影响，除非明确表述有其他非适用情况。

B．当企业持有的权益投资能对被投资企业实施重大影响时，该企业应以**成本**来进行初始计量。

C．投资企业后续应根据**被投资企业留存收益的变化情况**来调整其投资的账面价值及投资账户的余额。

a. 根据投资企业按持股比例获取的被投资企业净利润的金额进行调增（或根据其按比例承担的损失金额进行调减）。

b. 根据投资企业按持股比例获取的被投资企业支付股息的金额进行调减。

c. 根据投资企业按持股比例承担的被投资企业可折旧资产公允价值与账面余额之间的差异进行调减。

d. 潜在的调整事项涉及与资产或负债相关的收入或费用，在投资发生时，这些资产或负债的账面价值与公允价值之间存在差异。

例 1.2－24

20×1 年 1 月 1 日，FENG 公司以$ 750 000 的价格购入了 MAR 公司 25%的普通股。由于 FENG 公司可以对 MAR 公司实施重大影响，所以应使用权益法来核算此项权益投资。两家公司在当期没有进行相关的公司间交易。被投资企业宣告并支付了$ 40 000 的股息，报告了当期净利润为$ 200 000。FENG 公司还获取了一些用于编制财务报表的相关信息，见表 1－97。

表 1－97　20×1 年与权益法相关的财务信息

	账面价值	公允价值	
MAR 公司总的公允价值（20×1 年 1 月 1 日）			$ 3 000 000
建筑物（剩余使用年限为 10 年）	$ 700 000	$ 1 200 000	
土地	$ 400 000	$ 600 000	
其他净资产	$ 200 000	$ 200 000	
总净资产	$ 1 300 000		$ 2 000 000
商誉			$ 1 000 000

记录投资成本（见表 1－98）。

表 1－98　投资记录 MAR 公司的成本

20×1 年 1 月 1 日

投资 MAR 公司	$ 750 000	
现金		$ 750 000

记录投资收入（见表 1－99）。

投资收入＝$ 200 000×25%＝$ 50 000

表 1－99　记录投资 MAR 公司的投资收入

20×1 年 12 月 31 日

投资 MAR 公司	$ 50 000	
投资收入		$ 50 000

记录收到的现金股息(见表 1－100)。

现金股息＝$ 40 000×25%＝$ 10 000

表 1－100　记录从 MAR 公司收取的现金股息

20×1 年 12 月 31 日

现金	$ 10 000	
投资 MAR 公司		$ 10 000

调整可折旧资产(见图 1－38、表 1－101)。

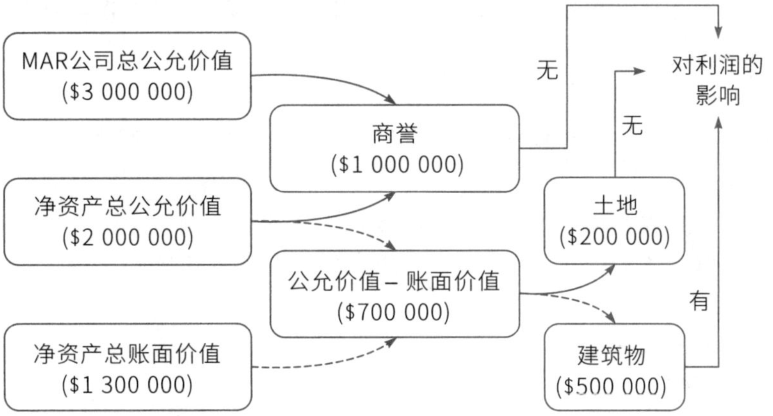

图 1－38　对可折旧资产公允价值和账面价值差异的调整

公允价值与账面价值的差异＝$ 1 200 000－$ 700 000＝$ 500 000

20×1 年 FENG 公司按持股比例应承担的额外折旧费用$=\dfrac{\$\,500\,000}{10}\times 25\%=\$\,12\,500$

表 1－101　记录对 MAR 公司可折旧资产的调整

20×1 年 12 月 31 日

投资收入	$ 12 500	
投资 MAR 公司		$ 12 500

无需对土地和商誉进行调整，因为两者无法折旧或摊销。

报告投资账户余额和投资收入(见表 1－102)：

“投资 MAR 公司”账户的账面余额＝$ 750 000＋($ 50 000－$ 10 000)－$ 12 500＝$ 777 500

投资收入＝$ 50 000－$ 12 500＝$ 37 500

表 1-102 与权益法相关的 3 个账户

投资 MAR 公司		投资收入		现金	
$ 750 000	$ 10 000	$ 12 500	$ 50 000	$ 10 000	$ 750 000
$ 50 000	$ 12 500				
$ 777 500					

③ 当一家企业收购另一家企业 **50%或以上的表决权时**，该公司就获得了对后者的控制权。

在此种关系中，投资企业被称为**母公司**(parent)，而被投资企业被称为**子公司**(subsidiary)。母公司通常需要编制**合并报表**(consolidated financial statements)。

EQ1.2-3

根据《财务会计准则公告第 115 号——债务性和权益性投资会计》，划分为持有至到期的投资(　　)。

A. 将以公允价值进行计量，未实现的利得和损失计入净利润

B. 将以公允价值进行计量，未实现的利得和损失计入所有者权益下的一个独立科目内

C. 将以重置成本进行计量，无需报告未实现利得或损失

D. 将以摊余成本进行计量，无需报告未实现利得或损失

【答案】D

【考点】确定持有至到期证券的核算方法

企业以摊余成本来报告持有至到期的债务性投资。

公允价值的变化无需作为未实现持有利得或损失计入综合收益。

4. 长期经营性资产

(1) 资产的类别

① **物业、厂房和设备**(property, plant, and equipment, PPE)，也被称为有形的固定资产，是指用于生产商品和服务的资产。企业销售这些商品和服务用来产生经营收益和现金流。

A. 物业、厂房和设备主要有以下特征：

a. 购置它们是为了在生产中使用，而不是再销售。

b. 它们在本质上是长期的，通常需要折旧。

c. 它们具有实物形态。

B. 物业、厂房和设备包括：土地和土地改良物，建筑物、机器和设备，家具，自然资源。

② **无形资产**(intangible assets)是指没有实物形态的资产，但这些资产是有经济价值的，因为它们赋予了持有人合约或法律的权利。

A. **有确定年限的无形资产**(definite-life intangible assets)是指每项都可以被识别且

使用年限有限的无形资产。

有确定年限的无形资产有 6 种类型:专利权、版权、租赁权、租赁改良物、客户名单和有期限的特许经营权。

由于使用年限是有限的,有确定年限的无形资产需要进行摊销。

B. **无确定年限的无形资产(indefinite-life intangible asset)**是指没有明确的法律、监管、合约或竞争等因素来限定资产创造收入的时限的无形资产。

因此,无确定年限的无形资产无需进行摊销,除非管理者可以在下一个会计期内确定其使用年限。

无确定年限的无形资产主要有 3 种类型:客户名单、可更新的执照与许可证,以及商标与商号。

C. **商誉(goodwill)**是指由难以确认和计量的因素形成的无形资产。

当一家企业收购另一家企业时,收购价格可能高于被收购净资产(即资产减去负债)的公允价值。收购支付的溢价就是商誉,商誉是一种无确定年限的无形资产。

因为商誉与购置的特定业务经营活动相关,只要那些业务继续经营,商誉就会存在,所以商誉无需进行摊销。

(2) 初始计量

① 大多数企业采用**历史成本**作为基础来计量物业、厂房和设备。

A. **历史成本(historical cost)**衡量的是,为了购置资产,将其运输到指定地点并使其达到预期使用目的而支出的现金或现金等价物。

B. **土地成本**通常包括购置土地并使其达到可用状态的全部支出。

C. 土地改良物的经济使用寿命是有限的,所以企业应将**土地改良物的成本**计入"土地改良物"账户,并在其经济使用年限内进行折旧。这些成本包括景观美化以及街道、人行道和下水道等建设的支出。

D. **建筑物的成本**应包括直接用于购置或建造的所有支出。

E. **机器设备的成本**应包括机器设备的购置价格、运费、发生的处理费用和在运输过程中的保险费用、必要的特殊基础成本、装配成本和试运行成本。

F. **自建资产的成本**应包括可以追溯和分配到自建固定资产上的直接成本和间接成本,以及其在建造期间实际发生的利息费用。

② 当企业以**一个总价**购买一揽子固定资产时,该企业需要根据资产相应的**公允价值**将总成本分配给这些资产。

例 1.2-25

20×1 年 3 月 1 日,FENG 公司以$ 80 000 的价格购置了 3 项资产:X、Y 和 Z。这些资产相应的公允价值见表 1-103。

表 1－103　3 项资产的公允价值

项目	公允价值
X	$ 50 000
Y	$ 30 000
Z	$ 20 000

单一总价分配给 3 项资产，见表 1－104、表 1－105。

表 1－104　分配单一总价

项目	公允价值	百分比	分配到的历史成本
X	$ 50 000	50%	$ 40 000
Y	$ 30 000	30%	$ 24 000
Z	$ 20 000	20%	$ 16 000
合计	$ 100 000	100%	$ 80 000

表 1－105　记录单一总价购买的资产

20×1 年 3 月 1 日

X 资产	$ 40 000	
Y 资产	$ 24 000	
Z 资产	$ 16 000	
现金		$ 80 000

③ 企业还可以使用应付票据，以长期信用合约的方式来购置资产。

企业应以购置日交易双方交换对价的**现值**来核算通过长期信用合约购买的资产。

例 1.2－26

20×1 年 3 月 1 日，FENG 公司购置了一台设备。支付方式是面值为$ 50 000 的 5 年期零息应付票据。供应商允许 FENG 公司每年以$ 10 000 的金额等额支付该票据，有效的市场利率为 10%（见表 1－106）。

购置设备的历史成本＝$ 10 000×$PVIFA_5^{10\%}$＝$ 37 910

表 1－106　记录通过发行应付票据来购置设备

20×1 年 3 月 1 日

设备	$ 37 910	
应付票据折价	$ 12 090	
应付票据		$ 50 000

④ 当企业通过发行权益性证券来购置资产时，股票的**面值**无法有效地衡量该资产的成本。

如果股票有活跃的交易市场，则**已发行股票的市价**能公允地反映购置资产的成本。

如果企业无法确定用于交换的普通股的市价，则企业需要使用**资产的价值**作为资产和股票发行的记录基础。

例 1.2－27

20×1 年 3 月 1 日，FENG 公司通过发行 10 000 股面值为$ 5 的普通股购置了一台设备。普通股的市价为$ 15(见表 1－107)。

购置设备的历史成本＝10 000×$ 15＝$ 150 000

表 1－107　记录通过发行股票来购置设备

20×1 年 3 月 1 日

设备	$ 150 000	
普通股		$ 50 000
资本公积——普通股		$ 100 000

(3) 购置之后的后续支出

① 很多长期资产在购置之后，还会发生一些后续的支出，包括维修、维护和改造费用。

② 一般而言，用于创造更多未来利益的成本支出应予以资本化，只是为了维持某一个特定服务水平的支出应作为期间费用处理。

③ 为了对成本进行资本化，必须满足以下 3 个条件中的一个：

A. 必须能延长资产的使用年限。

B. 必须能增加资产的生产数量。

C. 必须能提升产品的质量。

(4) 固定资产的处置

当企业要出售或废弃一项资产时，它应根据收到的现金与该资产的账面价值的差额，在利润表上确认利得或损失。

为了确定正确的账面价值，企业应计算并记录从最近一次记录折旧的日期到出售日之间的折旧费用。

例 1.2－28

FENG 公司以每年$ 2 000 的金额对价值$ 20 000 且使用年限为 10 年的设备计提折旧。至 20×1 年 7 月 1 日，该设备已使用 9 年半，FENG 公司决定以$ 500 的价格出售该设备(见表 1－108、表 1－109)。

表 1－108　记录出售资产的折旧费用

20×1 年 7 月 1 日

折旧费用	$ 1 000	
累计折旧——设备		$ 1 000

表 1-109 记录出售设备

20×1 年 7 月 1 日

现金	\$ 500	
累计折旧——设备	\$ 19 000	
资产处置的损失	\$ 500	
设备		\$ 20 000

(5) 固定资产的折旧

① **折旧**(depreciation)是指以一种系统、合理的方式来分摊有形固定资产的成本,并在使用这些资产获取利益的期间内将其作为期间费用扣除。

折旧过程涉及的 3 个因素:

A. 可折旧基础或成本。

B. 资产使用年限。

C. 分摊成本的方法。

② 用于折旧的基础取决于两个因素:历史成本和残值。

残值(salvage value)是指企业在出售资产或使其**退役**时,预计可以收回的金额。

可折旧成本(depreciable cost)是指历史成本与残值之间的差额。

$$\text{可折旧成本}=\text{历史成本}-\text{残值}$$

③ **使用寿命**(useful life)是指在处置资产之前,企业预期能从资产中获取的使用量。

使用寿命可以用时间单位或作业单位来表示。

④ 企业可以使用以下几种折旧方法。

A. **作业量法**(units-of-production method)假定折旧取决于产量或生产率。

$$\text{第 } n \text{ 年的折旧费用}=\frac{\text{可折旧成本}}{Q_T}\times Q_n$$

式中:

Q_T——预计生产的总量

Q_n——第 n 年的产量

这种方法的主要缺点是,如果折旧取决于时间而不是作业,就不适合使用。此外,这种方法难以精确地预估总产出量。

<u>例 **1.2-29**</u>

20×1 年 1 月 1 日,FENG 公司花了 \$ 100 000 购置了一台设备,预计该设备的使用年限为 5 年,残值为\$ 10 000。该公司使用作业量法计提折旧。计算每年的折旧费用。相关信息见表 1-110。

表 1－110　使用作业量法的生产数据

预计总产量	60 000
20×1 年的实际总产量	18 000
20×2 年的实际总产量	15 000
20×3 年的实际总产量	12 000
20×4 年的实际总产量	9 000
20×5 年的实际总产量	6 000

$$每单位产品的折旧率=\frac{\$90\ 000}{60\ 000个}=\$1.5/个$$

20×1 年的折旧费用＝$ 1. 5/个×18 000 个＝$ 27 000

20×2 年的折旧费用＝$ 1. 5/个×15 000 个＝$ 22 500

20×3 年的折旧费用＝$ 1. 5/个×12 000 个＝$ 18 000

20×4 年的折旧费用＝$ 1. 5/个×9 000 个＝$ 13 500

20×5 年的折旧费用＝$ 1. 5/个×6 000 个＝$ 9 000

年折旧成本列表及折旧费用的记录见表 1－111、表 1－112。

表 1－111　使用作业量法的年折旧成本列表

年份	产量	折旧率	折旧费用	累计折旧	账面价值
20×1	18 000	$ 1. 50	$ 27 000	$ 27 000	$ 73 000
20×2	15 000	$ 1. 50	$ 22 500	$ 49 500	$ 50 500
20×3	12 000	$ 1. 50	$ 18 000	$ 67 500	$ 32 500
20×4	9 000	$ 1. 50	$ 13 500	$ 81 000	$ 19 000
20×5	6 000	$ 1. 50	$ 9 000	$ 90 000	$ 10 000

表 1－112　记录折旧费用

20×1 年 12 月 31 日

折旧费用——设备	$ 27 000	
累计折旧——设备		$ 27 000

B．**直线法**(straight-line method)认为折旧取决于时间而不是使用量。

$$第\ n\ 年的折旧费用=\frac{1}{N}\times可折旧成本$$

其中，N 为预计的使用年限。

直线法的主要缺点是，这种方法假定资产的经济作业每年都是相同的，而且每期的维修费用也是相同的。这种方法还会扭曲对回报率的分析，因为资产的账面价值在逐年递减。

例 1.2－30

20×1 年 1 月 1 日，FENG 公司花了$ 100 000 购置了一台设备，预计的使用年限为 5 年，残值为$ 10 000。该公司使用直线法计提折旧。计算每年的折旧费用。

折旧率 $=\frac{1}{5}\times100\%=20\%$

5 年内每年的折旧费用 = $ 90 000×0.2 = $ 18 000

年折旧成本列表见表 1－113。

表 1－113 使用直线法的年折旧成本列表

年份	产量	折旧率	折旧费用	累计折旧	账面价值
20×1	$ 90 000	20%	$ 18 000	$ 18 000	$ 82 000
20×2	$ 90 000	20%	$ 18 000	$ 36 000	$ 64 000
20×3	$ 90 000	20%	$ 18 000	$ 54 000	$ 46 000
20×4	$ 90 000	20%	$ 18 000	$ 72 000	$ 28 000
20×5	$ 90 000	20%	$ 18 000	$ 90 000	$ 10 000

C．根据可折旧成本与递减的折旧分数的乘积，**年数总和法**（sum-of-the-years'-digits method）会产生逐年递减的折旧费用。

$$第\ n\ 年的折旧费用=\frac{(N-n+1)}{(1+2+\cdots+N)}\times可折旧成本$$

其中：

N——预计的使用年限；

$(N-n+1)$——在第 n 年初还剩余几年。

例 1.2－31

20×1 年 1 月 1 日，FENG 公司花$ 100 000 购置了一台设备，预计该设备的使用年限为 5 年，残值为$ 10 000。该公司使用年数总和法计提折旧。计算每年的折旧费用。

折旧分数：

20×1 年，$\frac{5}{1+2+3+4+5}=\frac{5}{15}$

20×2 年，$\frac{4}{1+2+3+4+5}=\frac{4}{15}$

20×3 年，$\frac{3}{1+2+3+4+5}=\frac{3}{15}$

20×4 年，$\frac{2}{1+2+3+4+5}=\frac{2}{15}$

20×5 年，$\frac{1}{1+2+3+4+5}=\frac{1}{15}$

20×1 年的折旧费用 = $ 90 000×$\frac{5}{15}$ = $ 30 000

20×2 年的折旧费用 = $ 90 000×$\frac{4}{15}$ = $ 24 000

20×3 年的折旧费用 = $ 90 000×$\frac{3}{15}$ = $ 18 000

20×4 年的折旧费用 = $ 90 000×$\frac{2}{15}$ = $ 12 000

20×5 年的折旧费用 = $ 90 000×$\frac{1}{15}$ = $ 6 000

年折旧成本列表见表 1 - 114。

表 1 - 114 使用年数总和法的年折旧成本列表

年份	可折旧成本	折旧分数	折旧费用	累计折旧	账面价值
20×1	$ 90 000	5/15	$ 30 000	$ 30 000	$ 70 000
20×2	$ 90 000	4/15	$ 24 000	$ 54 000	$ 46 000
20×3	$ 90 000	3/15	$ 18 000	$ 72 000	$ 28 000
20×4	$ 90 000	2/15	$ 12 000	$ 84 000	$ 16 000
20×5	$ 90 000	1/15	$ 6 000	$ 90 000	$ 10 000

D. **余额递减法**(declining-balance method)利用一个以百分比表示的折旧率来计算折旧费用,该折旧率通常是直线法折旧率的倍数。

$$最后 1 年之前的折旧费用 = 每年年初的账面价值 \times \frac{1}{N} \times M$$

其中:

N——预计的使用年限

M——直线法折旧率的倍数

$$最后 1 年的折旧费用 = 最后 1 年年初的账面价值 - 残值$$

例 1.2 - 32

20×1 年 1 月 1 日,FENG 公司花$ 100 000 购置了一台设备,预计该设备的使用年限为 5 年,残值为$ 10 000。该公司使用双倍余额递减法计提折旧。计算每年的折旧费用。

折旧率 = $\frac{1}{5}$×2×100% = 40%

20×1 年的折旧费用 = $ 100 000×0. 4 = $ 40 000

20×2 年的折旧费用 = $ 60 000×0. 4 = $ 24 000

20×3 年的折旧费用 = $ 36 000×0. 4 = $ 24 000

20×4 年的折旧费用 = $ 21 600×0. 4 = $ 14 400

20×5 年的折旧费用 = $ 12 960 - $ 10 000 = $ 2 960

年折旧成本列表见表 1 - 115。

表 1 - 115　使用双倍余额递减法的年折旧成本列表

年份	年初账面价值	折旧率	折旧费用	累计折旧	账面价值
20×1	$ 100 000	40%	$ 40 000	$ 40 000	$ 60 000
20×2	$ 60 000	40%	$ 24 000	$ 64 000	$ 36 000
20×3	$ 36 000	40%	$ 14 400	$ 78 400	$ 21 600
20×4	$ 21 600	40%	$ 8 640	$ 87 040	$ 12 960
20×5	$ 12 960		$ 2 960	$ 90 000	$ 10 000

3 种折旧方法下折旧费用的比较见图 1 - 39。

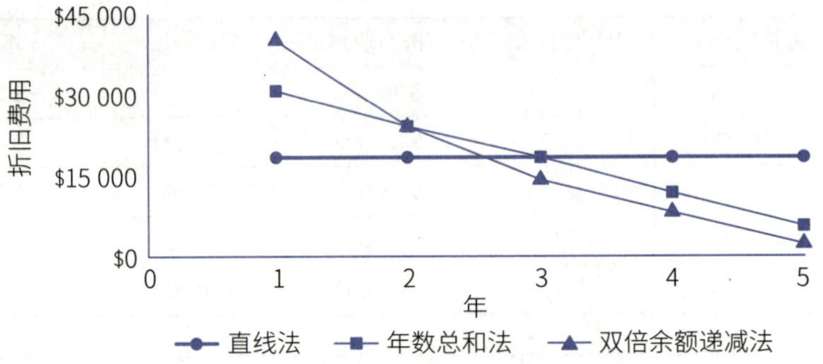

图 1 - 39　3 种折旧方法下折旧费用的比较

(6) 无形资产的摊销

摊销(amortization)是指以一种系统、合理的方式来分摊有确定年限的无形资产的成本,并将该资产预计的使用年限或法律年限(更短者)内将其作为期间费用扣除。

只有有确定年限的无形资产才适用于摊销,企业无法摊销无确定年限的无形资产。

在 GAAP 下,企业不得摊销商誉,但商誉的减值可以计入经营损失。根据美国联邦所得税,购入所产生的商誉可以摊销 15 年。

这两种不同的处理方法会让财务报告产生递延所得税负债。

(7) 减值

当一项资产产生未来现金流的能力低于其账面价值时,**减值**(impairment)就发生了。

GAAP 为企业提供了指南,它规定了企业在何时并以何种方式来计量**长期有形资产**和**有确定年限无形资产**的减值损失。

需要通过**两个步骤**来确定减值是否已经发生和损失的金额。

① 企业应使用**可回收测试**(recoverability test)来确定减值是否已经发生,即对能从一项资产中获得的未来全部**不折现**现金流的预估值与该资产的账面价值进行比较(见图 1 - 40)。

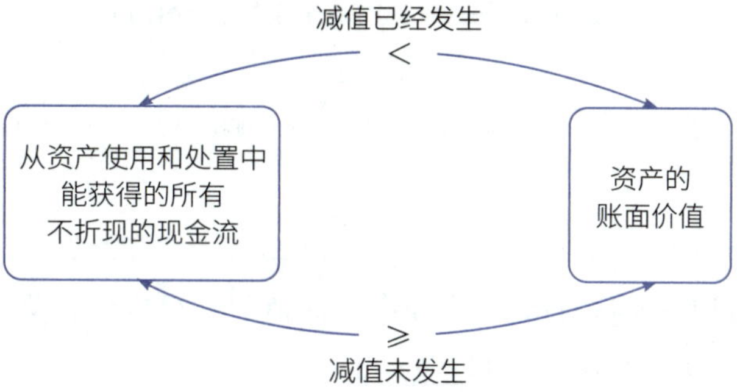

图 1-40　可回收测试

② 如果可回收测试显示减值已经发生，资产**账面价值**与其**公允减值**的差额应被记录为减值损失。

如果资产存在一个活跃的市场，则公允价值应以**市场价格**作为计量的依据；如果没有活跃的市场，则企业应使用**预期未来净现金流的现值**来确定公允价值。

在记录了减值损失之后，继续持有使用的资产，减少后的账面价值应作为新的成本基数。

除了在未来计提折旧或摊销或进行额外减值外，企业不得调整该资产新的成本基数。

企业不得对减值损失进行转回。

例 1.2-33

一些经营环境的变化显示固定资产的账面价值可能无法收回，FENG 公司采用减值两步法对其固定经营资产进行减值处理。相关的信息见表 1-116。

表 1-116　固定经营资产的财务数据

初始成本	\$ 1 000 000
累计折旧	\$ 600 000
预计未来不折现的现金流	\$ 350 000
公允价值(折现现金流)	\$ 315 000

可回收测试：

账面价值＝\$ 1 000 000－\$ 600 000＝\$ 400 000

预计未来不折现现金流＝\$ 350 000

账面价值>预计未来不折现现金流→减值已发生

损失计量(见表 1-117、表 1-118)：

减值损失＝\$ 400 000－\$ 315 000＝\$ 85 000

表 1-117　记录减值损失

20×1 年 12 月 31 日

减值损失	\$ 85 000	
累计折旧	\$ 600 000	
固定经营资产		\$ 685 000

表 1 - 118 与固定资产减值相关的 3 个账户

固定经营资产		累计折旧		减值损失	
$ 1 000 000	$ 685 000	$ 600 000	$ 600 000	$ 85 000	
$ 315 50					

③ 如果资产被划分为**持有待售**，企业应按面值与公允价值扣除出售成本的更低者来报告此类资产，且每期都无需进行折旧。

企业可以在未来各期对持有待处置的资产进行减值或增值，只要**增值（转回）**后的账面价值不超过减值前资产的账面价值即可。

④ 对于**不是商誉的无确定年限的无形资产**，企业应采用**一步测试**来进行减值处理，即所谓的**公允价值测试**。

A．这种测试是对无形资产的公允价值与其账面价值进行比较。

B．如果公允价值低于账面价值，则企业需要确认减值。

C．对于不是商誉的无确定年限的无形资产，无需使用可回收测试。

例 1. 2 - 34

FENG 公司以$ 1 000 000 的价格购入了一项商标。该公司进行了减值测试后认定，该项无形资产的公允价值只有$ 800 000。

商标的减值损失确定见表 1 - 119。

减值损失 = $ 1 000 000 - $ 800 000 = $ 200 000

表 1 - 119 记录减值损失

20×1 年 12 月 31 日

商标的减值损失	$ 200 000	
商标		$ 200 000

⑤ 商誉至少一年进行一次减值测试。商誉的减值测试也采用**公允价值测试**。

企业对报告单位的公允价值与其包括商誉的账面价值进行比较。

如果报告单位的公允价值超过其账面价值，则没有发生商誉减值。

如果报告单位的公允价值低于其账面价值，则企业应对减值进行计量。

例 1. 2 - 35

4 年前 FENG 公司以$ 3 000 000 的价格收购了 GE 公司。GE 公司过去 3 个季度持续出现经营损失。为确认减值，FENG 公司对该分部进行评估。GE 公司的实际资产见表 1 - 120。GE 公司的公允价值为$ 2 900 000。

表 1－120　GE 公司的净资产

现金	$ 300 000
应收账款	$ 500 000
存货	$ 600 000
物业、厂房和设备(净值)	$ 1 600 000
商誉	$ 1 000 000
应付账款和票据	($ 500 000)
净资产	$ 3 500 000

比较报告单位净资产的公允价值和其账面价值。

公允价值($ 2 900 000)<账面价值($ 3 500 000)

计量减值损失(见表 1－121)。

减值损失＝$ 2 900 000－$ 3 500 000＝－$ 600 000

表 1－121　记录减值损失

20×1 年 12 月 31 日

商誉减值损失	$ 600 000	
商誉		$ 600 000

EQ1. 2－4

FENG 公司采用年数总和法来计提折旧。1 月 1 日，该公司以$ 50 000 的价格购置了一台设备；预计使用年限为 5 年，没有残值。第 1 年的折旧费用为(　　)。

A. $ 10 000　　B. $ 15 000　　C. $ 16 667　　D. $ 20 000

【答案】C

【考点】使用年数总和法计算折旧费用

$$第 1 年的折旧费用=\left(\frac{5}{1+2+3+4+5}\right)\times\$ 50\,000=\$ 16\,667$$

1. 2. 2　负债计价

1. 短期债务再融资

(1) 基础

① **负债(liabilities)**是指一个特定的主体由于过去的交易或事项而产生的当下的责任，并由此导致的未来经济利益的丧失。此类责任要求该主体需向其他主体交付资产或提供服务。

② **流动负债(current liabilities)**是指企业预期通过使用流动资产或以产生其他流动负债的方式来清偿债务的责任。

③ **短期债务(short-term obligations)**是指在企业资产负债表之后的一年内或长于一

年的一个经营周期内会到期的债务。

(2) 再划分

① 如果短期债务预期满足以下条件，则企业需要将短期债务划分为长期负债。

A. 会延长或者被**从资产负债表日算起到期日超过1年的债务**所替代；

B. 通过**权益性证券**来替代或再融资。

② 再融资使得债务不再符合流动负债的定义，所以企业必须将再融资的短期债务排除在流动负债之外，并将它们重新划分为长期负债。

③ GAAP设定了两个标准，企业必须满足这两个标准才能将短期负债排除在流动负债之外，并将其重新划分为长期负债。这两个标准分别是：

A. 管理层必须有使用长期的方式来再融资的意图。

B. 管理层必须显示其有能力来完成再融资。

a. 在资产负债表日之后的期间完成实际的再融资；

b. 显示已有一份确定的合约，允许企业以确定的条款通过长期的方式进行再融资。

(3) 资产负债表上的报告

在资产负债表日有短期负债的企业，只有满足了上述两项标准，才能**在向公众发布财务报告之前**将相应的短期负债重新划分为长期负债。

例1.2-36

20×0年12月31日，FENG公司总的流动负债为$1 000 000。在资产负债表日之后，发布财务报告之前，FENG公司发行了5年期的债券，为其短期应付票据筹集资金，总金额为$300 000(见图1-41)。

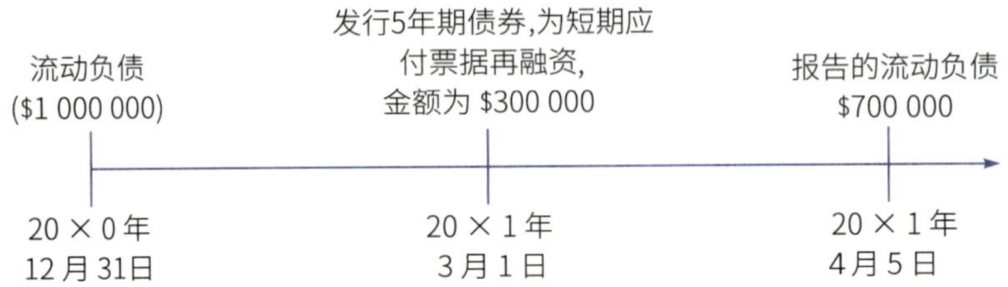

图1-41 以长期的方式为短期负债再融资

① 根据两个标准来判断短期负债再融资：

A. 企业已经发行了长期负债来清偿短期应付票据。

B. 企业有意图且体现了其有能力用长期的方式进行再融资。

② 企业应将由长期债务再融资的短期负债排除在流动负债之外。

在20×1年4月5日发布的资产负债表上，企业应报告的流动负债为$700 000。

---

2. 或有事项

(1) 基础

或有事项(contingency)是指一个现存的情况、形式或一组状况，涉及企业可能利得

(或有利得)或损失(或有损失)的不确定性,这些不确定性最终会在未来一个或多个事件发生或不发生之后得到解决。

(2) 或有利得

或有利得(gain contingency)是指可能会导致利得的某种不确定状态。

在该领域内,企业遵循保守的政策,不会记录或有利得。

只有当或有利得实现的可能性很高时,企业才可以在附注中披露这些或有利得。

(3) 或有损失(见图 1-42)

① **或有损失**(loss contingency)是指一个涉及潜在损失的现存不确定状态,是否出现损失取决于未来某些事件。

② 企业应该根据或有损失计提预估的损失金额,即在利润表上确认费用并在资产负债表上记录负债。企业必须同时满足以下条件,才能对或有损失进行应计的处理。

A. 在财务报告发布之前,可获得的信息表明,负债**很有可能**在资产负债表日已经发生。

财务会计准则委员会(Financial Accounting Standards Board,FASB)使用"很有可能""有可能"和"极小可能"等术语来确定该领域内的 3 个范畴,并给定了以下定义。

很有可能(probable)——未来一个或多个事项可能发生(>70%)。

有可能(reasonably possible)——未来一个或多个事项发生的概率大于"极小可能"但小于"很有可能"。

极小可能(remote)——未来一个或多个事项发生的概率微不足道。

B. 可以**合理预估**损失的金额。

如果无法合理预估损失金额,一个可能损失范围中的**预估值**也是可以接受的,只要这个预估值显示**优于**该范围中的其他预估值。

如果可能损失范围内没有一个金额优于其他值,则应记录**该范围的下限**金额,并披露可能出现的额外损失。

	合理预估	不能合理预估
很有可能	同时确认和披露 损失与负债	只要披露 损失与负债
有可能	只要披露 损失与负债	只要披露 损失与负债
极小可能	无需披露	无需披露

图 1-42　或有损失的会计处理

(4) 保修成本

保修(warranty)是指在商品出售后的一段时间内,企业承诺或保证会维修、更换任何次品。

有两种类型的保修:质保类保修和服务类保修。

① **质保类保修**(assurance-type warranty)是指如果在特定的时间段内产品出现缺

陷，制造企业承诺免费为消费者维修或更换该产品。

企业通过**应计制的方法**来核算质保类保修，即企业将提供维修的成本与销售收入进行配比。

在销售发生的年度内，企业**预估提供维修或更换产品的成本**并将该预估的支出作为期间费用在当期的利润表上扣除。

此外，企业还需要在销售发生的年度内确认**预估的负债**。

消费者在保修条款下所主张的权利（在某一年实际发生的维修）可以在不增加额外费用的情况下清偿债务。

例 1.2－37

20×1 年 3 月 1 日，FENG 公司开始销售其最新研发的产品 X。在 20×1 年内，X 的总销售收入为$ 1 000 000。FENG 公司的质保类保修可以覆盖销售之后两年内所有的维修成本。该公司预估保修成本为 3%。就 20×1 年销售的产品而言，在 20×1 年和 20×2 年实际发生的保修费用分别为$ 5 000 和$ 27 500。

记录销售收入和预估保修成本（见表 1－122）。

表 1－122　记录销售收入和保修成本

20×1 年 12 月 31 日

现金	$ 1 000 000	
销售收入		$ 1 000 000
保修费用	$ 30 000	
预估保修负债		$ 30 000

记录 20×1 年实际发生的保修成本（见表 1－123）。

表 1－123　记录实际的保修成本

20×1 年 12 月 31 日

保修负债	$ 5 000	
现金、存货、应付工资		$ 5 000

记录 20×2 年实际发生的保修成本（见表 1－124）。

表 1－124　记录实际的保修成本

20×2 年 12 月 31 日

保修负债	$ 27 500	
现金、存货、应付工资		$ 27 500

---

② **服务类保修**（service-type warranty）实质上是一种保险政策，它可以覆盖**在质保类保修期之后**一段时间内所购产品的维修成本。

当企业出售保修协议时，它以**提前收款**的方式来核算该保修协议，并将其作为**预收收入**记为**负债**。

随着时间的推移，企业提供了保修协议中提及的服务，则该企业就可以赚取收入并将其记录在利润表上。

企业通常使用**直线法**来**摊销服务类保修中的预收货款**，除非企业认为在该场景下其他收入确认方式更为合理。

在服务类保修中，实际发生的维修成本直接计入“保修费用”账户，因为企业没有在出售保修服务的那年预提或有负债。

例 1.2 – 38

FENG 公司为其出售的产品提供了 1 年期的质保类保修，还出售了 2 年期的服务类保修。20×1 年 3 月 1 日，FENG 公司出售了金额为$ 180 000 的服务类保修，并在销售时收取了现金。服务类保修合约当即生效，有效期从 20×1 年 3 月 1 日到 20×3 年 2 月 28 日。就此项保修而言，FENG 公司在 20×1 年和 20×2 年实际发生的成本分别为$ 30 000 和$ 55 000。

记录保修服务的销售（见表 1 – 125）。

表 1 – 125　记录保修服务的销售

20×1 年 3 月 1 日

现金	$ 180 000	
预收保修收入		$ 180 000

记录 20×1 年服务类保修的实际成本（见表 1 – 126）。

表 1 – 126　记录实际的保修成本

20×1 年 12 月 31 日

保修费用	$ 30 000	
现金、存货、应付工资		$ 30 000

在 20×1 年确认服务类保修合约的收入（见表 1 – 127）。

$$当期可确认的收入 = \frac{\$\ 180\ 000}{2} \times \frac{10}{12} = \$\ 75\ 000$$

表 1 – 127　记录确认的保修收入

20×1 年 12 月 31 日

预收保修收入	$ 75 000	
保修收入		$ 75 000

记录 20×2 年服务类保修的实际成本（见表 1 – 128）。

表 1 – 128　记录实际的保修成本

20×2 年 12 月 31 日

保修费用	$ 55 000	
现金、存货、应付工资		$ 55 000

在 20×2 年确认服务类保修合约的收入（见表 1－129）。

$$当期可确认的收入=\frac{\$180\ 000}{2}\times\frac{12}{12}=\$90\ 000$$

表 1－129　记录确认的保修收入

20×2 年 12 月 31 日

预收保修收入	$ 90 000	
保修收入		$ 90 000

EQ1.2－5

如果（　　），应记录由或有损失产生的负债。

A. 可以合理预估损失的金额

B. 未来的或有事项有可能发生

C. 未来的或有事项有可能发生且可以合理预估损失的金额

D. 未来的或有事项很有可能发生且可以合理预估损失的金额

【答案】D

【考点】确定或有损失确认的条件

根据 GAAP，可以确认或有损失，如果在资产负债表日，负债很有可能已经发生，且可以合理预估损失的金额。

1.2.3　所得税

1. 临时性差异

（1）期内与跨期

① **期内所得税分摊（intraperiod income tax allocation）**是指将**某一期**企业的总所得税费用分配给其利润表上的**各个项目**。示例见表 1－130。

表 1－130　FENG 公司综合利润表

截至 20×2 年 12 月 31 日

税前持续经营收益		$ 106 500 000
所得税（40%）		$ 42 600 000
持续经营收益		$ 63 900 000
非持续经营		
X 部门的经营收益（税后）	$ 3 000 000	
处置 X 部门的利得（税后）	（$ 2 000 000）	$ 1 000 000
净利润		$ 64 900 000
其他综合收益（税后）		

续表

可供出售证券未实现持有利得	$ 4 700 000	
外币折算调整	($ 1 400 000)	$ 3 300 000
综合收益		$ 68 200 000

期内所得税分摊可以帮助财务报表使用者更好地理解所得税对净利润各项因素的影响。

期内所得税分摊不会让财务报表使用者在评估财务结果时只使用税前的绩效指标,而且确认所得税费用也是一种实在的成本。

② **跨期所得税分摊**(interperiod income tax allocation)是指将企业的所得税负担作为费用分摊到**不同的会计期内**。

临时性差异和永久性差异都会使企业的**税前收益**和**应税收益**出现差异。

临时性差异最终会转回,并需要进行跨期所得税分摊。

永久性差异不会受到跨期所得税分摊的影响。

③ **临时性差异**(temporary difference)是指资产或负债的税基与其财务报表上报告的金额(持有金额或账面价值)之间的差异,这个差异会在未来几年产生应税金额或抵扣金额。

资产或负债的**税基**(tax basis)是指基于税务目的的资产或负债的初始金额,并且包括在纳税申报日减少的金额。

资产或负债的税基与其账面价值之间的差异一共有 4 种可能性。它们总体上会产生临时性差异,导致递延所得税资产或负债(见图 1-43、图 1-44)。

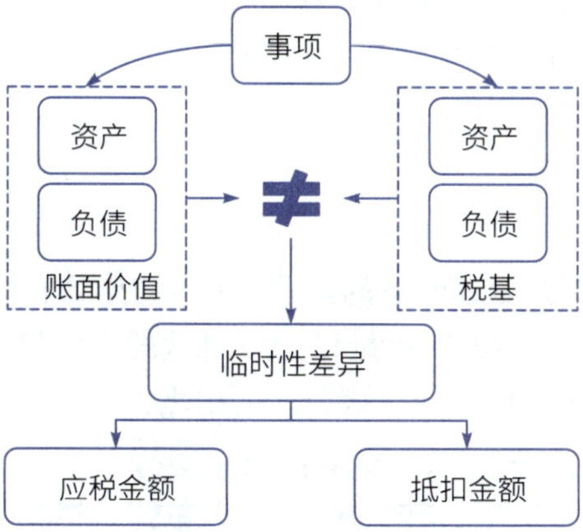

图 1-43　临时性差异

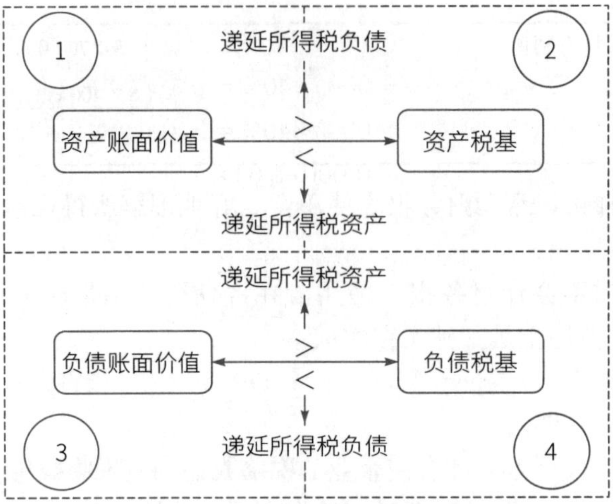

图 1-44 临时性差异的 4 种可能性

(2) 递延所得税负债

① **递延所得税负债**(deferred tax liability, DTL) 是指应税临时性差异造成的递延所得税后果,该差异会导致应付所得税金额在未来年度内增加。

② 产生递延所得税负债的主要原因是,资产的账面价值大于其税基。

A. 两者的差异乘以税率可以得出某期**递延所得税负债的期末余额**。

B. 所得税费用、应付所得税和递延所得税负债之间的关系:

所得税费用=应付所得税+递延所得税负债净变化值

递延所得税负债净变化值=递延所得税负债期末余额-递延所得税负债期初余额

如果递延所得税负债净变化值增加,则递延的所得税费用就是正的,负的递延所得税费用则表示递延所得税负债净变化值的减少。

例 1.2-39

FENG 公司从 20×1 年开始其业务的经营。3 年的简易利润表见表 1-131。3 年的收入和费用都没有差异,除了 20×1 年是以分期付款的方式销售产品,其余两年均为现销方式,相应的现金在这 3 年内收回。该公司的税率为 40%。

表 1-131 FENG 公司 3 年的利润表

年度	20×1 年	20×2 年	20×3 年
收入	$ 200 000	$ 200 000	$ 200 000
费用	$ 100 000	$ 100 000	$ 100 000
20×1 年赊销收回的现金	$ 150 000	$ 30 000	$ 20 000

A. 计算 20×1 年的所得税。

确定 20×1 年资产账面价值与其税基的差异:

分期付款应收账款的账面价值=$ 200 000-$ 150 000=$ 50 000

分期付款应收账款的税基 = $ 0

计算 20×1 年的所得税费用、应付所得税和递延所得税负债：

所得税费用 = ($ 200 000 - $ 100 000) ×40% = $ 40 000

应付所得税 = ($ 150 000 - $ 100 000) ×40% = $ 20 000 = 当期的所得税

递延所得税负债期末余额 = ($ 50 000 - $ 0) ×40% = $ 20 000

递延的所得税费用 = $ 20 000 - $ 0 = $ 20 000 = "递延所得税负债" 账户的增加额

由于 20×1 年是 FENG 公司经营的第 1 年，没有递延所得税负债的期初余额，所以该公司递延所得税负债增加了 $ 20 000，即递延所得税负债期末余额为 $ 20 000（见表 1 - 132、表 1 - 133）。

表 1 - 132　记录所得税费用

20×1 年 12 月 31 日

所得税费用	$ 40 000	
应付所得税		$ 20 000
递延所得税负债		$ 20 000

表 1 - 133　20×1 年与所得税相关的 3 个账户

所得税费用		递延所得税负债		应付所得税	
$ 40 000		$ 0	$ 0		$ 20 000
			$ 20 000		
			$ 20 000		

B. 计算 20×2 年的所得税（见表 1 - 134、表 1 - 135）。

确定 20×2 年资产账面价值与其税基的差异：

分期付款应收账款的账面价值 = $ 50 000 - $ 30 000 = $ 20 000

分期付款应收账款的税基 = $ 0

计算 20×2 年的所得税费用、应付所得税和递延所得税负债：

所得税费用 = ($ 200 000 - $ 100 000) ×40% = $ 40 000

应付所得税 = ($ 230 000 - $ 100 000) ×40% = $ 52 000 = 当期的所得税

递延所得税负债期末余额 = ($ 20 000 - $ 0) ×40% = $ 8 000

递延的所得税费用 = $ 8 000 - $ 20 000 = - $ 12 000 = "递延所得税负债" 账户的减少额

表 1 - 134　记录所得税费用

20×2 年 12 月 31 日

所得税费用	$ 40 000	
递延所得税负债	$ 12 000	
应付所得税		$ 52 000

表 1－135　20×2 年与所得税相关的 3 个账户

所得税费用		递延所得税负债		应付所得税	
\$ 40 000		\$ 12 000	\$ 20 000		\$ 52 000
			\$ 0		
			\$ 8 000		

C. 计算 20×3 年的所得税(见表 1－136、表 1－137)。

确定 20×3 年资产账面价值与其税基的差异:

分期付款应收账款的账面价值＝\$ 20 000－\$ 20 000＝\$ 0

分期付款应收账款的税基＝\$ 0

计算 20×3 年的所得税费用、应付所得税和递延所得税负债:

所得税费用＝(\$ 200 000－\$ 100 000)×40%＝\$ 40 000

应付所得税＝(\$ 220 000－\$ 100 000)×40%＝\$ 48 000＝当期的所得税

递延所得税负债期末余额＝(\$ 0－\$ 0)×40%＝\$ 0

递延的所得税费用＝\$ 0－\$ 8 000＝－\$ 8 000＝"递延所得税负债"账户的减少额

表 1－136　记录所得税费用

20×3 年 12 月 31 日

所得税费用	\$ 40 000	
递延所得税负债	\$ 8 000	
应付所得税		\$ 48 000

表 1－137　20×2 年与所得税相关的 3 个账户

所得税费用		递延所得税负债		应付所得税	
\$ 40 000		\$ 8 000	\$ 8 000		\$ 48 000
			\$ 0		
			\$ 0		

D. 3 年所得税计算的汇总(见表 1－138)。

表 1－138　3 年所得税金额的比较

年度	20×1 年	20×2 年	20×3 年	合计
应付所得税(当期所得税费用)	\$ 20 000	\$ 52 000	\$ 48 000	\$ 120 000
加:递延所得税费用	\$ 20 000	(\$ 12 000)	(\$ 8 000)	\$ 0
所得税费用	\$ 40 000	\$ 40 000	\$ 40 000	\$ 120 000

③ 负债的税基大于其账面价值也能产生递延所得税负债。

此种情景**非常罕见**,因为负债更有可能是先在报表上预提,然后再进行偿付。

④ 表 1－139 列示了可能产生递延所得税负债的原因。

表 1－139　可能产生递延所得税负债的原因

事项	原因	影响
分期付款销售	收入的确认先于现金的收回	资产账面价值>资产税基
折旧	财务报告使用直线法;税务报告使用加速折旧法	资产账面价值>资产税基
商誉	GAAP 不得摊销;税法可以摊销 15 年	资产账面价值>资产税基
可以实施重大影响的权益性投资	在权益法下,投资企业在被投资企业宣告利润时确认投资收入,而不是在收到现金股息时	资产账面价值>资产税基

(3) 递延所得税资产

① **递延所得税资产(deferred tax asset,DTA)**是指由于可抵扣临时性差异造成的递延所得税后果,该差异会导致应退所得税(节约)金额在未来年度内增加。

② 若负债的账面价值大于其税基,则会出现递延所得税资产。

A. 两者的差异乘以税率可以得出某期**递延所得税资产的期末余额**。

B. 所得税费用、应付所得税和递延所得税资产之间的关系如下:

所得税费用=应付所得税-递延所得税资产净变化值

递延所得税资产净变化值=递延所得税资产期末余额-递延所得税资产期初余额

如果递延所得税资产净变化值增加,则递延的所得税利益就是正的;负的递延所得税利益则表示递延所得税资产净变化值的减少。

例 1.2－40

FENG 公司从 20×1 年开始经营其业务。3 年的简易利润表见表 1－140。3 年的收入和费用都没有差异,除了在 20×1 年将 $ 800 000 的预估保修成本作为费用扣除并预提了负债,实际的保修成本发生在接下来的 2 年中。该公司的税率为 40%。

表 1－140　FENG 公司 3 年的利润表

年度	20×1 年	20×2 年	20×3 年
收入	$ 1 000 000	$ 1 000 000	$ 1 000 000
费用	$ 1 000 000	$ 200 000	$ 200 000
实际发生的保修费用	$ 100 000	$ 300 000	$ 400 000

A. 计算 20×1 年的所得税(见表 1－141、表 1－142)。

确定 20×1 年负债账面价值与其税基的差异:

预估保修负债的账面价值=$ 800 000-$ 100 000=$ 700 000

预估保修负债的税基=$ 0

计算 20×1 年的所得税费用、应付所得税和递延所得税资产:

所得税费用=($ 1 000 000-$ 1 000 000)×40%=$ 0

应付所得税=($ 1 000 000-$ 300 000)×40%=$ 280 000=当期的所得税

递延所得税资产期末余额=($ 7000 000-$ 0)×40%=$ 280 000

递延所得税利益=$ 280 000-$ 0=$ 280 000="递延所得税资产"账户的增加额

由于20×1年是FENG公司经营的第1年，没有递延所得税资产的期初余额，所以该公司递延所得税资产增加了$ 280 000，即递延所得税资产期末余额为$ 280 000。

表1－141 记录所得税费用

20×1年12月31日

所得税费用	$ 0	
递延所得税资产	$ 280 000	
应付所得税		$ 280 000

表1－142 20×1年与所得税相关的3个账户

所得税费用		递延所得税负债		应付所得税	
$ 0		$ 0	$ 0		$ 280 000
		$ 280 000			
		$ 280 000			

B．计算20×2年的所得税（见表1－143、表1－144）。

确定20×2年负债账面价值与其税基的差异：

预估保修负债的账面价值＝$ 700 000－$ 300 000＝$ 400 000

预估保修负债的税基＝$ 0

计算20×2年的所得税费用、应付所得税和递延所得税资产：

所得税费用＝（$ 1 000 000－$ 200 000）×40%＝$ 320 000

应付所得税＝（$ 1 000 000－$ 500 000）×40%＝$ 200 000＝当期的所得税

递延所得税资产期末余额＝（$ 400 000－$ 0）×40%＝$ 160 000

递延所得税利益＝$ 160 000－$ 280 000＝－$ 120 000＝“递延所得税资产”账户的减少额

表1－143 记录所得税费用

20×2年12月31日

所得税费用	$ 320 000	
递延所得税资产		$ 120 000
应付所得税		$ 200 000

表1－144 20×2年与所得税相关的3个账户

所得税费用		递延所得税负债		应付所得税	
$ 320 000		$ 280 000	$ 120 000		$ 200 000
		$ 0			
		$ 160 000			

C．计算20×3年的所得税（见表1－145、表1－146）。

确定20×3年负债账面价值与其税基的差异：

预估保修负债的账面价值＝$ 400 000－$ 400 000＝$ 0

预估保修负债的税基 = $ 0

计算 20×3 年的所得税费用、应付所得税和递延所得税资产：

所得税费用 = ($ 1 000 000 − $ 200 000) ×40% = $ 320 000

应付所得税 = ($ 1 000 000 − $ 600 000) ×40% = $ 160 000 = 当期的所得税

递延所得税资产期末余额 = ($ 0 − $ 0) ×40% = $ 0

递延所得税利益 = $ 0 − $ 160 000 = − $ 160 000 = "递延所得税资产"账户的减少额

表 1－145　记录所得税费用

20×3 年 12 月 31 日

所得税费用	$ 320 000	
递延所得税资产		$ 160 000
应付所得税		$ 160 000

表 1－146　20×3 年与所得税相关的 3 个账户

所得税费用		递延所得税负债		应付所得税	
$ 320 000		$ 160 000	$ 160 000		$ 160 000
		$ 0			
		$ 0			

D. 3 年所得税计算的汇总（见表 1－147）。

表 1－147　3 年所得税金额的比较

项目	20×1 年	20×2 年	20×3 年	合计
应付所得税（当期所得税费用）	$ 280 000	$ 200 000	$ 160 000	$ 640 000
减：递延所得税利益	$ 280 000	($ 120 000)	($ 160 000)	$ 0
所得税费用	$ 0	$ 320 000	$ 320 000	$ 640 000

③ 资产的税基大于其账面价值也能产生递延所得税资产。

坏账费用的注销是这种情形的典型实例。

A. GAAP 要求企业使用"备抵法"来核算应收账款。

企业应预估坏账金额并从应收账款的总额中扣除。

B. 税法上要求企业使用"直接注销法"来核算应收账款。

因此，企业无需扣除应收账款的金额，除非企业确定有坏账金额无法收回。

C. 备抵法会使得应收账款的账面价值（可变现净值）小于由直接注销法计算的税基值。

④ 表 1－148 列示了可能产生递延所得税资产的原因。

表 1－148　可能产生递延所得税负债的原因

事项	原因	影响
预收收入	现金的收回先于收入的确认	负债账面价值>负债税基
或有损失	负债的预估和预提先于负债的实际发生	负债账面价值>负债税基
保修成本	保持负债的预估和预提先于保修成本的实际发生	负债账面价值>负债税基
坏账费用	坏账金额的预估并从应收账款中扣除先于坏账的实际注销	资产税基>资产账面价值

2. 永久性差异

(1) 基础

① **永久性差异**(permanent differences)可能来自：

A. 有些项目会计入税前收益，但不会计入应税收益；

B. 有些项目会计入应税收益，但不会计入税前收益。

② 永久性差异**不会产生**递延所得税资产和负债。

(2) 产生永久性差异的可能情况

① 若账面收益大于应税收益，会出现永久性差异，假如：

A. 市政债券利息收益被确认为利得，但是不计入应税收益；

B. 公司投资者收取的现金股息被确认为利得，但至少 70%不计入应税收益。

② 应税收益大于账面收益也会导致永久性差异，假如：

A. 罚金和罚款被报告为损失，但不得抵扣；

B. 招待费被报告为费用，但不能完全抵扣。

例 1.2－41

FENG 公司 20×1 年、20×2 年和 20×3 年每年报告的税前收益都是$ 300 000。20×1 年 FENG 公司报告的分期付款销售金额为$ 27 000，相关的货款会从 20×2 年 1 月 1 日起 18 个月等额收回。FENG 公司还在 20×2 年和 20×3 年支付了$ 10 000 的罚款。20×1 年 1 月 1 日，FENG 公司递延所得税资产和负债的期初余额都为零(见表 1－149)。

表 1－149　临时性差异和永久性差异

项目	20×1 年	20×2 年	20×3 年
税前收益	$ 300 000	$ 300 000	$ 300 000
永久性差异			
不可抵扣的费用		$ 10 000	$ 10 000
所得税费用	$ 90 000	$ 93 000	$ 93 000
临时性差异			
应收账款账面价值	$ 27 000	$ 9 000	$ 0
应收账款税基	$ 0	$ 0	$ 0

续表

项目	20×1 年	20×2 年	20×3 年
抵押所得税负债期末余额	\$ 8 100	\$ 2 700	\$ 0
递延的所得税费用	\$ 8 100	(\$ 5 400)	(\$ 2 700)
应付所得税	\$ 81 900	\$ 98 400	\$ 95 700

A. 计算 20×1 年的所得税(见表 1－150)。

20×1 年资产账面价值与税基的差异＝\$ 27 000

计算 20×1 年的所得税费用、递延所得税负债和应付所得税：

所得税费用＝\$ 300 000×30%＝\$ 90 000

递延所得税负债的期末余额＝(\$ 27 000－\$ 0)×30%＝\$ 8 100

递延的所得税费用＝\$ 8 100－\$ 0＝\$ 8 100＝"递延所得税负债"账户的增加额

应付所得税＝\$ 90 000－\$ 8 100＝\$ 81 900＝当期的所得税费用

表 1－150　记录所得税费用

20×1 年 12 月 31 日

所得税费用	\$ 90 000	
应付所得税		\$ 81 900
递延所得税负债		\$ 8 100

B. 计算 20×2 年的所得税(见表 1－151)。

20×2 年资产账面价值与税基的差异＝(\$ 27 000－\$ 18 000)＝\$ 9 000

计算 20×2 年的所得税费用、递延所得税负债和应付所得税：

所得税费用＝(\$ 300 000+\$ 10 000)×30%＝\$ 93 000

递延所得税负债的期末余额＝\$ 9 000×30%＝\$ 2 700

递延的所得税费用＝\$ 2 700－\$ 8 100＝－\$ 5 400＝"递延所得税负债"账户的减少额

应付所得税＝\$ 93 000－(－\$ 5 400)＝\$ 98 400＝当期的所得税

表 1－151　记录所得税费用

20×2 年 12 月 31 日

所得税费用	\$ 93 000	
递延所得税负债	\$ 5 400	
应付所得税		\$ 98 400

C. 计算 20×3 年的所得税(见表 1－152)。

20×3 年资产账面价值与税基的差异＝\$ 0－\$ 0＝\$ 0

计算 20×3 年的所得税费用、递延所得税负债和应付所得税：

所得税费用＝(\$ 300 000+\$ 10 000)×30%＝\$ 93 000

递延所得税负债的期末余额＝(\$ 0－\$ 0)×30%＝\$ 0

递延的所得税费用＝\$ 0－\$ 2 700＝－\$ 2 700＝"递延所得税负债"账户的减少额

应付所得税＝\$ 93 000－(－\$ 2 700)＝\$ 95 700＝当期的所得税

表 1－152 记录所得税费用

20×2 年 12 月 31 日

所得税费用	$ 93 000	
递延所得税负债	$ 2 700	
应付所得税		$ 95 700

3. 财务报表上的列报

(1) 资产负债表的列报

① 企业将“应付所得税”报告在流动负债中。

② 企业应将递延所得税账户的净值报告为资产负债表的非流动项。

A. 分别独立确认和计量递延所得税资产和递延所得税负债，然后在资产负债表上进行抵销。

B. 递延所得税资产或递延所得税负债净值列报在资产负债表的非流动部分中。

例 1.2－42

20×1 年 12 月 31 日，FENG 公司有 4 个递延所得税项目，见表 1－153。

表 1－153 临时性差异的 4 个项目

临时性差异	抵押所得税	
	资产	负债
预收租金收入	$ 45 000	
可折旧资产		$ 200 000
分期付款销售的应收款		$ 50 000
保修负债	$ 15 000	

A. 确定递延所得税负债和资产的金额。

递延所得税负债总值＝$ 200 000＋$ 50 000＝$ 250 000

递延所得税资产总值＝$ 45 000＋$ 15 000＝$ 60 000

B. 递延所得税负债和资产的净值。

递延所得税负债净值＝$ 250 000－$ 60 000＝$ 190 000

FENG 公司在资产负债表的非流动部分报告$ 190 000 的递延所得税负债。

(2) 利润表的列报

① 企业将所得税费用(或所得税利益)报告在利润表上。

② 在利润表上报告的所得税费用金额并不必然包括企业全部的所得税费用。

在利润表上，非持续经营项目以税后的方式报告在继续经营之后。

③ 企业还需要在综合收益表上报告与其他综合收益项目相关的所得税。

EQ1.2-6

FENG 公司当期部分的财务信息如表 1-154 所示：

表 1-154　FENG 公司当期部分财务信息

税前收益	$ 5 000 000
市政债券的利息收入	600 000
当期土地处置的利得，但应税期为下一年	1 000 000
全年税率	40%
期初余额	
应付所得税	0
递延所得税负债	$ 50 000

当期利润表上，FENG 公司可以报告的所得税费用应为(　　)。

A. $ 960 000　　B. $ 1 360 000

C. $ 1 760 000　　D. $ 2 640 000

【答案】C

【考点】有临时性和永久性差异的所得税费用

由于市政债券的利息收入不是应税的，所以 $ 600 000 应从税前收益中扣除。

所得税费用 = ($ 5 000 000 - $ 600 000) × 40% = $ 1 760 000

资产的账面价值大于其税基，所以产生了递延所得税负债。

两者的差异 = $ 1 000 000

递延所得税负债的期末余额 = $ 1 000 000 × 40% = $ 400 000

递延的所得税费用 = $ 400 000 - $ 0 = $ 400 000

应付所得税 = $ 1 760 000 - $ 400 000 = $ 1 360 000 = 当期的所得税

1.2.4　租赁

1. 基础

(1) 定义

① **租赁**(lease)是指承租人与出租人之间的契约协议。该协议给予**承租人**(lessee)在规定的时间段内，使用**出租人**(lessor)所持有的特定资产的权利。

作为使用资产的回报，承租人需要在租赁期内向出租人支付租金。

② 租赁协议只提供了“资产的使用权”，并不必然导致资产所有权的转移。

③ 该项资产的权利对于承租人而言是有经济价值的，它在实质上代表了以相应的债务购买资产。

(2) 租赁对于承租人的优点

① 租赁可以协助承租人保有稀缺的现金。租金通常都是固定的，它可以让承租人免受通胀和资金成本增加的影响。

② 租赁设备可以降低承租人持有设备过时的风险，并将残值的风险转嫁给出租人。

③ 租赁协议包括的限制性条款会少于其他债务融资协议。有创新意识的出租人会根据承租人的特殊需求，为其专门拟定租赁协议。

④ 当企业发行长期票据购买设备时，只有利息费用才能够抵税。然而，如果企业租赁设备，全部租金费用都可以抵税。

(3) 租赁对于承租人的缺点

① 通常，在租期内资产的使用成本会高于资产的购置成本，因为支付给出租人的租赁费用必须要能够对资产的使用、融资成本和所有权的风险进行补偿。

② 承租人在租期结束时不拥有租赁的资产，除非租赁协议中包括了所有权转移或购买权。

2. 租赁的划分

(1) 租赁的两种类型

从承租人的角度来看，有两种租赁形式：融资租赁和经营租赁。

融资租赁在经济上与购置资产类似，因为融资租赁的条款通常允许承租人以"实质上获取资产所有剩余利益的方式"指导资产的使用，给承租人带来与融资购置资产类似的责任。

经营租赁缺乏上述特征。

(2) 划分的标准(见图1-45)

一项租赁如果能满足以下5项标准中的一项或多项，可以被划分为融资租赁，反之则是经营租赁。

① 租赁期末会将租赁资产的所有权转移给承租人。

② 承租人获得了购置该资产的期权，且基本上承租人确定会行使此项权利。

租赁购置权允许承租人购入资产，且购置价格**远低于可行权日当天标的资产预期的公允价值**。

③ 租赁期占租赁资产经济寿命的大部分。

GAAP(ASC 842号："租赁")建议，评估此条标准的合理方法是，标的资产**剩余经济寿命的75%或以上**构成了该标的资产剩余经济寿命的"**大部分**"。

④ 租金和承租人承诺支付的任何(并不包括在租金中)余值之和的现值几乎等于租赁资产全部的公允价值。

GAAP建议，评估此条标准的合理方法是，**支付金额的现值为标的资产公允价值的90%或以上**可以代表"几乎等于"公允价值。

⑤ 租赁资产具有特定属性。

在租赁到期时，具有特定属性的资产对于出租人而言**没有其他用途**，所以特定属性意味着出租人必定已将资产的控制权转让给了承租人。

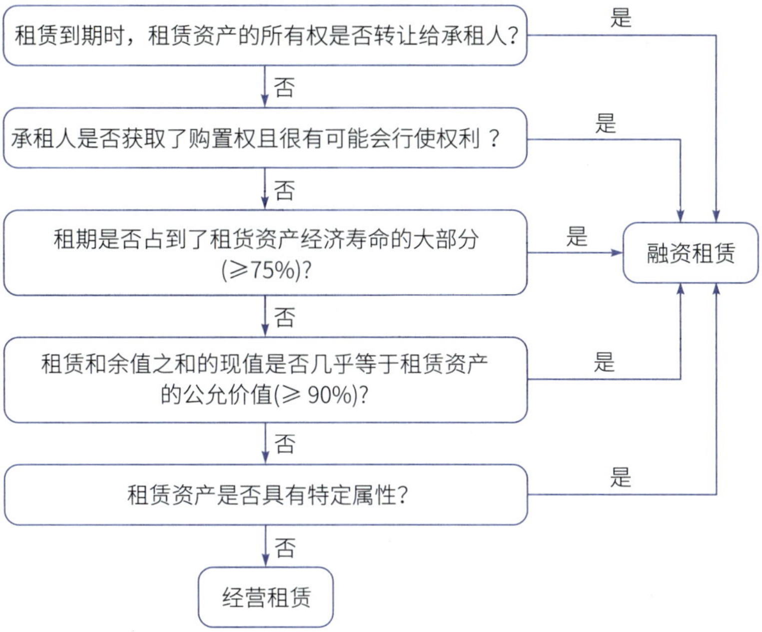

图 1－45　划分融资租赁和经营租赁的标准

(3) 租金和折现率

① 租金的定义中包含以下 6 个因素：

A. 固定租金减去已付或应付给承租人的租赁优惠减免。

B. 变动租金，其金额取决于租赁开始日的利率或指数。

C. 资产购置权的行权价格(如果承租人确定会行使该期权)。

D. 租赁终止的罚金(如果承租人通过行使一项期权来终止租赁)。

E. 由承租人支付给特殊目的实体所有者的费用，该费用用于租赁交易的达成。

F. 在担保余值下，承租人可能的欠款。

② 为了计算租金的现值，出租人和承租人都必须在租赁开始时确定一个合理的折现率。

A. 出租人应使用**隐含利率(implicit rate)**。

隐含利率是在租赁开始时的折现率，它能确保租金和未担保余值的总现值金额等于租赁资产的公允价值。

B. 承租人也应使用**隐含利率**，除非该隐含利率不能确定。

C. 如果无法确定出租人的隐含利率，则承租人应使用**增量贷款利率(incremental borrowing rate)**。

增量贷款利率是指在相似的经济环境下和时间内，承租人为了以有担保的方式借入与租金等额的资金而必须偿付的利率。

3. 租赁的会计核算

(1) 经营租赁

① 对于初始计量，承租人应在资产负债表上报告租赁资产和相关负债。

A. 租赁负债反映了承租人在未来支付租金的责任。

在租赁开始日,承租人根据剩余租金加上担保余值以隐含利率(或增量贷款利率)进行折现而获得的**现值**来计量负债。

B. 租赁资产指的是**资产使用权**[right-of-use(ROU) asset],它显示了承租人有控制租赁资产的权利。

资产使用权的初始计量反映了承租人与租赁相关的净现金流出。

资产使用权=租赁负债+租金预付款+承租人的初始直接成本-租赁优惠减免

② 在租赁期内,需要对租赁负债和资产使用权的余额进行后续调整,并确认租赁费用。

租赁费用是由租赁负债的利息和资产使用权的摊销构成的,租赁负债的利息是通过**有效利率法**确定的,资产使用权的摊销费用是通过从租赁费用中扣除利息费用倒挤出来的。因此,租赁到期时,资产使用权和租赁负债都会摊销至零。

例 1.2-43

FENG 公司从 GE 公司那里租赁了一台不具有特定属性的设备,其公允价值为 $ 200 000。

- 租期为 4 年,租赁从 20×1 年 1 月 1 日开始。
- 预计该设备的经济寿命为 10 年。
- 在 20×0 年 12 月 15 日(租赁协议签订日),FENG 公司预付了第一笔租金 $ 30 000,并从 GE 公司那里收取了$ 10 000 用来终止与另一出租人的租赁业务。
- 从 20×1 年 1 月 1 日起,FENG 公司需每年支付 1 笔$ 30 000 的租金,共 4 笔。
- 剩余的每笔租金应在 12 月 31 日支付。
- 此项租赁的隐含利率为 5%。
- 20×0 年 12 月 20 日,FENG 公司在租赁开始前支付了一笔初始直接成本,金额为 $ 5 000。该公司将其记录为预付初始直接成本。
- 租赁协议不包括所有权转让或购置权。

A. 确定租金的现值。

PV = $ 30 000×($PVIFA_3^{5\%}$ +1) +$ 30 000 = $ 141 697

B. 划分租赁。

- 所有权不转让给 FENG 公司(承租人)→不是融资租赁
- 购置权没有授予承租人→不是融资租赁
- 租期(4 年)<经济寿命(10 年)×75%→不是融资租赁
- 租金的现值($ 141 697)<公允价值($ 200 000)×90%→不是融资租赁
- 租赁的资产不具有特定属性→不是融资租赁
- 该租赁应被划分为经营租赁,因为它不满足 5 项标准中的任何一项。

C. 初始计量。

租赁负债=剩余租金的现值=$ 30 000×($PVIFA_3^{5\%}$ +1)= $ 111 697

资产使用权(**折现的**净现金流出额)=($ 111 697+$ 30 000)-$ 10 000+$ 5 000=$ 136 697

会计分录见表 1-155~表 1-159。

表 1-155　记录支付预付租金

20×0 年 12 月 15 日

预付租金	$ 30 000	
现金		$ 30 000

表 1-156　记录收到租赁优惠减免

20×0 年 12 月 15 日

现金	$ 10 000	
租金优惠减免负债		$ 10 000

表 1-157　记录支付初始直接成本

20×0 年 12 月 20 日

预付初始直接成本	$ 5 000	
现金		$ 5 000

表 1-158　记录资产使用权和租赁现值

20×1 年 1 月 1 日

资产使用权	$ 136 697	
租金优惠减免负债	$ 10 000	
预付租金		$ 30 000
预付初始直接成本		$ 5 000
租赁负债		$ 111 697

表 1-159　记录支付第一笔租金

20×1 年 1 月 1 日

租赁负债	$ 30 000	
现金		$ 30 000

D. 后续计量。

确定租赁的总支出及每年的租赁费用：

租赁的总支出(不折现的净现金流出额)=($ 30 000×4+$ 30 000)-$ 10 000+$ 5 000=$ 145 000

$$每年的租赁费用=\frac{\$\ 145\ 000}{4}=\$\ 36\ 250$$

计算每期的利息费用及租赁负债递减(见表 1-160)。

表 1-160 每期利息费用及租赁负债的递减金额

日期	租金支付	利息费用（5%）	租赁负债的递减金额	租赁负债的期末余额
20×1 年 1 月 1 日				\$ 111 697
20×1 年 1 月 1 日	\$ 30 000		\$ 30 000	\$ 81 697
20×1 年 12 月 31 日	\$ 30 000	\$ 4 085	\$ 25 915	\$ 55 782
20×2 年 12 月 31 日	\$ 30 000	\$ 2 789	\$ 27 211	\$ 28 571
20×3 年 12 月 31 日	\$ 30 000	\$ 1 429	\$ 28 571	\$ 0

利息费用：

20×1 年，\$ 81 697×5% = \$ 4 085

20×2 年，\$ 55 782×5% = \$ 2 789

20×3 年，\$ 28 571×5% = \$ 1 429

租赁负债的递减金额：

20×1 年，\$ 30 000－\$ 4 085 = \$ 25 915

20×2 年，\$ 30 000－\$ 2 789 = \$ 27 211

20×3 年，\$ 30 000－\$ 1 429 = \$ 28 571

租赁负债的期末余额：

20×0 年，\$ 111 697－\$ 30 000 = \$ 81 697

20×1 年，\$ 81 697－\$ 25 915 = \$ 55 782

20×2 年，\$ 55 782－\$ 27 211 = \$ 28 571

20×3 年，\$ 28 571－\$ 28 571 = 0

资产使用权的摊销（见表 1-161）。

表 1-161 资产使用权的摊销

日期	租赁费用	利息	资产使用权的摊销费用
20×1 年 12 月 31 日	\$ 36 250	\$ 4 085	\$ 32 165
20×2 年 12 月 31 日	\$ 36 250	\$ 2 789	\$ 33 461
20×3 年 12 月 31 日	\$ 36 250	\$ 1 429	\$ 34 821
20×4 年 12 月 31 日	\$ 36 250	\$ 0	\$ 36 250

记录租赁费用、资产使用权和租赁负债（见表 1-162～表 1-164）。

表 1-162a 记录租赁费用、资产使用权的摊销和租赁负债的递减金额

20×1 年 12 月 31 日

租赁费用	\$ 36 250	
租赁负债	\$ 25 915	
累计摊销——资产使用权		\$ 32 165
现金		\$ 30 000

表 1－162b　记录租赁费用、资产使用权的摊销费用和租赁负债的递减金额

20×1 年 12 月 31 日

租赁负债	$ 25 915	
利息费用	$ 4 085	
现金		$ 30 000
摊销费用——资产使用权	$ 32 165	
累计摊销——资产使用权		$ 32 165

表 1－163a　记录租赁费用和资产使用权的摊销

20×4 年 12 月 31 日

租赁费用	$ 36 250	
累计摊销——资产使用权		$ 36 250

表 1－163b　记录租赁费用和资产使用权的摊销

20×4 年 12 月 31 日

摊销费用——资产使用权	$ 36 250	
累计摊销——资产使用权		$ 36 250

表 1－164　记录资产使用权的注销

20×4 年 12 月 31 日

累计摊销——资产使用权	$ 136 697	
资产使用权		$ 136 697

与经营租赁相关的 4 个账户见表 1－165。

表 1－165　与经营租赁相关的 4 个账户

租赁费用

$ 36 250	
$ 36 250	
$ 36 250	
$ 36 250	
$ 36 250	

租赁负债

$ 30 000	$ 111 697
$ 25 915	
$ 27 211	
$ 28 571	
0	0

资产使用权

$ 136 697	$ 136 697
0	

累计摊销——资产使用权

$ 136 697	$ 32 165
	$ 33 461
	$ 34 821
	$ 36 250
	0

(2) 融资租赁

① 与经营租赁类似,融资租赁的初始计量要求承租人在租赁开始日,将**资产使用权**和**租赁负债**记录在资产负债表上。

② 在融资租赁下,承租人需要在租期内摊销资产使用权和租赁负债。

A. 承租人使用直线法来摊销资产使用权,并记录摊销费用。

如果租赁资产会在租赁结束时归还出租人,则承租人应使用**租期**进行摊销。

如果租赁协议中包括所有权转让或很可能行使的购置权期权,则承租人应使用**资产预期的使用年限**来进行摊销。

B. 承租人应使用**有效利率法**来计算租赁债务的利息费用。

通过现金租金与利息费用的差额来确定租赁负债每期递减的金额。

例 1.2-44

FENG 公司从 GE 公司那里租赁了一台具有特定属性的设备,其公允价值为 $ 200 000。

租期为 4 年,租赁从 20×1 年 1 月 1 日开始。预计该设备的经济寿命为 10 年。

在 20×0 年 12 月 15 日(租赁协议签订日),FENG 公司预付了第一笔租金 $ 30 000,并从 GE 公司那里收取了 $ 10 000 用来终止与另一出租人的租赁业务。

- 从 20×1 年 1 月 1 日起,FENG 公司每年需支付 $ 30 000 的租金。
- 剩余的每笔租金应在 12 月 31 日支付。
- 承租人不知道 GE 公司的隐含利率,FENG 公司的增量贷款利率为 5%。
- 20×0 年 12 月 20 日,FENG 公司在租赁开始前支付了一笔初始直接成本,金额为 $ 5 000,该公司将其记录为预付初始直接成本。
- 租赁协议不包括所有权转让或购置权。

A. 确定租金的现值。

PV = $ 30 000×($PVIFA_3^{5\%}$ +1) + $ 30 000 = $ 141 697

B. 划分租赁。

- 所有权不转让给 FENG 公司(承租人)→ 不是融资租赁
- 没有购置权授予承租人→不是融资租赁
- 租期(4 年)<经济寿命(10 年)×75%→不是融资租赁
- 租金的现值($ 141 697) <公允价值($ 200 000)×90%→不是融资租赁
- 租赁的资产具有特定属性→是融资租赁
- 该租赁应被划分为融资租赁,因为它满足 5 项标准中的最后一项。

C. 初始计量。

租赁负债 = 剩余租金的现值 = $ 30 000×($PVIFA_3^{5\%}$ +1) = $ 111 697

资产使用权(**折现的**净现金流出额) = ($ 111 697 + $ 30 000) - $ 10 000 + $ 5 000 = $ 136 697

会计分录见表 1-166~表 1-170。

表 1－166　记录支付预付租金

20×0 年 12 月 15 日

预付租金	$ 30 000	
现金		$ 30 000

表 1－167　记录收到租赁优惠减免

20×0 年 12 月 15 日

现金	$ 10 000	
租金优惠减免负债		$ 10 000

表 1－168　记录支付初始直接成本

20×0 年 12 月 20 日

预付初始直接成本	$ 5 000	
现金		$ 5 000

表 1－169　记录资产使用权和租赁现值

20×1 年 1 月 1 日

资产使用权	$ 136 697	
租金优惠减免负债	$ 10 000	
预付租金		$ 30 000
预付初始直接成本		$ 5 000
租赁负债		$ 111 697

表 1－170　记录支付第一笔租金

20×1 年 1 月 1 日

租赁负债	$ 30 000	
现金		$ 30 000

D. 后续计量。

计算每期的利息费用及其租赁负债递减金额(见表 1－171)。

表 1－171　每期利息费用及其租赁负债的递减金额

日期	租金支付	利息费用(5%)	租赁负债的递减金额	租赁负债的期末余额
20×1 年 1 月 1 日				$ 111 697
20×1 年 1 月 1 日	$ 30 000		$ 30 000	$ 81 697
20×1 年 12 月 31 日	$ 30 000	$ 4 085	$ 25 915	$ 55 782
20×2 年 12 月 31 日	$ 30 000	$ 2 789	$ 27 211	$ 28 571
20×3 年 12 月 31 日	$ 30 000	$ 1 429	$ 28 571	$ 0

利息费用：

20×1 年，$81 697×5% = $4 085

20×2 年，$55 782×5% = $2 789

20×3 年，$28 571×5% = $1 429

租赁负债的递减金额：

20×1 年，$30 000－$4 085 = $25 915

20×2 年，$30 000－$2 789 = $27 211

20×3 年，$30 000－$1 429 = $28 571

租赁负债的期末余额：

20×0 年，$111 697－$30 000 = $81 697

20×1 年，$81 697－$25 915 = $55 782

20×2 年，$55 782－$27 211 = $28 571

20×3 年，$28 571－$28 571 = 0

记录支付现金和利息费用(见表 1－172)。

表 1－172　记录支付现金和利息费用

20×1 年 12 月 31 日

租赁负债	$25 915	
利息费用	$4 085	
现金		$30 000

使用直线法摊销资产使用权。

$$每年的摊销费用 = \frac{\$136\ 697}{4} = \$34,174$$

由于租赁协议中并没有包括所有权转让或购置权，所以承租人应采用租期来摊销资产使用权。

记录摊销费用和注销资产使用权(见表 1－173、表 1－174)。

表 1－173　记录摊销费用

20×1 年 12 月 31 日

摊销费用——资产使用权	$34,174	
累计摊销——资产使用权		$34 174

表 1－174　记录资产使用权的注销

20×3 年 12 月 31 日

累计摊销——资产使用权	$136 697	
资产使用权		$136 697

与融资租赁相关的 5 个账户见表 1－175。

表 1-175　与融资租赁相关的 5 个账户

利息费用

$ 4 085	
$ 2 789	
$ 1 429	

租赁负债

$ 30 000	$ 111 697
$ 25 915	
$ 27 211	
$ 28 571	
	$ 0

资产使用权

$ 136 697	$ 136 697

摊销费用——资产使用权

$ 34 174	
$ 34 174	
$ 34 174	
$ 34 175	

累计摊销——资产使用权

$ 136 697	$ 34 174
	$ 34 174
	$ 34 174
	$ 34 174
	$ 34 175
	0

(3) 租赁报告的汇总

① 在经营租赁下,承租人需要在资产负债表上报告租赁资产和租赁负债,在利润表上只报告每期的租赁费用。

租赁费用为利息费用和摊销费用之和,利息费用通过有效利率法计算得到,摊销费用则为租赁费用和利息费用之差。

② 融资租赁要求承租人在资产负债表上报告租赁资产和租赁负债,并在利润表上分别报告每期的利息费用和摊销费用。

利息费用通过有效利率法计算得到,摊销费用通过直线法计算得到。

③ 应将租赁负债报告为流动和非流动两部分。

流动部分是指会在下一期减少的本金。

④ 经营租赁和融资租赁对现金流量表会产生不同的影响。

A. 经营租赁所报告的租金费用会影响到承租人的净利润,所以承租人会将经营租赁的现金支出在其现金流量表上报告为经营活动现金流。

B. 由于每一笔租金都包括两个部分——利息和减少的本金,所以融资租赁的承租人将利息部分报告为经营活动现金流,将本金部分报告为融资活动现金流。

C. 在融资租赁活动开始时,承租人将资产使用权和租赁负债作为非现金的投资或融资活动报告在财务报表的附注中。

D. 短期租赁(short-term lease)是指从租赁开始日起,租期不超过 12 个月的租赁。承租人无需确认资产使用权和租赁负债,而是只确认发生的租赁费用。

EQ1.2-7

FENG 公司在12月1日签订了一份为期3年的汽车租赁协议。租赁汽车的市场价格为$17 000,预计汽车的使用年限为8年。该项租赁要求承租人每月支付$500,共计支付36个月。就每月$500的租金而言,使用FENG公司的增量贷款利率获得的现值为$15 054;使用(承租人知道的)出租人的隐含利率获得的现值为$15 496。根据上述信息,FENG公司应将该项租赁记录为(　　)。

A. 融资租赁

B. 经营租赁

C. 售后回租

D. 销售型租赁

【答案】A

【考点】确定租赁的划分标准

由于在租赁协议中没有规定所有权转让或是购置权,租赁的车辆也不具有特定属性,所以租赁的类型需要使用剩余2项测试进行判断。

3年的租期小于经济寿命的75%。

由于承租人知道出租人的隐含利率,所以应使用该隐含利率来计算租金的现值。

使用隐含利率计算的租金现值=$15 496。

$15 496大于资产公允价值$17 000的90%,所以该项租赁是融资租赁。

1.2.5 权益交易

1. 基础

(1) 定义

股东权益(stockholders' equity)是指企业净资产所有剩余求偿权的总和,是通过实体的资产与其负债之差来计量的。

股东权益也被称为净资产或企业的账面价值,它代表了所有者持有的权利。

只有在企业清偿了所有高级债权人所主张的利益之后,股东才能主张他们的利益。

(2) 要素

① **缴入资本**[contributed(paid-in) capital]包括了普通股股东和优先股股东所投入的金额。

缴入资本包括普通股和优先股的**面值**及超过面值或设定价值部分的**资本公积**。

A. 在股票上标示的面额或设定价值就是该股票的**面值**(par value),它是公司组织者赋予每一类股票的一个任意金额。

B. **资本公积**(additional paid-in capital)代表的是普通股和优先股股东缴入的超过股票面值或设定价值的那部分金额。

例 1.2－45

20×1 年 3 月 1 日，FENG 公司发行了 10 000 股面值为$ 1 的普通股，发行价格为$ 10。

缴入资本＝10 000×$ 10＝$ 100 000

普通股＝10 000×$ 1＝$ 10 000

超过股票面值部分的资本公积＝10 000×($ 10－$ 1)＝$ 90 000

② **留存收益(retained earnings)**是指企业累计的尚未作为股息分配给股东的收益或损失。

③ **累计其他综合收益(accumulated other comprehensive income)**包括了一些项目的累计金额，比如可供出售债务投资未实现的利得或损失、外币折算的调整和养老金成本的调整。

④ **库藏股(treasury stocks)**是指企业为了未来某些用途而回购并持有的自己的股票(比如为了实施员工股票期权计划而分配这些股票)。

2. 权益交易的会计核算

(1) 发行普通股

① 当为了融资而发行股票时，企业会将获得的所有金额分配给**面值或设定价值**及**资本公积**。

如果股票没有面值或设定价值，企业应将获得的所有金额计入普通股账户，而不会影响到资本公积账户。

企业应将股票的发行成本从资本公积中扣除。

例 1.2－46

20×1 年 3 月 1 日，FENG 公司决定通过发行普通股来筹集资金。企业收到$ 500 000，发行了 100 000 股面值为$ 1 的普通股。发生了$ 10 000 的股票发行成本，并已支付给了 FENG 公司的承销商 GE 投资银行。记录发行普通股见表 1－176。

表 1－176 记录发行普通股

20×1 年 3 月 1 日

现金	$ 490 000	
普通股		$ 100 000
资本公积——普通股		$ 390 000

普通股＝100 000×$ 1＝$ 100 000

发行成本＝$ 10 000

资本公积＝$ 500 000－$ 100 000－$ 10 000＝$ 390 000

② 企业也会发行普通股来换取非现金的对价。

理论上，企业应以放弃对价的公允价值来衡量换入商品和服务的价值。

发行股票的公允价值就是换入商品和服务的成本。

如果股票没有可靠的公允价值，则企业应使用换入对价（即换入的商品或服务）的公允价值来计量发行的股票。

例 1.2-47

20×1 年 3 月 1 日，FENG 公司以发行股票的方式来换取法律服务。普通股的公允价值为$5 000，面值为$500（见表 1-177）。

表 1-177 记录发行普通股来获取法律服务

20×1 年 3 月 1 日

法律服务费	$5 000	
普通股		$500
资本公积——普通股		$4 500

（2）回购普通股——库藏股

① 一家企业可以出于各种理由购入库藏股，常见的理由如下：

A．用于股票期权、奖金和员工股票购买计划；

B．用于可转换优先股或债券的转换；

C．维持或提高股票的市价；

D．以税收优惠的方式向股东分配剩余的现金；

E．用于收购其他企业；

F．用于减少在外流通的股票数量，以提高每股收益和权益回报率；

G．减少恶意股东的持股数量，来降低被其他企业收购的可能性；

H．用来发放股票股息。

② 股票回购的交易会对所有者权益产生影响，企业通常会把库藏股计入**所有者权益的一个备抵账户**（contra-account），并在资产负债表上将库藏股报告为所有者权益的减少。

库藏股会减少在外流通的股票数量，这些股票没有投票权，也不能获得现金股息。

③ 库藏股的核算有两种方法：成本法和面值法。成本法是实务中最常用的方法。

成本法可以用来核算库藏股的回购及其再发行。

A．当企业回购股票时，需要按照**回购股票的成本**借记“库藏股”账户。

股票回购不会使“普通股”和“资本公积——普通股”账户发生变化。

回购的股票依然被视为已发行的股票，只是它们不再流通。

B．持有库藏股的企业通常可以再发行这些股票，发行价格可以不同于回购的成本。

如果企业以**高于成本**的价格再发行库藏股，可以将超过成本的部分划分为“**来自库藏股的资本公积**”。

虽然这个超额的部分类似于利得，但是企业不得将其报告在利润表上，因为这个超额的部分来自股本交易。

企业也可以按照**低于成本**的价格再发行库藏股，那么企业就需要扣减**“来自库藏股的资本公积”**来抵销低于成本的那部分金额，如果企业没有或没有足够的“来自库藏股的资本公积”，则扣减**“留存收益”**。

无论发行价格是高于还是低于回购成本，企业都不得通过确认利得或损失的方式让库藏股的再发行对净利润产生影响。

例 1.2－48

20×1 年 3 月 1 日，FENG 公司以$ 20 的价格回购了自己的 2 000 股股票。20×1年 9 月 8 日，该企业以$ 25 的价格再发行了一半的库藏股。20×1 年 10 月 14 日，该企业以$ 12 的价格再发行了剩余的 1 000 股库藏股。

减少权益和资产（见表 1－178）。

表 1－178　记录回购库藏股

20×1 年 3 月 1 日

库藏股	$ 40 000	
现金		$ 40 000

以$ 25 的价格再发行了 1 000 股库藏股（见表 1－179）。

表 1－179　记录库藏股的再发行

20×1 年 9 月 8 日

现金	$ 25 000	
库藏股		$ 20 000
来自库藏股的资本公积		$ 5 000

以$ 12 的价格再发行了 1 000 股库藏股（见表 1－180）。

表 1－180　记录库藏股的再发行

20×1 年 10 月 14 日

现金	$ 12 000	
来自库藏股的资本公积	$ 5 000	
留存收益	$ 3 000	
库藏股		$ 20 000

④ 企业也可以选择注销库藏股。

企业通过减少普通股和资本公积来核算股票注销。

如果回购成本低于原来的缴入资本，则企业需要将两者的差异计入“资本公积——已注销股票”账户。

如果回购成本高于原来的缴入资本，则企业需要将相应的金额计入“资本公积——已注销股票”账户，或者在需要时减少留存收益。

(3) 留存收益

① 净利润(损失)和股息是最常见的会对留存收益产生影响的事项。

② 所有类型的股息都会减少留存收益,无一例外。

A. **现金股息**(cash dividends)是企业给股东的现金回报,也是最常见的股息。

董事会在**宣告日**(declaration date)宣告发放股息,这形成了企业对股息的法律责任。因此,企业需要增加其流动负债(应付股息)并减少其权益(留存收益)。

企业在**支付日**(payment date)向股东支付股息,相应地要减少流动资产(现金)和流动负债(应付股息)。

例 1.2－49

20×1 年 3 月 1 日,FENG 公司宣告了$ 10 000 的现金股息,并在 20×1 年 4 月5 日向股东支付了现金股息。

宣告日(见表 1－181)。

表 1－181　记录宣告现金股息

20×1 年 3 月 1 日

留存收益	$ 10 000	
应付股息		$ 10 000

支付日(见表 1－182)。

表 1－182　记录支付现金股息

20×1 年 4 月 5 日

应付股息	$ 10 000	
现金		$ 10 000

B. 与现金股息类似,**财产股息**(property dividend)和**清算股息**(liquidating dividend)都会减少权益和资产。

对于财产股息,企业分配的是资产而不是现金。财产股息的金额是以宣告日待分配资产的公允价值来计量的。

当股息的金额超过留存收益的余额时,超额的部分被称为清算股息。

当企业解散并将剩余资产分配给股东时,就会出现清算股息。

清算股息会减少留存收益(分配收益或赚取的资本)和资本公积(分配缴入的资本)。

C. 企业也可宣告**股票股息**(stock dividend)向股东分配回报或者对现金股息进行补充。

股票股息**不会对所有者权益产生影响**,也不会对**资产**和**负债**产生影响。

企业发放股票股息后,每位股东在企业中的权益比重维持不变,企业的账面价值和市值也不变。

然而,在外流通的股票数量增加会降低企业的每股账面价值、每股收益及每股市价。

本质上，股票股息通过将留存收益中的金额转入缴入资本，对留存收益进行永久的**股本化**。

因此，即使总权益金额维持不变，所有者权益中的一些重要项目也会发生变化。

从留存收益转入缴入资本的金额会有所不同，因为存在两种不同的核算方法。

如果发放的股票数量**不超过**此前在外流通总股数的 20%～25%，股票股息就被认定为**小额股票股息**。

小额股票股息假定**不会**对每股市价产生**重大的负面影响**。

因此，小额股票股息的核算方式是基于宣告日当天的**股票市价**。

"留存收益"账户是根据股票市价减少的。

"普通股"账户增加的金额为增发股数的面值。

市价与面值之间的差异被计入"资本公积"账户。

例 1.2－50

20×1 年 3 月 1 日，FENG 公司在外流通的普通股数量为 1 000 000 股，面值为$ 10，该公司的留存收益为$ 15 000 000，资本公积为$ 2 000 000。该公司宣告了 10%的股票股息，每股市价为$ 15。股票股息是在 4 月 5 日发放的。

宣告前(见表 1－183)。

表 1－183　小额股票股息宣告和发放前的所有者权益

普通股(面值为$ 10，在外流通 1 000 000 股)	$ 10 000 000
资本公积	$ 2 000 000
留存收益	$ 15 000 000
权益合计	$ 27 000 000

宣告日(见表 1－184、表 1－185)。

表 1－184　记录宣告股票股息

20×1 年 3 月 1 日

留存收益	$ 1 500 000	
应分配股息		$ 1 000 000
资本公积——普通股		$ 500 000

留存收益减少额＝1 000 000×10%×$ 15＝$ 1 500 000

应分配股息增加额＝1 000 000×10%×$ 10＝$ 1 000 000

资本公积增加额＝1 000 000×10%×($ 15－$ 10)＝$ 500 000

表 1－185　小额股票股息宣告时的所有者权益

普通股(面值为$ 10，在外流通 1 000 000 股)	$ 10 000 000
资本公积	$ 2 500 000

续表

应分配股息	$ 1 000 000
留存收益	$ 13 500 000
权益合计	$ 27 000 000

发放日(见表1－186、表1－187)。

表1－186 记录发放股票股息

20×1年4月5日

应分配股息	$ 1 000 000	
普通股		$ 1 000 000

表1－187 小额股票股息发放时的所有者权益

普通股(面值为$ 10,在外流通1 100 000股)	$ 11 000 000
资本公积	$ 2 500 000
留存收益	$ 13 500 000
权益合计	$ 27 000 000

如果发放的股票数量**超过**此前在外流通总股数的20%～25%,股票股息就被认定为**大额股票股息**。

大额股票股息假定会使每股股价大幅降低。对于股东而言股票价值是未知的,但是股息的核算又不能低于最低法定股本金。

因此,大额股票股息是根据股票的**面值**来核算的。

“留存收益”账户是**根据股票面值减少的**。

“普通股”账户增加的金额为增发股数的面值。

与小额股票股息不同的是,因为不使用市价,所以“资本公积”账户不会增加。

例1.2－51

20×1年3月1日,FENG公司在外流通的普通股数量为1 000 000股,面值为$ 10,该公司的留存收益为$ 15 000 000,资本公积为$ 2 000 000。该公司宣告了100%的股票股息,每股市价为$ 15。股票股息是在4月5日发放的。

宣告前(见表1－188)。

表1－188 大额股票股息宣告和发放前的所有者权益

普通股(面值为$ 10,在外流通1 000 000股)	$ 10 000 000
资本公积	$ 2 000 000
留存收益	$ 15 000 000
权益合计	$ 27 000 000

宣告日(见表 1－189、表 1－190)。

表 1－189　记录宣告股票股息

20×1 年 3 月 1 日

留存收益	$ 10 000 000	
应分配股息		$ 10 000 000

留存收益减少额＝1 000 000×100%×$ 10＝$ 10 000 000

应分配股息增加额＝1 000 000×100%×$ 10＝$ 10 000 000

资本公积增加额＝1 000 000×100%×($ 10－$ 10)＝$ 0

表 1－190　大额股票股息宣告时的所有者权益

普通股(面值为$ 10,在外流通 1 000 000 股)	$ 10 000 000
资本公积	$ 2 000 000
应分配股息	$ 10 000 000
留存收益	$ 5 000 000
权益合计	$ 27 000 000

发放日(见表 1－191、表 1－192)。

表 1－191　记录发放股票股息

20×1 年 4 月 5 日

应分配股息	$ 10 000 000	
普通股		$ 10 000 000

表 1－192　大额股票股息发放时的所有权权益

普通股(面值为$ 10,在外流通 2 000 000 股)	$ 20 000 000
资本公积	$ 2 000 000
留存收益	$ 5 000 000
权益合计	$ 27 000 000

D. **股票拆分(stock split)**对股东产生的影响与大额股票股息所产生的影响一致。

股票拆分通常被用来降低股价,但不会减少留存收益;

股票拆分会使股票数量按比例增加,但使股票面值按比例减少;

股票拆分会影响到所有者权益的披露,**但无需为股票拆分编制会计分录**。

表 1－193 列示了现金股息、股票股息和股票拆分的影响。

表 1－193　现金股息、股票股息和股票拆分的影响

项目	现金股息	股票股息		股票拆分
		小额	大额	
面值	—	—	—	↓

第1章

续表

项目	现金股息	股票股息		股票拆分
		小额	大额	
市价	—	↓	↓	↓
留存收益	↓	↓	↓	—
普通股	—	↑	↑	—
资本公积	—	↑	—	—
权益总额	↓	—	—	—
在外流通的股票数量	—	↑	↑	↑
每股账面价值	↓	↓	↓	↓
每股收益	—	↓	↓	↓
营运资本	↓	—	—	—

例 1.2-52

20×1 年 3 月 1 日，FENG 公司在外流通的普通股数量为 1 000 000 股，面值为$ 10，该公司的留存收益为$ 15 000 000，资本公积为$ 2 000 000。该公司宣告将一股拆分为两股，每股市价为$ 15。

拆分前（见表 1-194）。

表 1-194 股票拆分前的所有者权益

普通股（面值为$ 10，在外流通 1 000 000 股）	$ 10 000 000
资本公积	$ 2 000 000
留存收益	$ 15 000 000
权益合计	$ 27 000 000

拆分后（见表 1-195）。

表 1-195 股票拆分后的所有者权益

普通股（面值为$ 5，在外流通 2 000 000 股）	$ 10 000 000
资本公积	$ 2 000 000
留存收益	$ 15 000 000
权益合计	$ 27 000 000

$$\text{面值}=\frac{\$\,10}{2}=\$\,5$$

新发行的股票数量 = 1 000 000×2 = 2 000 000

普通股（拆分后）= 2 000 000×$ 5 = $ 10 000 000

EQ1.2-8

下列关于股息的陈述，正确的是（　　）。

A. 发放15%的股票股息会根据股票面值及其增发的股数借记留存收益账户

B. 发放30%的股票股息会使得留存收益减少，减少的金额为增发股数的市值

C. 宣告现金股息对每股账面价值没有影响

D. 宣告并支付10%的股票股息会使留存收益减少，减少的金额为增发股数的市值

【答案】D

【考点】比较小额股票股息和大额股票股息的差异

小额股票股息是根据市价核算的，而大额股票股息是根据面值核算的。

所有类型的股息都会降低留存收益。

现金股息既会降低留存收益又会降低权益，所以在外流通股数不变时，每股账面价值会下降。

1.2.6　收入确认

1. 基础

（1）资产-负债法

资产-负债法是根据资产和负债的变化来确认和计量收入的。

该方法确认了收入确认的关键目标。企业应使用五步法来确保正确地计量和报告收入。

（2）五步法（见图1-46）

① 确认与客户的合同。

② 确认合同中每项履约义务。

③ 确定交易价格。

④ 将交易价格分配给每项履约义务。

⑤ 当履行履约义务时确认收入。

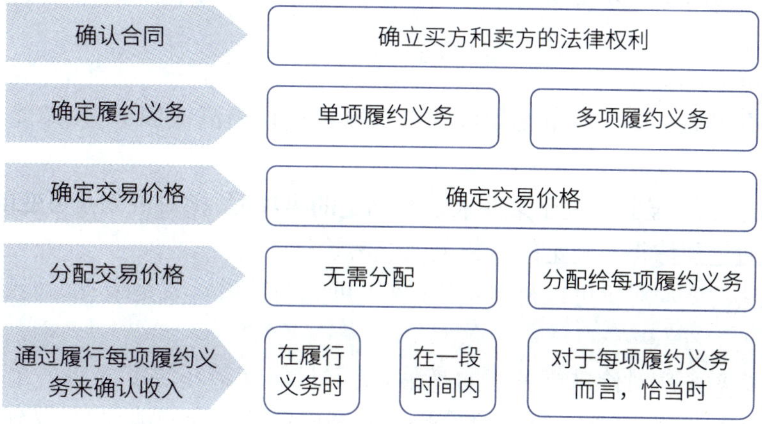

图1-46　收入确认的五步法

2. 五个步骤

(1) 确定与客户的合同

合同是指会产生具有法律约束力的权利和责任的协议。

如果卖方能够满足以下5个标准,合同即成立:

① 合同各方已同意该合同并承诺在合同下履行相应的事项。批准合同的方式包括:书面批准、口头批准或以一家实体的商业惯例来批准。

② 对于需要转移的商品或服务,每一方与之相关的权利都是可识别的。

③ 对于需要转移的商品或服务,相应的支付条款是可识别的。

④ 合同是具有商业实质的,即实体未来现金流的风险、时间或金额会因合同的存在而发生变化。

⑤ 卖方很有可能会收到其因交换商品或服务而应得的对价。为了评估收款的可能性,卖方需要在对价到期时,考察客户支付该笔特定金额的能力和意图(见图1-47)。

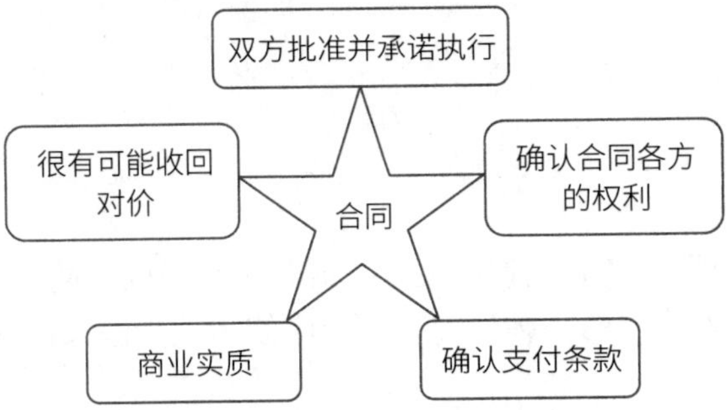

图1-47 合同成立的5大标准

(2) 确定合同中的履约义务

卖方需要确定合同中各项履约义务,以此将交易价格分配给不同的履约义务,并在履行了每项义务时确认收入。

履约义务(performance obligation)是指对特定商品或服务转移的承诺。

如果一种商品或服务是独特的且能够明确区别于合同中其他的商品或服务,则该商品或服务是特定的。

(3) 确定交易价格

① **交易价格**(transaction price)是指卖方通过交换商品或服务,预期能从客户那里收取的金额。

② 当待收取的金额取决于某些**未来不确定的事项**时,则对价就是**可变的**。

卖方应通过预估将不确定的金额纳入交易价格。

卖方预估的变动对价可以是期望值(若干可能的结果),或是最有可能的结果(只有2个结果)。

为了杜绝对可变对价进行可能的高估,卖方只能在某一限度内将一个可变对价的预估值纳入交易价格,即当与可变对价相关的不确定性在未来消除时,**很有可能不会**对截至那天已确认的收入进行大幅的转回。

（4）将交易价格分配给每项履约义务

如果合同中包括了**多项履约义务**，卖方需要根据合同中所有履约义务对应的商品或服务的**独立价格**计算相应的比例，然后按比例**将交易价格分配给每项履约义务**。

独立价格（stand-alone selling price）是指在相似的条件下，单独出售商品或服务所采用的金额。

有三种方法可以用于独立价格的预估（见图 1－48）。

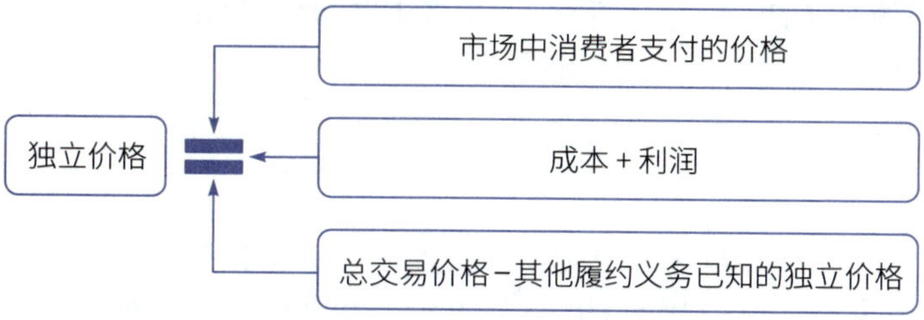

图 1－48　独立价格的预估

① **市场评估调整法**关注的是卖方通过评估市场后认为，消费者愿意为该商品或服务支付的金额。

② **期望成本加利润法**关注的是内部因素，即预测与提供商品或服务相关的成本并加上一个可能的利润率。

③ **剩余法**要求企业将合同中其他商品或服务**已知或能预估的独立价格之和**从**合同的总交易价格**中扣除，以此来预估一个未知（或高度不确定）的独立价格。

（5）履行了履约义务时确认收入

① 当企业**在某一时点**或**一段时间内**单独地履行了每项履约义务时，则可以确认收入。

② 当商品或服务的控制权从卖方转移至客户时，企业就履行了履约义务。

A．可以单独或综合地应用五项核心指标来判断，控制权是否在某一时点已经从卖方处转移至客户那里。

a．客户有向卖方支付货款的义务。

b．客户持有资产的法定所有权。

c．卖方已经转移了资产的实物。

d．拥有资产所产生的风险和收益归客户所有。

e．客户已经接收了资产。

B．如果卖方满足以下三项标准中的**一项**，则商品或服务已**在一段时间内**发生转移。

a．卖方执行了相应的工作，而客户可以从该工作中获益。

b．卖方履约建造了相应的资产，而客户获取了对于该资产的控制权。

c．卖方在建的资产对于卖方而言没有其他的用途，且对于截至当日所完成的工作，卖方有强制性的权利获取相应的货款。

(6) 披露

卖方将收入报告在利润表上,将"应收账款""合同负债"和"合同资产"报告在资产负债表的不同项目中。

如果卖方在履行履约义务之前已经收到了款项,则卖方就持有**合同负债**。

如果卖方在履行了履约义务后获得了**无条件收取货款的权利**,则卖方就可以确认**应收账款**。

如果卖方在履行了履约义务后获得了**有条件收取货款的权利**,则卖方就持有**合同资产**。

例 1.2-53

20×1 年 3 月 1 日,FENG 公司和 GE 公司签订了一份销售合同。

- 根据合同,FENG 公司将向 GE 公司出售一套营销分析软件。
- 卖方同意向买方提供培训服务,且不收取额外的费用。培训服务将在软件安装之后的 2 个月内完成。
- 此外,GE 公司还从 FENG 公司购买了市场数据分析服务,该项服务可以让 GE 公司在安装和培训结束后的一年里,通过接入 FENG 公司的商业情报中心来获取最新的市场信息。
- 如果单独购买软件套装和数据获取服务,它们的市场价格分别为$ 400 000 和$ 100 000。
- GE 公司同意在合同签订后的 10 天内一次性支付全部货款,金额为$ 450 000,FENG 公司承诺在 3 月底完成软件的安装。
- 软件的安装在 3 月 25 日完成,所有的培训服务在 5 月底完成。GE 公司可以从 20×1 年 6 月 1 日起开始使用该系统,并同时接入 FENG 公司的商业情报中心。

① 确定与客户的合同。

A. FENG 公司和 GE 公司签订了一份销售合同。

B. 买方从卖方那里采购软件和相关的服务,卖方有权利获得一次性支付的$ 450 000。

C. 卖方在合同签订后的 10 天内收到一次性支付的货款(见表 1-196)。

D. 该合同具备商业实质。

② 确定履约义务。

有 2 项可以确定的履约义务:一项为销售软件外加安装和培训,另一项为通过订购向买方提供最新的市场信息。

③ 确定交易价格。

在合同中明确规定的总交易价格为$ 450 000。

④ 分配交易价格。

A. 独立价格。

软件套装 = $ 400 000

市场信息订购 = $ 100 000

B. 分配交易价格。

$$软件套装 = \$450\,000 \times \frac{\$400\,000}{\$400\,000 + \$100\,000} = \$360\,000$$

$$市场信息订购 = \$450\,000 \times \frac{\$100\,000}{\$400\,000 + \$100\,000} = \$90\,000$$

⑤ 收入确认。

20×1 年 5 月 31 日,软件安装完毕,所有培训服务全部完成,可以确认$ 360 000的收入(见表 1 – 197)。

从 20×1 年 6 月 1 日起,以每月等额支付$ 7 500 的方式,确认总额为$ 90 000 的订阅收入(见表 1 – 198)。

表 1 – 196　收到 GE 公司支付的现金

20×1 年 3 月 9 日

现金	$ 450 000	
递延收入		$ 450 000

表 1 – 197　在安装和培训完成之后记录收入

20×1 年 5 月 31 日

递延收入	$ 360 000	
销售收入		$ 360 000

表 1 – 198　记录市场信息订阅收入

20×1 年 6 月 30 日

递延收入	$ 7 500	
销售收入		$ 7 500

3. 长期建筑合同

(1) 用于长期合同的五步法

作为一种交易模式,企业是在一段时间内而不是在一个时点上报告长期合同的收入、成本与毛利。

第 5 步影响了企业对收入确认方式的选择(见图 1 – 49)。

有两种会计方法可以用来确认长期合同的收入:完工百分比法和全部完工法。

① 当一个实体能够满足一段时间内商品和服务转移 3 项标准中的任何一项并且能够合理衡量其完工进度时,应选择**完工百分比法**。

② 如果合同无法满足 3 项标准中的任何一项或实体无法合理地衡量完工进度,则应使用**全部完工法**。

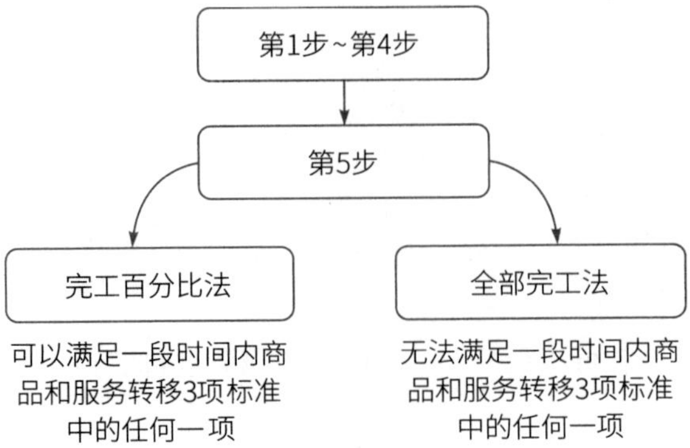

图 1-49 长期合同的收入确认

(2) 完工百分比法

① **完工百分比法**(percentage-of-completion method)基于企业一项长期合同的完工进度来确认收入、成本和毛利。

② 完工百分比法的核心是衡量项目的完工进度。

A. 最常用的衡量完工进度的方法是**成本百分比法**。

成本百分比法(cost-to-cost approach)通过截至今天发生的总成本除以预估的总成本来衡量累计的完工百分比。

$$累计完工百分比=\frac{截至今天发生的总成本}{预估的总成本}\times 100\%$$

预估的总成本=截至今天发生的总成本+完工项目预估还需要发生的成本

B. 企业根据累计完工百分比在一段时间内确认收入。

截至今天可以确认的总收入=合同总收入×累计完工百分比

当期可以确认的收入=截至今天可以确认的总收入-在之前几期确认的总收入

C. 将当期可以确认的收入减去当期发生的成本就计算出当期的毛利。

例 1.2-54

FENG 公司有一份造价为$ 10 000 000 的建筑合同,预估的成本为$ 6 000 000。该建筑项目从 20×1 年 3 月 1 日开始启动,20×3 年 10 月完工。最初预估的项目总成本为$ 6 000 000。到了 20×2 年,FENG 公司将预估总成本从$ 6 000 000 调整至$ 7 000 000。与 3 年施工相关的数据,见表 1-199。

表 1-199 完工百分比法的项目财务信息

	20×1 年	20×2 年	20×3 年
截至到期末的总成本	$ 1 800 000	$ 4 900 000	$ 14 000 000
预估完工所需的成本	$ 4 200 000	$ 2 100 000	
当期工程结算款	$ 1 500 000	$ 5 000 000	$ 3 500 000
当期收到的现金	$ 1 000 000	$ 3 000 000	$ 6 000 000

A. 计算 3 年的累计完工百分比(见表 1－198)。

20×1 年, $\dfrac{\$1\ 800\ 000}{\$1\ 800\ 000+\$4\ 200\ 000}\times100\%=30\%$

20×2 年, $\dfrac{\$4\ 900\ 000}{\$4\ 900\ 000+\$2\ 100\ 000}\times100\%=70\%$

20×3 年, $\dfrac{\$7\ 000\ 000}{\$7\ 000\ 000}\times100\%=100\%$

表 1－198　计算累计完工百分比

	20×1 年	20×2 年	20×3 年
合同造价	$ 10 000 000	$ 10 000 000	$ 10 000 000
截至当期期末的总成本	$ 1 800 000	$ 4 900 000	$ 7 000 000
预估完工所需的成本	$ 4 200 000	$ 2 100 000	
预计总成本	$ 6 000 000	$ 7 000 000	$ 7 000 000
完工百分比	30%	70%	100%

B. 确认 3 年的收入。

20×1 年(见表 1－201～表 1－203)。

收入＝$ 10 000 000×0.3＝$ 3 000 000

毛利＝$ 3 000 000－$ 1 800 000＝$ 1 200 000

或毛利＝($ 10 000 000－$ 6 000 000)×0.3＝$ 1 200 000

表 1－201　记录项目成本和存货

20×1 年 12 月 31 日

在建工程	$ 1 800 000	
材料、现金、应付		$ 1 800 000

表 1－202　记录工程结算款和收到的现金

20×1 年 12 月 31 日

应收账款	$ 1 500 000	
工程价款结算	$ 1 500 000	
现金	$ 1 000 000	
应收账款		$ 1 000 000

表 1－203　记录确认的收入

20×1 年 12 月 31 日

在建工程	$ 1 200 000	
工程成本	$ 1 800 000	
长期合同收入		$ 3 000 000

20×2 年(见表 1-204~表 1-206)。

收入=$10 000 000×0.7-$3 000 000=$4 000 000

毛利=$4 000 000-($4 900 000-$1 800 000)=$900 000

或毛利=($10 000 000-$7 000 000)×0.7-$1 200 000=$900 000

表 1-204　记录项目成本和存货

20×2 年 12 月 31 日

在建工程	$3 100 000	
材料、现金、应付		$3 100 000

表 1-205　记录工程结算款和收到的现金

20×2 年 12 月 31 日

应收账款	$5 000 000	
工程价款结算		$5 000 000
现金	$3 000 000	
应收账款		$3 000 000

表 1-206　记录确认的收入

20×2 年 12 月 31 日

在建工程	$900 000	
工程成本	$3 100 000	
长期合同收入		$4 000 000

20×3 年(见表 1-207~表 1-210)。

收入=$10 000 000×1.0-($3 000 000+$4 000 000)=$3 000 000

毛利=$3 000 000-($7 000 000-$4 900 000)=$900 000

或毛利=($10 000 000-$7 000 000)×1.0-($1 200 000+$900 000)=$900 000

表 1-207　记录项目成本和存货

20×3 年 10 月 31 日

在建工程	$2 100 000	
材料、现金、应付		$2 100 000

表 1-208　记录工程结算款和收到的现金

20×3 年 10 月 31 日

应收账款	$3 500 000	
工程价款结算		$3 500 000
现金	$6 000 000	
应收账款		$6 000 000

表 1－209　记录确认的收入

20×3 年 10 月 31 日

在建工程	$ 900 000	
工程成本	$ 2 100 000	
长期合同收入		$ 3 000 000

表 1－210　记录结转在建工程和工程价款结算账户

20×3 年 10 月 31 日

工程价款结算	$ 10 000 000	
在建工程		$ 10 000 000

采用完工百分比法时，与长期合同相关的 6 个账户见表 1－211。

表 1－211　采用完工百分比法时，与长期合同相关的 6 个账户

在建工程

$ 1 800 000	$ 10 000 000
$ 1 200 000	
$ 3 100 000	
$ 900 000	
$ 2 100 000	
$ 900 000	

工程成本

$ 1 800 000	
$ 3 100 000	
$ 2 100 000	

长期合同收入

	$ 3 000 000
	$ 4 000 000
	$ 3 000 000

工程价款结算

$ 10 000 000	$ 1 500 000
	$ 5 000 000
	$ 3 500 000

应收账款

$ 1 500 000	$ 1 000 000
$ 5 000 000	$ 3 000 000
$ 3 500 000	$ 6 000 000

现金

$ 1 000 000	
$ 3 000 000	
$ 6 000 000	

C. 在财务报表上的披露（见表 1－212、表 1－213）。

在利润表上，应报告项目 3 年的收入、成本和毛利。

表 1－212　采用完工百分比法时，报告收入、成本和毛利

	20×1 年	20×2 年	20×3 年
长期合同收入	$ 3 000 000	$ 4 000 000	$ 3 000 000
工程成本	$ 1 800 000	$ 3 100 000	$ 2 100 000
毛利	$ 1 200 000	$ 900 000	$ 900 000

资产负债表上，应报告应收账款的余额及**在建工程**与**工程价款结算**之间的净值。

在建工程（construction in progress，CIP）账户用来核算长期合同中的**存货**。

工程价款结算（billings on construction in progress）账户是“在建工程”账户的**备抵账**

户,用来减少资产账户的账面余额,即在建工程的账面余额。

如果“在建工程”账户金额大于“工程价款结算”账户的金额,则两者的净值报告为**流动资产**,计入“**成本与确认毛利大于结算款**”账户。

如果“在建工程”账户金额小于“工程价款结算”账户的金额,则两者的净值报告为**流动负债**,计入“**结算款大于成本与确认毛利**”账户。

表 1－213 采用完工百分比法时,报告项目的资产或负债

	20×1 年	20×2 年	20×3 年
资产			
应收账款	$ 500 000	$ 2 500 000	$ 0
存货			
在建工程	$ 3 000 000	$ 7 000 000	$ 0
减:工程价款结算	$ 1 500 000	$ 6 500 000	$ 0
成本与确认毛利大于结算款	$ 1 500 000	$ 500 000	$ 0
负债			
工程价款结算	$ 0	$ 0	$ 0
减:在建工程	$ 0	$ 0	$ 0
结算款大于成本与确认的毛利	$ 0	$ 0	$ 0

(3) 全部完工法

采用**全部完工法**(completed-contract method),只有当合同完成时,企业才能确认收入和毛利。该方法要求企业累计长期合同的成本,但是不在利润表上报告收入、成本或毛利。

全部完工法和完工百分比法的关键差异就是**收入和毛利确认的时间点**。

例 1.2－55

FENG 公司有一份造价$ 10 000 000 的建筑合同,预估的成本为$ 6 000 000。该建筑项目从 20×1 年 3 月 1 日开始启动,20×3 年 10 月完工。最初预估的项目总成本为$ 6 000 000。到了 20×2 年,FENG 公司将预估总成本从$ 6 000 000 调整至$ 7 000 000。与 3 年施工相关的数据,见表 1－214。

表 1－214 全部完工法的项目财务信息

	20×1 年	20×2 年	20×3 年
截至期末的总成本	$ 1 800 000	$ 4 900 000	$ 14 000 000
预估完工所需的成本	$ 4 200 000	$ 2 100 000	
当期工程结算款	$ 1 500 000	$ 5 000 000	$ 3 500 000
当期收到的现金	$ 1 000 000	$ 3 000 000	$ 6 000 000

A．计算 3 年的累计完工百分比。

无须计算。

B．记录 3 年的项目成本、工程结算款和现金收回。

20×1 年(见表 1－215、表 1－216)。

表 1－215　记录项目成本和存货

20×1 年 12 月 31 日

在建工程	$ 1 800 000	
材料、现金、应付		$ 1 200 000

表 1－216　记录工程结算款和收到的现金

20×1 年 12 月 31 日

应收账款	$ 1 500 000	
工程价款结算		$ 1 500 000
现金	$ 1 000 000	
应收账款		$ 1 000 000

20×2 年(见表 1－217、表 1－218)。

表 1－217　记录项目成本和存货

20×2 年 12 月 31 日

在建工程	$ 3 100 000	
材料、现金、应付		$ 3 100 000

表 1－218　记录工程结算款和收到的现金

20×2 年 12 月 31 日

应收账款	$ 5 000 000	
工程价款结算		$ 5 000 000
现金	$ 3 000 000	
应收账款		$ 3 000 000

20×3 年(见表 1－219、表 1－220)。

表 1－219　记录项目成本和存货

20×3 年 10 月 31 日

在建工程	$ 2 100 000	
材料、现金、应付		$ 2 100 000

表 1－220　记录工程结算款和收到的现金

20×3 年 10 月 31 日

应收账款	$ 3 500 000	
工程价款结算		$ 3 500 000

续表

现金	$ 6 000 000	
应收账款		$ 6 000 000

C．在合同完成时确认收入(见表1－221～表1－222)。

表1－221　记录确认的收入

20×3年10月31日

在建工程	$ 3 000 000	
工程成本	$ 7 000 000	
长期合同收入		$ 10 000 000

表1－222　记录结转在建工程和工程价款结算账户

20×3年10月31日

工程价款结算	$ 10 000 000	
在建工程		$ 10 000 000

采用全部完工法时，与长期合同相关的6个账户见表1－223。

表1－223　采用全部完工法时，与长期合同相关的6个账户

在建工程		工程成本		长期合同收入	
$ 1 800 000	$ 10 000 000	$ 7 000 000			$ 10 000 000
$ 3 100 000					
$ 2 100 000					
$ 3 000 000					

工程价款结算		应收账款		现金	
$ 10 000 000	$ 1 500 000	$ 1 500 000	$ 1 000 000	$ 1 000 000	
	$ 5 000 000	$ 5 000 000	$ 3 000 000	$ 3 000 000	
	$ 3 500 000	$ 3 500 000	$ 6 000 000	$ 6 000 000	

D．在财务报表上的披露。

在利润表上的披露(见表1－224)。

表1－224　采用全部完工法时，报告收入、成本和毛利

	20×1年	20×2年	20×3年
长期合同收入			$ 10 000 000
工程成本			$ 7 000 000
毛利			$ 3 000 000

在资产负债表上的披露(见表 1－225)。

表 1－225　采用全部完工法时,报告项目的资产/负债

	20×1 年	20×2 年	20×3 年
资产			
应收账款	$ 500 000	$ 2 500 000	$ 0
存货			
在建工程	$ 1 800 000	$ 0	$ 0
减:工程价款结算	$ 1 500 000	$ 0	$ 0
成本与确认毛利大于结算款	$ 300 000	$ 0	$ 0
负债			
工程价款结算	$ 0	$ 6 500 000	$ 0
减:在建工程	$ 0	$ 4 900 000	$ 0
结算款大于成本与确认的毛利	$ 0	$ 1 600 000	$ 0

EQ1. 2－9

当期期初,FENG 公司出售了一台设备,同时还签订了为期 2 年的服务合同。该公司收到了客户一次性支付的交易金额 $ 30 000。该设备的公允价值为 $ 24 000,设备在今年已被运送至客户处。FENG 公司在记录此次交易时,借记现金 $ 30 000,贷记销售收入 $ 30 000。下列关于 FENG 公司今年的财务报表的陈述,正确的是(　　)。

A. 总资产被低估　　　　B. 净利润被高估

C. 总负债被高估　　　　D. 财务报告完全正确

【答案】B

【考点】理解收入确认的 5 步法

① 确定与客户的合同。

存在一份销售合同,为客户提供设备和为期 2 年的服务。

② 确定合同中的履约义务。

有 2 项履约义务:出售设备和提供服务。

③ 确定交易价格。

交易价格为 $ 30 000。

④ 将交易价格分配给每项履约义务。

设备的公允价值＝$ 24 000

分配给 2 年期服务的交易价格＝$ 30 000－$ 24 000＝$ 6 000

⑤ 在履行了履约义务时确认收入。

由于设备已经运送给客户,所以可以确认 $ 24 000 的收入。

只能部分地确认服务收入,因为服务的履约义务尚未全部履行。
将$ 30 000 都确认为当期的收入会使当期的净利润被高估。

1.2.7 GAAP 与 IFRS 的差异

1. 股份支付

(1) GAAP

当期权是被逐步授予的,GAAP 允许企业独立地核算每个账户,也允许企业在整个等待期内以**直线法**的方式进行核算。

(2) IFRS

在 IFRS(International Financial Reporting Standards,国际财务报告准则)下,不得使用**直线法**。

2. 存货

(1) GAAP

① **企业可以使用后进先出法**来核算销货成本。

② 对于存货的减值,**成本与可变现净值孰低法**用于除"后进先出法"或"零售存货法"之外的任一方法,而**成本与市价孰低法**则用于后进先出法或零售存货法。

③ GAAP **禁止存货减值的转回**。

(2) IFRS

① 在 IFRS 下,**企业不得使用后进先出法**。

② 在 IFRS 下,企业应使用**成本与可变现净值孰低法**来报告期末存货。

③ 当有明确证据显示存货的可变现净值已上升时,企业**可以转回存货的减值金额**。转回的金额最多不得超过原先注销的金额。

3. 长期资产

(1) GAAP

① GAAP **不允许**对物业、厂房和设备或矿产资源进行重新计量。

② 在 GAAP 下,允许使用部件折旧法,但是实务中极少使用。

③ 使用**两步法**来核算长期资产的减值。

④ 不得转回减值损失。

⑤ 企业可以对资产建造过程中发生的重要利息支出,以**加权平均累计的方式**进行资本化。

(2) IFRS

① 在 IFRS 下,企业可以使用**历史成本模式或重新计量模型**来核算长期资产。

② IFRS **要求对资产进行部件折旧**。

③ IFRS 通过比较资产的**账面价值**与其**可回收金额**来确定减值损失。可回收金额为"**公允价值扣除出售成本**"与"**使用价值**"的更高者。

④ 减值损失的转回是**可接受的**,转回的损失金额不得超过减值未发生时的账面价值。

⑤ 采用 IFRS 报告的企业可以将资产购置或建造的借款所产生的全部利息费用资本化，且可以不使用**加权平均累计的方式**。

4. 无形资产

（1）GAAP

① GAAP 不允许对**有确定年限的无形资产**使用重新计量法。

② GAAP 要求将所有与内部创建无形资产相关的成本都作为期间费用处理。

③ GAAP 通过比较非商誉**无确定年限无形资产**的账面价值和公允价值来确定减值损失。

④ 企业必须将**所有发生的研发成本**都作为期间费用处理。

（2）IFRS

① IFRS 允许对**有确定年限的无形资产**使用重新计量法。

② IFRS 允许对与内部创建无形资产相关的成本进行资本化（如品牌价值），如果很有可能在未来获得经济利益且可以可靠地计量金额。

③ IFRS 通过比较非商誉**无确定年限无形资产**的账面价值和可回收金额来确定减值损失。

④ IFRS 要求企业**将研究阶段的成本作为期间费用处理**，但允许在某些条件下**对开发阶段的成本进行资本化**。

5. 租赁

（1）GAAP

① GAAP 要求承租人将租赁划分成融资租赁或经营租赁。

② GAAP 根据承租人产生的与租赁相关的净现金流出确定资产使用权。

③ GAAP 只将租赁核算方式应用于有形的实物资产。

（2）IFRS

① 在 IFRS 下，承租人无需对租赁进行分类，承租人以融资租赁的方式核算所有的租赁交易。

② IFRS 允许对资产使用权使用重新计量模型。

③ IFRS 允许将租赁核算方式应用于所有类型的资产，无论是有形的实物资产还是无形资产。

GAAP 与 IFRS 的差异如表 1 - 226 所示。

表 1 - 226　GAAP 与 IFRS

交易	GAAP	IFRS
股份支付	对于逐步授予的期权可以使用直线法	不得使用直线法
存货	可以使用后进先出法	不得使用后进先出法
	成本与可变现净值孰低法用于特别认定法、平均成本法和先进先出法，成本与市价孰低法用于后进先出法和零售存货法	成本与可变现净值孰低法用于所有成本法
	减值损失不得转回	减值损失可以转回

续表

交易	GAAP	IFRS
长期资产	历史成本模式	历史成本模式或重新计量模型
	可以但极少使用部件折旧法	广泛使用部件折旧法
	两步法	一步法
	减值损失不得转回	减值损失可以转回
	采用加权平均法对建造期间的利息费用进行资本化	所有利息费用都可以资本化
无形资产	历史成本模式	历史成本模式或重新计量模型
	所有与内部创建无形资产相关的成本都作为期间费用处理	一些与内部创建无形资产相关的成本可以资本化
	通过比较账面价值和公允价值来确定减值损失	通过比较账面价值和可回收金额来确定价值损失
	所有研发成本都作为期间费用处理	研究费用作为期间费用处理,开发费用可以资本化
租赁	划分为融资租赁或经营租赁	只有融资租赁
	根据净现金流出确定资产使用权	根据净现金流出或重新计量模型确定资产使用权
	只应用于有形资产	可应用于有形和无形资产

6. IFRS 下的会计处理

(1) 存货

① 当资产未来的效用(创造收入的能力)低于其历史成本时,企业就应该放弃历史成本原则。因此,企业应在每个报告日以"**成本与可变现净值孰低法**"来报告其存货的金额。

可变现净值(net realizable value,NRV)是指企业预期能从存货销售中实现的净值。具体来讲,可变现净值等于在正常业务过程中的预计售价扣除预估的实施和完成销售活动所需成本之后的金额。

② 在存货减值之后的会计期内,经济状况的变化可能会导致之前已减值存货的可变现净值大于其成本,或者出现明确的证据表明可变现净值上升了。

可以**转回**之前已注销的金额,但转回的金额**不得大于**原先注销的金额。

<u>例 **1.2-56**</u>

FENG 公司使用先进先出法来核算其存货。在年末,该公司正在使用成本与可变现净值孰低法来确定其期末存货的价值。相关信息见表 1-227。

表 1－227　采用成本与可变现净值孰低法需要的财务数据

年度	商品	成本	销售价格	处置成本
20×1	A	£80 000	£85 000	£10 000
20×2	A	£75 000	£88 000	£10 000

20×1 年。

确定商品 A 的可变现净值：

A＝£85 000－£10 000＝£75 000

对成本与可变现净值进行比较：

成本＝£80 000

可变现净值＝£75 000

商品 A 的可变现净值小于其成本。

以更低的可变现净值报告存货金额：

注销的金额＝£80 000－£75 000＝£5 000

记录成本与可变现净值孰低法的存货减值(见表 1－228)。

表 1－228　成本与可变现净值孰低法的存货减值

20×1 年 12 月 31 日

存货减值至可变现净值所产生的损失	£5 000	
存货减值准备		£5 000

20×2 年。

确定商品 A 的可变现净值：

A＝£88 000－£10 000＝£78 000

对成本与可实习净值进行比较：

成本＝£75 000

可变现净值＝£78 000

商品 A 的可变现净值大于其成本。

转回之前确认的损失(见表 1－229)：

转回的金额＝£78 000－£75 000＝£3 000

表 1－229　转回存货损失

20×2 年 12 月 31 日

存货减值准备	£3 000	
转回存货损失		£3 000

IFRS 下成本与可变现净值孰低法的 2 个账户见表 1－230。

表 1－230　与 IFRS 下成本与可变现净值孰低法相关的 2 个账户

存货		存货减值准备	
£80 000		£5 000	£3 000

(2) 长期资产

① IFRS 要求对一项资产的每个重要部件进行识别并确认其折旧基础,然后对这些部件分部进行折旧,这个方法被称为**部件折旧**(component depreciation)法。

<u>例 1.2-57</u>

20×1 年 1 月 1 日,FENG 航空公司以€1.6 亿的价格购置了一架飞机。该飞机的使用年限为 15 年,残值为€0。FENG 公司对所有飞机都使用直线法折旧。FENG 公司识别出了飞机的几个重要部件及其金额和使用年限,见表 1-231。

表 1-231 部件折旧所需要的财务数据

部件	金额	使用年限
机身	€90 000 000	15 年
发动机	€60 000 0000	8 年
其他部件	€10 000 000	5 年

计算每个部件的折旧费用:

$$\text{机身}=\frac{€90\ 000\ 000}{15\text{ 年}}=€6\ 000\ 000/\text{年}$$

$$\text{发动机}=\frac{€60\ 000\ 000}{8\text{ 年}}=€7\ 500\ 000/\text{年}$$

$$\text{其他部件}=\frac{€10\ 000\ 000}{5\text{ 年}}=€2\ 000\ 000/\text{年}$$

记录飞机的折旧见表 1-232。

表 1-232 记录飞机的折旧

20×1 年 12 月 31 日

折旧费用	€15 500 000	
累计折旧——飞机		€15 500 000

② 当企业无论是通过使用还是出售,都**无法收回一项资产的账面价值**时,该资产就出现了减值。

A. 为了判断资产是否已经发生了减值,企业需要每年对资产的减值指标进行评估。如果存在减值指标,则必须对资产进行减值测试。

B. 该测试需要对资产的可回收金额与其账面价值进行比较(见图 1-50)。如果账面价值大于可回收金额,则两者的差异就是减值造成的损失。如果可回收金额大于账面价值,则无需记录减值。

可回收金额(recoverable amount)是指扣除销售成本后的公允价值或使用价值的更高者。

扣除销售成本后的公允价值(fair value less costs to sell)是指在扣除了处置成本之

后，出售资产可以获得的金额。

使用价值（value-in-use）是指在未来使用资产并在使用年限到期后出售该资产预计能获得的现金流的现值。

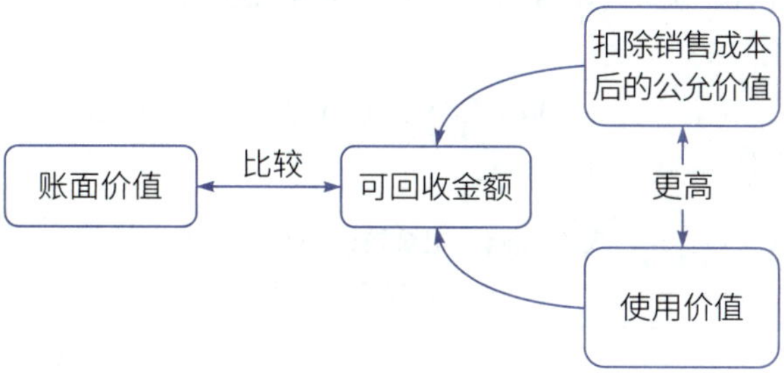

图 1－50　IFRS 下资产减值

C. 在记录了减值损失之后，可回收金额就成了减值资产的基础（新的账面价值）。如果未来年度的评估发现资产的**可回收金额大于账面价值**，则可以转回减值损失。

减值转回的一般原则是，可以转回的损失金额的上限为在没有进行减值时资产所能产生的账面价值。

例 1.2－58

20×1 年 1 月 1 日，FENG 公司以 HK＄600 000 的金额购置了一台处理设备。该设备的使用年限为 5 年，没有残值。FENG 公司对所有设备采用直线法进行折旧。在 20×1 年末，该公司确定该设备扣除销售成本后的公允价值和使用价值分别为 HK＄400 000 和 HK＄380 000。在 20×2 年末，计算出该设备的可回收金额为 HK＄330 000。在 20×3 年末，该设备的可回收金额持续减少至 HK＄250 000。

20×1 年（见表 1－231）。

$$\text{年折旧费用} = \frac{\text{HK\$ 600 000}}{5\text{ 年}} = \text{HK\$ 120 000/年}$$

账面价值＝HK＄600 000－HK＄120 000＝HK＄480 000

可回收价值＝HK＄400 000

扣除了销售成本后的公允价值＝HK＄400 000

使用价值＝HK＄380 000

减值损失＝HK＄480 000－HK＄400 000＝HK＄80 000

记录减值损失见表 1－233。

表 1－233　记录减值损失

20×1 年 12 月 31 日

减值损失	HK＄80 000	
累计折旧——设备		HK＄80 000

20×2 年(见表 1－232)。

$$年折旧费用=\frac{HK\$400\ 000}{4\ 年}=HK\$100\ 000/年$$

账面价值=HK $ 400 000-HK $ 100 000=HK $ 300 000

可回收金额=HK $ 330 000

转回的减值损失=HK $ 330 000-HK $ 300 000=HK $ 30 000

记录转回的减值损失见表 1－234。

表 1－234　记录转回的减值损失

20×2 年 12 月 31 日

累计折旧——设备	HK $ 30 000	
转回的减值损失		HK $ 30 000

20×3 年(见表 1－233)。

$$年折旧费用=\frac{HK\$330\ 000}{3\ 年}=HK\$110\ 000/年$$

账面价值=HK $ 330 000-HK $ 110 000=HK $ 220 000

$$没有减值的设备账面价值=HK\$600\ 000-\frac{HK\$600\ 000}{5\ 年}\times3=HK\$240\ 000$$

可回收金额=HK $ 250 000

转回的减值损失=HK $ 240 000-HK $ 220 000=HK $ 20 000

记录转回的减值损失见表 1－235。

表 1－235　记录转回的减值损失

20×3 年 12 月 31 日

累计折旧——设备	HK $ 20 000	
转回的减值损失		HK $ 20 000

---

③ IFRS 允许企业在购置资产后使用成本或公允价值对资产进行计量(见图 1－51)。

重估增值的金额通常计入权益(累计其他综合收益)。重估减值的金额报告为费用(作为减值损失),除非减值的金额被用来抵销之前记录的增值金额。

如果重估增值的金额被用来抵销之前作为费用的重估减值,则该项增值可以计入当期损益。

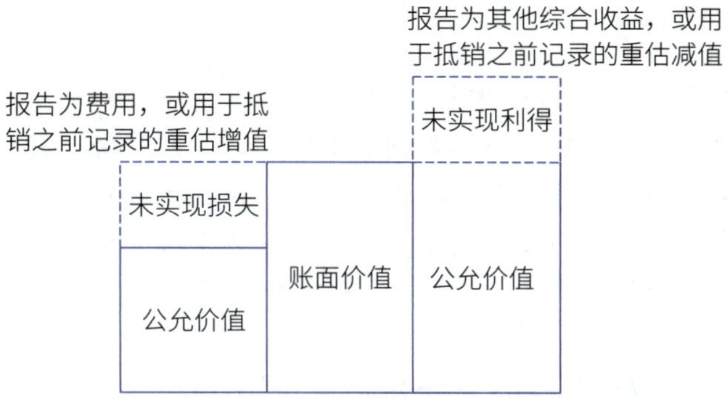

图 1-51　IFRS 的重新计量模型

例 1.2-59

20×1 年 1 月 1 日，FENG 公司以 JPY6 000 000 的金额购置了一台设备。该设备的使用年限为 5 年，使用直线法折旧，没有残值。该公司选择在该设备的使用年限内根据公允价值重新计量该设备。20×2 年 12 月 31 日，FENG 公司从独立的评估机构那里获得了该设备的公允减值为 JPY5 000 000。

20×1 年（见表 1-236、表 1-237）。

$$\text{年折旧费用}=\frac{\text{JPY6 000 000}}{5\text{ 年}}=\text{JPY1 200 000/年}$$

账面价值 = JPY6 000 000 - JPY1 200 000 = JPY4 800 000

重新计量的未实现利得 = JPY5 000 000 - JPY4 800 000 = JPY200 000

表 1-236　记录设备折旧

20×1 年 12 月 31 日

折旧费用	JPY1 200 000	
累计折旧——设备		JPY1 200 000

表 1-237　记录重新计量的未实现利得

20×1 年 12 月 31 日

累计折旧——设备	JPY1 200 000	
设备		JPY1 000 000
重新计量未实现利得——设备		JPY200 000

20×2 年（见表 1-238）。

$$\text{年折旧费用}=\frac{\text{JPY5 000 000}}{4\text{ 年}}=\text{JPY1 250 000/年}$$

表 1-238　记录设备折旧

20×2 年 12 月 31 日

折旧费用	JPY1 250 000	
累计折旧——设备		JPY1 250 000

EQ1.2-1

就研发成本而言，下列陈述中与GAAP和IFRS相符合的是(　　)。

A. GAAP要求将研发成本计为期间费用，而IFRS允许将研发成本计为资产

B. GAAP要求将研究成本计为期间费用，而IFRS允许将研究成本计为资产

C. GAAP要求将开发成本计为资产，而IFRS要求将开放成本计为费用

D. GAAP允许将研发成本计为资产，而IFRS要求将研发成本计为费用

【答案】A

【考点】比较GAAP和IFRS在研发成本上的差异

GAAP要求企业应将所有发生的研发成本作为期间费用处理。

IFRS要求企业将研究阶段的成本作为期间费用处理，但允许在某些条件下对开发阶段的成本进行资本化。

扫码做题
即学即练

本章思维导图

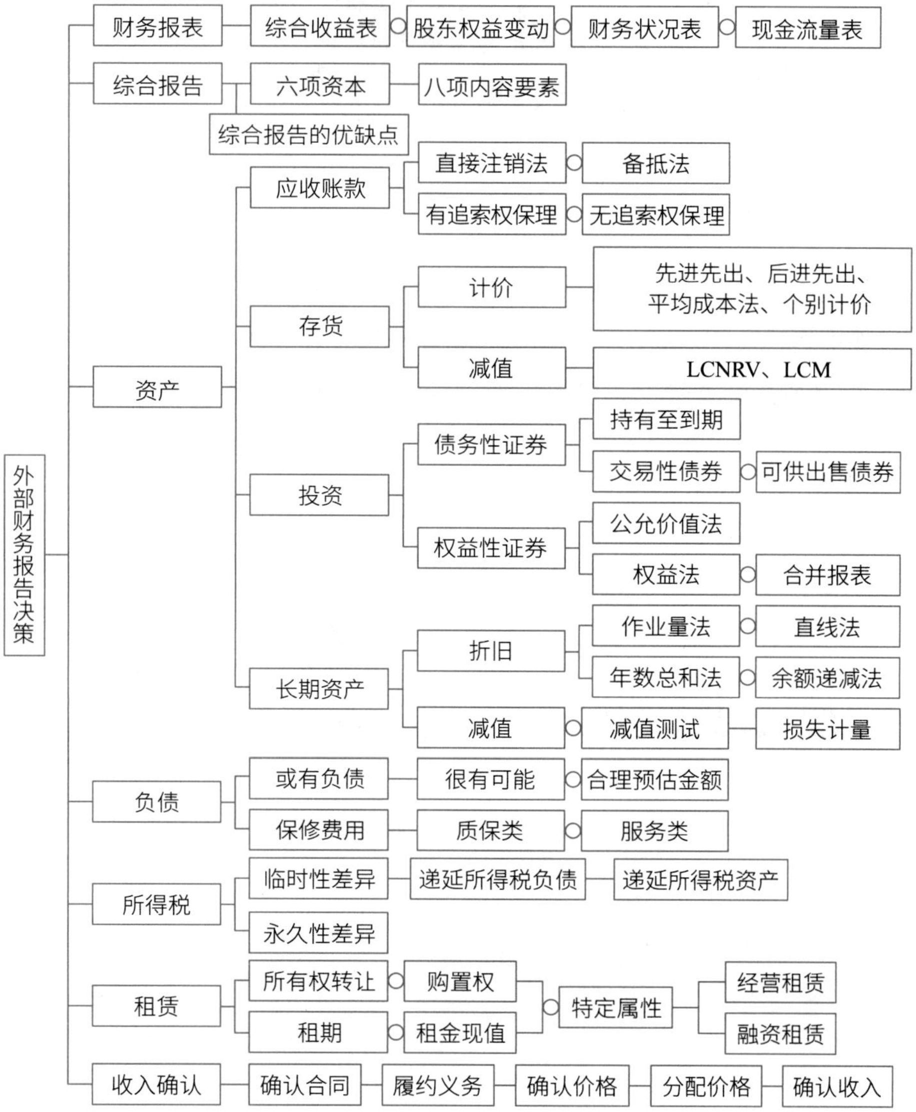

图中的○代表知识点之间是并列关系，没有先后关系，也没有包含关系。

第 2 章 规划、预算和预测

“人无远虑,必有近忧。”企业的忧虑在于未来运营(实现战略目标)过程中的种种不确定性(风险),因此,降低企业的运营风险就变成了管理会计师的一项重要基本任务。有效的战略管理和合理的全面预算是管理会计师完成上述任务的核心手段之一。此外,卓越的战略和预算管理还为企业的绩效评估提供了必要的依据。

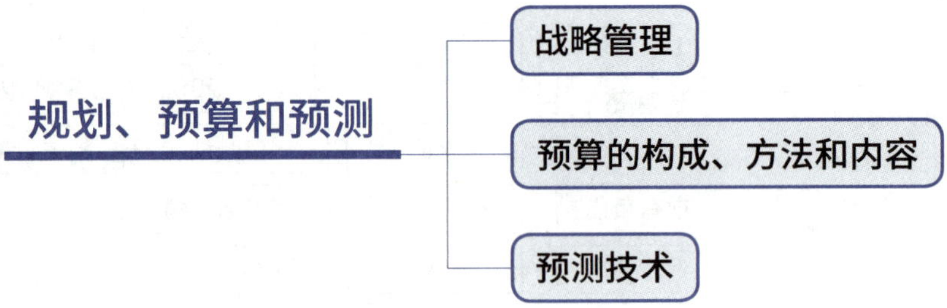

本章导学
扫码观看

2.1　战略规划

2.1.1　战略管理的基础

1. 基础

战略（strategy）是指陈述一家企业如何在未来实现其使命和目标的整体性计划。

战略管理（strategic management）是指一系列用于确定企业长期业绩的决策和行动方案。

2. 战略管理的流程（见图 2－1）

（1）环境扫描

环境扫描（environmental scanning）是指监督和评估来自企业外部和内部环境的信息，并将这些信息传递给企业内部的核心人员。

环境扫描旨在识别那些可以协助企业进行战略决策分析的**战略要素**（strategic factors）。战略要素包括：**机会**、**威胁**、**优势**和**劣势**。

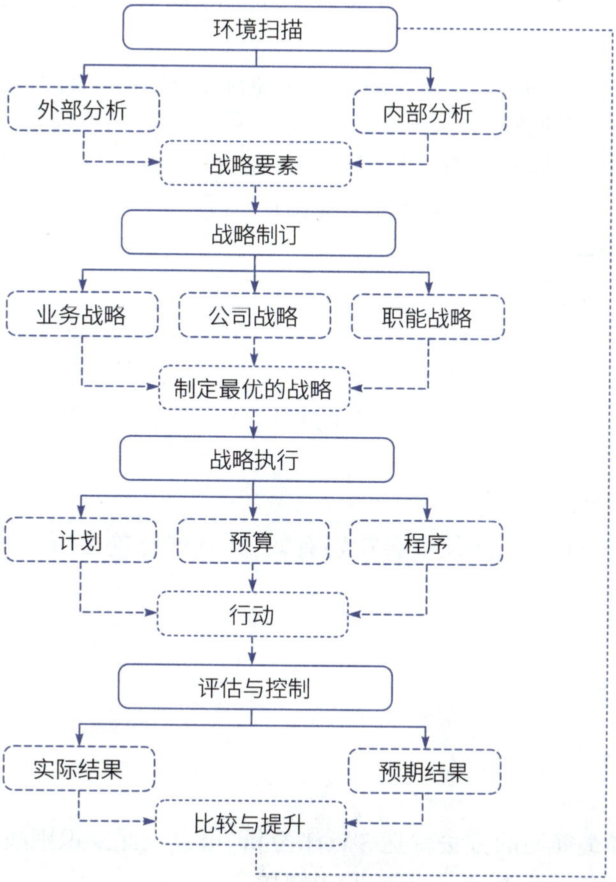

图 2－1　战略管理的流程

(2) 战略制订

战略制订(strategy formulation)是指在考虑了公司的优势和劣势之后,为了更有效地管理环境中的机会与威胁而开发的长期规划。

战略制订包括明确公司使命、确定可达到的目标、制定战略和确立政策指南。

典型的商业企业会制订 **3 种类型**的战略:公司战略、业务战略和职能战略。

① **公司战略**(corporate strategy)描述了公司的总体方向,主要是在扩展多种业务和增加产品种类的管理方面的态度。

② **业务战略**(business strategy)通常发生在事业部或产品层级,重点强调公司或事业部的产品或服务在所处行业或细分市场中竞争地位的提升。

③ **职能战略**(functional strategy)涉及在业务领域开展的活动,通过使资源生产率最大化来实现企业和事业部的目标和战略。

(3) 战略执行

战略执行(strategy implementation)是指通过计划、预算和程序的编制,将战略和政策付诸行动的过程。

战略执行通常是由中、低层管理者来完成的,并由高层管理者进行评估。

(4) 评估与控制

评估与控制(evaluation and control)是指对企业活动和绩效的监督过程,旨在对实际业绩与预期业绩进行比较。

由于评估和控制是战略管理的最后一个环节,所以它可以指出此前战略在执行过程中存在的缺陷,促使整个战略管理过程重新开始改进。

3. 战略管理的益处

(1) 取得更好的绩效

实施战略管理的组织,其业绩通常优于不实施战略管理的组织。

(2) 有助于战略与环境相匹配

组织的战略、结构和流程与其所在的环境相匹配,会对组织的绩效产生积极的影响。

(3) 有助于识别新机会

战略规划对于识别新的增长机会特别有效,并且能够确保所有管理者都有相同的目标。

2.1.2 环境扫描

1. SWOT 分析

(1) 基础

实施环境扫描最简便的方法就是 **SWOT 分析**,可以以此来识别战略要素。

战略要素可以分为两类:外部要素和内部要素。

① **外部要素**包括那些在企业外部并且短期不在高层管理者控制范围之内的**威胁**和**机会**。

② **内部要素**包括那些在企业内部并且短期不在高层管理者控制范围之内的**优势**和**劣势**。

(2) 环境扫描的 3 个层级

图 2－2 展示了环境扫描的 3 个层级及各项要素。

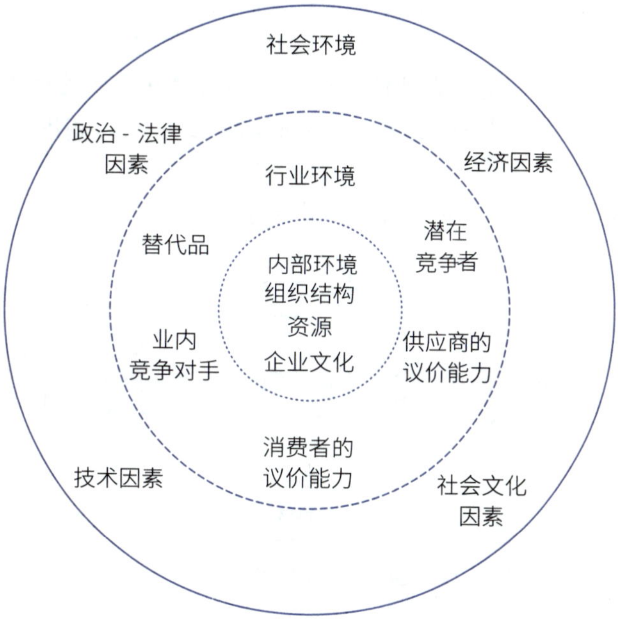

图 2－2　环境扫描的 3 个层级及其要素

2. 外部分析

(1) PEST 分析

PEST 分析是一项综合的分析方法,用于观察社会环境中政治－法律、经济、社会文化和技术因素的发展趋势。其中,**社会环境**(societal environment)是指人类社会系统,包括那些不会直接涉及企业短期经营活动,但通常会对企业长期决策产生影响的一般因素。

① **政治－法律因素**(political-legal factors)用于分配权力并提供具有限制性和保护性的法律法规。

在政治－法律因素的框架下,分析者和决策者应该予以考虑的因素包括:反垄断法、环境保护法、公司法、税法、政府的对外贸易政策和政府的稳定性等。

② **经济因素**(economic factors)调节物品、货币、能源和信息的交换。

经济因素会要求企业考虑宏观经济指标,比如 GDP 的趋势、利率、货币供给、通货膨胀率、失业率、汇率等。

③ **社会文化因素**(sociocultural factors)调整社会的价值观、传统和习俗。

消费者的行为扎根于社会文化因素,这些因素会塑造和改变生活在某个地区的人们的行为。社会文化因素典型的指标包括:生活方式的变化、宗教信仰、人口增长率和区域的年龄分布。

④ **技术因素**(technological factors)会促进那些能够解决问题的发明创造的产生。

没有企业能够逃脱技术的力量。管理者必须把握一些关键的技术因素,包括政府用于研发的支出、对技术投入的关注度、对专利权的保护和对互联网的运用。

(2) 行业分析

① 企业最关心就是其所在行业竞争的激烈程度,而竞争的激烈程度取决于基本的竞争力。

② 在仔细扫描行业时,企业必须评估5种驱动力对其成功的重要性:潜在的竞争者的威胁、现有企业间的竞争、替代品的威胁、购买者的议价能力和供应商的议价能力(见图2-3)。

这些驱动力越强,企业提高价格和赚取更多利润的能力就越弱。

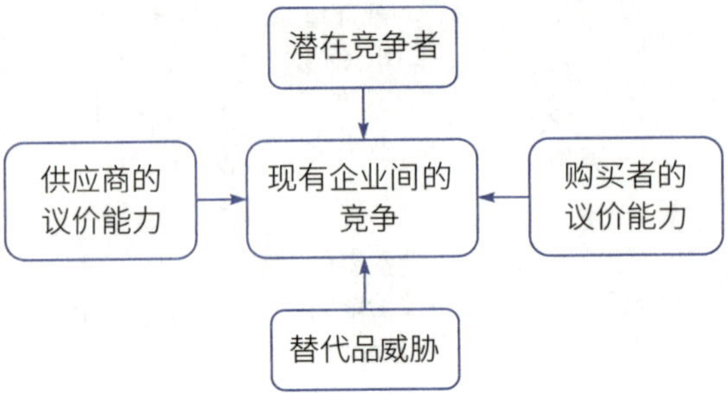

图2-3 5种驱动力

③ 对这5种驱动力的分析如下。

A. **潜在的竞争者**(potential competitors)是指那些尚未进入该行业的企业,但是它们有能力可以选择进军该行业。

进入的威胁取决于是否存在准入的壁垒。作为一种障碍,准入壁垒可以让一家企业难以进入某一行业。较低的准入壁垒为行业外企业进入该行业提供了机会。

一些可能的准入壁垒包括:

a. 规模经济——当现有行业内的企业能通过扩大产量来降低平均成本时,行业外的企业就难以进入该行业。

b. 产品的差异化——高度差异化的产品或服务能够为行业内的企业带来较强的盈利能力,使得在行业外的企业无法进入该行业。

c. 资产的需求——对于设备的大量资本投入构建了很高的准入壁垒。

d. 转换成本——如果消费者转向使用新产品,需要耗费很多的资源,则准入壁垒预期就会很高。

e. 分销渠道的获取——如果商品或服务几乎无法通过渠道销售给终端消费者,则行业外的企业难以进入该行业。

f. 与规模无关的成本劣势——主导整个行业的先行动者通过设定行业标准来构建很高的准入壁垒。

g. 政府政策——准入壁垒还来自政府设定的限制。

B. 行业内现有企业间**竞争的激烈程度**(intensity of rivalry)。

竞争的激烈程度与以下几项因素相关，这些因素包括：

a. 竞争企业的数量——若干家规模相当的企业会使竞争异常激烈。

b. 行业的增长速度——行业增长速度较低会引发激烈的竞争，常见的方式就是价格战。

c. 产品或服务的特质——同质化的产品或服务可以让消费者轻易更换产品，进而产生一个竞争的市场。

d. 固定成本的金额——在总成本中很高比重的固定成本会体现为较高的经营杠杆和经营风险，这会刺激行业内的企业互相竞争。

e. 产能——行业内产能过剩通常会触发激烈的竞争。

f. 退出壁垒的高度——很高的退出壁垒会阻止那些行业内亏损的企业退出市场，并且会促使它们采取更为激进的商业策略。

g. 竞争对手的多样性——竞争对手多样化的战略旨在夺取其他企业的市场份额。

C. **替代品**(substitute)是指一种在形式上有差异，但能满足与其他产品相似需求的产品。

如果消费者选择使用一种新产品，那么就会发生**转换成本**(switching cost)。

如果转换成本很低，替代品就会对一个行业产生很大的影响。

较高的转换成本会降低终端消费者考虑更换产品的可能性。

D. **购买者的议价能力**(bargaining power of buyers)。

购买者通过压低价格、要求企业提高产品品质或提供更多的服务，以及让企业互相竞争等方式来影响行业。

议价能力强的购买者具有以下特征：

a. 购买者对于供应商的重要性——当购买者采购了供应商的大部分产品时，则前者的议价能力强。

b. 购买者向后整合的可能性——如果购买者有能力收购供应商，则前者的议价能力强。

c. 是否有其他供应商——大量类似的供应商会降低转换成本，为购买者提供灵活性。

d. 更换供应商的成本——较低的更换成本会让购买者轻易地转向新的供应商。

e. 购买者的盈利能力——如果采购供应商的产品或服务只能让购买者赚取微薄的利润，则后者倾向于提高其议价能力。

f. 获得替代产品(或服务)的可能性——如果购买者可以轻而易举地购买到功能类似的替代品，则能够提高其议价能力。

E. **供应商的议价能力**(bargaining power of suppliers)。

供应商通过提高价格或降低采购产品和服务的品质来影响行业。

以下因素会提高一家或一组供应商的议价能力：

a. 供应商的数量——对资源的垄断是提高供应商议价能力的基础。

b. 转换成本——较高的转换成本会让购买者难以更换供应商。

c. 获取替代品的可能性——替代品稀缺会强化供应商的议价能力。

d. 供应商向前整合的可能性——如果供应商有向前整合的可能性,则其议价能力较强。

e. 供应商对于购买者的重要性——采购能力不强的购买者会将议价能力转移给供应商。

3. 内部分析

(1) 资源

① 组织的**竞争力**(competencies)来自其所掌握的资源,而内部扫描的关注点就是识别和开发组织的竞争力。企业开发核心竞争力就是对其资源利用能力进行整合并协调的过程。

② 一些标准决定了企业是否能成功地将资源转变成竞争力。这些标准构成了被称为 VRIO **框架**的评价体系。该框架从 4 个维度来评价企业的竞争力(见图 2-4)。

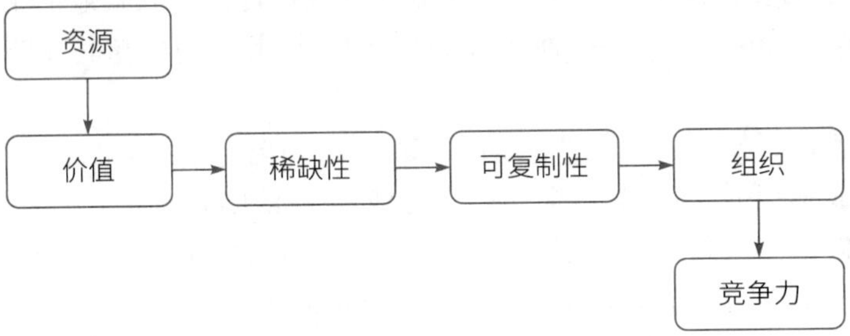

图 2-4 VRIO 框架

A. **价值**(value):企业的资源能否给消费者带来价值?

B. **稀缺性**(rareness):其他竞争对手有没有这些资源?

C. **可复制性**(imitability):其他竞争对手是否要耗费大量的成本才能复制这些资源?

D. **组织**(organization):企业是否有组织地在利用这些资源?

③ 对于某种竞争力,如果上述问题的答案都是肯定的,那么,我们就认为企业是有优势和独特竞争力的。

(2) 组织结构

组织结构(organizational structure)是另一个可以体现企业优势和劣势的指标。当企业的组织结构与其战略相匹配时,该企业就有优势。

基本的组织结构有 3 种形态:简单结构、职能结构、分部结构。

① **简单结构**(simple structure)没有产品或职能的划分。简单结构比较适合规模较小、产品线单一的初创企业。

② **职能结构**(functional structure)比较适合有几条产品线的、中等规模的企业。

各级管理机构和人员实施专业分工,各自履行不同领域的职能,比如制造、营销和人力资源管理。

③ **分部结构**(divisional structure)适合在几个相关行业中都有许多产品线的大企业。

战略事业部(strategic business units,SBUs)是分部结构的一种变体。基于战略要素,这种结构体现了分权制的理念。

联合结构(conglomerate structure)也是分部结构的一种变体,它适合在几个不相关的行业中有多条产品线的大企业。联合结构能为企业产生协同力。

(3) 企业文化

① 企业的优势还来自其文化。

企业文化(corporate culture)是指企业成员所共有的,并能够传递给下一代员工的价值观、信念和期望。

企业文化可以让员工获取认同感,提高企业的稳定性,并为员工提供合理行为的标准。任何与企业文化相悖的愿景和战略最终都无法实现,因为只有当文化与战略相匹配时,文化才能构成企业的竞争优势。

② 企业文化在组织中能够承担一些重要的职能,这些职能包括:

A. 向员工传递一种认同感。

B. 让员工对一件事情投入更大的努力。

C. 作为一种社会系统,让组织更加稳定。

D. 为员工提供一个参考的框架,用来理解组织的活动并为恰当的行为提供指南。

③ 与结构类似,如果企业的文化与其新战略**相匹配**,则文化就是企业的**优势**,反之就是劣势。

2.1.3　战略制订

1. 使命与 TOWS 矩阵

(1) 回顾使命

组织的**使命**(mission)是组织存在的目的或理由,而**愿景**(vision)描述了组织理想的目标。

一个构思良好的使命陈述界定了企业基本和独特的目的,用于将该企业与其他企业区别开来,并且通过提供的产品或服务来确定企业经营的范围或领域。

(2) TOWS 矩阵

TOWS 矩阵(见表 2-1)展示了一家企业所面临的来自外部的机会、威胁与其内部的优势、劣势的匹配,由此形成了 4 种可能的战略选择。

对于创建一系列战略选择而言,TOWS 矩阵是十分有效的,而且使用它获得的效果是企业或事业部的决策者们在使用其他方法时无法获得的。

它可以应用于整个企业,或者应用于企业内的某个事业部。

表 2-1　TOWS 矩阵

外部要素	内部要素	
	优势(S)	劣势(W)
机会(O)	SO 战略 利用优势,开发机会的战略	WO 战略 克服劣势,开发机会的战略

续表

外部要素	内部要素	
	优势(S)	劣势(W)
威胁(T)	ST 战略 利用优势,避免威胁的战略	WT 战略 弱化劣势,避免威胁的战略

2. 战略制订

典型的商业企业通常会制订 **3 种类型的战略**:公司战略、业务战略和职能战略。图 2-5 描绘了这 3 种战略的层级关系。

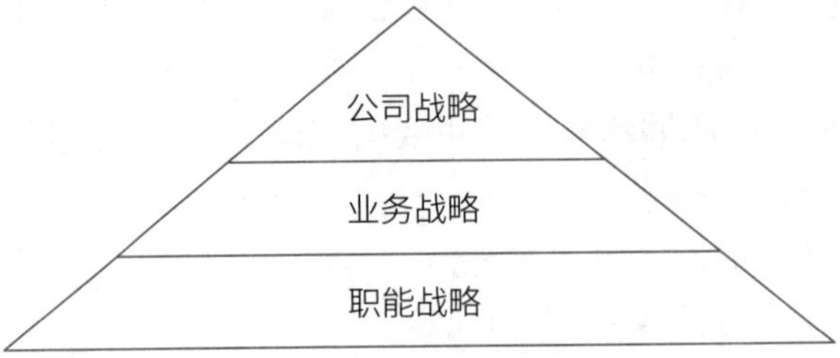

图 2-5 3 种战略的层级关系

(1) 公司战略

① **公司战略**主要关注的是对企业整体发展方向的选择,及对其业务和产品组合的管理。

公司战略需要解决整个企业面临的 3 个核心问题:

A. 定向战略——企业整体的发展方向。

B. 组合分析——行业或市场的竞争。

C. 统筹战略——协调活动、转移资源和培养能力。

② 企业的**定向战略**有 3 条路径:

A. 如果企业目前的产品线有明显的增长潜力,则可以采取**增长策略**。主要的方法就是将其资源投入这些有潜力的产品线。

B. 企业可以选择**稳定战略**。主要的方法是维持现有的活动,且不做任何重大的调整。

C. 当一家企业在竞争中处于弱势地位或者其产品线都业绩不佳(销售下降,出现亏损)时,可以采取**收缩战略**。

③ **波士顿矩阵**[BCG(Boston Consulting Group) Growth-Share Matrix]是描述企业投资组合最简便的方法。

A. 作为一种组合分析的工具,波士顿矩阵可以协助高层管理者审视那些企业希望从中获取丰厚回报的投资项目,即企业的产品线和事业部。

B. 波士顿矩阵在很大程度上与产品的生命周期是相吻合的。在生命周期中,一个产品会经历导入、增长、成熟和衰退 4 个阶段。

C. 波士顿矩阵通过企业所在行业的增长速度和相对市场份额来评估企业内部的每个事业部(见图 2-6)。

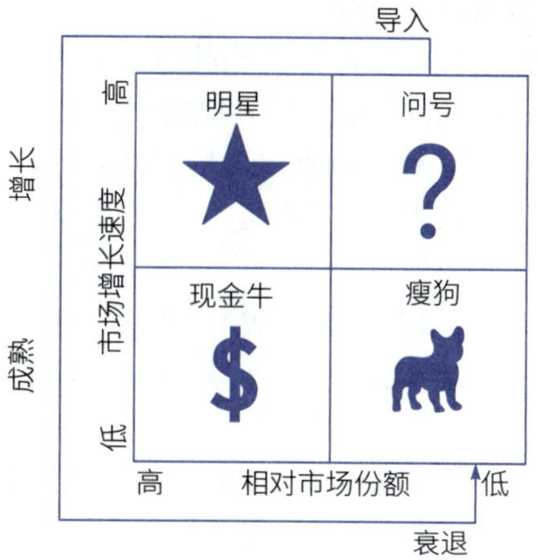

图 2-6　波士顿矩阵的 4 种事业部

a. **问号**是指那些有成功潜力的新产品，但是这类新产品需要投入大量的现金用于开发。

这类新产品如果想要获得足够的市场份额，成为市场领导者并转变成明星型事业部，那就需要从更成熟的产品那里获取资金来投入问号型事业部。

问号型事业部如果不能成为市场主导（并成为明星），就会随着市场增长速度的下降而最终沦为瘦狗。

b. **明星**通常是指那些处于生命周期增长阶段的市场领导者。

明星型事业部可以产生足够的现金来维持其很高的市场份额并且为公司创造利润。

c. 由于占据较高的市场份额，**现金牛**产生的现金流通常已经超过了其维持市场份额所需要的现金数量。

在生命周期中，现金牛型事业部开始从成熟阶段转向衰退阶段，这类产品被挤出更多的现金流，用于投入新的问号型事业部。

d. **瘦狗**的市场份额很低，而且没有产生大量现金的潜力。

根据波士顿矩阵，企业要么将瘦狗型事业部出售，要么对其进行细致的管理，使其产生少量的现金流。

④ **公司统筹战略**从资源和能力的角度来审视企业，通过利用这些资源和能力来构建事业部的价值，并在所有事业部中产生协同力。

（2）业务战略

① **业务战略**关注的是提升企业或事业部的产品或服务在其所处的行业或细分市场中的竞争地位。

业务战略可以是竞争的和，也可以是合作的。

② 企业制定**竞争战略（competitive strategies）**是希望通过低成本或差异化让企业在某一行业中超过其竞争对手（见图 2-7）。

A. **成本领先战略（overall cost leadership）**是一种**低成本的竞争战略**，该战略着眼于整个市场,要求企业有非常高效的经营流程。

成本领先战略可以让企业制定的产品价格比竞争对手更低,同时还能获得令人满意的利润。此外,成本领先带来的更低的价格和更低的成本还能为企业构筑准入壁垒。

B. **差异化战略**(differentiation)针对整个市场,为客户生产独一无二的产品或服务。

提供差异化产品的企业可以为其产品制定一个高价格。提高客户的忠诚度是构筑高准入壁垒的另一条路径。

C. **成本集中战略**(cost focus)是一种低成本的竞争战略,该战略只关注某一个特定的购买者群体或区域市场,并且只为该**利基市场**(niche market)提供服务,而将其他购买者排除在外。

D. **差异化集中战略**(differentiation focus)聚焦于一个特定的购买者群体、产品线细分市场或区域市场。

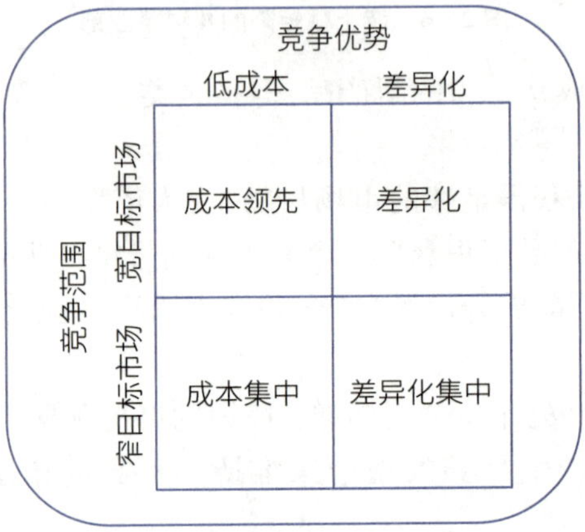

图 2-7 竞争战略

③ **合作战略**(cooperative strategies)有两种,包括合谋与战略联盟。

A. **合谋**(collusion)是指在一个行业内,企业之间积极合作,其目的在于通过降低产量和提高价格,来规避正常情况下的经济供求关系定律。

B. **战略联盟**(strategic alliance)是指两家或两家以上独立的企业或事业部为了实现经济上的互惠而形成的长期合作关系。

(3) 职能战略

职能战略是指在某一职能领域开展的活动,即通过使资源生产率最大化来实现公司和事业部的目标及战略。

职能战略涉及开发和培养独特的竞争力,以此为企业或事业部带来竞争优势。

① 营销战略涉及对产品的定价、销售和分销。

A. 市场开发战略用于协助企业在现有市场中获取更大的份额或者为现有的产品开发新的用途和/或市场。

B. 产品开发战略用来为现有的市场开发新的产品或者为新的市场开发新的产品。

C. 企业利用**推动战略**(push strategy)对商品进行打折促销,或者利用**拉动战略**(pull strategy),通过广告把产品拉入分销渠道。

D. 撇脂定价为利润最大化提供了机会，而渗透定价则关注市场份额最大化。

② 财务战略审视公司战略和业务战略的财务影响，并且识别最佳的财务方案。

A. 财务战略通常是为了实现企业财务价值的最大化。

B. 财务战略可以通过提供最低成本的资金，以及提供灵活的融资方式来支持业务战略，进而为企业提供竞争优势。

③ 研发战略关注的是产品和流程的创新和提升。

研发可以选择做技术领导者，即创新先锋，也可以选择做技术跟随者，即模仿竞争对手的产品。

④ 运营战略需要决定以何种方式、在哪里生产产品或服务，生产流程中纵向一体化的程度，有形资源的配置和与供应商的关系。

EQ2.1－1

就新的竞争者进入所带来的竞争和对盈利能力的威胁而言，以下哪个行业面临的此种威胁是最小的？(　　)

A. 汽车制造业

B. 服装业

C. 餐饮连锁业

D. 在线购物业

【答案】A

【考点】识别 SWOT 分析中的威胁和机会

由于汽车行业需要有大量的资金投入，所以类似行业面临的威胁相对更小。

2.2　预算概念

2.2.1　预算与战略

1. 预算的基础

(1) 定义

预算(budget)是指在一个特定的时段内(通常为 1 年)，获取和使用财务和其他资源的详细计划。

编制预算(budgeting)是指制定一份或多份预算的过程。

(2) 预算的作用

① **计划(planning)**。预算的编制让管理层有时间来解决组织在未来的预算期内可能碰到的问题，从而尽可能地减少运营过程中的风险。

② **沟通(communication)**。预算还能充当沟通的工具。高层管理者通过预算可以确定组织在预算期内的计划和目标，并让其他管理者和员工获得这些信息。

③ **激励(motivation)**。预算还可以发挥激励的功能。通过清晰勾勒出预期的活动和经营结果，让员工了解企业对他们的预期并激励他们实现预算的目标。

④ **协调**(coordination)。预算通过平衡企业内部生产或服务的所有方面及所有部门,来促进企业内不同部门之间的协调。

⑤ **评估**(evaluation)。在经营期结束时,预算可以报告实际的支出和经营结果与其预算值的差异,以此为该经营期的绩效评价提供依据。

⑥ **授权**(authorization)。预算还能为获取和使用资源提供授权,因为预算金额通常既可以作为批准活动的依据,又可以作为控制支出的上限。

(3) 有效预算的实质

① 每一期编制的预算都是为了实现战略目标和使命。因此,预算的编制必须以战略为基本出发点并与战略相匹配。

② 对于宏观环境和行业的预测、研究和分析是有效预算编制的起点。

③ 就政策和资源分配而言,一项成功的预算必须获得管理层的认可。

④ 预算是为预算执行者编制的。因此,预算执行者接受的预算才能被认为是有效的预算。

⑤ 预算的目的是降低在预算执行过程中的不确定性,并且提供一个行动指南。因此,预算应作为分析差异的标杆而不是惩罚员工的工具。

⑥ 明确的组织结构可以让管理者进行有效的沟通和确定职责。

⑦ 预算应被视为一种激励员工实现战略目标的工具。

2. 战略对预算的影响

(1) 战略目标和长期计划

① 战略为企业提供了一个制定组织长期计划的框架。

② **长期计划**(long-term plan)用于识别为了实现组织确定的战略目标,在未来5~10年内所需要开展的活动。

③ 长期预算包括资本预算和战略预算支出。

A. **资本预算**(capital budgeting)是指评估和选择长期项目,并为其融资的过程。

B. **战略预算支出**(strategic budget expenditures)是指对一些特定方案和项目的支出。这些方案和项目能为组织带来长期价值和竞争优势。

(2) 短期目标和总预算

① **短期目标**(short-term objectives)是指下一个时期的目标。这一时期它可以是一个月、一个季度、一年,或组织出于计划目的,任意设定的时间段。

短期目标通常是编制下一期总预算的基础。

② **总预算**(master budget)是指某一特定时段内的一项综合预算。

总预算可以分解为经营预算和财务预算。

A. **经营预算**(operating budget)是全部经营活动的预算,包括生产、采购、人事和营销预算。

B. **财务预算**(financial budget)用于确定那些计划的经营活动和资本支出的资金来源及用途。

对战略和预算的总结如图2-8所示。

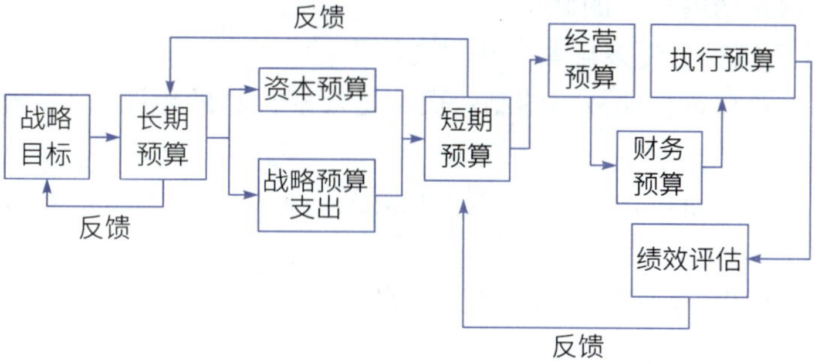

图 2－8 战略和预算

EQ2.2－1

以下哪项通常不会被认为是正式预算流程的优点？（　　）

A．要求管理层在预算过程中分析假设和目标的合理性

B．确保企业成本控制的改进，预防低效率的出现

C．为反馈和绩效评估提供正式的标杆

D．在管理层和下属之间起到协调和沟通的作用

【答案】B

【考点】预算的作用

预算的作用包括：计划、沟通、激励、协调、评估和授权。

分析预算中的假设属于计划的一部分。

提供标杆属于评估。

预算只能为下一期的活动提供标准和计划；它无法确保企业高效率地运营。

2.2.2 预算的流程

1. 预算的预备条件

（1）预算委员会

① **预算委员会（budget committee）**是组织中涉及预算的最高权力部门，它负责监督所有的总预算。

② 典型的预算委员会包括首席执行官（一名或多名副总裁），战略事业部的主管和首席财务官。

③ 预算委员会的职责如下。

A．设定和批准所有主要事业部的整体预算目标；

B．协调预算的编制；

C．解决在预算编制过程中引发的冲突；

D．批准最终的预算；

E．监督预算的实施；

F．评审期末实际的经营结果；

G．批准在预算期内重大的修正。

④ 在预算过程中，主要参与者及其职责如下：

A．**董事会**主要负责长期战略的制定而不是短期预算的编制，但是董事需要对预算的审批负责。

B．**高层管理者**对整体预算负责，确保预算的目标传达每一级的管理层并获得这些管理层的支持。

C．根据预算指南，**中层管理者**负责预算的编制。

（2）预算期

一项预算通常是为某一个时段而编制的，最常见的时段为一年。次级时段的预算可以按一个季度或月度编制。

在实务中，很少有企业的预算是只做一年的。让长期预算与总预算保持同步，可以让企业的战略目标与短期经营活动保持一致。

（3）预算指南

① 预算指南是由预算委员会提供的，旨在为预算及预算编制的管理设定基调。

② 发布预算指南需要充分考虑以下因素。

A．经济和市场的前景；

B．组织的战略目标、长期计划、战略项目和当期预期的经营结果；

C．企业特殊决策或政策，例如，要求缩减规模、流程再造、控制污染和特殊的促销；

D．短期目标。

2. 预算的流程

（1）预算初稿

根据预算委员会颁布的预算指南，每个**事业部**或**责任中心**（responsibility center）负责编制预算的初稿。

在编制预算时，每个预算单位需要考虑许多**内部**和**外部因素**，以此确保预算既能符合预算指南的要求，又能适应运营环境的变化。

（2）协商、评估和批准

预算单位的主管需要检查预算初稿，判断预算是否符合预算指南的要求，并且需要验证预算目标的可实现性，确保预算目标与企业整体战略目标相一致。

预算单位将完成的预算初稿提交给预算委员会，后者对提交的初稿进行评估，以确保部门的预算内容与预算指南相匹配，能支持企业短期目标和战略目标的实现。

预算委员会最终批准部门所提交的预算方案，然后由首席执行官批准整个企业的预算并呈报董事会。

（3）调整

在经营活动实际开展的过程中，最新掌握的内部或外部信息可能与原来的预期大不相同。这就要求必须对预算进行调整。

在实际情况与预计的情况出现严重偏差时，依然严格按照既定的预算开展工作并不是一个可取的行为。

EQ2.2－2

在编制预算时，在预算过程中需要考虑的外部因素是(　　)。

A．调整为分权式的管理系统

B．实施新的奖励计划

C．开发新产品

D．两大竞争对手的合并

【答案】D

【考点】预算编制过程中的考虑因素

在编制预算时，每个预算单位需要考虑许多内部和外部因素，以此确保预算既能符合预算指南的要求，又能适应运营环境的变化。

管理模式、奖励计划和新产品的开发都是内部因素。

竞争对手的合并是外部因素。

2.2.3　预算中人的因素

1. 预算编制中的两类行为问题

(1) 预算松弛

① **预算松弛**(budgetary slack)是指预算绩效与预期绩效之间的差异(见图 2－9)。管理者**有意地**将一种**缓冲**植入预算中，来确保能够成功地实现预算的目标。

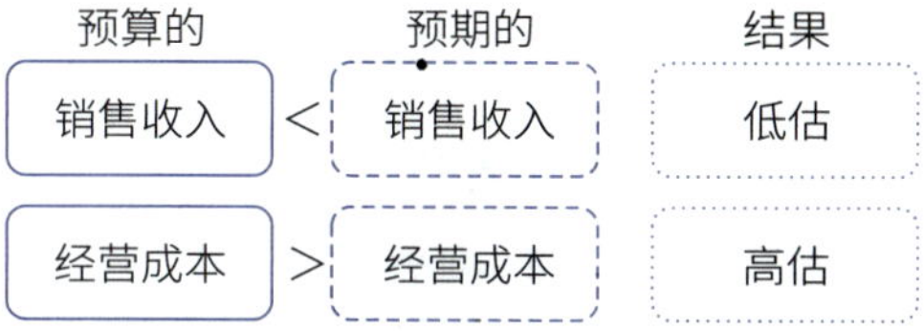

图 2－9　预算松弛

管理者通常认为这种行为是合理的，将其作为未来不确定事件的保险，所以预算松弛可以让管理者**抵御那些不期而至的不利情况**。

然而，预算松弛也会在企业真实的盈利能力方面误导高层管理者，这会导致低效的资源规划及配置，并且无法有效地协调企业内跨部门的运作活动。

② 预算松弛的解决途径有以下几项：

A．把预算主要用于**计划**，减少其在绩效考核中的作用。

B．在编制预算时，**获取更好的标杆数据**。

C．**滚动预算**也可以有效地降低预算松弛。

D．管理高层参与部门的日常营运活动，掌握实际的经营状况，以此用来缓解预算松弛的负面影响。

(2) 目标一致

① **目标一致**(goal congruence)是指企业、部门和员工之间目标一致性的程度(见图2－10)。

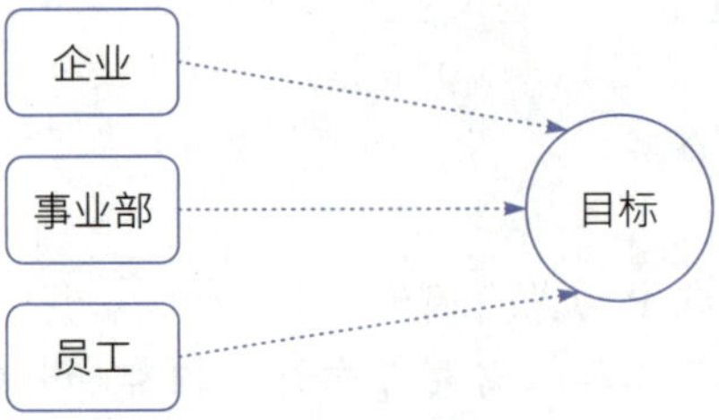

图2－10 目标一致

A. 对目标一致缺乏考虑的预算无法让企业实现其最希望取得的业绩。

B. 如果预算能够让企业的目标与其员工的目标相一致,企业成功经营和实现理想业绩的可能性就会大大提高。

② 至少有3个因素会影响到目标一致的实现。

A. 预算编制过程中员工的参与程度;

B. 预算目标实现的难度;

C. 薪酬是否与绩效挂钩,是如何挂钩的。

2. 权威式预算与参与式预算

权威式预算与参与式预算的图示见图2－11。

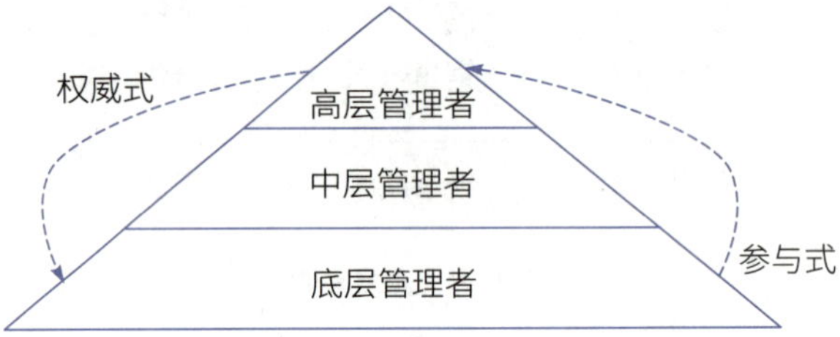

图2－11 权威式预算与参与式预算

(1) 权威式预算

① 在**由上至下**的预算编制过程中,高层管理者负责整个企业的预算编制,包括底层的经营预算。这个过程被称为**权威式预算**(authoritative budgeting)。

② 由于预算是由高层管理者编制的,企业整体的目标**更有可能实现**。

③ 相比参与式的预算编制,权威式的预算编制**能更好地控制决策**。

④ 然而,对于负责预算执行的群体而言,权威式预算通常**缺乏底层管理者及员工的投入和支持**。预算的价值也会相应地打折扣。

⑤ 规模较小或行业竞争不激烈的企业可以较好地实施权威式预算。

(2) 参与式预算

① **参与式预算**(participative budgeting)流程是指**由下至上**的预算方法。该方法纳入了在预算编制过程中会被预算影响的群体,包括底层的员工。

② 在没有经过合理控制的情况下，参与式预算所设定的目标往往都比较容易实现，这带来了**预算松弛的可能**。

③ 参与式预算是一项**良好的沟通工具**，它可以让高层管理者充分掌握员工面临的问题，同时也让员工更好地了解高层管理者要应对的困境。

④ 参与式预算更有可能获得员工为了预算目标的实现而**投入的努力和支持**。

⑤ 对于采用分权制管理模式或竞争异常激烈的企业，参与式预算是更好的选择。

EQ2.2－3

下面是某企业编制年度利润计划的步骤：

在汇总各管理层提供的信息后，最高管理层制定计划原则并向下传达。

各销售单位编制能体现各分部销售目标的销售预算，这为各业务部门的生产预算和其他相关要素提供了基础。沟通以横向为主，纵向向上为辅。

利润计划提交最高管理层进行协调和审查，中层管理者根据最高管理层的建议进行修改。修订后的利润计划，再次提交最高管理层作进一步审查。

最高管理层将最终通过的正式计划下达给各营运分部。

以下哪一项预算编制方法最好地描述了上述步骤？（　　）

A．高层管理者强制推行的预算系统

B．由下至上的预算体系

C．由上至下的预算体系

D．由各经营单位自行决定全部经营活动的预算体系

【答案】B

【考点】理解参与式预算

参与式预算流程是指由下至上的预算方法，该方法纳入了在预算编制过程中，会被预算影响的群体，包括底层的员工。

2.2.4　标准成本

1. 基础

标准成本（standard cost）是指企业仔细研究确定的，为其经营设定的成本，该成本是企业在经营活动中应该发生的成本。

标准成本通常是以**单位值**来表示的，比如单位产品的人工耗时、一小时的工资率、单位产品的耗材等。

预算中使用的是标准成本，可以用来对经营活动进行监督和控制，并且进行绩效评估。

2. 标准的类型

（1）理想标准

理想标准（ideal standard），也被称为理论标准，体现了运营过程中所有方面的最大效率。

理想标准假定所有运营活动都是完美的，因此，该标准几乎无法实现。

使用理想标准可能让对员工产生巨大压力，导致士气低下，最终会使生产率下降。

在竞争异常激励的市场中苦苦挣扎的企业，可能会选择用理想标准来激励员工，促使他们付出最大的努力。

(2) 当前可获得标准

当前可获得标准(currently attainable standard)，也被称为实际标准，是指在大多数情况下，经过适当培训和有经验的员工无需付出超常的努力即可获得的绩效水平。

当前可获得标准强调的是一般状态，并允许有一些**不完美和低效率的情况**发生。

对于那些在相关生产因素内允许正常偏差存在的标准而言，使用此类标准可以让员工只要付出合理的努力就能达到预期的标准。

3. 标准设定的流程

(1) 权威式标准

权威式标准(authoritative standard)是完全或主要由管理层设定的。

采用权威式标准的企业可以确保考虑到所有的经营因素，将管理层的意图或理想纳入标准的设定，或加快标准的制定。

如果员工忽略该标准，则权威式标准将毫无意义。

(2) 参与式标准

参与式标准(participative standard)要求那些受到标准影响的人员能够积极参与标准的设定。

员工**更愿意接受**他们参与制定的标准。员工参与制定标准会降低员工认为标准不合理的可能性，同时还会增加他们接受或根据标准进行调整的可能性。

4. 标准成本的建立

(1) 直接材料的标准成本

产品直接材料的标准成本包括 3 个因素：质量、数量和价格。

直接材料的**质量**决定了产品的质量，并且会影响到生产流程的诸多方面，包括生产过程需要或耗用的直接材料的数量、直接材料的价格、加工耗时和完工质检的范围与频率。

管理者需要设定在生产过程中直接材料的**耗用量**。

质量、数量和采购的时间点都会影响到材料的**价格**标准。

(2) 直接人工的标准成本

与直接人工相关的标准成本包括标准工资率和单位产品的标准人工工时。

直接或间接人工的**标准工资率**不仅包括支付的工资，还包括向员工提供的福利及与薪资相关的税费。

影响**标准人工工时**的因素包括：工作的类型、产品的复杂程度、员工的技能水平、生产流程的特征和所用设备的类型与状况。

(3) 标准成本清单

标准成本清单列示了生产一单位产品需要的所有生产要素的标准成本(示例见表 2-2)。

表 2-2　FENG 公司 X 产品的标准成本清单

项目	数量	单位成本	合计	总计
直接材料				
Alfa	4 公斤/个	$5.0/公斤	$20/个	
Beta	4 公斤/个	$2.0/公斤	$8/个	
直接人工	2 小时/个	$5.0/小时	$10/个	
变动制造费用	2 小时/个	$5.0/小时	$10/个	
总变动成本				$48/个
固定制造费用	2 小时/个	$10/小时	$20/个	$20/个
单位产品的标准制造成本				$68/个

EQ2.2-4

与理想标准相比较，实际标准(　　)。

A. 会产生更低的单位产品成本

B. 会使预算编制的基础不尽如人意

C. 会允许有大量的次品和员工的低效率

D. 可以作为更好的目标来激励负责生产的员工

【答案】D

【考点】区分理想标准和实际标准

理想标准强调最大的效率，而实际标准允许有一些不完美。

就单位成本而言，理想标准的单位成本低于实际标准的单位成本。

由于理想标准几乎无法实现，所以预算编制的理想基础是实际标准。

使用理想标准会让员工产生巨大压力。员工参与标准的制定会增加他们接受或根据标准进行调整的可能性。

2.2.5　预算编制的方法

为了促进预算编制和提升运营，企业可以选择不同的预算编制方式，包括增量预算、零基预算、作业预算、项目预算、改善预算、滚动预算和弹性预算。

1. 增量预算

增量预算(incremental budgeting)将某一项目前期的支出金额作为该项目在本期支出水平的基础。

① 增量预算假定在未来的预算期内，企业会继续保留当期绝大多数的活动和职能。

② 增量预算主要关注对当期的经营预算进行的调整。

如果设定项目的总收入要增加 10%，那么每个自设项目都会有 10% 的增加。

③ 即使增量预算要求投入较少的资源，该预算方法也无法为其酌量性支出提供合

理性,而且它允许之前出现的偏差在下一预算期内继续存在。

2. 零基预算

零基预算(zero-base budgeting,ZBB)是指要求管理者从零开始进行预算编制的一种预算法。

① 零基预算不会将任何活动或职能纳入预算之中,除非管理者能够证明这些活动或职能的合理性,所以该方法要求预算编制团队对所有的预算项目都要进行深入的分析和评估。

② 此种预算编制鼓励管理者去识别那些已经无效的或者会导致浪费的活动和职能。

③ 在以下情境中,零基预算都是一种合适的预算方式。

A. 新任命的管理者更倾向于零基预算,因为他可能会制定和实施全新的商业计划。

B. 当利润增长疲软时,零基预算还是一种扭转颓势的利器。

C. 政府或非营利组织也青睐零基预算。

④ 零基预算的一些局限性。

A. 从零开始评估和审核一家企业的所有活动是不现实的,因为实施零基预算所需要投入的工作量和时间都是巨大的。

B. 在零基预算中可能会有意地植入预算松弛,即使零基预算的目标是杜绝浪费,因为任何预算方式都无法消除预算执行过程中的不确定性。

C. 证明活动或职能的合理性可能会刺激预算执行者突击式增加支出,直到实际的支出等于预算的支出,否则节约的金额会在下个预算期内消失。

3. 作业预算

作业预算(activity-based budgeting,ABB)是指根据营运的作业和成本动因而开展的预算编制流程。

① 作业预算的价值。

A. 作业预算能够让企业更精确地进行预测,进而能够实施更严格的成本控制,与企业的战略更吻合。

B. 作业预算可以促进企业的**持续改进**。采用作业预算,预算编制的流程可以凸显降低成本和消除无效作业的机会。

C. 对于那些生产流程复杂、产品种类多、间接制造成本占比高的企业,作业预算可以充分发挥其优势。

② 实施作业预算需要投入大量的工作,使其作用失色不少。这导致管理者不大愿意接受并使用作业预算法。

4. 项目预算

对于有多项独立运营项目的企业而言,**项目预算**(project budgeting)的合理性会导致该方法优于其他预算方法。

① 项目预算是围绕着某一个特定项目而编制的,包括该项目所有的收入和成本。

② 项目预算将焦点聚集在每个项目上,而不是企业整体,因此能更好地对单个项目

进行控制。

③ 然而，将那些不可追溯的成本（例如，研发和公司费用）分配给每个项目，对于高层管理者和管理会计师而言则是一项巨大的挑战。

5. 改善预算

改善预算（kaizen budgeting）是指将预期的持续改进纳入预算的一种预算编制方式。

① 改善预算对于传统的作业预算系统而言是一种很好的**补充**，因为这种预算法是根据目标的效率和生产力对所需要的资源进行调整的。

② 改善预算以“相同作业，更高效率，更有品质”的方式来削减成本。值得注意的是，成本削减**不是随意削减作业的结果**。

6. 滚动预算

滚动预算（rolling budgeting），又称为连续预算，是指对于未来一个特定时期总是可以使用的预算（见图 2－12）。

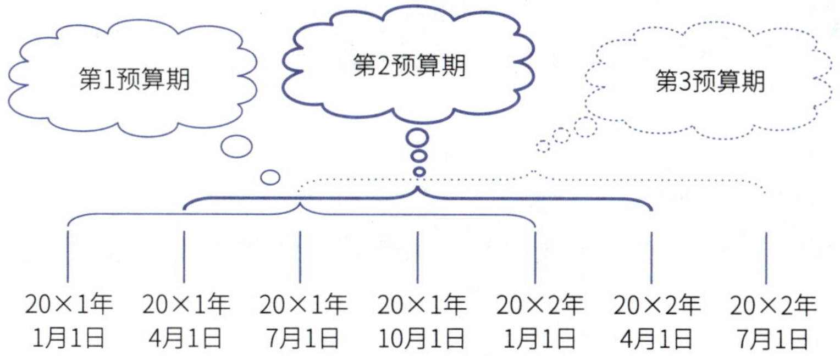

图 2－12　滚动预算

① 企业通过不断地给刚刚结束的时期增加一个月、一个季度或一年来编制滚动预算。

② 滚动预算是一个持续的过程，所以管理者必须**持续地展望未来**并**评估未来的计划**。滚动预算的另一个优势是可以对实际业绩与更现实的目标进行比较，因为管理者会对预算不断地进行评估和更新。

③ 滚动预算的主要缺陷是会给管理者带来不确定性，因为企业在持续地更新预算。

7. 弹性预算（见图 2－13）

弹性预算（flexible budget）是指根据实际的产出水平对收入和成本进行调整的预算。

在期末，企业在掌握了全部工作量或当期实际产出水平后，编制弹性预算用于财务控制。

第
2
章

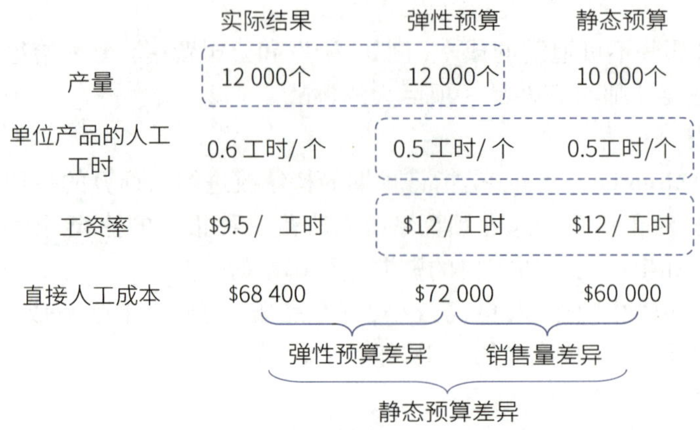

图 2－13 直接人工的弹性预算

EQ2.2－5

要求管理者在每一期都为整个预算提供合理依据的预算方法被称为(　　)。

A. 业绩预算　　B. 项目预算　　C. 零基预算　　D. 增量预算

【答案】C

【考点】判断恰当的预算方式

零基预算不会将任何活动或职能纳入预算之中,除非管理者能够证明这些活动或职能的合理性。

2.3 预测技术

2.3.1 回归分析

1. 基础

(1) 定义

回归分析(regression analysis)是指一种衡量因变量的平均变化幅度与一个或多个自变量单位变化幅度之间关系的统计方法。

(2) 用途

回归分析可以建立用于预测的量化模型,即用来描述一组变量之间的关系。

回归分析无法用来解释变量之间的因果关系。任何关于因果关系的结论都必须建立在对此应用有充分了解的个人的判断之上。

2. 回归分析的应用

(1) 回归分析的两种形式

① **一元回归分析**(simple regression analysis)用来预测因变量与一个自变量之间的关系。

一元回归可以用公式 $y=f(x)$ 来表示。

② **多元回归分析**(multiple regression analysis)被用来预测因变量与两个或两个以上自变量之间的关系。

多元回归可以用公式 $y=f(x,s,t)$ 来表示。

(2) 一元线性回归

① 当两个变量之间是线性关系时,就可以使用**一元线性回归**(simple linear regression)来构建公式 $y=a+bx$。

② 在统计学上,$y=a+bx$ 中的要素 a 和 b,可以分别界定为截距和斜率。

可以通过已有的统计学公式来求解 a 和 b:

$$b=\frac{\sum(x_i-\bar{x})(y_i-\bar{y})}{\sum(x_i-\bar{x})^2}$$

$$a=y-b\bar{x}$$

③ 在成本预估中,一元线性回归可以用来区分固定成本和变动成本。

A. 根据公式 $y=a+bx$,a 和 b 分别代表总固定成本和单位变动成本。

B. x 是成本动因的数量,而 y 是包括了固定成本和变动成本的总成本。

第 2 章

例 2.3-1

FENG 公司的管理会计师希望了解机器运行时间和维持成本与间接人工成本之间的关系。他们收集了过去 12 个月的相关数据,见表 2-3。

表 2-3　一元线性回归的相关数据

月份	机器运行时间	维修成本	间接人工成本
1	680 小时	$ 1 190	$ 12 085
2	880 小时	$ 1 211	$ 9 807
3	620 小时	$ 986	$ 10 973
4	720 小时	$ 917	$ 5 098
5	600 小时	$ 820	$ 7 920
6	960 小时	$ 1 456	$ 15 087
7	780 小时	$ 1 180	$ 14 097
8	460 小时	$ 710	$ 12 982
9	820 小时	$ 1 316	$ 9 086
10	940 小时	$ 1 305	$ 8 762
11	680 小时	$ 1 023	$ 4 092
12	510 小时	$ 870	$ 8 276
合计	8 650 小时	$ 12 984	$ 118 265

A. 机器运行时间与维修成本的回归分析。

首先,可以通过点状图来观察机器运行时间与维修成本之间的关系,见图 2-14。

第2章

总的趋势是，机器运行时间与维修成本同方向变化。

由于所有的点与回归线的距离都比较近，所以得出的可能结论是，机器运行时间和维修成本这两个变量之间的相关性较强。

B．通过一元线性回归构建成本函数。

$y=1.2973x+146.89$

即使机器不运行，也会发生$ 146.89 的固定成本。

每增加 1 个小时的机器运行时间，维修成本就会增加$ 1.297 3。

如果预计的机器运行时间为 1 000 个小时，则总的预期维修成本为$ 1 444.19。

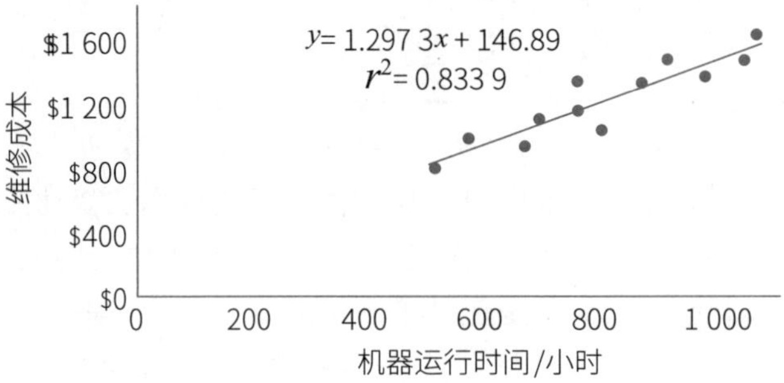

图 2－14　机器运行时间与维修成本的回归分析

C．机器运行时间与间接人工成本的回归分析。

图 2－15 通过点状图描绘了机器运行时间与间接人工成本之间的关系。

由于所有的点都分散在回归线的两侧，所以得出的可能结论是，机器运行时间和间接成本这两个变量之间的相关性不强。

虽然在统计学上可以得到成本函数，$y=3.3936x+7409.2$，但是它的预测结果预计不会很精确。

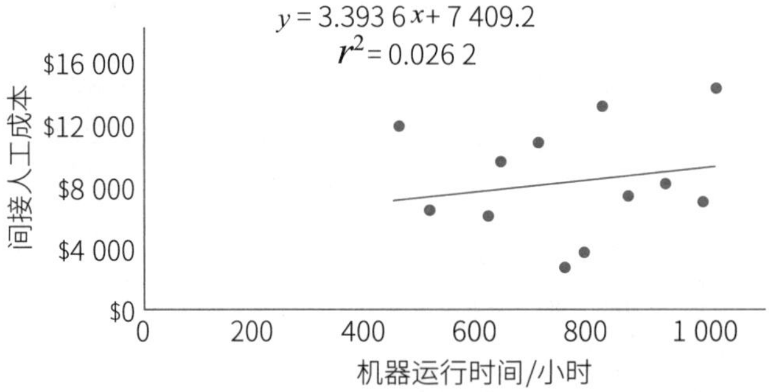

图 2－15　机器运行时间与间接人工成本的回归分析

---

3. 回归分析中的指标

（1）相关系数

① **相关系数**［coefficient of correlation（r）］用来衡量自变量和因变量之间线性关系的程度。

② 相关系数的取值范围在-1 和+1 之间。相关系数的绝对值越接近 1（$|r| \to 1$），一组变量之间的线性关系越强；相关系数的绝对值越接近 0（$|r| \to 0$），变量之间线性关系越弱。

A. $r=-1 \to x$ 与 y 之间为绝对负相关的线性关系，见图 2－16。

B. $-1<r<0 \to x$ 与 y 之间为负相关的线性关系，见图 2－17。

C. $r=0 \to x$ 与 y 之间没有线性关系，见图 2－18。

D. $0<r<+1 \to x$ 与 y 之间为正相关的线性关系，见图 2－19。

E. $r=+1 \to x$ 与 y 之间为绝对正相关的线性关系，见图 2－20。

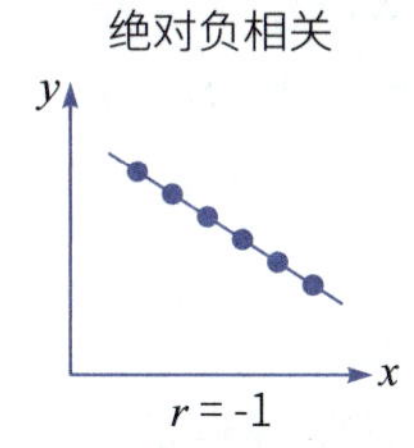

图 2－16　绝对负相关

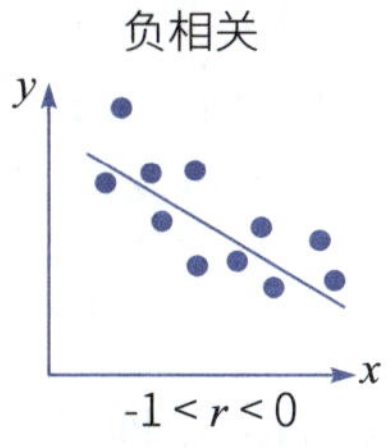

图 2－17　负相关

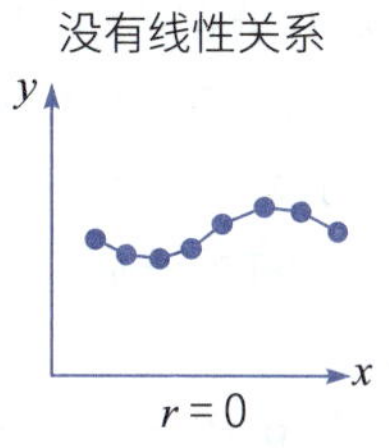

图 2－18　没有线性关系

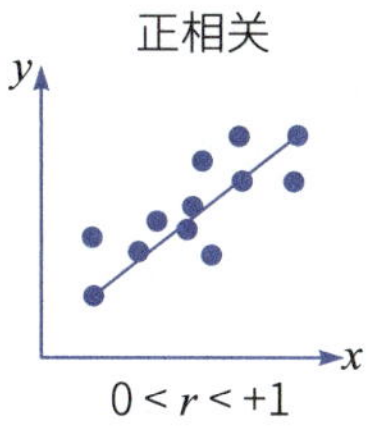

图 2－19　正相关

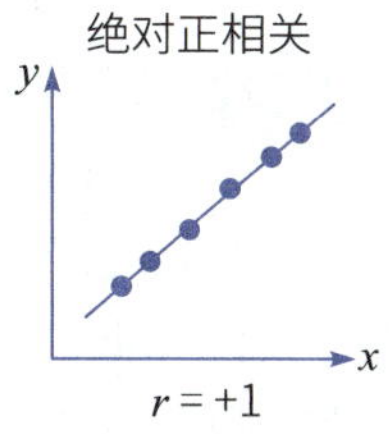

图 2－20　绝对正相关

（2）确定系数

① 定义。

确定系数［coefficient of determination（r^2）］，用于衡量估计回归方程**拟合优度**（goodness of fit），显示了有多少百分比的因变量，其变化可以通过自变量的变化来解释。

如果 $r^2=0.998\ 3$，意味着有 99.83%的因变量的变化可以通过自变量来解释。

更高的确定系数可以提高预测的可靠性。

② 应用。

例 2.3－1 机器运行时间和维修成本的回归分析中，确定系数为 0.833 9，这意味着有 83.39%的维修成本的变化可以通过机器运行时间的变化来解释。

就预测而言，机器运行时间和维修成本的函数是可靠的。

相似的是，机器运行时间与间接人工成本之间确定系数只有 0.026 2，即只有 2.62%的间接人工成本的变化可以通过机器运行时间的变化来解释。

机器运行时间和维修成本的函数几乎没有预测的作用。

（3）预估标准差

① **预估标准差**（standard error of estimate，SEE）用于衡量回归线上的预测 y 值与数据中实际 y 值之间的标准距离。预测标准差的值相对越低，说明实际 y 值与预估 y 值之

间的偏离程度越小。

② 根据统计结果，机器运行时间和维修成本的回归分析的预估标准差为97.67，远小于机器运行时间与间接人工成本的回归分析的预估标准差（3 492.27），表明第一项回归预测中的y值的准确性更高。

（4）t测试

① 一元线性回归模型可能无法使用t测试，除非x和y之间存在着显著的关系。**衡量每个自变量统计置信度（statistical reliability of each independent variable）**的t测试就是用来评估x和y之间的线性关系是否十分显著的。

t测试的值不小于2可能意味着由回归分析构建的关系存在显著性。

② 机器运行时间和维修成本之间的线性关系十分显著，是因为其t值为7.08；而机器运行时间与间接人工成本之间没有显著的线性关系，是因为其t值只有0.518。

4. 回购分析的优缺点

（1）优点

① 回归分析可以提高分析和决策的客观性，这是由统计学保证的。

② 一元线性回归可以让管理者分离固定成本和变动成本。而且，多元回归还可以应用于作业成本法。

③ 回归分析可以帮助管理者预测成本的变化。

（2）缺点

① 回归分析在很大程度上取决于历史数据。如果外部因素与原来的假设出现了很大的差异，则预测的价值会大大降低。

② 需要假设一组变量之间存在线性关系。事实上，在现实世界中，线性关系非常罕见。

③ 即使在统计学上可以确定一组变量的线性相关性，这两个变量之间也未必有因果关系。

EQ2.3-1

就成本预测而言，一元回归不同于多元回归，这是因为一元回归只使用（　　）。

A．一个因变量，而多元回归使用所有的数据来预测成本函数

B．多个因变量，而多元回归同时使用因变量和自变量

C．一个自变量，而多元回归使用多个自变量

D．一个因变量，而多元回归使用多个因变量

【答案】C

【考点】理解回归分析

回归分析分为一元回归和多元回归：一元回归只包括一个自变量，而多元回归有两个或多个自变量。

2.3.2　学习曲线

1. 基础

(1) 定义

学习曲线(learning curve)是指用来衡量单位产品的人工工时是如何随着产量的增加而递减的函数。人工工时递减的原因在于工人通过不断地学习,更好地掌握了其工作。

(2) 作用

管理者利用学习曲线来预测人工工时或人工成本将如何随着产量的增加而递增。

2. 两种类型的学习曲线

(1) 累积平均时间学习模型

① 在**累积平均时间学习模型**(cumulative average-time learning model)中,每当累积产量增加一倍时,**单位产品的累积平均时间**就以固定的百分比递减。

例 2.3-2

FENG 公司的累积平均时间学习曲线为 70%。人工工时的变化模式见表 2-4。

表 2-4　70%的累积平均时间学习曲线

产量	单位产品的累积平均时间(分钟)	累积总耗时(分钟)	第 Q 个产品的耗时(分钟)
1	10.00	10.00	10.00
2	7.00	14.00	4.00
3	5.68	17.05	3.05
4	4.90	19.60	2.55
5	4.37	21.84	2.24
6	3.98	23.86	2.02
7	3.67	25.72	1.85
8	3.43	27.44	1.72

A. 70%意味着当 FENG 公司的产量增加一倍,即从 Q 增加到 $2Q$ 时,$2Q$ 个产品的单位累积平均时间是 Q 个产品的单位累积平均时间的 70%。

B. 第 1 个产品的人工工时为 10 分钟。

a. 当产量翻倍时,累积 2 个产品的单位平均人工工时下降到 7.00 分钟(10×70%)。

b. 当 FENG 公司继续生产并将产量累积至 4 个产品(产量以 2 个为基础进行翻倍)时,单位平均人工工时下降到 4.90 分钟(7.00×70%)。

c. 相应地,如果产量继续翻倍,累积 8 个产品时,单位平均人工工时为 3.43 分钟(4.90×70%)。

C. 两个要点。

a. 产量必须以翻倍的方式增加,因此,累积产量可以写成 1、2、4、8、16 …

$Q \rightarrow 2Q \rightarrow 4Q \rightarrow \cdots$

b. 最终的结果只能是，**累积产量时单位产品的平均耗时**(见图 2－21)。

i. 10.00×70%＝7＝2 个产品的单位平均耗时

$$70\% = \frac{7}{10} \times 100\%$$

ii. 7.00×70%＝4.90＝4 个产品的单位平均耗时

$$70\% = \frac{4.90}{7.00} \times 100\%$$

iii. 4.90×70%＝3.43＝8 个产品的单位平均耗时

$$70\% = \frac{3.43}{4.90} \times 100\%$$

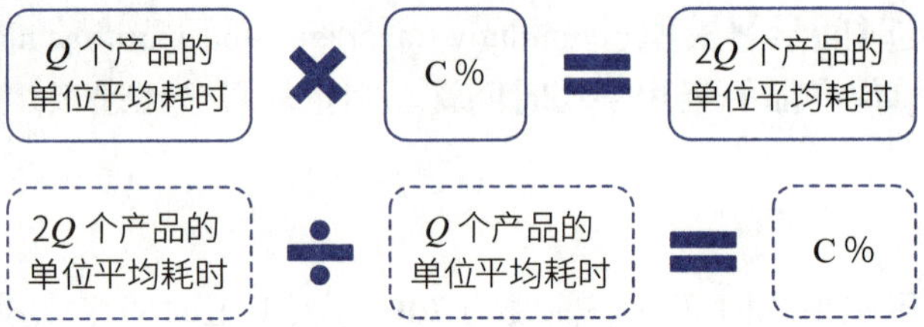

图 2－21 累积平均时间学习曲线

② 在累积平均的模式下，某一特定区间内的累积平均耗时可以为特殊订单的决策提供额外的信息。

例 2.3－3

FENG 公司生产产品 X，并有 80%的学习曲线。第 1 批产品(50 个) 的总人工工时为 250 分钟，即每个产品的耗时为 5 分钟。基于这些信息，在累积模式下，产量区间从 101 到 200 的单位平均耗时为多少？

确定累积平均耗时：

2 批或 100 个产品的单位平均耗时＝5×80%＝4(分钟/个)

4 批或 200 个产品的单位平均耗时＝4×80%＝3.2(分钟/个)

8 批或 400 个产品的单位平均耗时＝3.2×80%＝2.56(分钟/个)

确定某一特定区间内的累积平均耗时：

产量区间从 101 到 200 的总耗时＝200 个产品的总耗时－100 个产品的总耗时

200 个产品的累积总耗时＝200×3.2＝640(分钟)

100 个产品的累积总耗时＝100×4＝400(分钟)

产量区间从 101 到 200 的增量总耗时＝640－400＝240(分钟)

产量区间从 101 到 200 的累积平均耗时$=\frac{240}{100}=2.4$(分钟/个)

数据整理见表 2－5。

表 2－5　X 产品 80%的学习曲线

批	产量/个	单位产品的累积平均耗时	累积总耗时（分钟）	增量时间	区间	单位平均耗时（分钟）
1	50	5	250			5
2	100	4	400	51～100	150	3
4	200	3.2	640	101～200	240	2.4
8	400	2.56	1024	201～400	384	1.92
16	800	2.048	1638.4	401～800	614.4	1.536

（2）增量单位时间学习模型

在**增量单位时间学习模型**（incremental unit-time learning model）中，每当累积产量增加一倍时，生产**最后一个产品**所需要的增量时间就以固定的百分比递减。

例 2.3－4

FENG 公司的增量单位时间学习曲线为 70%。人工工时的变化模式见表 2－6。

表 2－6　70%的增量单位时间学习曲线

产量	第 Q 个产品的耗时（分钟）	累积总耗时（分钟）	单位产品的累积平均时间（分钟）
1	10.00	10.00	10.00
2	7.00	17.00	8.50
3	5.68	22.68	7.56
4	4.90	27.58	6.90
5	4.37	31.95	6.39
6	3.98	35.93	5.99
7	3.67	39.60	5.66
8	3.43	43.03	5.38

A. 70%意味着当 FENG 公司的产量增加一倍，即从 Q 增加到 $2Q$ 时，生产第 $2Q$ 个产品所耗用的时间是生产第 Q 个产品耗时的 70%。

B. 第 1 个产品的人工工时为 10 分钟。

a. 当产量翻倍时，第 2 个产品（或当总产量为 2 个时的最后一个产品）的耗时下降到 7.00 分钟（10.00×70%）。

b. 当 FENG 公司继续生产并将产量累积至 4 个产品（产量以 2 个产品为基础，进行翻倍）时，第 4 个产品的耗时减少到 4.90 分钟（7.00×70%）。

c. 相应地，第 8 个单位的耗时为 3.43 分钟（4.90×70%）。

C. 两个要点。

a. 产量必须以翻倍的方式增加，因此，累积产量可以写成 1、2、4、8、16…

$Q \to 2Q \to 4Q \to \cdots$

b. 最终的结果只能是，当产量翻倍时**最后一个产品所耗用的时间**，而不是累积产量时单位产品的平均耗时。

i. 10.00×70%＝7.00＝第 2 个产品的耗时

$$70\%=\frac{7.00}{10.00}\times100\%$$

ii. 7. 00×70%＝4. 90＝第 4 个产品的耗时

$$70\%=\frac{4.90}{7.00}\times100\%$$

iii. 4. 90×70%＝3. 43＝第 8 个产品的耗时

$$70\%=\frac{3.43}{4.90}\times100\%$$

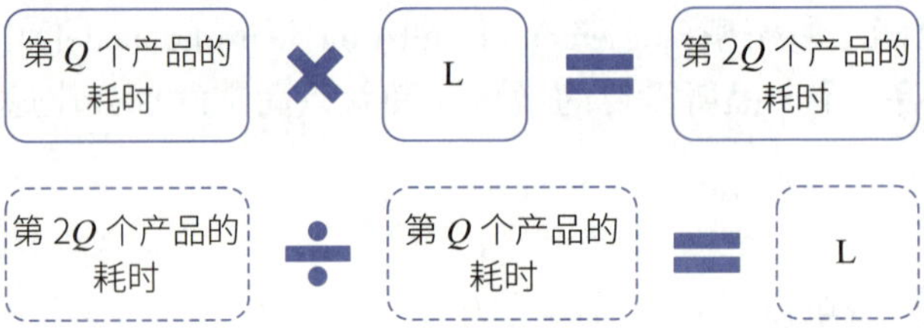

图 2－22　增量单位时间学习曲线

D. 两种学习模式可以通过计算互相转换。

a. 累积模型→增量模型。

前两个产品的累积总耗时＝10.00×70%×2＝14.00（分钟）

第 2 个产品的耗时＝14.00−10.00＝4.00（分钟）

$$增量百分比=\frac{第\ 2\ 个产品的耗时}{第\ 1\ 个产品的耗时}=\frac{4.00}{10.00}=40\%$$

b. 增量模型→累积模型。

第 1 个产品的耗时＝10.00（分钟）

第 2 个产品的耗时＝10.00×70%＝7.00（分钟）

前两个产品的总耗时＝10.00+7.00＝17.00（分钟）

$$前两个产品的平均耗时=\frac{17.00}{2}=8.50（分钟）$$

$$累积百分比=\frac{2\ 个产品的平均耗时}{1\ 个产品的平均耗时}=\frac{8.50}{10.00}=85\%$$

3. 学习曲线的优缺点

（1）优点

① 用来衡量效率变化模式的学习曲线可以让管理者通过预测人工成本增加的方式来进行有效的决策。

② 学习曲线为实际标准的设定提供了信息，比如单位产品的人工工时，以此来进行有效的差异分析和例外管理。

（2）缺点

① 人的行为（而不是机器的作业）可以通过重复来修正或调整，所以学习曲线模型只能应用于人工。

② 获得合理的学习曲线百分比需要通过重复的测试和获取历史的经验，所以需要在未来对用于预测的固定百分比进行调整。

③ 在学习曲线的框架下，提高效率需要对相同的活动进行多次重复。但是，企业还可以通过采用新的技术和激励措施来提高效率。

EQ2.3－2

某项制造工作的学习曲线为 80%，第一个产品的耗时为 50 人工小时。当产量为 8 个单位时，单位累计平均时间为（　　）小时。

A. 20.0

B. 25.6

C. 32.0

D. 40.0

【答案】B

【考点】计算累积平均时间学习模型下的累积平均时间

8 个产品的单位累积平均时间＝50×80%×80%×80%＝25.6（小时）

2.3.2 期望值法

1. 基础

（1）定义

期望值（expected value，EV）是指所有结果的加权平均值，每种结果出现的概率即为权重。

（2）作用

在决策中，管理者可以对自然状态的概率进行评价。当管理者获得这些概率时，他们可以使用**期望值法**来确定最优的选项。

2. 期望值法的应用

（1）已知概率的决策

决策选择的期望值即为决策选项的加权收益之和。

$$EV=X_1\times P_1+X_2\times P_2+\cdots+X_n\times P_n$$

其中：

EV——某一决策的期望值

X_n——自然状态的收益

P_n——自然状态的概率＝收益的权重

第2章

例 2.3－5

FENG 公司正在考虑在一个新市场中开一家商场。分析师预期，经济上升的概率为 60%，而经济衰退的概率为 40%。公司有两个选择：大商场或小商场。投资回报率会受到经济和商场规模的影响。与决策相关的所有信息都通过决策树呈现出来，见图2－23。

A．在图 2－23 中，圆圈代表的是**概率点**（probability point），即自然状态的概率。比如，经济上升或衰退就是管理者需要面临的自然状态，但是管理者无法改变它们。

B．在图 2－23 中，方块被称为**决策点**（decision point），是指决策者在某种自然状态下正在考虑的决策方案，比如选择大商场或小商场。

C．需要通过计算并比较大商场和小商场的收益来进行最后的决策。

如果经济上升：

EV（大商场）= \$ 10 000 000×0. 75+\$ 4 000 000×0. 25 = \$ 8 500 000

EV（小商场）= \$ 7 000 000×0. 75+\$ 5 000 000×0. 25 = \$ 6 500 000

在经济上升的情况下，应该选择大商场，因为它的期望收益比小商场更大。

如果经济衰退：

EV（大商场）= \$ 4 000 000×0. 25+（－\$ 1 000 000）×0. 75 = \$ 250 000

EV（小商场）= \$ 2 000 000×0. 25+\$ 500 000×0. 75 = \$ 875 000

在经济衰退的情况下，应该选择小商场，因为它的期望收益比大商场更大。

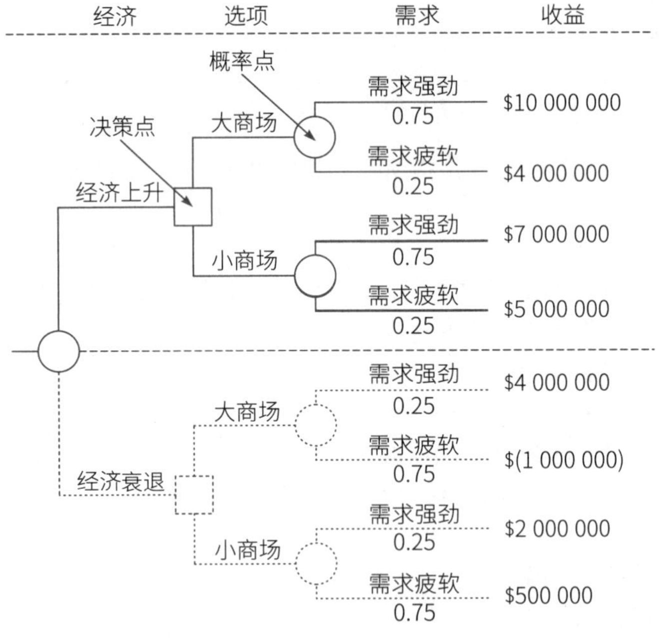

图 2－23 商场决策方案的决策树

（2）有完全信息的期望值

如果一家企业有机会通过市场调查来评估消费者的偏好，那么管理层就能获得更多的信息来提高自然状态概率预测的质量。

为了确定这些信息的潜在价值，管理者就假设此项调研能够提供关于自然状态的**完全信息**(perfect information)，即管理者假定在决策之前，可以确定哪种自然状态一定会发生。

例 2.3－6

FENG 公司正在考虑在一个新市场中开一家商场。管理者正在评估在经济好的情况下完全信息的期望值(见图 2－24)。

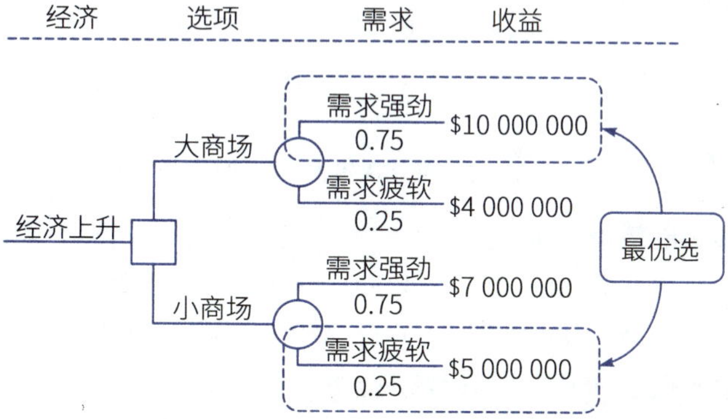

图 2－24　商场决策方案的决策树

A. 在不同自然状态下，确定最优解选项。

如果 FENG 公司的管理者确定未来需求强劲，他们就会选择大商场，因为其收益更高。同理，如果 FENG 公司的管理者确定未来需求疲软，他们就会选择小商场，因为其收益更高。

B. 计算有完全信息的期望值。

$EVwPI$ = $ 10 000 000×0. 75+$ 5 000 000×0. 25 = $ 8 750 000

C. 确定完全信息的价值。

没有完全信息的期望值 = $ 8 500 000

有完全信息的期望值 = $ 8 750 000

完全信息的期望值 = $ 8 750 000－$ 8 500 000 = 250 000

$ 250 000 的价值意味着，通过获取完全信息，可以让期望值增加 $ 250 000。而且，获取此类完全信息的成本，比如市场调研，不应超过 $ 250 000。

(3) 敏感性分析

① **敏感性分析**(sensitivity analysis)是一种"假如"分析法，管理者可以借此分析，如果原来预估的数据无法实现或假设条件发生了变化，结果将会如何变化。

敏感性分析可以帮助决策者理解哪些要素对于最优选择而言是至关重要的。

② 如果某一要素发生了细微的变化，而结果却发生较大变化，那么决策的结果对于该特定要素比较敏感。

例 2.3-7

FENG 公司正在考虑在一个新市场中开一家商场。管理层通过调整强劲需求的概率来评估期望值(见图 2-25)。

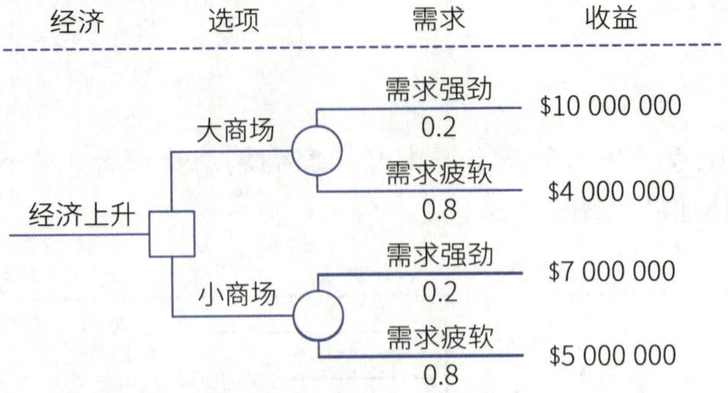

图 2-25 商场决策方案的决策树

确定 2 个方案的期望值:

EV(大商场)= \$ 10 000 000×0. 2+\$ 4 000 000×0. 8 = \$ 5 200 000

EV(小商场)= \$ 7 000 000×0. 2+\$ 5 000 000×0. 8 = \$ 5 400 000

如果需求强劲的概率为 0.2,则在经济好的情况下,应选择小商场。

---

③ 此外,决策者还希望计算出一个无论选择哪种方案都没有差异的概率。

例 2.3-8

FENG 公司正在考虑在一个新市场中开一家商场。管理层正在评估在经济好的情况下,就收益而言,能够使大商场和小商场期望收益无差异的需求强劲的概率(见图 2-26)。

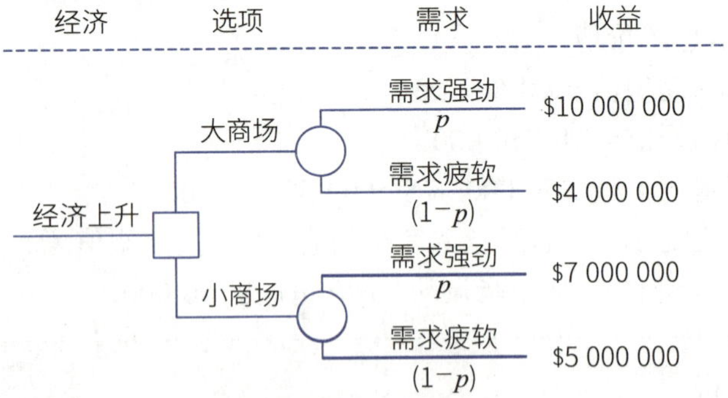

图 2-26 商场决策方案的决策树

“无差异”意味着确定的概率能够使大商场的期望收益等于小商场的期望收益。

设需求强劲的概率为 p,设立联立方程:

EV(大商场)= \$ 10 000 000×p+\$ 4 000 000×(1-p)= 6 000 000×p+4 000 000

EV(小商场)= \$ 7 000 000×p+\$ 5 000 000×(1-p)= 2 000 000×p+5 000 000

表 2-7　无差异矩阵

概率点	决策点	
	大商场	小商场
需求强劲(p)	$ 10 000 000	$ 7 000 000
需求疲软($1-p$)	$ 4 000 000	$ 5 000 000
期望值	$6\ 000\ 000\times p+4\ 000\ 000$	$2\ 000\ 000\times p+5\ 000\ 000$

求联立方程的解：

EV(大商场)=EV(大商场)

$6\ 000\ 000\times p+4\ 000\ 000=2\ 000\ 000\times p+5\ 000\ 000$

$p=0.25$

结论：若需求强劲的概率为0.25，则FENG公司选择大商场还是小商场都无差异。

$p>0.25$→应选择大商场。

$p<0.25$→应选择小商场。

3. 期望值法的优缺点

(1) 作用

① 期望值法可以让管理者在不确定的状态下，进行客观的分析和决策。

② 管理者可以通过期望值法做出最优的决策。

(2) 局限性

① 期望值法基于主观的预测值进行有效的运作，这种主观性会削弱该方法的客观性。

② 期望值本质上就是平均值，这种方法假定决策者持有风险中立的态度。事实上，现实生活中的人大多对风险采取规避态度。

EQ2.3-3

表2-8中的四种方案，哪一种可以提供最高的期望的现金流？(　　)

表 2-8　四种方案的现金流入及其概率

方案1		方案2		方案3		方案4	
概率	现金流入	概率	现金流入	概率	现金流入	概率	现金流入
0.1	$ 50 000	0.1	$ 50 000	0.1	$ 50 000	0.1	$ 150 000
0.2	$ 75 000	0.2	$ 75 000	0.2	$ 75 000	0.2	$ 100 000
0.4	$ 100 000	0.45	$ 100 000	0.4	$ 100 000	0.4	$ 75 000
0.3	$ 150 000	0.25	$ 150 000	0.3	$ 125 000	0.3	$ 50 000

A. 方案1　　B. 方案2　　C. 方案3　　D. 方案4

【答案】A

【考点】通过期望值确定最优选项

方案 1 = 50 000×0.1+75 000×0.2+100 000×0.4+150 000×0.3 = $ 105 000

方案 2 = 50 000×0.1+75 000×0.2+100 000×0.45+150 000×0.25 = $ 102 500

方案 3 = 50 000×0.1+75 000×0.2+100 000×0.4+125 000×0.3 = $ 97 500

方案 4 = 150 000×0.1+100 000×0.2+75 000×0.4+50 000×0.3 = $ 80 000

方案 1 提供了最高的期望现金流。

2.4　年度利润计划和附表

2.4.1　总预算

1. 基础

(1) 定义

总预算(master budget)是指某一特定时段内的一项综合预算。

(2) 要素和结构

总预算包括资本预算和一系列互相关联的经营预算和财务预算。总预算的要素和结构见图 2-27。

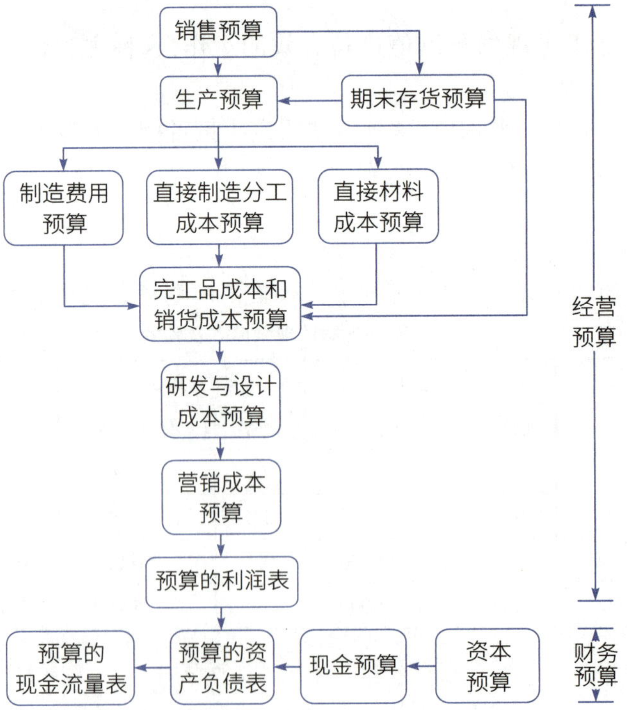

图 2-27　总预算的要素和结构

2. 经营预算与财务预算

（1）经营预算

经营预算(operating budget)始于销售预算，终于预算的利润表。经营预算包括必要的生产预算和销售与管理费用预算等。

（2）财务预算

财务预算(financial budget)由 4 个部分构成，包括资本预算、现金预算、预算的资产负债表和预算的现金流量表。

财务预算关注的是经营和计划的资本支出对现金的影响。

EQ2.1－2

在编制公司的总预算时，以下哪项最有可能是最后编制的一项？（　　）

A. 销售预算

B. 现金预算

C. 生产预算

D. 销货成本预算

【答案】B

【考点】识别预算编制的顺序

一项总预算包括经营预算和财务预算。

销售预算、生产预算和销货成本预算是经营预算的主要构成部分，而现金预算属于财务预算。

2.4.2　总预算的编制

1. 经营预算

（1）销售预算

① **销售预算(sales budget,SB)**显示了未来一个时间段内的预测销售量和销售额。

② 销售预算包含两个部分：预测的销量和预算的售价。

在预测销量时，需要考虑以下诸多因素：

A. 当前的销售水平和过去几年的销售趋势；

B. 整体的经济和行业情况；

C. 竞争对手的行动和经营计划；

D. 定价政策；

E. 信用政策；

F. 广告和促销活动；

G. 尚未交货的订单。

例 2.4－1

FENG 公司正在编制其 20×1 年第 2 季度的销售预算。第 2 季度的销售预算见表 2－9。

表 2－9　FENG 公司销售预算(SB)

20×1 年第 2 季度

L	项目	4 月	5 月	6 月	季度	备注
1	销量	21 000	27 000	34 000	82 000	
2	单位售价	$ 30	$ 30	$ 30	$ 30	
3	总销售额	$ 630 000	$ 810 000	$ 1 020 000	$ 2 460 000	L1×L2

对于总销售额而言，70%为现金销售，30%为赊销。

(2) 生产预算

① **生产预算(production budget，PB)**显示了一个时间段内的生产计划。

对于一家制造业企业而言，一段时间内的生产计划取决于 3 个因素：销售预算、期末存货完工品的预算数量和期初存货完工品的数量。影响生产预算的因素见图 2－28。

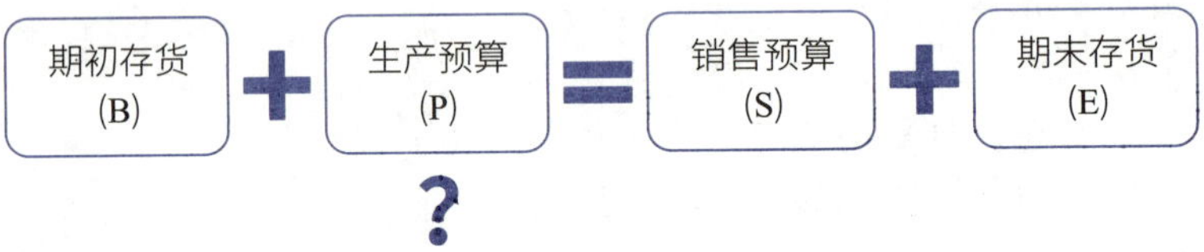

图 2－28　影响生产预算的因素

例 2.4－2

FENG 公司正在编制其 20×1 年第 2 季度的生产预算。该公司的存货政策为，每月期末持有的存货量应为下月计划销售的 0.25。FENG 公司预计 20×1 年 4 月 1 日的期初存货量为 4 000 个。20×1 年 7 月的预计销量为 50 000 个。FENG 公司的生产预算见表 2－9。

表 2－9　FENG 公司生产预算(PB)

20×1 年第 2 季度

L	项目	4 月	5 月	6 月	季度	备注
1	销售预算	21 000	27 000	34 000	82 000	SB，L1
2	加：预算的期末存货	6 750[a1]	8 500[a2]	12 500[a3]	12 500[a4]	L1×0.25
3	存货的总需求量	27 750	35 500	46 500	94 500	L1+L2
4	减：预算的期初存货	4 000[b1]	6 750[b2]	8 500[b3]	4 000[b4]	PB，L2
5	生产预算	23 750	28 750	38 000	90 500	L3－L4

预算的期末存货：

a1：27 000(5 月的销量)×0.25＝6 750

a2：34 000(6 月的销量)×0.25＝8 500

a3:50 000(7 月的销量)×0.25=12 500
a4:第 2 季度的期末存货=6 月的期末存货=12 500
预算的期初存货:
b1:4 000 个期初存货量已知
b2:27 000(5 月的销量)×0.25=6 750
b3:34 000(6 月的销量)×0.25=8 500
b4:第 2 季度的期初存货=4 月的期初存货=4 000

② **直接材料耗用预算(direct materials usage budget,DMUB)**显示了生产预算所需耗用的直接材料的数量和预算的成本,它是根据生产预算编制的。

例 2.4-3

FENG 公司正在编制其 20×1 年第 2 季度的直接材料耗用预算。根据 FENG 公司的标准成本清单,生产 1 单位产品需要使用 4 单位的 X 材料。FENG 公司的直接材料耗用预算见表 2-11。

表 2-11　FENG 公司直接材料耗用预算(DMUB)

20×1 年第 2 季度

L	项目	4 月	5 月	6 月	季度	备注
1	生产预算	23 750	28 750	38 000	90 500	PB, L5
2	1 单位产品耗用的 X 材料	4	4	4	4	
3	用于生产的 X 材料的总量	95 000	115 000	152 000	362 000	L1×L2

③ **直接材料采购预算(direct materials purchases budget,DMPB)**显示了直接材料的计划采购量和成本。

采购总量需要依据材料耗用量、原材料的期初存量和期末存量来计算。影响直接材料采购的因素见图 2-29。

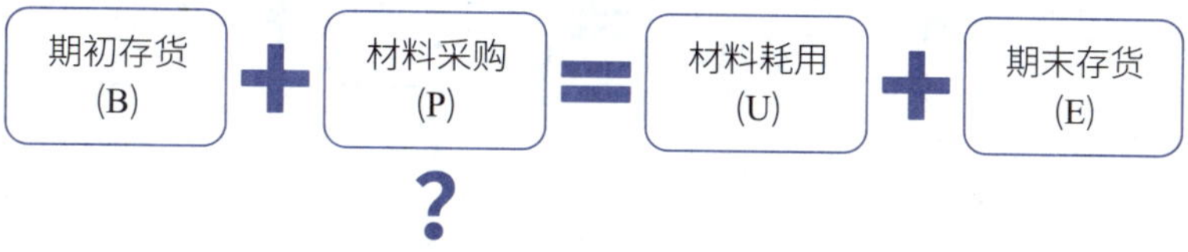

图 2-29　影响直接材料采购的因素

例 2.4-4

FENG 公司正在编制其 20×1 年第 2 季度的直接材料采购预算。FENG 公司要求 X 材料的期末存货应为下个月生产需要量的 0.1。4 月 1 日,X 材料的期初存货量为 7 000 个,7 月预计生产的耗用量为 100 000 个。FENG 公司的直接材料采购预算见表 2-12。

表 2－12　FENG 公司直接材料采购预算(DMPB)

20×1 年第 2 季度

L	项目	4 月	5 月	6 月	季度	备注
1	用于生产的 X 材料的总量	95 000	115 000	152 000	362 000	DMUB，L1
2	加:X 材料的期末存货	11 500[a1]	15 200[a2]	10 000[a3]	10 000[a4]	L1×0.1
3	X 材料的总需求量	106 500	130 200	162 000	372 000	L1+L2
4	减:X 材料的期初存货	7 000[b1]	11 500[b2]	15 200[b3]	7 000[b4]	L1×0.1
5	X 材料的总采购量	99 500	118 700	146 800	365 500	L3−L4
6	X 材料的单价	$ 2.45	$ 2.55	$ 2.65	$ 2.65	
7	X 材料的总采购成本	$ 243 775	$ 302 685	$ 389 020	$ 935 480	L5×L6

X 材料的期末存货：

a1：115 000(5 月的耗用量)×0.1＝11 500

a2：152 000(6 月的耗用量)×0.1＝15 200

a3：100 000(7 月的耗用量)×0.1＝10 000

a4：第 2 季度 X 材料的期末存货＝6 月 X 材料的期末存货＝10 000

X 材料的期初存货：

b1：7 000 个期初存货量已知

b2：115 000(5 月的耗用量)×0.1＝11 500

b3：152 000(6 月的耗用量)×0.1＝15 200

b4：第 2 季度 X 材料的期初存货＝4 月 X 材料的期初存货＝7 000

---

④ **直接材料成本预算**(direct materials cost budget，DMCB) 显示了用于生产的直接材料成本，该成本是总生产成本的一个构成部分。

直接材料成本取决于材料的期初和期末成本及其材料的采购成本。影响直接材料成本的因素见图 2－30。

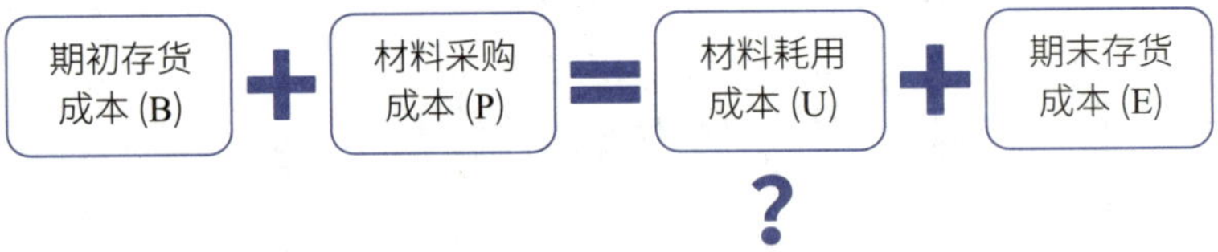

图 2－30　影响直接材料成本的因素

例 2.4－5

FENG 公司正在编制其 20×1 年第 2 季度的直接材料成本预算。FENG 公司要求 X 材料的期末存货应为下个月生产需要量的 10%。4 月 1 日，X 材料的期初存货量为 7 000 个，7 月预计生产的耗用量为 100 000 个。直接材料成本预算见表 2－13。

表 2-13　FENG 公司直接材料成本预算(DMCB)

20×1 年第 2 季度

L	项目	4 月	5 月	6 月	季度	备注
1	X 材料的期初存货	7 000	11 500	15 200	7 000	DMPB, L4
2	X 材料的单价	$ 2.40	$ 2.45	$ 2.55	$ 2.40	
3	X 材料的期初存货成本	$ 16 800	$ 28 175	$ 38 760	$ 16 800	L1×L2
4	加:X 材料的采购成本	$ 243 775	$ 302 685	$ 389 020	$ 935 480	DMPB, L7
5	可供使用的 X 材料的总成本	$ 260 575	$ 330 860	$ 427 780	$ 952 280	L3+L4
6	X 材料预算的期末存货	11 500	15 200	10 000	10 000	DMPB, L2
7	X 材料的单价	$ 2.45	$ 2.55	$ 2.65	$ 2.65	
8	X 材料的期末存货成本	$ 28 175	$ 38 760	$ 26 500	$ 26 500	L6×L7
9	用于生产的 X 材料的总成本	$ 232 400	$ 292 100	$ 401 280	$ 925 780	L5-L8

⑤ **直接人工预算(direct labor budget,DLB)**显示了在预算期内,用于生产的直接人工成本。

直接人工的总成本等于直接人工总工时乘以每小时人工的工资率。

例 2.4-6

FENG 公司正在编制其 20×1 年第 2 季度的直接人工成本预算。该公司有两个生产分部:加工分部和装配分部。两个分部的单位产品直接人工工时分别为 0.4 小时和 0.2 小时。加工分部每小时人工的工资率为 $ 7,装配分部每小时人工的工资率为 $ 15。FENG 公司的直接人工预算见表 2-14。

表 2-14　FENG 公司直接人工预算(DLB)

20×1 年第 2 季度

L	项目	4 月	5 月	6 月	季度	备注
				加工分部		
1	生产预算	23 750	28 750	38 000	90 500	PB, L5
2	单位产品的直接人工工时	0.4	0.4	0.4	0.4	
3	直接人工总工时	9 500	11 500	15 200	36 200	L1×L2
4	每小时人工的工资率	$ 7.0	$ 7.0	$ 7.0	$ 7.0	
5	分部的直接人工成本	$ 66 500	$ 80 500	$ 106 400	253 400	L3×L4
				装配分部		
6	生产预算	23 750	28 750	38 000	90 500	PB, L5
7	单位产品的直接人工工时	0.2	0.2	0.2	0.2	
8	直接人工总工时	4 750	5 750	7 600	18 100	L6×L7

续表

L	项目	4月	5月	6月	季度	备注
9	每小时人工的工资率	$ 15.0	$ 15.0	$ 15.0	$ 15.0	
10	分部的直接人工成本	$ 71 250	$ 86 250	$ 114 000	271 500	L8×L9
11	直接人工总成本	$ 137 750	$ 166 750	$ 220 400	524 900	L5+L10
12	直接人工总工时 a	14 250	17 250	22 800	54 300	L3+L8

计算直接人工总工时(L12)用于分配间接制造成本或费用。

---

⑥ **制造费用预算**(factory overhead budget，FOB)包括所有非直接的材料和人工的生产成本。

管理层使用直接人工工时或合理选择的分配基础来分配制造费用。

例 2.4-7

FENG 公司正在编制其 20×1 年第 2 季度的制造费用预算。该公司使用直接人工工时来分配间接制造成本。FENG 公司的制造费用预算见表 2-15。

表 2-15　FENG 公司制造费用预算(FOB)

20×1 年第 2 季度

L	项目	4月	5月	6月	季度	备注
1	直接人工工时(DLH)	14 250	17 250	22 800	54 300	DLB，L12
	变动制造费用					
2	物料费用	$ 2 850[a1]	$ 3 450	$ 4 560	10 860	L1×$ 0.2/DLH
3	间接人工费用	$ 11 400[a2]	$ 13 800	$ 18 240	$ 43 440	L1×$ 0.8/DLH
4	福利费用	$ 39 900[a3]	$ 48 300	$ 63 840	$ 152 040	L1×$ 2.8/DLH
5	电费	$ 7 125[a4]	$ 8 625	$ 11 400	$ 27 150	L1×$ 0.5/DLH
6	维修费用	$ 1 425[a5]	$ 1 725	$ 2 280	$ 5 430	L1×$ 0.1/DLH
7	总变动制造费用	$ 62 700	$ 75 900	$ 100 320	238 920	L2 + L3 + L4 + L5 +L6
	固定制造费用					
8	折旧费用	$ 30 000	$ 30 000	$ 40 000	$ 100 000	
9	工厂保险	$ 2 500	$ 2 500	$ 2 500	$ 7 500	
10	物业税	$ 900	$ 900	$ 900	$ 2 700	
11	管理费	$ 8 900	$ 8 900	$ 8 900	$ 26 700	
12	电费	$ 1 250	$ 1 250	$ 1 250	$ 3 750	
13	维修费用	$ 750	$ 750	$ 750	$ 2 250	

续表

L	项目	4 月	5 月	6 月	季度	备注
14	总固定制造费用	$ 44 300	$ 44 300	$ 54 300	$ 142 900	L8+L9+L10+L11+L12+L13
15	总制造费用	$ 107 000	$ 120 200	$ 154 620	$ 381 820	L7+L14
16	减:折旧费用	$ 30 000	$ 30 000	$ 40 000	$ 100 000	L8
17	现金支出的制造费用	$ 77 000	$ 90 200	$ 114 620	$ 281 820	L15−L8

变动制造费用的分配(4 月):

a1:14 250 DLHs×$ 0. 2/DLH = $ 2 850

a2:14 250 DLHs×$ 0. 8/DLH = $ 11 400

a3:14 250 DLHs×$ 2. 8/DLH = $ 39 900

a4:14 250 DLHs×$ 0. 5/DLH = $ 7 125

a5:14 250 DLHs×$ 0. 1/DLH = $ 1 425

将折旧费用(L16)从总制造费用中扣除是为了计算现金支出的制造费用,用于现金流量表的编制。

---

(3) 与存货相关的预算

① **完工品制造成本预算** [cost of goods manufactured(COGMB) budget,COGMB] 旨在呈现当期的完工品成本,包括直接材料成本、直接人工成本和制造费用。

完工品成本的计算应该将在产品考虑在内。影响完工品成本的因素见图 2 − 31。

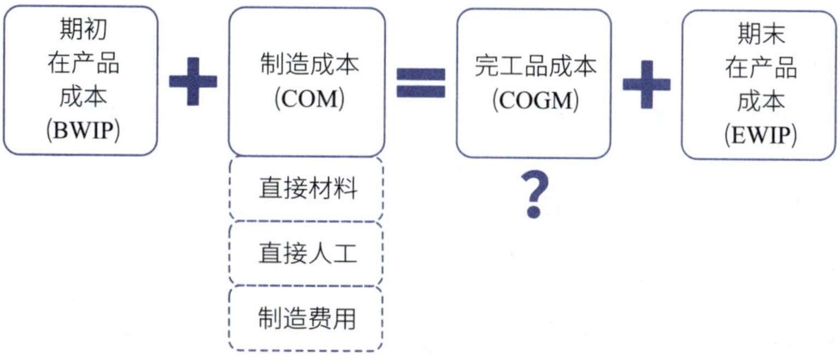

图 2 − 31　影响完工品成本的因素

例 2. 4 − 8

FENG 公司正在编制其 20×1 年第 2 季度的完工品成本预算。该公司没有在产品的存货。FENG 公司的完工品制造成本预算见表 2 − 16。

表 2 − 16　FENG 公司完工品制造成本预算(COGMB)

20×1 年第 2 季度

L	项目	4 月	5 月	6 月	季度	备注
1	直接材料	$ 232 400	$ 292 100	$ 401 280	$ 925 780	DMCB, L9

续表

L	项目	4月	5月	6月	季度	备注
2	直接人工	$ 137 750	$ 166 750	$ 220 400	$ 524 900	DLB，L11
3	总制造费用	$ 107 000	$ 120 200	$ 154 620	$ 381 820	FOB，L15
4	总完工品成本	$ 477 150	$ 579 050	$ 776 300	$ 1 832 500	L1+L2+L3

② **期末存货成本预算**(ending inventory cost budget，EICB)报告了某一特定会计期期末的商品数量及其成本。该预算是根据完工品成本和生产预算编制的。

例 2.4－9

FENG 公司正在编制其 20×1 年第 2 季度的期末存货成本预算。FENG 公司期末存货成本预算见表 2－17。

表 2－17　FENG 公司期末存货成本预算(EICB)

20×1 年第 2 季度

L	项目	4月	5月	6月	备注
1	完工品成本	$ 477 150	$ 579 050	$ 776 300	COGMB，L4
2	生产预算	23 750	28 750	38 000	PB，L5
3	单位制造成本	$ 20.09	$ 20.14	$ 20.43	L1÷L2
4	期末存货的预算量	6 750	8 500	12 500	PB，L2
5	期末存货成本	$ 135 611	$ 171 197	$ 255 362	L3×L4

③ **销货成本预算**(cost of goods sold budget，COGSB)旨在显示在某一特定的预算期内，出售商品的成本。

销货成本取决于期初和期末存货成本及其完工品成本。影响销货成本的因素见图 2－32。

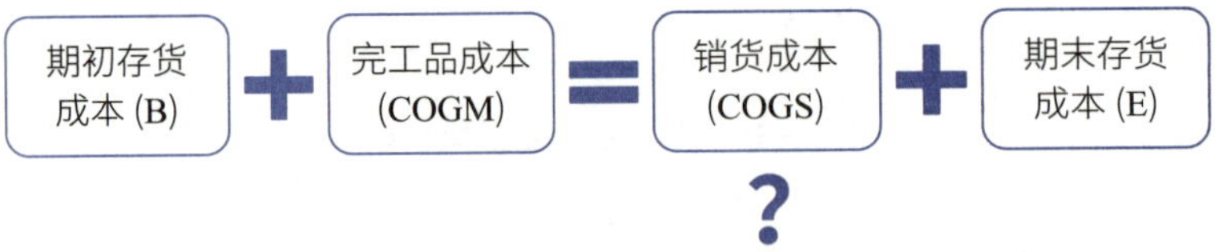

图 2－32　影响销货成本的因素

例 2.4－10

FENG 公司正在编制其 20×1 年第 2 季度的销货成本预算。该公司预期的期初存货为 4 000 个单位的完工品，金额为$ 90 000。FENG 公司 3 个月的销货成本预算见表 2－18。

表 2－18　FENG 公司销货成本预算(COGSB)

20×1 年第 2 季度

L	项目	4 月	5 月	6 月	季度	备注
1	期初完工品成本	$ 90 000	$ 135 611	$ 171 197	$ 90 000	EICB, L5
2	加:完工品成本	$ 477 150	$ 579 050	$ 776 300	$ 1 832 500	CGMB, L4
3	可供出售商品的成本	$ 567 150	$ 714 661	$ 947 497	$ 1 922 500	L1+L2
4	减:期末完工品成本	$ 135 611	$ 171 197	$ 255 362	$ 255 362	EICB, L5
5	销货成本	$ 431 539	$ 543 464	$ 692 136	$ 1 667 138	L3-L4

(4) 销售和管理费用预算

销售和管理费用预算(selling and general administrative expenses budget, SGAEB)提供了非制造费用的信息。

在编制销售和管理费用预算时,应对非现金的费用(折旧和坏账)与付现费用进行区分,为现金流量表提供数据。

例 2.4－11

FENG 公司正在编制其 20×1 年第 2 季度的销售和管理费用预算。该公司的坏账政策为,坏账费用预计为赊销金额的 5%。变动销售费用随着销售的变化而变化。赊销为总销售额的 30%。FENG 公司的期间费用预算(包括变动成本和固定成本)见表2－19。

表 2－19　FENG 公司销售和管理费用预算(SGAEB)

20×1 年第 2 季度

L	项目	4 月	5 月	6 月	季度	备注
				销售费用		
				变动费用		
1	销售佣金	$ 25 200	$ 32 400	$ 40 800	$ 98 400	SB, L3×4%
2	运费	$ 3 150	$ 4 050	$ 5 100	$ 12 300	SB, L3×0.5%
3	坏账费用	$ 9 450[a1]	$ 12 150[a2]	$ 15 300[a3]	$ 36 900	
4	总变动费用	$ 37 800	$ 48 600	$ 61 200	$ 147 600	L1+L2+L3
				固定费用		
5	销售人员工资	$ 7 000	$ 7 000	$ 7 000	$ 21 000	
6	广告费	$ 45 000	$ 45 000	$ 45 000	$ 135 000	
7	运费	$ 8 000	$ 8 000	$ 8 000	$ 24 000	
8	折旧费用	$ 20 000	$ 20 000	$ 20 000	$ 60 000	
9	总固定费用	$ 80 000	$ 80 000	$ 80 000	$ 240 000	L5+L6+L7+L8
10	总销售费用	$ 117 800	$ 128 600	$ 141 200	$ 387 600	L4+L9

续表

管理费用(固定)						
11	管理人员工资	\$ 23 500	\$ 23 500	\$ 23 500	\$ 70 500	
12	会计和数据处理	\$ 12 500	\$ 12 500	\$ 12 500	\$ 37 500	
13	折旧费用	\$ 7 000	\$ 7 000	\$ 7 000	\$ 21 000	
14	其他管理费用	\$ 6 500	\$ 6 500	\$ 6 500	\$ 19 500	
15	总管理费用	\$ 49 500	\$ 49 500	\$ 49 500	\$ 148 500	L11+L12+L13+L14
16	销售和管理费用合计	\$ 167 300	\$ 178 100	\$ 190 700	\$ 536 100	
17	减:非现金费用	\$ 36 450	\$ 39 150	\$ 42 300	\$ 117 900	L3+L8+L13
18	现金支出的销售和管理费用	\$ 130 850	\$ 138 950	\$ 148 400	\$ 418 200	L16-L17

A. 使用备抵法来核算应收账款。

a1:\$ 630 000×30%×5% = \$ 9 450

a2:\$ 810 000×30%×5% = \$ 12 150

a3:\$ 1 020 000×30%×5% = \$ 15 300

B. 坏账费用(L3)和折旧费用(L8+L13)从总销管费用中扣除,以此来计算用于现金流量表的现金支出的费用。

(5) 预算的利润表

预算的利润表(budgeted income statement),也称为**预计利润表**(pro forma income statement,PFIS),汇总了销售预算、生产预算、销售成本预算和销管费用预算,并且计算用于绩效评估的预算净利润。

例 2.4-12

FENG 公司正在编制其 20×1 年第 2 季度的预算利润表。FENG 公司总销售的 70% 为现金销售,剩余为赊销。现金销售既可以用现金支付,也可以用信用卡支付;现金支付的比例为 60%,信用卡支付的比例为 40%,银行会对使用信用卡付款的金额向 FENG 公司加收 3%的服务费。对于赊销,该公司在每月月初向客户寄送电子发票。信用条件为 2/10,*n*/30。80%的客户会在信用期内付款,其中有 60%的客户会在现金折扣期内付款。每月月末账款余额的 75%会在下个月内支付。剩余的金额将会成为坏账。此外,3 月份的总销售额为\$ 450 000。FENG 公司预计的利润表见表 2-20。

表 2-20 FENG 公司预计的利润表(PFIS)

20×1 年第 2 季度

L	项目	4 月	5 月	6 月	季度	备注
1	总销售额	\$ 630 000	\$ 810 000	\$ 1 020 000	\$ 2 460 000	SB, L3
2	减:现金折扣	\$ 1 296[a1]	\$ 1 814[a2]	\$ 2 333[a3]	\$ 5 443	

续表

L	项目	4 月	5 月	6 月	季度	备注
3	银行服务费	$ 5 292[b1]	$ 6 804[b2]	$ 8 568[b3]	$ 20 664	
4	净销售额	$ 623 412	$ 801 382	$ 1 009 099	$ 2 433 893	L1-L2-L3
5	减：销货成本	$ 431 539	$ 543 464	$ 692 136	$ 1 667 138	CGSB，L4
6	毛利	$ 191 873	$ 257 918	$ 316 964	$ 766 755	L4-L5
7	减：消费和管理费用	$ 167 300	$ 178 100	$ 190 700	$ 536 100	SGAEB，L16
8	经营收益	$ 24 573	$ 79 818	$ 126 264	$ 230 655	L6-L7
9	减：利息费用			$ 1 500	$ 1 500	
10	税前收益	$ 24 573	$ 79 818	$ 124 764	$ 229 155	L8-L9
11	减：所得税（30%）	$ 7 372	$ 23 945	$ 37 429	$ 68 746	
12	税后收益	$ 17 201	$ 55 873	$ 87 335	$ 160 408	L10-L11

A．提前付款的现金折扣=上月的总销售额×30%×80%×60%×2%

a1：$ 450 000（3 月的销售额）×30%×80%×60%×2%=$ 1 296

a2：$ 630 000（4 月的销售额）×30%×80%×60%×2%=$ 1 814

a3：$ 810 000（5 月的销售额）×30%×80%×60%×2%=$ 2 333

B．银行服务费=当月的总销售额×70%×40%×3%

b1：$ 630 000（4 月的销售额）×70%×40%×3%=$ 5 292

b2：$ 810 000（5 月的销售额）×70%×40%×3%=$ 6 804

b3：$ 1 020 000（6 月的销售额）×70%×40%×3%=$ 8 568

C．FENG 公司将以 12%的利率借款$ 150 000，借款期为 1 个月。

$$利息费用=\$\,150\ 000\times\frac{12\%}{12}=\$\,1\ 500$$

EQ2.1-3

FENG 公司是一家男裤生产企业。该公司希望持有的期末布料为 20 000 码。期初布料的存量预计为 25 000 码。当期销售所需要耗用的布料为 90 000 码。FENG 公司需要采购的布料数量为（　　）码。

A．85 000　　B．90 000　　C．95 000　　D．135 000

【答案】A

【考点】计算采购量

期初存货量+采购量=销售量+期末存货量

采购量=（销售量+期末存货量）-期初存货量

期初存货量=25 000 码

销售量=90 000 码

期末存货量=20 000 码
采购量=(90 000+20 000)-25 000=85 000 码

2. 财务预算

(1) 资本预算

资本预算(capital budgeting)是指识别、分析和选择投资项目的流程。这些投资项目的回报(现金流)预计会超过一年。

资本预算详细的内容将在《战略财务管理》的第 5 章进行讨论。

(2) 现金预算

① 作为现金预算的一个重要组成部分,**现金收回预算**(cash receipts budget,CRB)提供了从下一期经营活动中收到现金的详细情况。

例 2.4-13

FENG 公司正在编制其 20×1 年第 2 季度的现金收回预算。FENG 公司有两种销售方式:现金销售和信用销售。根据以往的经验显示,现金加信用卡的销售占到总销售额的 70%,剩下的 30%为赊销。FENG 公司预计,现金和银行卡销售的比例分别为 60%、40%(现金占 60%)。银行会对使用信用卡付款的金额向 FENC 公司收取 3%的服务费。对于赊销,FENG 公司在每月月初会向其客户寄送电子发票。信用条件为 2/10,n/30。80%的客户会在信用期内付款,其中有 60%的客户会在现金折扣期内付款。每月月末账款余额的 75%会在下个月内支付。剩余的金额将会成为坏账。此外,2 月份和 3 月份的总销售额分别为$ 400 000 和$ 450 000。FENG 公司的现金收回预算见表 2-21、图 2-33。

表 2-21 FENG 公司现金收回预算(CRB)

20×1 年第 2 季度

L	项目	4 月	5 月	6 月	季度	备注
1	总销售额	$ 630 000	$ 810 000	$ 1 020 000	$ 2 460 000	SB, L3
2	现金销售	$ 441 000	$ 567 000	$ 714 000	$ 1 722 000	L1×70%
3	信用销售	$ 189 000	$ 243 000	$ 306 000	$ 738 000	L1×30%
从现金销售中收回的现金						
4	来自现金	$ 264 600[a1]	$ 340 200[a2]	$ 428 400[a3]	$ 1 033 200	L2×60%
5	来自信用卡	$ 171 108[b1]	$ 219 996[b2]	$ 277 032[b3]	$ 668 136	L2×40%×97%
从信用销售中收回的现金						
6	10 天内	$ 63 504[c1]	$ 88 906[c2]	$ 114 307[c3]	$ 266 717	
7	30 天内	$ 43 200[d1]	$ 60 480[d2]	$ 77 760[d3]	$ 181 440	
8	60 天内	$ 18 000[e1]	$ 20 250[e2]	$ 28 350[e3]	$ 66 600	
9	收回现金的合计值	$ 560 412	$ 729 832	$ 925 849	$ 2 216 093	L4+L5+L6+L7+L8

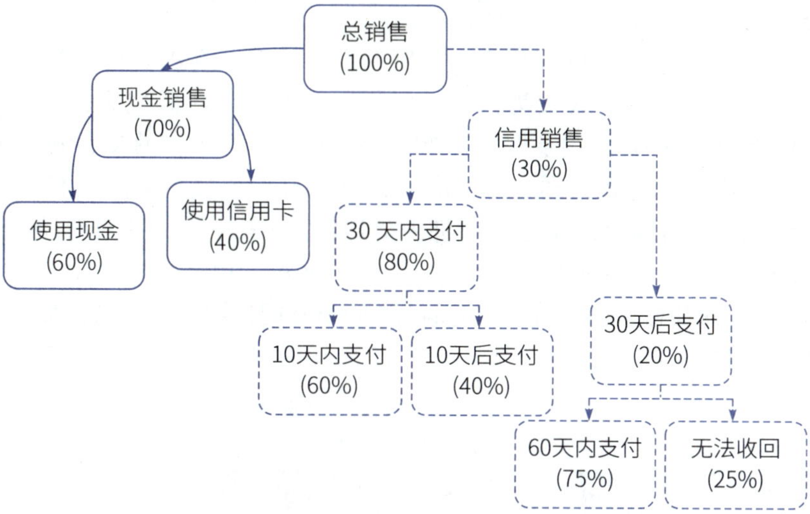

图 2－33　现金回收计划的结构

A. 来自现金。

a1：$ 630 000(4 月的销售额)×0. 7×0. 6＝$ 264 600

a2：$ 810 000(5 月的销售额)×0. 7×0. 6＝$ 340 200

a3：$ 1 020 000(6 月的销售额)×0. 7×0. 6＝$ 428 400

B. 来自信用卡。

b1：$ 630 000(4 月的销售额)×0. 7×0. 4×0. 97＝$ 171 108

b2：$ 810 000(5 月的销售额)×0. 7×0. 4×0. 97＝$ 219 996

b3：$ 1 020 000(6 月的销售额)×0. 7×0. 4×0. 97＝$ 277 032

C. 10 天内(现金折扣期)。

c1：$ 450 000(3 月的销售额)×0. 3×0. 8×0. 6×0. 98＝$ 63 504

c2：$ 630 000(4 月的销售额)×0. 3×0. 8×0. 6×0. 98＝$ 88 906

c3：$ 810 000(5 月的销售额)×0. 3×0. 8×0. 6×0. 98＝$ 114 307

D. 30 天内(信用期)。

d1：$ 450 000(3 月的销售额)×0. 3×0. 8×0. 4＝$ 43 200

d2：$ 630 000(4 月的销售额)×0. 3×0. 8×0. 4＝$ 60 480

d3：$ 810 000(5 月的销售额)×0. 3×0. 8×0. 4＝$ 77 760

E. 60 天内(信用期后)。

e1：$ 400 000(2 月的销售额)×0. 3×0. 2×0. 75＝$ 18 000

e2：$ 450 000(3 月的销售额)×0. 3×0. 2×0. 75＝$ 20 250

e3：$ 630 000(4 月的销售额)×0. 3×0. 2×0. 75＝$ 28 350

---

② **现金预算**(cash budget，CB)是指预期收到和支出现金的计划。

现金预算可以帮助企业避免不必要的现金限制和突发的现金缺口。它们可以确保现金余额和现金需求相一致。

第2章

例 2.4-14

FENG 公司正在编制其20×1年第2季度的现金预算。该公司预计第2季度初的现金余额为$ 75 000。其现金政策为,每月月末必须持有的最低现金余额为$ 50 000。FENG 公司赊购直接材料,信用条件为 $n/30$。该公司在采购的当月支付60%的货款,剩余的金额在下个月支付。该公司3月采购了$ 155 000 的直接材料。1月购置了价值为$ 200 000 的设备,交货期为5月,贸易条件为货到付款。从6月开始对新设备进行折旧。所有的费用和工资在发生当月支付。为了满足最低现金余额的要求,FENG 公司可以从银行临时借款,每月的利息为1%,借款的金额为$ 50 000 的倍数。所有借款都在月初发生,而还款(及其利息的支付)都发生在月末。FENG 公司的现金预算见表2-22。

表 2-22 FENG 公司现金预算(CB)

20×1年第2季度

L	项目	4月	5月	6月	季度	备注
1	期初的现金余额	$ 75 000	$ 81 547	$ 86,358	$ 75 000	
	现金收回					
2	从客户处收回现金	$ 560 412	$ 729 832	$ 925 849	$ 2 216 093	CRB, L9
	现金支出					
3	支付当月材料采购的金额	$ 146 265	$ 181 611	$ 233 412	$ 561 288	DMPB, L7×60%
4	支付上月材料采购的金额	$ 62 000	$ 97 510	$ 121 074	$ 280 584	DMPB, L7×40%
5	直接人工	$ 137 750	$ 166 750	$ 220 400	$ 524 900	DLB, L11
6	制造费用	$ 77 000	$ 90 200	$ 114 620	$ 281 820	FOB, L17
7	销售和管理费用	$ 130 850	$ 138 950	$ 148 400	$ 418 200	SGAEB, L18
8	设备购置		$ 200 000		$ 200 000	
9	总支付金额	$ 553 865	$ 875 021	$ 837 906	$ 2 266 792	
10	现金剩余(缺口)	$ 6 547	($ 145 189)	$ 87 943	($ 50 699)	
11	融资前的现金余额	$ 81 547	($ 63 642)	$ 174 301		
	融资					
12	期初借款金额	$ 0	$ 150 000	$ 0	$ 150 000	
13	偿付本金	$ 0	$ 0	$ 100 000	$ 100 000	
14	利息	$ 0	$ 0	$ 1 500	$ 1 500	
15	融资的净效应	$ 0	$ 150 000	($ 101 500)	$ 48 500	L12-L13-L14
16	现金余额	$ 81 547	$ 86 358	$ 72 801	$ 72 801	L11-L15

(3) 预算的资产负债表

预算的资产负债表(budgeted balance sheet),也称为**预计资产负债表**(pro forma balance sheet，PFBS），提供企业某一时点的财务状况，包括资产、负债和权益。

例 2.4－15

FENG 公司正在编制其 20×1 年第 2 季度的预计资产负债表。FENG 公司 20×1 年第 1 季度的资产负债表见表 2－23。其预计资产负债表见表 2－24。

表 2－23　FENG 公司资产负债表（BS）

20×1 年 3 月 31 日

L	资产		
	流动资产		
1	现金	$ 75 000	
2	应收账款（净值）	$ 146 250	
3	直接材料存货	$ 16 800	
4	完工品存货	$ 90 000	
5	总流动资产		$ 328 050
	厂房、物业和设备		
6	土地（已知）		$ 40 000
7	建筑物和设备（总值）	$ 769 750	
8	减：累积折旧	$ 168 000	$ 601 750
9	固定资产总值		$ 641 750
10	资产总值		$ 969 800
	负债和权益		
	负债		
	流动负债		
11	应付账款	$ 62 000	
12	应付所得税	$ 0	
13	流动负债总值		$ 62 000
	负债和权益		
	长期负债		
14	银行贷款	$ 0	
15	长期负债总值		$ 0
16	负债总值		$ 62 000
	权益		
17	普通股	$ 303 300	
	负债和权益		
18	留存收益	$ 604 500	

续表

19	权益总值		$ 907 800
20	负债与权益总值		$ 969 800

表 2-24 FENG 公司预算的资产负债表(PFBS)

20×1 年 6 月 30 日

L	资产		
	流动资产		
1	现金[a]	$ 72 801	
2	应收账款(净值)[b]	$ 327 150	
3	直接材料存货[c]	$ 26 500	
4	完工品存货[d]	$ 255 362	
5	总流动资产		$ 681 813
	厂房、物业和设备		
6	土地(已知)		$ 40 000
7	建筑物和设备(总值)	$ 969 750	
8	减:累积折旧[e]	$ 349 000	$ 620 750
9	固定资产总值		$ 660 750
10	资产总值		$ 1 342 563
	负债和权益		
	负债		
	流动负债		
11	应付账款[f]	$ 155 608	
12	应付所得税[g]	$ 68 746	
13	流动负债总值		$ 224 354
	长期负债		
14	银行贷款	$ 50 000	
15	长期负债总值		$ 50 000
16	负债总值		$ 274 354
	权益		
17	普通股	$ 303 300	
18	留存收益[h]	$ 764 909	
19	权益总值		$ 1 068 209
20	负债和权益总值		$ 1 342 563

A．现金的期末余额来自 6 月现金流量表的余额。

B．应收账款(净值)= 6 月末应收账款(总值)-坏账准备

6 月末应收账款(总值)= $ 810 000(5 月的销售额)×0.3×0.2+$ 1 020 000(6 月的销售额)×0.3 = $ 354 600

坏账准备 = $ 810 000×0.3×0.05+$ 1 020 000×0.3×0.05 = $ 27 450

应收账款(净值)= $ 354 600-$ 27 450 = $ 327 150

C. 直接材料存货 = $ 26 500(DMCB, 6 月那一列的 L8)

D. 完工品存货 = $ 255 362(EICB, 6 月那一列的 L5)

E. 累计折旧 = 第 1 季度的累计折旧+工厂的折旧+销售部门的折旧+管理部门的折旧

第 1 季度的累计折旧 = $ 168 000

工厂的折旧 = $ 100 000(FOB, L8)

销售部门的折旧 = $ 60 000(SGAEB, L8)

管理部门的折旧 = $ 21 000(SGAEB, L13)

累计折旧 = $ 168 000+$ 100 000+$ 60 000+$ 21 000 = $ 349 000

F. 应付账款 = 期初余额+当期采购-当期支付的采购货款

应付账款的期初余额 = $ 62 000(BS, L11)

第 2 季度的材料采购 = $ 935 480(DMPB, L7)

当期支付的采购货款 = $ 841 872(CB, L3+L4)

第 2 季度的期末余额 = $ 62 000+$ 935 480-$ 841 872 = $ 155 608

G. 应付所得税 = $ 68 746(PFIS, L11)

H. 留存收益 = 第 1 季度的留存收益+当期的留存收益

第 1 季度的留存收益 = $ 604 500(BS, L18)

当期的留存收益 = $ 160 408(PFIS, L12)

第 2 季度的留存收益 = $ 604 500+$ 160 408 = $ 764 908

---

(4) 预算的现金流量表

预算的现金流量表(budgeted statement of cash flow, PFSCF)呈现的是来自经营、投资和融资活动的现金流的信息。

现金流量表一般包括 3 个主要项目:

① **经营活动**——现金流来自企业交易和与其主营业务相关的事件。

② **投资活动**——现金流来自投资和长期资产购置与剥离的现金流。

③ **融资活动**——现金流来自发行、支付和偿付借款与权益性证券。

例 2.4-16

FENG 公司正在编制其 20×1 年第 2 季度的预算现金流量表。该公司预计第 2 季度初的现金余额为 $ 75 000。其现金政策为,每月月末必须持有的最低现金余额为 $ 50 000。FENG 公司赊购直接材料,信用条件为 *n*/30。该公司在采购的当月支付 60% 的货款,剩余的金额在下个月支付。该公司 3 月采购了 $ 155 000 的直接材料。1 月购置了价值为$ 200 000 的设备，交货期为 5 月，贸易条件为货到付款。从 6 月开始对新设备进行折旧。所有的费用和工资在发生当月支付。为了满足最低现金余额的要求，FENG 公司可以从银行临时借款，每月的利息为 1%，借款的金额为$ 50 000的倍数。所有借款都在月初发生，而还款（及其利息的支付）都发生在月末。FENG 公司的现金预算见表 2 - 25。

表 2 - 25　FENG 公司预算的现金流量表（PFSCF）

20×1 年第 2 季度

L	项目	4 月	5 月	6 月	季度	备注
			经营活动			
1	从客户处收回现金	$ 560 412	$ 729 832	$ 925 849	$ 2 216 093	CRB，L9
2	支付当月材料采购的金额	$ 146 265	$ 181 611	$ 233 412	$ 561 288	DMPB，CB，L3×60%
3	支付上月材料采购的金额	$ 62 000	$ 97 510	$ 121 074	$ 280 584	DMPB，CB，L4×40%
4	直接人工	$ 137 750	$ 166 750	$ 220 400	$ 524 900	DLB，L11
5	制造费用	$ 77 000	$ 90 200	$ 114 620	$ 281 820	FOB，L17
6	销售和管理费用	$ 130 850	$ 138 950	$ 148 400	$ 418 200	SGAEB，L18
7	利息费用	$ 0	$ 0	$ 1 500	$ 1 500	PFIS，L9
8	经营活动现金流	$ 6 547	$ 54 811	$ 86 443	$ 147 801	L1-（L2+…+L7）
			投资活动			
9	购置设备	$ 0	（$ 200 000）	$ 0	（$ 200 000）	
10	投资活动现金流	$ 0	（$ 200 000）	$ 0	（$ 200 000）	L10
			融资活动			
11	银行借款	$ 0	$ 150 000	$ 0	$ 150 000	
12	偿付本金	$ 0	$ 0	（$ 100 000）	（$ 100 000）	
13	融资活动现金流	$ 0	$ 150 000	（$ 100 000）	$ 50 000	L12-L13
			现金流量表与资产负债表的关联			
14	现金净增加额	$ 6 547	$ 4 811	（$ 13 557）	（$ 2 199）	L8+L10+L13
15	现金的期初余额	$ 75 000	$ 81 547	$ 86 358	$ 75 000	BS，L1
16	现金的期末余额	$ 81 547	$ 86 358	$ 72 801	$ 72 801	L14+L15

EQ2.1－4

FENG 公司以赊销的方式出售产品，根据以往的经验，有以下收款方式：60%的货款在销售的当月收回，25%的货款在销售之后的一个月内收回，15%的货款在销售之后的两个月内收回，坏账忽略不计。在销售当月支付货款的客户可以获得2%的折扣。如果1月到4月的销售额分别是$ 220 000、$ 200 000、$ 280 000和$ 260 000，那么 FENG 公司5月1日应收账款的余额为(　　)

A. $ 107 120

B. $ 143 920

C. $ 146 000

D. $ 204 000

【答案】C

【考点】计算应收账款的余额

根据收款计划，5月1日(4月底) 的应收账款应该包括4月赊销的40%和3月赊销的15%。

5月1日的应收账款＝$ 260 000×40%＋$ 280 000×15%＝$ 146 000

3. 分析法

(1) 销售百分比法

销售百分比法(percentage of sale method)是一种将预计利润表和资产负债表上的多个项目与未来销售的收入联结在一起的简易方法。

这种方法假设，销售收入与利润表和资产负债表上的一些项目保持着恒定的关系，这意味着这些项目与销售收入成比例地变化。

例 2.4－17

根据历史数据，FENG 公司的会计师发现，以下的项目与销售收入有恒定的关系(见表 2－26)。

表 2－26　销售与财务项目之间的关系

项目	占销售收入的比重
销货成本	70%
销售和管理费用	10%
现金	5%
应收账款	15%
存货	25%
固定资产净值	40%
应付账款	20%
应计费用	5%

FENG 公司 20×2 年的销售预算显示，下一年度的销售收入将增加 50%。股息支付

率预计为 50%。该公司适用的税率为 30%。FENG 公司的预计利润表见表2－27。

表 2－27 FENG 公司利润表

项目	20×1 年	20×2 年
销售收入	\$ 100 000	\$ 150 000
减:销货成本(70%)	\$ 70 000	\$ 105 000
毛利	\$ 30 000	\$ 45 000
减:销售和管理费用(10%)	\$ 10 000	\$ 15 000
经营收益	\$ 20 000	\$ 30 000
减:利息费用	\$ 2 750[a1]	\$ 3 500[a2]
税前收益	\$ 17 250	\$ 26 500
减:所得税(30%)	\$ 5 175	\$ 7 950
净利润	\$ 12 075	\$ 18 550
减:股息(50%)	\$ 6 037.5	\$ 9 275
留存收益	\$ 6 037.5	\$ 9 275

A. a1:FENG 公司 20×1 年的负债包括 10%的应付票据\$ 5 000 和 15%的长期负债\$ 15 000。

20×1 年的利息费用＝\$ 5 000×10%＋\$ 15 000×15%＝\$ 2 750

B. a2:FENG 公司 20×2 年的负债包括 10%的应付票据\$ 5 000 和 15%的长期负债\$ 20 000。

20×2 年的利息费用＝\$ 5 000×10%＋\$ 20 000×15%＝\$ 3 500

FENG 公司预计的资产负债表见表 2－28。

A. 预期的留存收益＝期初余额＋下一年留存收益的增加值＝\$ 20 000＋\$ 9 275＝\$ 29 275

B. 根据预计的资产负债表,预算的总资产金额大于所需的总负债与权益的金额。

C. 两者的差异意味着必须额外筹集\$ 15 725 的资金,以确保在 20×2 年实现 50%的销售增长。

表 2－28 FENG 公司的预计资产负债表

项目	20×1 年	20×2 年
资产		
现金(5%)	\$ 5 000	\$ 7 500
应收账款(15%)	\$ 15 000	\$ 22 500
存货(25%)	\$ 25 000	\$ 37 500
固定资产净值(40%)	\$ 40 000	\$ 60 000
总资产	\$ 85 000	\$ 127 500

续表

项目	20×1 年	20×2 年
负债与权益		
应付账款(20%)	$ 20 000	$ 30 000
应计费用(5%)	$ 5 000	$ 7 500
应付票据	$ 5 000	$ 5 000
长期负债	$ 15 000	$ 20 000
总负债	$ 45 000	$ 62 500
普通股	$ 20 000	$ 20 000
留存收益	$ 20 000	$ 29 275[a]
总权益	$ 40 000	$ 49 275
总负债与权益	$ 85 000	$ 111 775

扫码做题
即学即练

本章思维导图

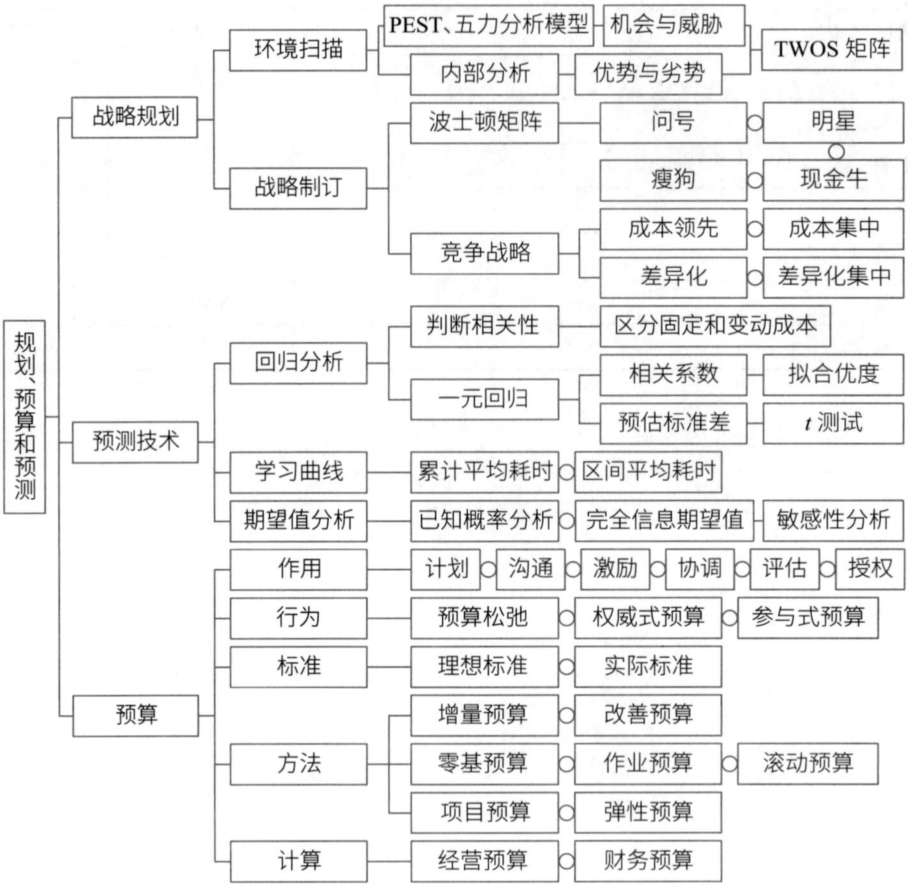
规划、预算和预测
战略规划
环境扫描
PEST、五力分析模型
机会与威胁
内部分析
优势与劣势
TWOS 矩阵
战略制订
波士顿矩阵
问号
明星
瘦狗
现金牛
竞争战略
成本领先
成本集中
差异化
差异化集中
预测技术
回归分析
判断相关性
区分固定和变动成本
一元回归
相关系数
拟合优度
预估标准差
t 测试
学习曲线
累计平均耗时
区间平均耗时
期望值分析
已知概率分析
完全信息期望值
敏感性分析
预算
作用
计划
沟通
激励
协调
评估
授权
行为
预算松弛
权威式预算
参与式预算
标准
理想标准
实际标准
方法
增量预算
改善预算
零基预算
作业预算
滚动预算
项目预算
弹性预算
计算
经营预算
财务预算

第 3 章

绩效管理

不了解存在的差距，企业就会停滞不前，而绩效管理就是用来找出企业在运营过程中产生的差距。对于不同层级的绩效评估，管理会计师应该采取不同形式的考核方式。对于日常运营的职能部门，可以采用差异分析的方式；对于企业单位，则应该选择责任会计的考核方式。无论采取何种方法，管理会计师都应该通过绩效评估为企业愿景的实现提供必要的信息。

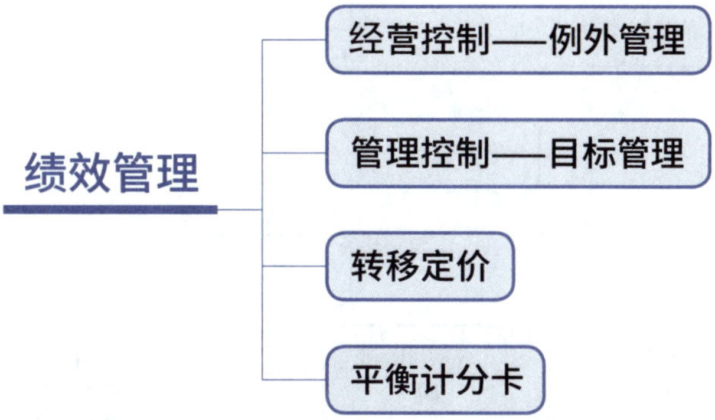

本章导学
扫码观看

3.1 成本与差异核算

3.1.1 控制系统

1. 基础

(1) 定义

控制(control)是指组织为了实现其目标而使用的一些程序、工具和系统。

(2) 类型

综合的管理会计和控制系统可以分解成管理控制系统和经营控制系统。

管理控制(management control)系统是指高层管理者评价其他管理者绩效的系统。

经营控制(operational control)系统关注的是短期经营绩效。中层管理者利用经营控制来监督经营层管理者和员工的活动。

2. 经营控制

(1) 作用

经营控制关注对基础业务流程的控制。企业通过开展这些流程来实现生产组织的产出(商品或服务)并传递给客户。

(2) 流程

经营控制的流程见图3-1。

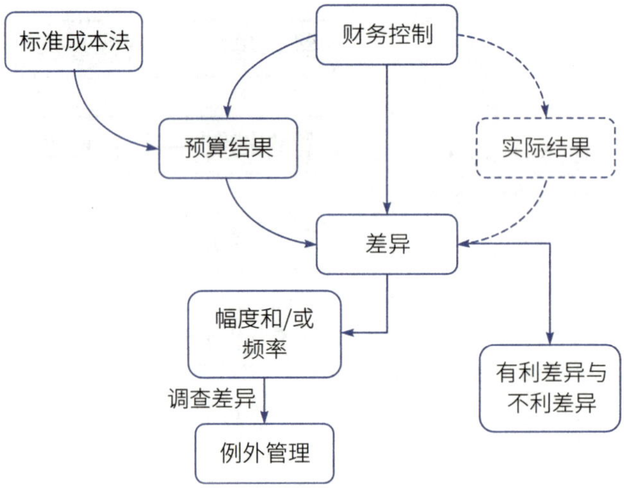

图3-1 经营控制的流程

① **标准成本**(standard costing)通常先于经营控制出现,因为如果不设定合理的标杆,企业就无法开展有效的经营控制。

② 经营控制系统的一个维度就是开展财务控制。

对实际的财务结果与预算的财务结果进行比较就构成了**财务控制**(financial control)。

A. 依据标准成本编制的预算对于财务控制而言十分有用,因为这种预算为其与实际财务结果的比较提供了标准。

B. 预算金额与实际财务结果之间的差异被称为**差异**(variances)。

有利差异[favorable(F) variances]是指会使短期经营收益上升的差异。

不利差异[unfavorable(U) variances]是指会使短期经营收益下降的差异。

③ 管理者应该基于**差异的幅度**和**差异的频率**,关注并调查由财务控制发现的差异。

(3) 例外管理

差异将管理的计划职能和控制职能结合在一起,促进企业实施例外管理。

例外管理(management-by-exception)是一种实践行为,要求管理者更多地关注那些不符合预期的经营领域,而非关注那些符合预期的经营领域。

第 3 章

EQ3.1-1

以下各项中不属于例外管理优势的是( )。

A. 例外管理会减少对生产成本的报告

B. 例外管理会减少信息过载

C. 例外管理会减少对事前计划的依赖

D. 例外管理会减少对于非重点管理措施的关注

【答案】C

【考点】识别例外管理的作用

基于标准成本的例外管理可以让管理者找出销售和成本的差异,以及产生这些差异的原因。

管理者更多地关注那些幅度和频率不符合预期的领域,而不需要掌握更多的成本信息。

作为例外管理的基础,标准成本法需要更多地依靠事先的规划。

3.1.2 差异分析

1. 差异分析的一般思路

(1) 静态预算差异的缺陷

企业通过计算实际结果和预算结果(或静态预算)之间的差异来实施财务控制,这种差异被称为**静态预算差异**(static budget variance,SBV)。然而,由静态预算差异提供的差异信息可能会扭曲评估的结果。

理解实际产量与预算产量之间的差异是解决这种难题的关键。

例 3.1-1

通过比较实际结果和预算结果,FENG 公司正在实施财务控制。

表 3-1 呈现了产品 X 的标准成本清单。该成本清单用于静态预算的编制。

表 3-1 FENG 公司用于预算编制的产品 X 的标准成本清单

项目	数量(SR)	单位成本(SP)	合计(SR×SP)	总计
直接材料				
Alfa	4 公斤/个	$ 5/公斤	$ 20/个	
Beta	4 公斤/个	$ 2/公斤	$ 8/个	
直接人工	2 小时/个	$ 5/小时	$ 10/个	
变动制造费用	2 小时/个	$ 5/小时	$ 10/个	
总变动成本				$ 48/个
固定制造费用	2 小时/个	$ 10/小时	$ 20/个	$ 20/个
单位产品的标准制造成本				$ 68/个
标准售价				$ 100/个

销售收入的静态预算值=1 000 个×$ 100/个=$ 100 000

直接材料的静态预算值:

Alfa=1 000 个×4 公斤/个×$ 5/公斤=$ 20 000

Beta=1 000 个×4 公斤/个×$ 2/公斤=$ 8 000

直接人工的静态预算值=1 000 个×2 小时/个×$ 5/小时=$ 10 000

变动制造费用的静态预算值=1 000 个×2 小时/个×$ 5/小时=$ 10 000

总变动制造成本的静态预算值=$ 20 000+$ 8 000+$ 10 000+$ 10 000=$ 48 000

边际贡献的静态预算值=$ 100 000-$ 48 000=$ 52 000

固定制造费用的静态预算值=1 000 个×2 小时/个×$ 10/小时=$ 20 000

经营收益的静态预算值=$ 52 000-$ 20 000=$ 32 000

FENG 公司产品 X 的实际经营结果见表 3-2。

表 3-2 FENG 公司产品 X 的实际经营结果

项目	总量	价格/成本	总计
总销售收入	1 200 个	$ 90	$ 108 000
直接材料			
Alfa	5 280 公斤	$ 21 120	
Beta	3 840 公斤	$ 11 520	
直接人工	2 640 小时	$ 13 200	
变动制造费用	2 640 小时	$ 10 560	
总变动制造成本			$ 56 400
固定制造费用			$ 27 500
总制造成本			$ 83 900

实际销售收入=1 200 个×$ 90/个=$ 108 000

实际直接材料：

Alfa＝$ 21 120

Beta＝$ 11 520

实际直接人工＝$ 13 200

实际变动制造费用＝$ 10 560

实际总变动成本＝$ 21 120＋$ 11 520＋$ 13 200＋$ 10 560＝$ 56 400

实际边际贡献＝$ 108 000－$ 56 400＝$ 51 600

实际固定制造费用＝$ 27 500

实际经营收益＝$ 51 600－$ 27 500＝$ 24 100

FENG 公司产品 X 的静态预算差异见表 3－3。

表 3－3　FENG 公司产品 X 的静态预算差异

项目	实际值	静态预算值	静态预算差异
销量	1 200	1 000	200 F
销售价格	$ 90	$ 100	$ 10 U
销售收入	$ 108 000	$ 100 000	$ 8 000 F
变动成本	$ 56 400	$ 48 000	$ 8 400 U
边际贡献	$ 51 600	$ 52 000	$ 400 U
固定成本	$ 27 500	$ 20 000	$ 7 500 U
经营收益	$ 24 100	$ 32 000	$ 7 900 U

销售收入的静态预算差异＝$ 108 000－$ 100 000＝$ 8 000 F

实际销售价格（$ 90）<预算销售价格（$ 100）→不利差异

实际销量（1 200）>预算销量（1 000）→有利差异

虽然实际销量大于预算销量，但产品是以更便宜的价格出售的。

变动成本的静态预算差异＝$ 56 400－$ 48 000＝$ 8 400 U

实际单位变动成本（$ 47）<预算单位变动成本（$ 48）→有利差异

$$\frac{\$\,56\ 400}{1\ 200}=\$\,47$$

$$\frac{\$\,48\ 000}{1\ 000}=\$\,48$$

虽然实际总变动成本大于预算值，但是企业的单位产品的实际生产效率优于预期生产效率。

（2）解决方法

综上所述，静态预算差异无法让管理者发现产生差异的真实原因。

一个可能的解决方案是消除实际产量与预算产量之间的关系。因此，应该通过调整主预算或静态预算来设定一个更为合理的标杆。

这种调整的预算被称为**弹性预算**，即根据实际的产量来调整销售收入和成本。弹性预算的要素和结构见图 3－2。

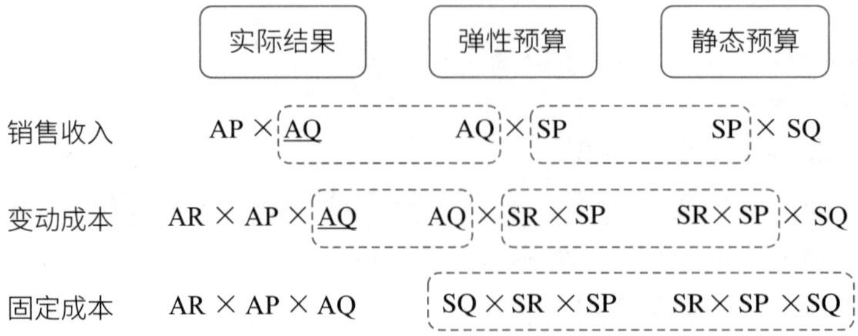

图 3－2 弹性预算的要素和结构

例 3.1－2

FENG 公司正在通过编制弹性预算来实施财务控制。产品 X 的标准成本清单(见表 3－4)。

表 3－4 FENG 公司用于预算编制的产品 X 的标准成本清单

项目	数量(SR)	单位成本(SP)	合计(SR×SP)	总计
直接材料				
Alfa	4 公斤/个	$ 5/公斤	$ 20/个	
Beta	4 公斤/个	$ 2/公斤	$ 8/个	
直接人工	2 小时/个	$ 5/小时	$ 10/个	
变动制造费用	2 小时/个	$ 5/小时	$ 10/个	
总变动成本				$ 48/个
固定制造费用	2 小时/个	$ 10/小时	$ 20/个	$ 20/个
单位产品的标准制造成本				$ 68/个
标准售价				$ 100/个

FENG 公司使用实际的产出量、预算单价和单位成本来编制弹性预算见表 3－5。

表 3－5 FENG 公司的实际结果、弹性预算和静态预算

项目	实际值	弹性预算值	静态预算值
销售数量	1 200	1 200	1 000
单价	$ 90	$ 100	$ 100
销售收入	$ 108 000	$ 120 000	$ 100 000
变动成本	$ 56 400	$ 57 600	$ 48 000
边际贡献	$ 51 600	$ 62 400	$ 52 000
固定成本	$ 27 500	$ 20 000	$ 20 000
经营收益	$ 24 100	$ 42 400	$ 32 000

销售收入的弹性预算值 = 1 200 个×$ 100/个 = $ 120 000

直接材料的弹性预算值：

Alfa = 1 200 个×4 公斤/个×$ 5/公斤 = $ 24 000

Beta = 1 200 个 ×4 公斤/个×$ 2/公斤 = $ 9 600

直接人工的弹性预算值 = 1 200 个 ×2 小时/个×$ 5/小时 = $ 12 000

变动制造费用的弹性预算值 = 1 200 个×2 小时/个×$ 5/小时 = $ 12 000

总变动成本的弹性预算值 = $ 24 000+$ 9 600+$ 12 000+$ 12 000 = $ 57 600

边际贡献的弹性预算值 = $ 120 000−$ 57 600 = $ 62 400

固定成本的弹性预算 = $ 20 000 = 固定成本的静态预算值

由于固定制造费用不会随着产量的变化而变化，因此，固定制造费用的弹性预算值与静态预算值必须是一致的，即使实际产量不等于预算产量。

经营收益的弹性预算值 = $ 62 400−$ 20 000 = $ 42 400

---

(3) 三项差异(见图 3－3)

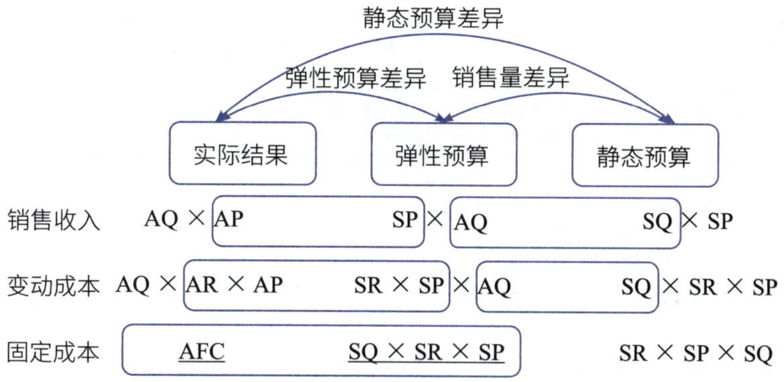

图 3－3　3 项差异

实际值与预算值的直接比较称为**静态预算差异(static budget variance)**。

$$SBV = AR - SB \tag{3.1.1}$$

在公式(3.1.1)中：

SBV——静态预算差异；

AR——实际值；

SB——静态预算值。

弹性预算的编制将静态预算差异分解成两个差异。

实际值与弹性预算值之间的差异产生了**弹性预算差异(flexible budget variance)**。

$$FBV = AR - FB \tag{3.1.2}$$

在公式(3.1.2)中：

FBV——弹性预算差异；

AR——实际值；

FB——弹性预算值。

销售量差异(sales volume variance,SVV)描述了因弹性预算值与静态预算值的不同而产生的差异。

$$SVV = FB - SB \tag{3.1.3}$$

在公式(3.1.3)中:

SVV——销售量差异;

FB——弹性预算差异;

SB——静态预算差异。

由上述3个公式可得:

$$SBV = (AR - FB) + (FB - SB) = FBV + SVV \tag{3.1.4}$$

例 3.1-3

FENG 公司通过计算三项差异来实施差异分析,详情见表3-6。

表3-6 FENG公司三项差异的计算

项目	实际值	弹性预算差异	弹性预算值	销售量差异	静态预算值
销售数量	1 200	0	1 200	200 F	1 000
单价	$ 90		$ 100		$ 100
销售收入	$ 108 000	$ 12 000 U	$ 120 000	$ 20 000 F	$ 100 000
变动成本	$ 56 400	$ 1 200 F	$ 57 600	$ 9 600 U	$ 48 000
边际贡献	$ 51 600	$ 10 800 U	$ 62 400	$ 10 400 F	$ 52 000
固定成本	$ 27 500	$ 7 500 U	$ 20 000	0	$ 20 000
经营收益	$ 24 100	$ 18 300 U	$ 42 400	$ 10 400 F	$ 32 000
			$ 7 900 U		

弹性预算差异:

销售收入=$ 108 000-$ 120 000=$ 12 000 U

变动成本=[($ 21 120+$ 11 520)+$ 13 200+$ 10 560]-[($ 24 000+$ 9 600)+$ 12 000+$ 12 000]=$ 1 200 F

边际贡献=($ 108 000-$ 56 400)-($ 120 000-$ 57 600)=$ 10 800 U

固定成本=$ 27 500-$ 20 000=$ 7 500 U

经营收益=($ 51 600-$ 27 500)-($ 62 400-$ 20 000)=$ 18 300 U

销售量差异:

销售收入=$ 120 000-$ 100 000=$ 20 000 F

变动成本=[($ 24 000+$ 9 600)+$ 12 000+$ 12 000]-[($ 20 000+$ 8 000)+$ 10 000+$ 10 000]=$ 9 600 U

边际贡献=($ 120 000-$ 57 600)-($ 100 000-$ 48 000)=$ 10 400 F

固定成本=$ 20 000-$ 20 000=0

经营收益=($ 62 400-$ 20 000)-($ 52 000-$ 20 000)=$ 10 400 F

EQ3.1－2

静态预算主要的缺陷是(　　)。

A. 静态预算编制起来要比弹性预算难

B. 静态预算的编制只针对一个产量水平

C. 若采用弹性预算,差异会变得更小

D. 若采用弹性预算,差异计算会变得更难

【答案】B

【考点】理解静态预算的缺陷

静态预算的编制基于计划的产量。

在实施绩效评估时,若实际产量与计划产量不同,则会出现误导的评估结果。

2. 弹性预算差异

(1) 基础

在进行弹性预算差异分析时,只使用实际产量(AQ),即预算产量(SQ)与弹性预算和弹性预算差异无关。

实际值与弹性预算值的不同产生了弹性预算差异,该差异由 3 个部分组成:销售价格差异、变动成本差异和固定成本差异。弹性预算差异的基本结构见图 3－4。

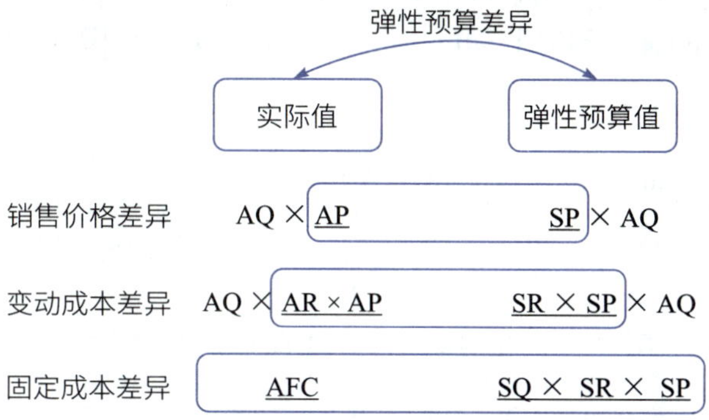

图 3－4 弹性预算差异的基本结构

(2) 销售价格差异

销售价格差异(selling price variance,SPV)是由于**实际销售价格**与**预算销售价格**的不同而产生的。

$$SPV = AQ \times AP - AQ \times SP = (AP - SP) \times AQ \tag{3.1.5}$$

在公式(3.1.5)中:

SPV——销售价格差异;

AQ——实际产量;

AP——实际销售价格;

SP——标准(预算)销售价格。

有利或不利的销售价格差异的确定如下:

(AP>SP)→SPV>0→有利差异。

(AP<SP)→SPV<0→不利差异。

例 3.1－4

FENG 公司正在计算其销售价格差异。预算产量为 1 000 个,而实际产出量为 1 200 个。该公司计划以$ 100 的价格出售产品 X,每个产品实际以$ 90 的价格出售。

SPV=(AP－SP)×AQ=($ 90－$ 100)×1 200=($ 12 000)= $ 12 000 U

(3) 变动成本差异

① 变动成本差异的原理。

一般而言,变动成本由 3 个要素构成:**直接材料、直接人工**和**变动制造费用**。

标准成本法为管理者进行变动成本差异的分析提供了有用的信息。这些信息包括:

A. 单位产品的标准(预算)耗材量(SR);

B. 单位产品的标准(预算)耗时量(SR);

C. 单位材料的标准(预算)采购成本(SP);

D. 单位工时的标准(预算)工资率(SP);

E. 制造费用标准(预算)分配率(SP)。

因此,**变动成本的弹性预算差异**可以分解成两个部分,见图 3－5。

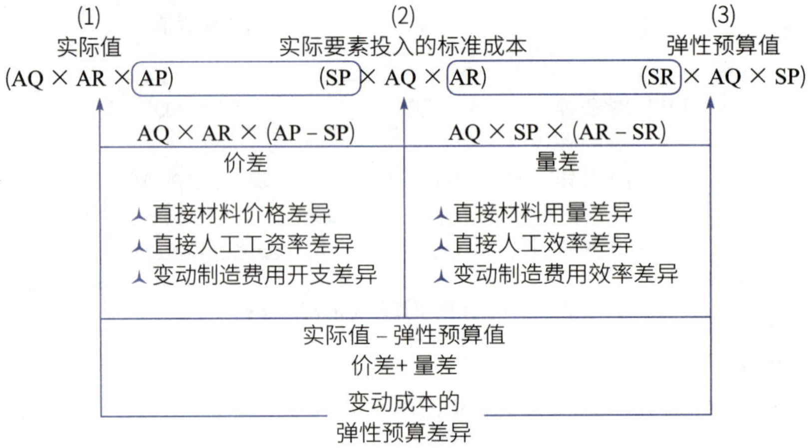

图 3－5 变动成本差异的结构

价差是指单位生产要素的实际价格(AP)与单位生产要素的预算价格(SP)之间的比较。

量差是指单位产品生产要素的实际耗用量(AR)与单位产品生产要素的预算耗用量(SR)之间的比较。

② **直接材料差异**(direct material variance,DMV)是指**直接材料的实际成本**与**直接材料在实际产量下的标准成本**之间的差异。

$$DMV=AQ×AR×AP-AQ×SR×SP \quad (3.1.6)$$

在公式(3.1.6)中：

DMV——直接材料差异；

AQ——实际产量；

AR——一单位产品材料的实际耗用量；

AP——一单位材料的实际采购价格；

AQ×AR×AP——直接材料的实际成本；

SR——一单位产品材料的标准耗用量；

SP——一单位材料的标准采购价格；

AQ×SR×SP——实际产量的直接材料的标准成本。

直接材料有利差异或不利差异的判断如下：

$(AQ \times AR \times AP > AQ \times SR \times SP) \rightarrow DMV > 0 \rightarrow$ 不利差异。

$(AQ \times AR \times AP < AQ \times SR \times SP) \rightarrow DMV < 0 \rightarrow$ 有利差异。

每种材料的**直接材料价格差异**(direct material price variance，DMPV)是指**直接材料的实际成本**与**直接材料实际耗用量的标准成本**之间的差异。

$$DMPV = AQ \times AR \times AP - AQ \times AR \times SP = (AP - SP) \times AQ \times AR \qquad (3.1.7)$$

在公式(3.1.7)中：

DMPV——直接材料价格差异；

AQ——实际产量；

AR——一单位产品材料的实际耗用量；

AP——一单位材料的实际采购价格；

SP——一单位材料的标准采购价格。

直接材料价格有利差异或不利差异的判断如下：

$(AP > SP) \rightarrow DMPV > 0 \rightarrow$ 不利差异。

$(AP < SP) \rightarrow DMPV < 0 \rightarrow$ 有利差异。

当管理者希望尽早地掌握材料价格差异的信息时，应使用**直接材料采购价格差异**(direct material purchase price variance，DMPPV)。它可以让管理者在材料采购时而不是耗用时就了解价格差异。因此，计算这种差异时，应使用采购量，而不是投入生产的耗用量。

直接材料采购价格差异的公式如下：

$$DMPPV = (AP - SP) \times APQ \qquad (3.1.8)$$

在公式(3.1.8)中：

DMPPV——直接材料采购价格差异；

AP——一单位材料的实际采购价格；

SP——一单位材料的标准采购价格；

APQ——材料的实际采购量。

材料的**直接材料用量差异**(direct material usage variance，DMUV)是指**直接材料实际耗用量的标准成本**与**直接材料在实际产量下的标准成本**之间的差异。

$$DMUV = AQ \times AR \times SP - AQ \times SR \times SP = (AR - SR) \times AQ \times SP \qquad (3.1.9)$$

在公式(3.1.9)中：
DMUV——直接材料用量差异；
AQ——实际产量；
AR——一单位产品材料的实际耗用量；
SP——一单位材料的标准采购价格；
SR——一单位产品材料的标准耗用量。
直接材料用量有利差异或不利差异的判断如下：
$(AR>SR)\rightarrow DMUV>0\rightarrow$ 不利差异 。
直接材料的实际耗用量($AR\times AQ$) > 直接材料在实际产量下的标准耗用量($SR\times AQ$) $\rightarrow DMUV>0$
$(AR<SR)\rightarrow DMUV<0\rightarrow$ 有利差异。
直接材料的实际耗用量($AR\times AQ$) < 直接材料在实际产量下的标准耗用量($SR\times AQ$) $\rightarrow DMUV<0$
直接材料价格差异与直接材料用量差异之和等于直接材料差异。

$$DMV=DMPV+DMUV \tag{3.1.10}$$

在公式(3.1.10)中：
DMV——直接材料差异；
DMPV——直接材料价格差异；
DMUV——直接材料用量差异。

例 3.1－5

FENG 公司正在计算直接材料差异，相关信息见表 3－7。

表 3－7 直接材料差异的相关数据

直接材料	实际值		预算值	
	实际耗用量（AQ×AR）	实际总成本（AQ×AR×AP）	单位产品材料耗用量（SR）	单位成本（SP）
Alfa	5 280 公斤	$ 21 120	4 公斤/个	$ 5/公斤
Beta	3 840 公斤	$ 11 520	4 公斤/个	$ 2/公斤

A. 直接材料——Alfa。
价格差异：

$$\begin{aligned}DMPV_{\alpha}&=(AP-SP)\times AQ\times AR\\&=AP\times AQ\times AR-SP\times AQ\times AR\\&=\$21\ 120-\$5\times 5\ 280\\&=\$5\ 280\ F\end{aligned}$$

用量差异：

$$DMUV_{\alpha}=(AR-SR)\times AQ\times SP$$

$=(AR\times AQ-SR\times AQ)\times SP$

$=(5,280-4\times1\ 200)\times\$5$

$=\$2\ 400\ U$

弹性预算差异：

$DMV_{\alpha}=AQ\times AR\times AP-AQ\times SR\times SP$

$=\$21\ 120-1\ 200\times4\times\$5$

$=\$2\ 880\ F$

$DMV_{\alpha}=DMPV_{\alpha}+DMUV_{\alpha}$

$=\$5\ 280\ F+\$2\ 400U$

$=\$2\ 880\ F$

B．直接材料——Beta。

价格差异：

$DMPV_{\beta}=(AP-SP)\times AQ\times AR$

$=AP\times AQ\times AR-SP\times AQ\times AR$

$=\$11\ 520-\$2\times3\ 840$

$=\$3\ 840\ U$

用量差异：

$DMUV_{\beta}=(AR-SR)\times AQ\times SP$

$=(AR\times AQ-SR\times AQ)\times SP$

$=(3\ 840-4\times1\ 200)\times\$2$

$=\$1\ 920\ F$

弹性预算差异：

$DMV_{\beta}=AQ\times AR\times AP-AQ\times SR\times SP$

$=\$11\ 520-1\ 200\times4\times\$2$

$=\$1\ 920\ U$

$DMV_{\beta}=DMPV_{\beta}+DMUV_{\beta}$

$=\$3\ 840\ U+\$1\ 920\ F$

$=\$1\ 920\ U$

C．总的直接材料。

价格差异：

$DMPV_{T}=DMPV_{\alpha}+DMPV_{\beta}$

$=\$5\ 280\ F+\$3\ 840\ U$

$=\$1\ 440\ F$

用量差异：

$DMUV_{T}=DMUV_{\alpha}+DMUV_{\beta}$

$=\$2\ 400\ U+\$1\ 920\ F$

$=\$480\ U$

弹性预算差异：

$$DMV_T = DMPV_T + DMUV_T$$
$$= \$1\ 440\ F + \$480\ U$$
$$= \$960\ F$$
$$DMV_T = DMV_{\alpha} + DMV_{\beta}$$
$$= \$2\ 880\ F + \$1\ 920\ U$$
$$= \$960\ F$$

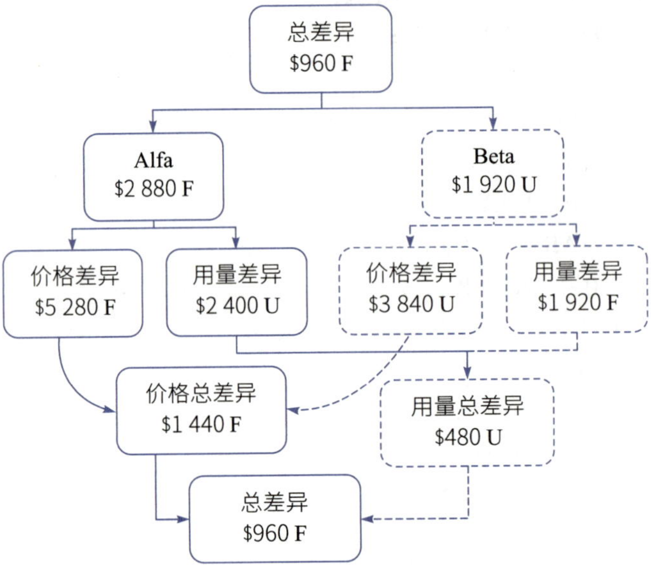

图 3-6 直接材料差异的分解

③ **直接人工差异**(direct labor variance, DLV)是指**直接人工的实际成本**与**直接人工在实际产量下的标准成本**之间的差异。

$$DLV = AQ \times AR \times AP - AQ \times SR \times SP \tag{3.1.11}$$

在公式(3.1.11)中：

DLV——直接人工差异；

AQ——实际产量；

AP——单位工时的实际工资率；

AR——单位产品人工的实际耗时量；

AQ×AR×AP——直接人工的实际成本；

SR——单位产品人工的标准耗时量；

SP——单位工时的标准工资率；

AQ×SR×SP——直接人工在实际产量下的标准成本。

直接人工有利差异或不利差异的判断如下：

(AQ×AR×AP>AQ×SR×SP)→DLV>0→不利差异。

(AQ×AR×AP<AQ×SR×SP)→DLV<0→有利差异。

直接人工工资率差异(direct labor rate variance, DLRV)是指**直接人工的实际成本**与**直接人工在实际耗时量下的标准成本**之间的差异。

$$DLRV = AQ\times AR\times AP - AQ\times AR\times SP = (AP-SP)\times AQ\times AR \quad (3.1.12)$$

在公式(3.1.12)中:

DLRV——直接人工工资率差异;

AQ——实际产量;

AR——单位产品人工的实际耗时量;

AP——单位工时的实际工资率;

SP——单位工时的标准工资率。

直接人工工资率有利差异或不利差异的判断如下:

(AP>SP)→DLRV>0→不利差异。

(AP<SP)→DLRV<0→有利差异。

直接人工效率差异(direct labor efficiency variance, DLEV)是指**直接人工实际耗时量的标准成本**与**直接人工在实际产量下的标准成本**之间的差异。

$$DLEV = AQ\times AR\times SP - AQ\times SR\times SP = (AR-SR)\times AQ\times SP \quad (3.1.13)$$

在公式(3.1.13)中:

DLEV——直接人工效率差异;

AQ——实际产量;

AR——单位产品人工的实际耗时量;

SR——单位产品人工的标准耗时量;

SP——单位工时的标准工资率。

直接人工效率有利差异或不利差异的判断如下:

(AR>SR)→DLEV>0→不利差异。

直接人工的实际耗时(AR×AQ)>直接人工在实际产量下的标准耗时(SR×AQ)→DLEV>0

(AR<SR)→DLEV<0→ 有利差异。

直接人工的实际耗时(AR×AQ)<直接人工在实际产量下的标准耗时(SR×AQ)→DLEV<0

直接人工工资率差异与直接人工效率差异之和等于直接人工差异。

$$DLV = DLRV + DLEV \quad (3.1.14)$$

在公式(3.1.14)中:

DLV——直接人工差异;

DLRV——直接人工工资率差异;

DLEV——直接人工效率差异。

例 3.1-6

FENG 公司正在计算其直接人工差异，相关信息见表 3-8。

表 3-8 直接人工差异的相关数据

实际值		预算值	
实际耗时量（AQ×AR）	实际总成本（AQ×AR×AP）	单位产品人工耗时量（SR）	工资率（SP）
2 640 小时	$ 13 200	2 小时/个	$ 5.0/小时

工资率差异：

$$\begin{aligned} DLRV &= (AP-SP)\times AQ\times AR \\ &= AP\times AQ\times AR-SP\times AQ\times AR \\ &= \$13\,200-\$5\times 2\,640 \\ &= \$0 \end{aligned}$$

效率差异：

$$\begin{aligned} DLEV &= (AR-SR)\times AQ\times SP \\ &= (AR\times AQ-SR\times AQ)\times SP \\ &= (2\,640-2\times 1\,200)\times \$5 \\ &= \$1\,200\ U \end{aligned}$$

弹性预算差异：

$$\begin{aligned} DLV &= AQ\times AR\times AP-AQ\times SR\times SP \\ &= \$13\,200-1\,200\times 2\times \$5 \\ &= \$1\,200\ U \end{aligned}$$

$$\begin{aligned} DLV &= DLRV+DLEV \\ &= \$0+\$1\,200\ U \\ &= \$1\,200\ U \end{aligned}$$

直接人工差异计算总结如图 3-7 所示。

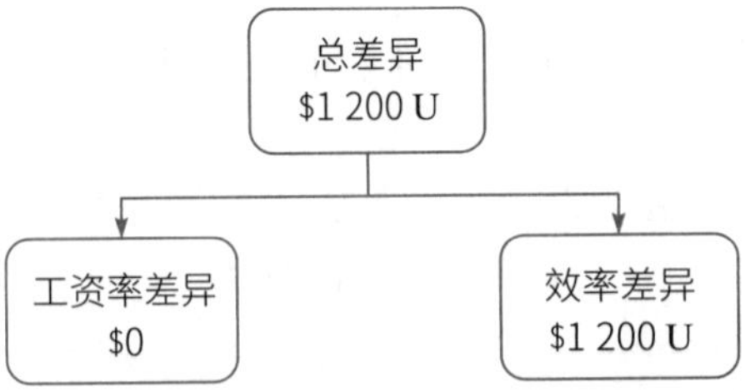

图 3-7 直接人工差异的分解

④ 当企业使用多种可互相替代的生产要素时，量差可以分解成组合差异与产出差异，它们对于直接材料和直接人工要素投入的分析是十分有用的（见图 3-8）。

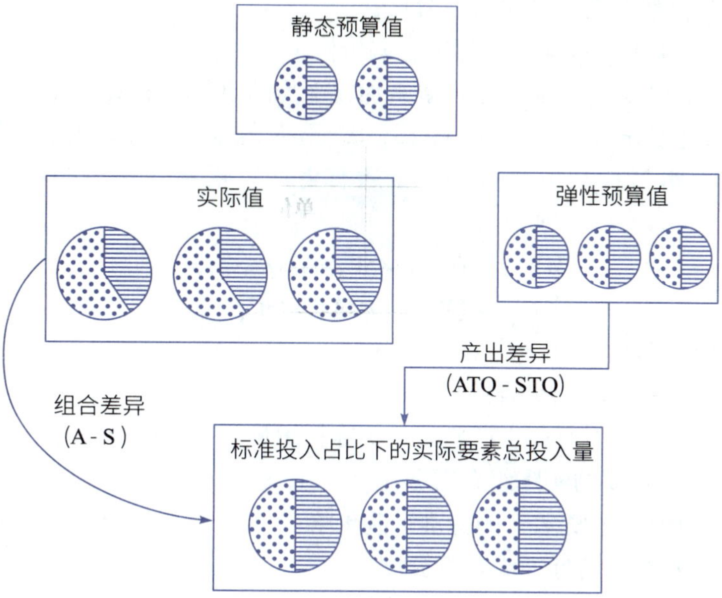

图 3－8　产出差异与组合差异的结构

A. **要素产出差异**(input yield variance, YV)是指**生产要素实际耗用量的标准成本**与**实际产量的标准成本**之间的差异。

$$
\begin{aligned}
YV_X &= ATQ \times S_X \times SP_X - STQ \times S_X \times SP_X \\
&= (ATQ - STQ) \times S_X \times SP_X
\end{aligned}
\quad (3.1.15)
$$

在公式(3.1.15)中：

YV_X——生产要素 X 的产出差异；

ATQ——实际产量下所有生产要素的实际耗用量；

S_X——生产要素 X 的标准组合百分比；

SP_X——一单位生产要素 X 的标准采购价格；

STQ——实际产量下所有生产要素的标准耗用量。

要素产出差异有利差异或不利差异的判断如下：

$(ATQ > STQ) \to YV > 0 \to$ 不利差异。

$(ATQ < STQ) \to YV < 0 \to$ 有利差异。

$$YV_T = YV_X + YV_Y = (ATQ - STQ) \times (S_X \times SP_X + S_Y \times SP_Y) \quad (3.1.16)$$

在公式(3.1.16)中：

YV_T——所有生产要素的总产出差异；

YV_X——生产要素 X 的产出差异；

YV_Y——生产要素 Y 的产出差异；

ATQ——实际产量下所有生产要素的实际耗用量；

STQ——实际产量下所有生产要素的标准(预算) 耗用量；

S_X——生产要素 X 的标准组合百分比；

SP_X——一单位生产要素 X 的标准采购价格；

S_Y——生产要素 Y 的标准组合百分比；

SP_Y——单位生产要素 Y 的标准采购价格；

$(S_X \times SP_X + S_Y \times SP_Y)$——所有生产要素加权平均的单位标准采购价格。

B．**要素组合差异**（input mix variance，MV）是指**实际组合百分比下所有生产要素实际耗用的标准成本**与**标准组合百分比下所有生产要素实际耗用的标准成本**之间的差异。

$$MV_X = ATQ \times A_X \times SP_X - ATQ \times S_X \times SP_X = (A_X - S_X) \times ATQ \times SP_X \quad (3.1.17)$$

在公式（3.1.17）中：

MV_X——生产要素 X 的组合差异；

ATQ——实际产量下所有生产要素的实际耗用量（$ATQ_X + ATQ_Y$）；

A_X——生产要素 X 的实际组合百分比；

SP_X——单位生产要素 X 的标准采购价格；

S_X——生产要素 X 的标准组合百分比。

要素组合差异有利差异或不利差异的判断如下：

$(A>S) \rightarrow MV>0 \rightarrow$ 不利差异。

$(A<S) \rightarrow MV<0 \rightarrow$ 有利差异。

$$MV_T = MV_X + MV_Y = (ATQ_X \times SP_X + ATQ_Y \times SP_Y) - ATQ_T \times (S_X \times SP_X + S_Y \times SP_Y) \quad (3.1.18)$$

在公式（3.1.18）中：

MV_T——所有生产要素的组合差异；

MV_X——生产要素 X 的组合差异；

MV_Y——生产要素 Y 的组合差异；

ATQ_X——实际产量下生产要素 X 的实际耗用量；

SP_X——单位生产要素 X 的标准采购价格；

ATQ_Y——实际产量下生产要素 Y 的实际耗用量；

SP_Y——单位生产要素 Y 的标准采购价格；

ATQ_T——实际产量下所有生产要素的实际耗用量（$ATQ_X + ATQ_Y$）；

S_X——生产要素 X 的标准组合百分比；

S_Y——生产要素 Y 的标准组合百分比；

$(S_X \times SP_X + S_Y \times SP_Y)$——所有生产要素加权平均的单位标准采购价格。

C．产出差异与组合差异之和等于直接材料用量差异。

$$DMUV = YV_T + MV_T \quad (3.1.19)$$

在公式（3.1.19）中：

DMUV——直接材料用量差异；

YV_T——所有生产要素的总产出差异；

MV_T——所有生产要素的总组合差异。

例 3.1-7

FENG 公司已经计算了其直接材料差异，相关数据见表 3-9。该公司对直接材料用量差异进行了进一步的分解，相关数据见表 3-10。

表 3-9　直接材料的用量差异和价格差异

材料	AQ×AR×AP	AQ×AR×SP	AQ×SR×SP
Alfa	\$21 120	5 280×\$5=\$26 400	1 200×4×\$5=\$24 000
Beta	\$11 520	3 840×\$2=\$7 680	1 200×4×\$2=\$9 600
合计	\$32 640	\$34 080	\$33 600
	\$1 440 F（价格差异）		\$480 U（用量差异）

表 3-10　直接材料用量差异分解的相关数据

直接材料	预算值			
	单位产品材料耗用量（SR）	组合百分比（S）	单位成本（SP）	合计
Alfa	4 公斤/个	0.5	\$5/公斤	\$2.50
Beta	4 公斤/个	0.5	\$2/公斤	\$1.00
加权平均标准单位成本				\$3.50
直接材料	实际值			
	总耗用量（AR×AQ）	组合百分比（A）	总成本（AR×AQ×AP）	
Alfa	5 280 公斤	57.89%	\$21 120	
Beta	3 840 公斤	42.11%	\$11 520	

产出差异：

$$\begin{aligned}YV_{\alpha} &= (ATQ-STQ)\times S_{\alpha}\times SP_{\alpha}\\ &= [(5\ 280+3\ 840)-1\ 200\times(4+4)]\times 0.5\times \$5\\ &= \$1\ 200\ F\end{aligned}$$

$$\begin{aligned}YV_{\beta} &= (ATQ-STQ)\times S_{\beta}\times SP_{\beta}\\ &= [(5\ 280+3\ 840)-1\ 200\times(4+4)]\times 0.5\times \$2\\ &= \$480\ F\end{aligned}$$

$$\begin{aligned}YV_{T} &= YV_{\alpha}+YV_{\beta}\\ &= \$1\ 200\ F+\$480\ F=\$1\ 680\ F\end{aligned}$$

$$\begin{aligned}YV_{T} &= (ATQ-STQ)\times(S_{X}\times SP_{X}+S_{Y}\times SP_{Y})\\ &= [(5\ 280+3\ 840)-1\ 200\times(4+4)]\times \$3.5\\ &= \$1\ 680\ F\end{aligned}$$

组合差异：

$$MV_{\alpha}=(A_{\alpha}-S_{X\alpha})\times ATQ\times SP_{\alpha}$$
$$=(57.89\%-50\%)\times(5\ 280+3\ 840)\times\$5$$
$$=\$3\ 597.84\ U$$

$$MV_{\beta}=(A_{\beta}-S_{X\beta})\times ATQ\times SP_{\beta}$$
$$=(42.11\%-50\%)\times(5\ 280+3\ 840)\times\$2$$
$$=\$1\ 439.14\ F$$

$$MV_{T}=MV_{\alpha}+MV_{\beta}$$
$$=\$3\ 597.84\ U+\$1\ 439.14\ F$$
$$=\$2\ 159\ U$$

$$MV_{T}=(AQ_{\alpha}\times SP_{\alpha}+AQ_{\beta}\times SP_{\beta})-ATQ\times(S_{\alpha}\times SP_{\alpha}+S_{\beta}\times SP_{\beta})$$
$$=(5\ 280\times\$5+3\ 840\times\$2)-(5\ 280+3\ 840)\times\$3.5$$
$$=\$2\ 160\ U$$

直接材料用量差异：

$$DMUV=YV_{T}+XV_{T}$$
$$=\$1\ 680\ F+\$2\ 160\ U$$
$$=\$480\ U$$

直接材料用量差异的分解见图 3－9。

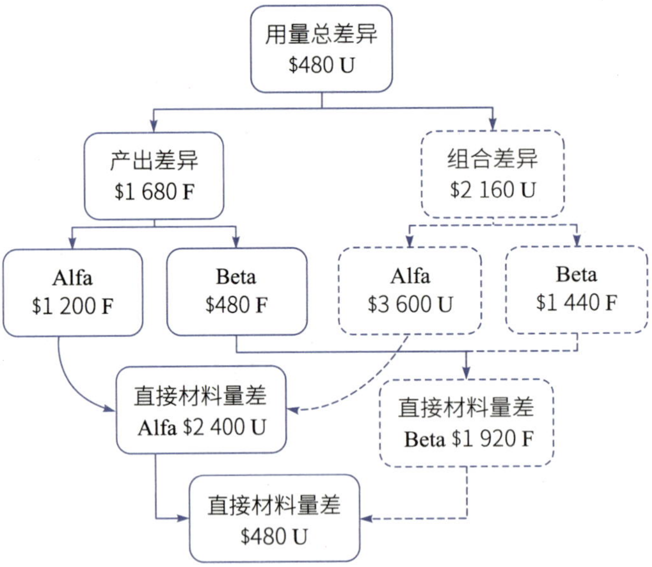

图 3－9　直接材料用量差异的分解

⑤ **变动制造费用差异**(variable overhead variance，VOHV)是指**实际发生的变动制造费用与实际产量下分配的标准变动制造费用**，也称为当期变动制造费用的**多分配**(overapplied)或**少分配**(underapplied)。

$$VOHV = AQ \times AR \times AP - AQ \times SR \times SP \quad (3.1.20)$$

在公式(3.1.20)中:

VOHV——变动制造费用差异;

AQ——实际产量;

AR——一单位产品分配基础的实际发生量;

AP——变动制造费用的实际分配率 $= \frac{\text{实际的变动制造费用}}{\text{分配基础的实际发生量}}$;

AQ×AR×AP——实际发生的变动制造费用;

SR——一单位产品分配基础的标准发生量;

SP——变动制造费用的标准分配率 $= \frac{\text{预算的变动制造费用}}{\text{分配基础的预算发生量}}$;

AQ×SR×SP——分配的变动制造费用。

变动制造费用少分配或多分配的判断如下:

(AQ×AR×AP>AQ×SR×SP)→VOHV>0→少分配或不利差异。

(AQ×AR×AP<AQ×SR×SP)→VOHV<0→多分配或有利差异。

如果变动制造费用是基于直接人工工时来分配的,则**变动制造费用开支差异**(variable overhead spending variance,VOHSV)是指**实际发生的变动制造费用**与**基于实际直接人工工时分配的标准成本**之间的差异。

$$\begin{aligned} VOHSV &= AQ \times AR \times AP - AQ \times AR \times SP \\ &= (AP - SP) \times AQ \times AR \quad (3.1.21) \end{aligned}$$

在公式(3.1.21)中:

VOHSV——变动制造费用开支差异;

AQ——实际产量;

AR——一单位产品人工的实际耗时量;

AP——实际分配率;

SP——标准分配率。

有利或不利的变动制造费用开支差异的判断如下:

(AP>SP)→VOHSV>0→不利差异。

(AP<SP)→VOHSV<0→有利差异。

如果变动制造费用是基于直接人工工时来分配的,则**变动制造费用效率差异**(variable overhead efficiency variance,VOHEV)是指**基于实际直接人工工时分配的标准成本与实际产量下分配的标准变动制造费用**。

$$\begin{aligned} VOHEV &= AQ \times AR \times SP - AQ \times SR \times SP \\ &= (AR - SR) \times AQ \times SP \quad (3.1.22) \end{aligned}$$

在公式(3.1.22)中:

VOHEV——变动制造费用效率差异;

AQ——实际产量;

AR——一单位产品人工的实际耗时量;

SP——标准分配率；

SR——一单位产品人工的标准耗时量。

有利或不利的变动制造费用效率差异的判断如下：

$(AR>SR)\rightarrow VOHEV>0\rightarrow$不利差异。

直接人工的实际耗时$(AR\times AQ)>$直接人工在实际产量下的标准耗时$(SR\times AQ)\rightarrow VOHEV>0$

$(AR<SR)\rightarrow DLEV<0\rightarrow$有利差异。

直接人工的实际耗时$(AR\times AQ)<$直接人工在实际产量下的标准耗时$(SR\times AQ)\rightarrow VOHEV<0$

D. 变动制造费用开支差异与变动制造费用效率差异之和等于变动制造费用总差异。

$$VOHV=VOHSV+VOHEV \tag{3.1.23}$$

在公式(3.1.23)中：

VOHV——变动制造费用差异；

VOHSV——变动制造费用开支差异；

VOHEV——变动制造费用效率差异。

例 3.1－8

FENG 公司正在计算其变动制造费用差异，相关财务数据见表 3－11。

表 3－11 变动制造费用差异的相关数据

实际值		预算值	
实际耗时量 (AQ×AR)	实际总成本 (AQ×AR×AP)	单位产品人工耗时量 (SR)	分配率 (SP)
2 640 小时	$ 10 560	2 小时/个	$ 5/小时

开支差异：

$$\begin{aligned}VOHSV&=(AP-SP)\times AQ\times AR\\&=AP\times AQ\times AR-SP\times AQ\times AR\\&=\$\,10\ 560-\$\,5\times 2\ 640\\&=\$\,2\ 640\ F\end{aligned}$$

效率差异：

$$\begin{aligned}VOHEV&=(AR-SR)\times AQ\times SP\\&=(AR\times AQ-SR\times AQ)\times SP\\&=(2\ 640-2\times 1\ 200)\times\$\,5\\&=\$\,1\ 200\ U\end{aligned}$$

总差异：

VOHV = AP×AQ×AR−AQ×SR×SP

= $ 10 560−1 200×2×$ 5

= $ 1 440 F

VOHV = VOHSV+VOHEV

= $ 2 640F+$ 1 200 U

= $ 1 440 F

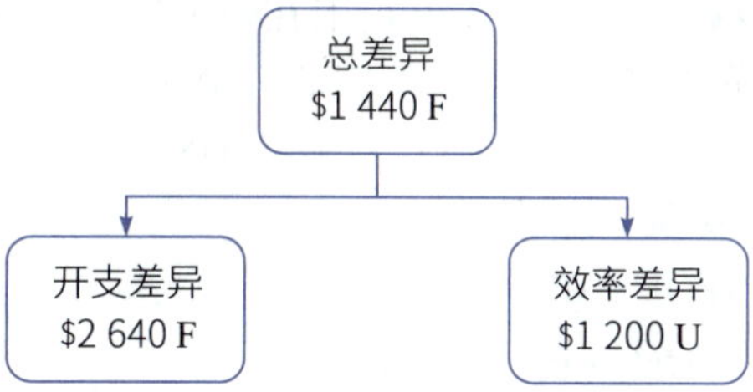

图 3 − 10　变动制造费用差异的分解

⑥ 变动成本的总差异可以通过直接材料差异、直接人工差异和变动制造费用差异来解释。上述 3 项差异之和等于变动成本的弹性预算差异。

在例 3. 1 − 8 中，变动成本的弹性预算总差异 = $ 960 F + $ 1 200 U + $ 1 440 F = $ 1 200 F

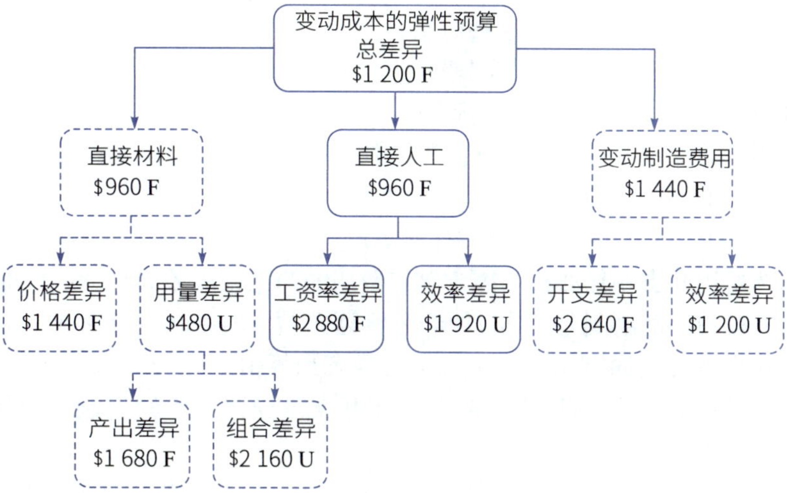

图 3 − 11　变动成本的弹性预算差异

（4）固定制造费用差异

① **固定制造费用差异**（fixed overhead variance，FOHV）是指**实际发生的固定制造费用与实际产量下分配的标准固定制造费用**，也称为当期固定制造费用的**多分配**（overapplied）或**少分配**（underapplied）。

$$FOHV = AFC - AQ \times SR \times SP \quad (3.1.24)$$

在公式(3.1.24)中：

FOHV——固定制造费用；

AFC——实际发生的固定制造费用；

AQ——实际产量；

SR——一单位产品人工的标准耗时量；

SP——固定制造费用的标准分配率 $=\dfrac{\text{预算的固定制造费用}}{\text{基准作业水平}}$。

② **基准作业水平**(denominator activity level)是指用来计算固定制造费用预设分配率的产出水平，通常被定义为**实际产能**(practical capacity)。

$$\text{分配的固定制造费用}=AQ\times SR\times SP$$

固定制造费用少分配或多分配的判断如下：

$(AFC>AQ\times SR\times SP)\rightarrow FOHV>0\rightarrow$少分配或不利差异。

$(AFC<AQ\times SR\times SP)\rightarrow FOHV<0\rightarrow$多分配或有利差异。

③ **固定制造费用开支差异**(fixed overhead spending variance, FOHSV)是指**实际发生的固定制造费用**与**预算的固定制造费用**之间的差异。

$$FOHSV=AFC-SQ\times SR\times SP \tag{3.1.25}$$

在公式(3.1.25)中：

FOHSV——固定制造费用开支差异；

AFC——实际发生的固定制造费用；

SQ——预算产量；

SR——一单位产品人工的标准耗时量；

SP——固定制造费用的标准分配率；

SQ×SR×SP——预算的固定制造费用。

有利或不利的固定制造费用开支差异的判断如下：

$(AFC>SQ\times SR\times SP)\rightarrow FOHSV>0\rightarrow$不利差异。

$(AFC<SQ\times SR\times SP)\rightarrow FOHSV<0\rightarrow$有利差异。

固定制造费用开支差异亦称为**固定制造费用的静态预算差异**(static budget variance of fixed overhead)或**固定制造费用的弹性预算差异**(flexible budget variance of fixed overhead)。由于预算的固定制造费用就是其静态预算值，而静态预算差异的定义就是实际值与静态预算值之差，所以**固定制造费用开支差异**就等于**固定制造费用的静态预算差异**。

由于固定制造费用与产出量无关，而只与产能有关，所以固定制造费用不会随着实际产出量的变化而变化。虽然弹性预算是根据实际产出量来编制的，但是固定制造费用的弹性预算值依然等于固定制造费用的静态预算值。根据弹性预算差异的定义，即实际值与弹性预算值之差，**固定制造费用开支差异**就等于**固定制造费用的弹性预算差异**。

固定制造费用开支差异的扩展见图3－12。

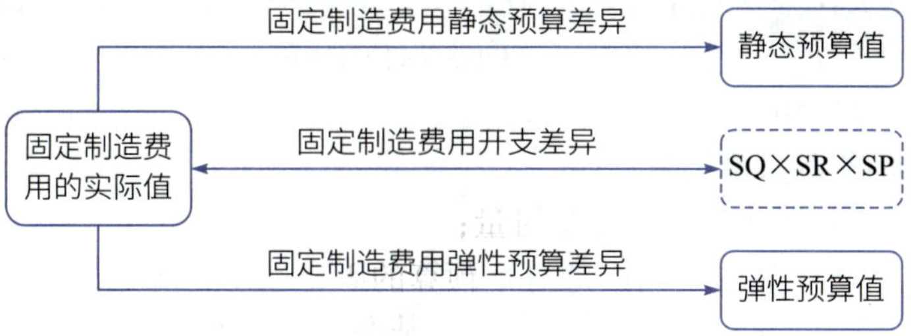

图 3-12 固定制造费用开支差异的扩展

④ **固定制造费用产量差异**(fixed overhead production-volume variance, FOHPVV)是指**固定制造费用的预算值**(budgeted fixed overhead)与**实际产量下分配的标准固定制造费用**之间的差异。

$$\begin{aligned} FOHPVV &= SQ \times SR \times SP - AQ \times SR \times SP \\ &= (SQ - AQ) \times SR \times SP \end{aligned} \quad (3.1.26)$$

在公式(3.1.26)中:

FOHPVV——固定制造费用产量差异;

SQ——预算产量;

SR——单位产品人工的标准耗时量;

SP——固定制造费用的标准分配率;

AQ——实际产量。

有利或不利的固定制造费用产量差异的判断如下:

(SQ>AQ)→FOHPVV>0→不利差异。

(SQ<AQ)→FOHPVV<0→有利差异。

由于固定制造费用的弹性预算差异只包括固定制造费用的开支差异,所以固定制造费用产量差异不是弹性预算差异的一个构成部分。固定制造费用差异的结构见表 3-13。

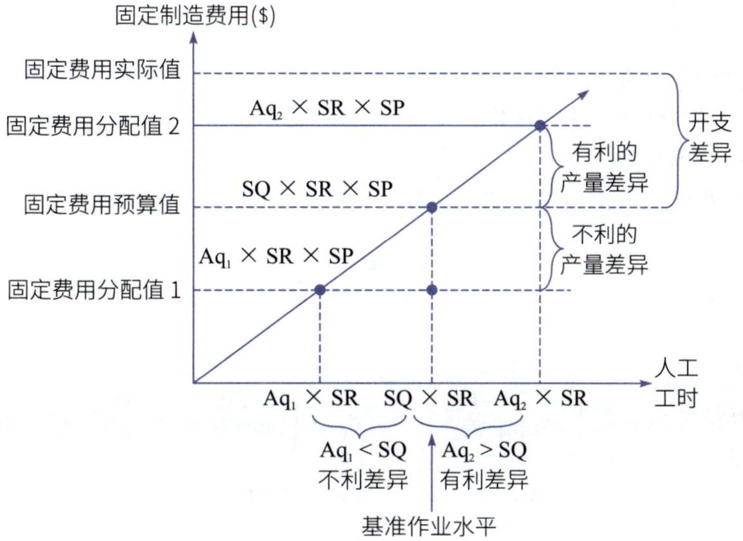

图 3-13 固定制造费用差异的结构

⑤ 固定制造费用开支差异与固定制造费用产量差异之和等于固定制造费用总差异。

$$FOHV = FOHSV + FOHPPV \tag{3.1.27}$$

在公式(3.1.27)中：

FOHV——固定制造费用差异；

FOHSV——固定制造费用开支差异；

FOHPVV——固定制造费用产量差异。

例 3.1－9

FENG 公司正在计算其固定制造费用差异，相关财务数据见表 3－12。

表 3－12　固定制造费用差异的相关数据

实际值		预算值		
产量（AQ）	总成本（AFC）	产量（SQ）	单位产品人工耗时量（SR）	分配率（SP）
1 200 个	$ 27 500	1 000 个	2 小时/个	$ 10/小时

开支差异：

$$\begin{aligned} FOHSV &= AFC - SQ \times SR \times SP \\ &= \$\,27\,500 - \$\,20\,000 \\ &= \$\,7\,500\ U \end{aligned}$$

产量差异：

$$\begin{aligned} FOHPVV &= (SQ - AQ) \times SR \times SP \\ &= (1\,000 - 1\,200) \times 2 \times \$\,10 \\ &= \$\,4\,000\ F \end{aligned}$$

总差异：

$$\begin{aligned} FOHV &= AQ \times AR \times AP - AQ \times SR \times SP \\ &= \$\,27\,500 - 1\,200 \times 2 \times \$\,10 \\ &= \$\,3\,500\ U \end{aligned}$$

$$\begin{aligned} FOHV &= FOHSV + FOHPPV \\ &= \$\,7\,500\ U + \$\,4\,000\ F \\ &= \$\,3\,500\ U \end{aligned}$$

固定制造费用差异的分解见图 3－14。

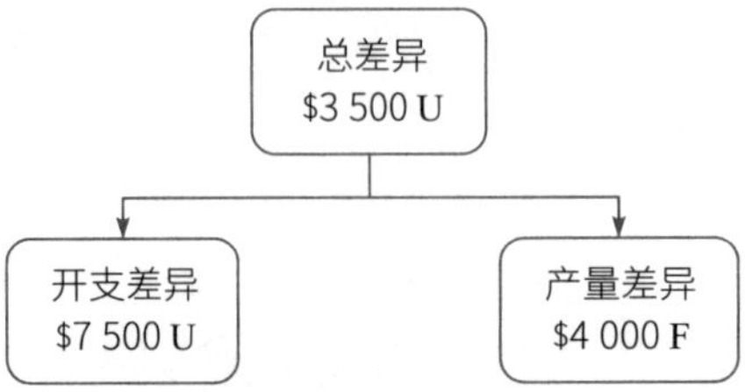

图 3－14　固定制造费用差异的分解

（5）制造费用总差异

变动制造费用和固定制造费用本质上都是间接制造成本，可以通过构建 3 种形态的制造费用差异来解释制造费用的总差异（见图 3－15）。

① **4 差异分析法**包括了所有的制造费用差异。

$$TOHV=VOHSV+VOHEV+FOHSV+FOHPVV \tag{3.1.28}$$

在公式（3.1.28）中：

TOHV——制造费用总差异；

VOHSV——变动制造费用开支差异；

VOHEV——变动制造费用效率差异；

FOHSV——固定制造费用开支差异；

FOHPVV——固定制造费用产量差异。

在例 3.1－9 中：

制造费用总差异＝[＄1 200 U（变动制造费用效率差异）+＄2 640 F（变动制造费用开支差异）]+[＄7 500 U（固定制造费用开支差异）+＄4 000 F（固定制造费用产量差异）]＝＄2 060 U

② **3 差异分析法**是通过将两项开支差异合并在一起构成的。

$$TOHV=TOHSV+VOHEV+FOHPVV \tag{3.1.29}$$

在公式（3.1.29）中：

TOHV——制造费用总差异；

TOHSV——制造费用总开支差异；

VOHEV——变动制造费用效率差异；

FOHPVV——固定制造费用产量差异。

在例 3.1－9 中：

制造费用总差异＝＄1 200 U（变动制造费用效率差异）+＄4 860 U（制造费用总开支差异）+＄4 000 F（固定制造费用产量差异）＝＄2 060 U

制造费用总开支差异＝＄2 640 F（变动制造费用开支差异）+＄7 500 U（固定制造费用开支差异）＝＄4 860 U

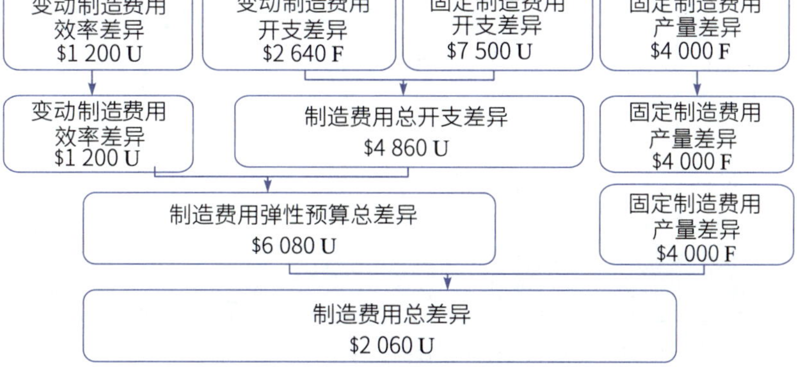

图 3－15　制造费用差异的结构

③ 2 **差异分析法**通过计算制造费用的弹性预算总差异使其分成 2 个组成部分。

$$TOHV = FBVTOH + FOHPVV \quad (3.1.30)$$

在公式(3.1.30)中：

TOHV——制造费用总差异；

FBVTOH——制造费用弹性预算总差异；

FOHPVV——固定制造费用产量差异。

在例 3.1－9 中：

制造费用总差异＝＄6 060 U(制造费用弹性预算总差异)+＄4 000 F(固定制造费用产量差异)＝＄2 060 U

制造费用弹性预算总差异＝＄1 200 U(变动制造费用效率差异)+＄4 860 U(制造费用总开支差异)＝＄6 060 U

固定制造费用产量差异不是弹性预算差异的组成部分。

EQ3.1－3

FENG 公司使用标准成本法和弹性预算法，来评价其直接人工成本。总的预算差异通常可以分解成(　　)两项差异。

A．直接人工工资率差异和直接人工效率差异

B．直接人工成本差异和直接人工产量差异

C．直接人工工资率差异和直接人工产量差异

D．直接人工成本差异和直接人工效率差异

【答案】A

【考点】分解直接人工差异

直接人工差异＝直接人工工资率差异+直接人工效率差异

3. 销售量差异

(1) 销售量差异

销售量差异是由于**实际产销量**与**预算产销量**的不同而产生的。就数量而言，销售量差异是弹性预算值与静态预算值之差。

如果企业销售**多种产品**，则销售量差异可以分解成**销售数量差异**和**销售组合差异**。

$$SVV_T = SQV_T + SMV_T \quad (3.1.31)$$

在公式(3.1.31)中：

SVV_T——所有产品的总销售量差异；

SQV_T——所有产品的总销售数量差异；

SMV_T——所有产品的总销售组合差异。

(2) 销售数量差异

销售数量差异(sales quantity variance, SQV)是指经营结果的**实际销售数量**与**预算销售数量**的差异所产生的影响(见图 3－16)。

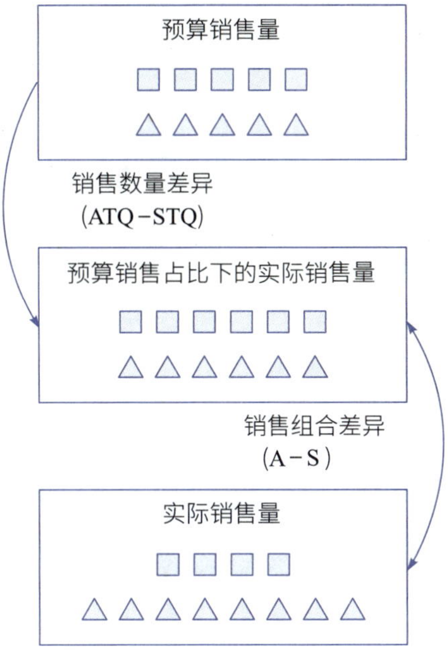

图3-16 销售数量差异与销售组合差异的结构

$$\begin{aligned}SQV_X &= ATQ\times S_X\times SCMU_X-STQ\times S_X\times SCMU_X\\ &=(ATQ-STQ)\times S_X\times SCMU_X\end{aligned} \quad (3.1.32)$$

在公式(3.1.32)中：

SQV_X——产品 X 的销售数量差异；

ATQ——所有产品的实际总销售量；

S_X——产品 X 的标准销售占比；

$SCMU_X$——产品 X 的标准单位边际贡献；

STQ——所有产品的预算总销售量。

有利或不利的销售数量差异的判断如下：

$(ATQ>STQ)\rightarrow SQV>0\rightarrow$有利差异。

$(ATQ<STQ)\rightarrow SQV<0\rightarrow$不利差异。

$$SQV_T=SQV_X+SQV_Y=(ATQ-STQ)\times(S_X\times SCMU_X+S_Y\times SCMU_Y) \quad (3.1.33)$$

在公式(3.1.33)中：

SQV_T——所有产品的总销售数量差异；

ATQ——所有产品的实际总销售量；

STQ——所有产品的预算总销售量；

S_X——产品 X 的标准销售占比；

$(S_X\times SCMU_X+S_Y\times SCMU_Y)$——所有产品的加权平均边际贡献。

(3) 销售组合差异

销售组合差异(sales mix variance, SMV)是指由**实际销售占比**与**预算销售占比**的差异所造成的对当期边际贡献或经营收益的影响。

$$
\begin{aligned}
SMV_X &= ATQ \times A_X \times SCMU_X - ATQ \times S_X \times SCMU_X \\
&= (A_X - S_X) \times ATQ \times SCMU_X
\end{aligned} \tag{3.1.34}
$$

在公式(3.1.34)中：

SMV_X——产品 X 的销售组合差异；

ATQ——所有产品的实际总销售量($ATQ_X + ATQ_Y$)；

A_X——产品 X 的实际销售占比；

$SCMU_X$——产品 X 的标准单位边际贡献；

S_X——产品 X 的标准销售占比。

有利或不利的销售组合差异的判断如下：

$(A>S) \rightarrow SMV_X>0 \rightarrow$ 有利差异。

$(A<S) \rightarrow SMV_X<0 \rightarrow$ 不利差异。

$$
\begin{aligned}
SMV_T = SMV_X + SMV_Y &= (ATQ_X \times SCMU_X + ATQ_Y \times SCMU_Y) - \\
& ATQ \times (S_X \times SCMU_X + S_Y \times SCMU_Y)
\end{aligned} \tag{3.1.35}
$$

在公式(3.1.35)中：

SMV_T——所有产品的总销售组合差异；

ATQ_X——产品 X 的实际总销售量；

$SCMU_X$——产品 X 的标准单位边际贡献；

ATQ_X——产品 Y 的实际总销售量；

$SCMU_X$——产品 Y 的标准单位边际贡献；

ATQ——所有产品的实际总销售量($ATQ_X + ATQ_Y$)；

$(S_X \times SCMU_X + S_Y \times SCMU_Y)$——所有产品的加权平均边际贡献。

例 3.1－10

FENG 公司销售两款产品 X 和 Y。该公司的销售预算显示，FENG 公司预计可以销售 1 000 个 X 和 3 000 个 Y，预计的经营收益为＄450 000。当期期末，实际的销售量为 1 500 个X 和 3 500 个 Y。FENG 公司的管理层正在计算销售量差异，相关信息见表 3－13、表 3－14 和表 3－15。

表 3－13　FENG 公司的静态预算

项目	X		Y		总计
	合计值	单位值	合计值	单位值	
销售数量(个)	1 000		3 000		4 000
销售收入	＄500 000	＄500	＄1 050 000	＄350	＄1 550 000
变动成本	＄200 000	＄200	＄600 000	＄200	＄800 000
边际贡献	＄300 000	＄300	＄450 000	＄150	＄750 000
固定成本	＄100 000		＄200 000		＄300 000
经营收益	＄200 000		＄250 000		＄450 000

表 3-14　FENG 公司的弹性预算

项目	X		Y		总计
	合计值	单位值	合计值	单位值	
销售数量(个)	1 500		3 500		5 000
销售收入	$ 750 000	$ 500	$ 1 225 000	$ 350	$ 1 975 000
变动成本	$ 300 000	$ 200	$ 700 000	$ 200	$ 1 000 000
边际贡献	$ 450 000	$ 300	$ 525 000	$ 150	$ 975 000
固定成本	$ 100 000		$ 200 000		$ 300 000
经营收益	$ 350 000		$ 325 000		$ 675 000

表 3-15　销售量差异分解的相关数据

产品	销售预算值			
	销售量(STQ)	销售占比(S)	边际贡献(SCMU)	合计
X	1 000	0. 25	$ 300	$ 75
Y	3 000	0. 75	$ 150	$ 112. 5
加权平均边际贡献				$ 187. 5
产品	销售实际值			
	销售量(ATQ)	销售占比(A)	总销售收入	
X	1 500	0. 3	$ 750 000	
Y	3 500	0. 7	$ 1 225 000	

销售数量差异：

$SQV_X = (ATQ-STQ) \times S_X \times SCMU_X$

$= [(1\ 500+3\ 500)-(1\ 000+3\ 000)] \times 0.25 \times \$300$

$= \$75\ 000\ F$

$SQV_Y = (ATQ-STQ) \times S_Y \times SCMU_Y$

$= [(1\ 500+3\ 500)-(1\ 000+3\ 000)] \times 0.75 \times \$150$

$= \$112\ 500\ F$

$SQV_T = SQV_X + SQV_Y$

$= \$75\ 000\ F + \$112\ 500F = \$187\ 500\ F$

$SQV_T = (ATQ-STQ) \times (S_X \times SCMU_X + S_Y \times SCMU_Y)$

$= [(1\ 500+3\ 500)-(1\ 000+3\ 000)] \times \$187.5$

$= \$187\ 500\ F$

销售组合差异：

$SMV_X = (A_X - S_X) \times ATQ \times SCMU_X$

$= (0.3-0.25) \times (1\ 500+3\ 500) \times \$300$

$= \$75\ 000\ F$

第
3
章

$$\begin{aligned}SMV_Y &= (A_Y - S_Y) \times ATQ \times SCMU_Y \\ &= (0.7 - 0.75) \times (1\ 500 + 3\ 500) \times \$150 \\ &= \$37\ 500\ U\end{aligned}$$

$$\begin{aligned}SMV_T &= SMV_X + SMV_Y \\ &= \$75\ 000\ F + \$37\ 500\ U \\ &= \$37\ 500\ F\end{aligned}$$

$$\begin{aligned}SMV_T &= (AQ_X \times SCMU_X + AQ_Y \times SCMU_Y) - ATQ \times (S_X \times SCMU_X + S_Y \times SCMU_Y) \\ &= (1\ 500 \times \$300 + 3\ 500 \times \$150) - (1\ 500 + 3\ 500) \times \$187.5 \\ &= \$37\ 500\ F\end{aligned}$$

销售量差异：

$$\begin{aligned}SVV_T &= SQV_T + SMV_T \\ &= \$187\ 500\ F + \$37\ 500\ F \\ &= \$225\ 000\ F\end{aligned}$$

销售量差异的分解见图3－17。

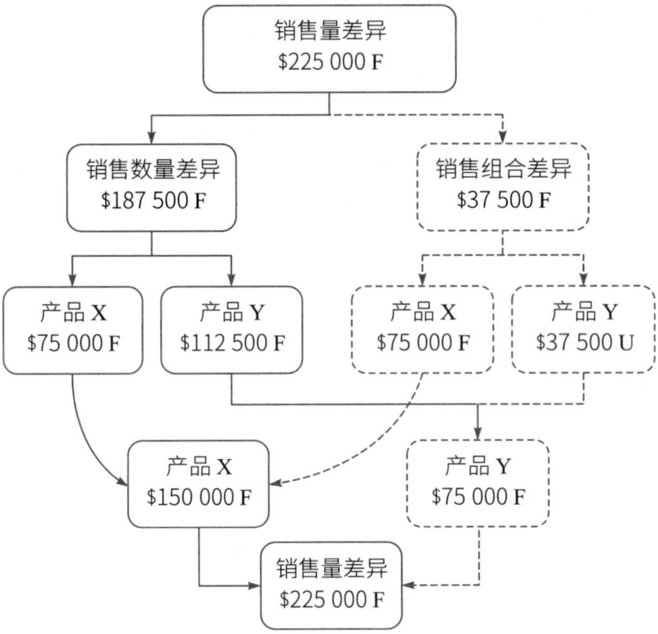

图3－17　销售量差异分解

(4) 销售数量差异的分解

销售数量差异的两个影响因素包括：市场规模的变化和企业市场份额的变化。因此，销售数量差异可以分解成**市场规模差异**和**市场份额差异**。

$$SQV_T = MSV + MShV \tag{3.1.36}$$

在公式(3.1.36)中：

SQV_T——所有产品的总销售数量差异；

MSV——市场规模差异；

MShV——市场份额差异。

① **市场规模差异**(market size variance, MSV)是指由**实际市场规模**与**预算市场规模**的差异所造成的对当期边际贡献的影响。

$$\begin{aligned} MSV &= ATQ_M \times S_M \times WACMU - STQ_M \times S_M \times WACMU \\ &= (ATQ_M - STQ_M) \times S_M \times WACMU \qquad (3.1.37) \end{aligned}$$

在公式(3.1.37)中：

MSV——市场规模差异；

ATQ_M——实际市场总规模；

S_M——预算市场份额；

WACMU——加权平均边际贡献($S_X \times SCMU_X + S_Y \times SCMU_Y$)；

STQ_M——预算市场总规模。

有利或不利的市场规模差异的判断如下：

$(ATQ_M > STQ_M) \to MSV > 0 \to$ 有利差异。

$(ATQ_M < STQ_M) \to MSV < 0 \to$ 不利差异。

② **市场份额差异**(market share variance, MSHV)衡量的是，由**实际市场份额**与**预算市场份额**的差异所造成的对当期边际贡献或经营收益的影响。

$$\begin{aligned} MShV &= ATQ_M \times A_M \times WACMU - ATQ_M \times S_M \times WACMU \\ &= (A_M - S_M) \times ATQ_M \times WACMU \qquad (3.1.37) \end{aligned}$$

公式在(3.1.37)中：

MShV——市场份额差异；

ATQ_M——实际市场总规模；

A_M——实际市场份额；

WACMU——加权平均边际贡献($S_X \times SCMU_X + S_Y \times SCMU_Y$)；

S_M——预算市场份额。

有利或不利的市场份额差异的判断如下：

$(A_M > S_M) \to MShV > 0 \to$ 有利差异。

$(A_M < S_M) \to MShV < 0 \to$ 不利差异。

例 3.1－11

FENG 公司预测，市场总规模为 40 000 个，预算的市场份额为 10%。当期期末，市场总规模增加至 62 500 个，但 FENG 公司的市场份额减少至 8%。该公司的市场差异分析如下。

市场规模差异：

$$\begin{aligned} MSV &= (ATQ_M - STQ_M) \times S_M \times WACMU \\ &= (62\ 500 - 40\ 000) \times 10\% \times \$ 187.5 \\ &= \$ 421\ 875\ F \end{aligned}$$

市场份额差异：

$$\begin{aligned}MShV &= (A_M - S_M) \times ATQ_M \times WACMU \\ &= (8\% - 10\%) \times 62\ 500 \times \$\ 187.5 \\ &= \$\ 234\ 375\ U\end{aligned}$$

总差异：

$$\begin{aligned}SQV_T &= MSV + MShV \\ &= \$\ 421\ 875\ F + \$\ 234\ 375\ U \\ &= \$\ 187\ 500\ F\end{aligned}$$

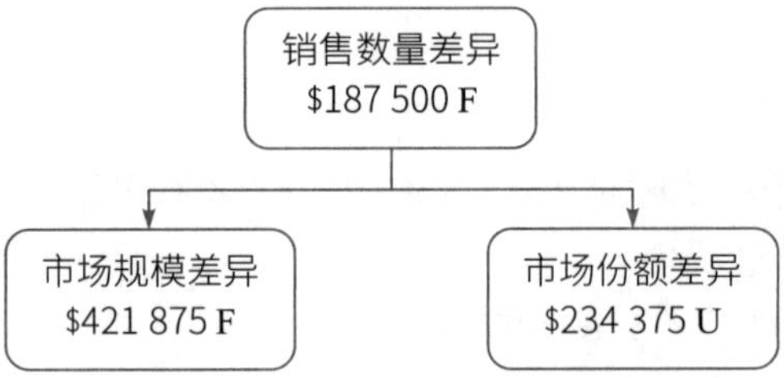

图 3－18　销售数量差异的分解

(5) 组合与产出差异的汇总

表 3－16 展示了组合差异与产出差异在 3 个领域的应用。图 3－19 展示了差异分析的结构。

表 3－16　组合与产出差异分析

	A-S	ATQ-STQ	合计
生产要素	组合差异	产出差异	直接材料用量差异
销售	销售组合差异	销售数量差异	销售量差异
市场	市场份额差异	市场规模差异	销售数量差异

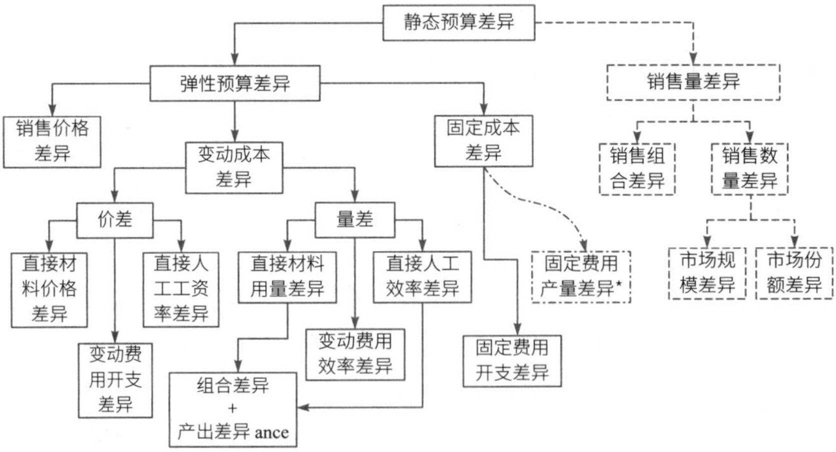

*固定费用产量差异不是弹性预算差异的一个构成部分

图 3－19　差异分析的结构

EQ3.1－4

对于一家销售多种产品的企业而言，销售量差异可以分解成（　　）。

A．销售价格差异和弹性预算差异

B．销售组合差异和销售价格差异

C．销售数量差异和销售组合差异

D．销售组合差异和产出差异

【答案】C

【考点】分解销售量差异

销售量差异=销售数量差异+销售组合差异

3.2 责任中心与报告部门

3.2.1 管理控制

1. 基础

(1) 绩效评估

绩效评估(performance measurement)是指所有层级的管理者在企业内部获取关于任务绩效的信息，并且根据在预算、计划和目标中预设的标准对绩效进行评价的过程。

(2) 经营控制与管理控制

经营控制(operational control)是指中层管理者对经营层员工的绩效进行评价。

管理控制(management control)是指高层管理者对中层管理者的绩效进行评价。

① 经营控制关注的是详细的短期绩效指标，而管理控制的关注点是高层级的管理者和长期战略议题。

② 经营控制采用的是例外管理。**例外管理**(management-by-exception)需要识别部门或个人绩效不达标的部分，以此来迅速采取纠正措施。

③ 管理控制更多的是与目标管理相一致。**目标管理**(management-by-objectives)需要确定长期的目标，比如增长率和盈利能力，并且根据这些目标定期进行绩效评估。

2. 进一步解释

在目标管理法中，高层管理者将一系列的职责分配给中层管理者，这些责任领域被称为战略经营单位。

战略经营单位(strategic business unit，SBU) 由一系列经过界定且由该单位管理者负责的可控经营活动构成。

战略经营单位有 4 种类型，它们也被称为**责任中心**(responsibility center)。

一般而言，管理者有自主进行决策和管理战略业务单位的人力与财力。

(1) 管理控制的目标

① **激励管理者**更加努力地实现高层管理者设定的目标。

② **提供正确的鼓励措施**，促使管理者制定的决策与高层管理者设定的目标相吻合，

即实现目标一致。

③ **公平地确定管理者的报酬**，其报酬取决于他们的努力、技能和决策的有效性。

(2) 高层管理者确定何时授权或实施分权制

分权制(decentralization)是指高层管理者选择将大部分的职责下放给战略经营单位管理者的一种决策模式。

自主性(autonomy)是指决策自由的程度。

3. 4 种类型的责任中心

4 种类型的责任中心见图 3－20。

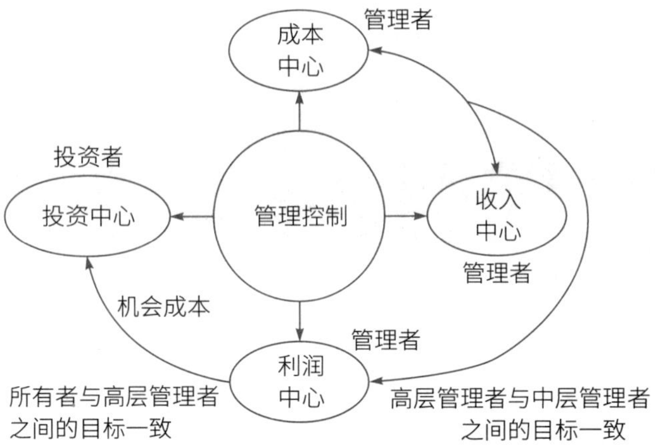

图 3－20　4 种责任中心

(1) 成本中心

① **成本中心**(cost center)是指企业中生产型或支持型的战略经营单位，它们以最低的成本提供品质最佳的产品或服务。典型的成本中心有生产部门和支持部门。

成本中心的管理者只需要对成本负责，因为他们对成本有明确、直接的控制，但对收入或设备的投资决策几乎无法控制。

② 在管理成本中心时，需要考虑以下 3 个问题。

A. 当一个部门用**不可控的成本**来替代**可控的成本**时，就会发生**成本转移**(cost shifting)(见图 3－21)。

成本转移的发生可以通过以下事实来解释，即管理者通常不需要对增加的不可控的固定成本承担责任。

成本转移的净效应是企业整体更高的成本，而管理者部门里的可控成本在下降。

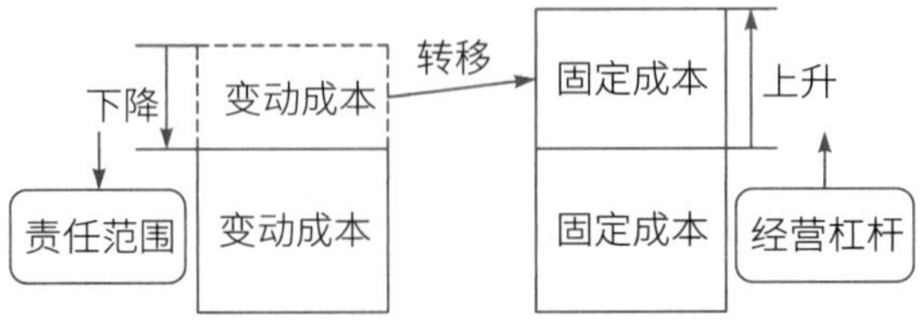

图 3－21　成本转移

B. 年度、季度或月度的绩效评估让管理者只关注**短期**的成本，而忽略企业长期的战略利益问题。

只关注短期成本这个弱点让非财务的战略考量变得十分必要。

C. **预算松弛**是指预算的绩效水平与预期的水平之间的差距。在成本中心的运营过程中,预算松弛是一个不可避免的问题。

大量的预算松弛让战略经营单位的管理者能够轻易实现其设定的目标。

当然,预算松弛可以使管理者减少在经营环境中的不确定性,从而规避风险。公平的绩效评估可以让企业更易于实现目标一致。

③ 生产和支持部门的成本中心有两种运营方法:酌量成本法和工程成本法(见图 3-22)。

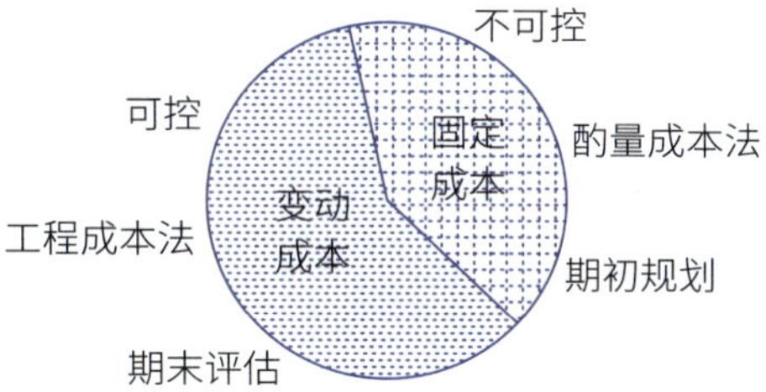

图 3-22　酌量成本法与工程成本法

A. 当成本**主要是固定成本的**时候,合理的运营方法就是**酌量成本法**(discretionary-cost method)。

这种方法是**以投入为导向**的,关注的是对于预算成本的**期初规划**,因为固定成本在短期内是不可控的。

B. 如果成本主要是变动成本,那么采用**工程成本法**(engineered-cost method)是恰当的。

这种方法是以产出为导向的,而且关注的是对于可控成本的期末评估。

(2) 收入中心

① **收入中心**(revenue center)既可以通过产品线定义,也可以通过地理区域定义,它的关注点在于销售功能。

A. 收入中心强调的是战略经营单位的销售功能,其管理者的绩效评估基于赚取的收入。

B. 收入中心的责任源自这样的事实,即这样的部门能够管理部门的创收过程。

② 营销和销售部门也可以是成本中心,而且会产生两种类型的成本。

A. **订单获取成本**(order-getting costs)是指用于广告和产品促销的支出。

订单获取成本被视为**酌量成本**,所以管理者应关注费用支出的计划而不是对其有效性的评估。

B. **订单执行成本**(order-filling costs)包括运费、仓储费用、包装与装运以及收款费用。

应将订单执行成本视为**工程成本**进行管理,所以需要在期末对成本进行评估。

第3章

(3) 利润中心

① **利润中心**(profit center)既会产生收入,也会发生那些用于创收的大部分成本。

② 两个战略问题会使得利润中心比成本中心或收入中心更为理想。

A. 利润中心能够促进营销、制造和支持等职能部门之间的协调。

处理**加急订单**会凸显建立利润中心的重要性(见图3-23)。

a. 作为收入中心的销售单位会认为加急订单对其是有利的,因为它可以赚取更多的销售收入。

b. 将成本作为评价依据的生产单位会把加急订单看作负担,因为加急订单会产生额外的成本。因此,如果这些部门依然还是成本中心,生产单位的管理者没有意愿去接纳任何加急订单。

c. 以利润中心的方式经营生产单位,如果这些单位可以提高其经营收益,则有可能会接受加急订单。

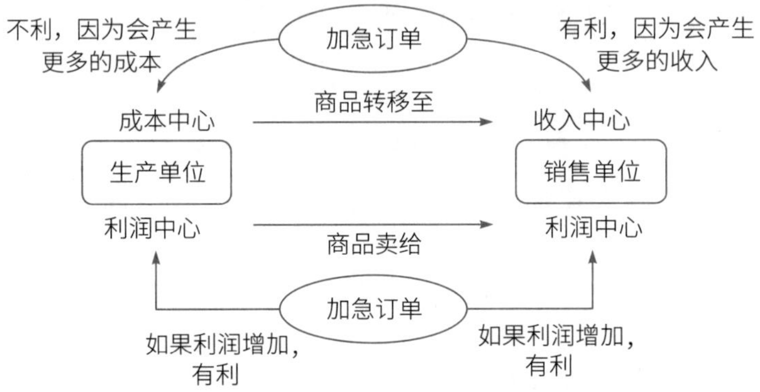

图3-23 成本中心、收入中心和利润中心的加急订单

B. 企业采用利润中心而不是成本中心,可以激励管理者从外部消费者的角度来考虑其产品或服务的市场性。

企业可以通过从外部采购或对外销售中间产品来提升其盈利能力。

a. 在企业内部提供产品或服务的生产单位,可以将这些产品或服务以更高的价格对外出售,以提高其盈利能力。

b. 通常在企业内部获取产品或服务的销售单位,可以通过更低的价格从外部采购这些产品或服务,以赚取更多的利润(见图3-24)。

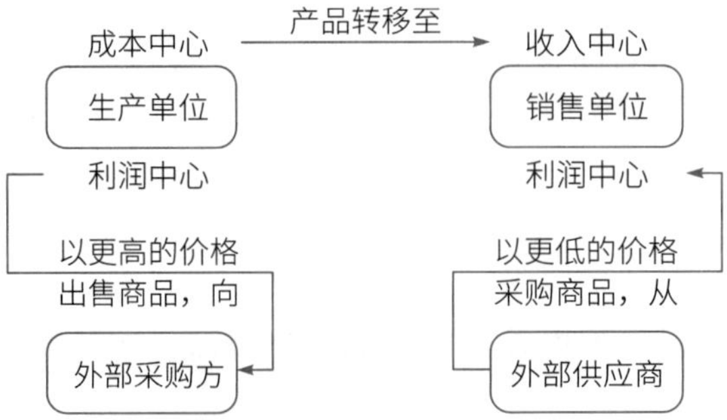

图3-24 从外部采购或对外销售商品来提升盈利能力

③ 利润中心常用**贡献利润表**(contribution income statement)来进行评估。贡献利润表是根据每个利润中心和利润中心中的相关部门所提供的收益来编制的。

A. 贡献利润表使用 3 种不同层级的利润来显示每个利润中心的量化结果。

a. **边际贡献**(contribution margin)是指收入与总变动成本之差。

边际贡献 = 总收入 − 总变动成本

变动成本会随着产出量或作业量的变化而变化,并受制于利润中心管理者的控制。

b. **可控收益**(controllable margin)是指边际贡献扣除短期固定成本之后得到的收益。

可控收益 = 边际贡献 − 可控固定成本

可控固定成本(controllable fixed costs)是指在一个财务年度中能被管理者影响的固定成本;包括广告,促销,某些工程改进、数据处理和管理咨询。

c. 基于可控收益,**利润中心的贡献**(contribution by profit center, CPC)仅仅包括所有可追溯到每个利润中心的成本,即每个利润中心可控的成本。

利润中心贡献 = 可控收益 − 不可控但可追溯的成本

不可控但可追溯的成本(uncontrollable, but traceable cost)是指在一个财务年度内,不受利润中心管理者影响的成本,包括与设备相关的成本,比如折旧、税费和保险。

B. 利润中心贡献对于衡量利润中心的绩效是十分有效的,因为它考虑了两类固定成本:长期的和短期的。利润中心贡献的结构见图 3 − 25。

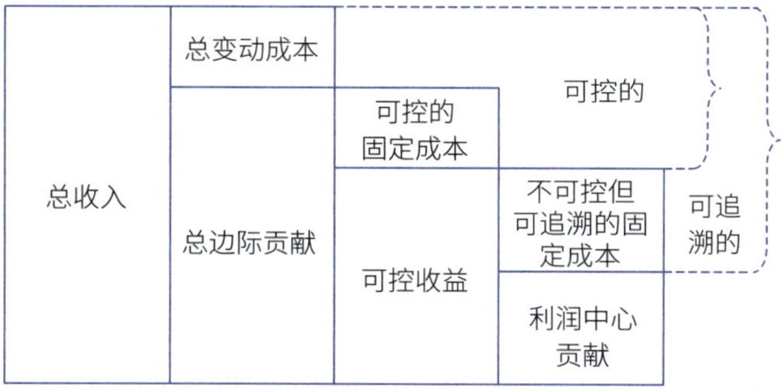

图 3 − 25　利润中心贡献的结构

例 3.2 − 1

FENG 公司有两个利润中心 X 和 Y。该公司的贡献利润表见表 3 − 17。

表 3 − 17　FENG 公司贡献利润表

项目	公司	X	Y
净收入	$ 2 000 000	$ 500 000	$ 1 500 000
减:变动成本	$ 800 000	$ 200 000	$ 600 000
边际贡献	$ 1 200 000	$ 300 000	$ 900 000
减:可控的固定成本	$ 800 000	$ 200 000	$ 600 000

续表

项目	公司	X	Y
可控收益	$ 400 000	$ 100 000	$ 300 000
减:不可控但可追溯的固定成本	$ 370 000	$ 150 000	$ 220 000
利润中心贡献	$ 30 000	($ 50 000)	$ 80 000
减:不可追溯的成本	$ 200 000		
经营收益	($ 170 000)		

A. 在一个财务年度内,变动成本和可控的固定成本都受到利润中心管理者的控制。因此,可控收益等于把所有的可控成本从收入中扣除。

X 的可控收益 = $ 500 000-($ 200 000+$ 200 000) = $ 100 000

Y 的可控收益 = $ 1 500 000-($ 600 000+$ 600 000) = $ 300 000

B. 在一个财务年度内,虽然利润中心的管理者无法影响不可控但可追溯的固定成本,但他们与利润中心是长期直接相关的。因此,利润中心贡献是把所有与**每个利润中心直接相关(可追溯的)**的成本扣除的结果。

X 的利润中心贡献 = $ 500 000-[($ 200 000+$ 200 000)+$ 150 000] = -$ 50 000

Y 的利润中心贡献 = $ 1 500 000-[($ 600 000+$ 600 000)+$ 220 000] = $ 80 000

C. 如果关闭 X,FENG 公司短期的利润会减少$ 100 000 但可以增加$ 50 000的长期利润。

如果关闭 X,短期利润的变化幅度 = ($ 500 000) - ($ 200 000 + $ 200 000) = ($ 100 000)

如果关闭 X,长期利润的变化幅度 = ($ 500 000) - [($ 200 000 + $ 200 000) + $ 150 000] = -$ 50 000

---

(4) 投资中心

在进行绩效评估时,**投资中心**(investment center)既要考虑利润也要考虑战略经营单位所使用的资产。

将使用的资产考虑在内,意味着将盈利能力与投资金额结合在一起,而且将经济利润作为绩效考核的指标。

投资中心的财务评估指标会在 3. 3 节内详细讨论。

例 3. 2 - 2

FENG 公司投资$ 1 000 000 组建了 X 分部。该分部当期报告的利润为$ 150 000。

如果将 X 视为利润中心,因为其利润值为正数,分部管理者的绩效可能被接受。

如果以投资中心来评估 X,且投资者要求的回报率为 20%,则该分部的绩效是不理想的。

20%的回报率意味着,如果将$ 1 000 000 投入风险相同的金融资产,投资者预期能赚取 20%的收益。

经营 X 的机会成本 = $ 1 000 000×20% = $ 200 000

经济利润 = $ 150 000−$ 200 000 = −$ 50 000

这意味着 X 分部的投资者获取$ 150 000 的利润，是以放弃$ 200 000 为代价的。

EQ3.2-1

FENG 公司是一家电子产品销售商，在主要城市有 4 家区域销售处，在中等城市有 12 家地区销售处。Su Jones 是北达科他区域销售处的主管。Jones 负责区域销售目标的实现、区域销售处的成本控制和她所在区域的 4 家地区销售处的运行。北达科他区域销售处属于以下哪种类型的责任中心？（　　）

A. 投资中心　　B. 成本中心　　C. 利润中心　　D. 收入中心

【答案】C

【考点】区分责任中心

由于区域销售处主管需要对成本和收入负责，所以该区域销售处是利润中心。

3.2.2　共同成本分配

1. 基础

（1）定义

共同成本（common cost）是指两个或多个使用者共同使用某设备、作业或类似成本对象而产生的成本。

共同成本的存在是因为每个用户通过共享分担了比单独实体用户更低的成本。换言之，设备共享能够产生更高的成本效益。

（2）目的

在评估成本中心或利润中心时，将共同成本以一种合理的方式分配给每个使用者是十分重要的，否则评估的信息就会被扭曲。

2. 两种方法

（1）独立成本分配法

独立成本分配法（stand-alone cost-allocation method）通过将每个成本使用者视为独立的实体来确定成本分配的权重。

（2）增量成本分配法

增量成本分配法（incremental cost-allocation method）对成本对象的每个使用者都以需要共同成本应负责任的程度进行排序，然后按此排列顺序将成本分配给这些使用者。

成本对象的第一使用者被称为**首要使用者**（primary user），并将其视为独立使用者，把成本分配给首要使用者。

排在第二位的使用者是**第一增量使用者**（first-incremental user）。由于出现了两位使用者，增量成本分配法把额外的成本分配给第一增量使用者。

例 3.2－3

GE 先生是位于洛杉矶的 FENG 公司的经理。他已经计划去纽约拜访一位客户，总预算为$ 1 500。此外，他还接到通知去芝加哥会见一位新客户，差旅成本为$ 1 000。所以，他调整了行程，将两次行程合二为一。新行程的总成本预计为$ 2 000。为了分析客户的盈利能力，企业要求 GE 先生将这$ 2 000 分别分配给在纽约和芝加哥的客户。

A．独立成本分配法。

该方法要求 GE 先生根据$ 1 500 和$ 1 000 来计算分配率。

$$分配给纽约客户的成本=\left(\frac{\$1\ 500}{\$1\ 500+\$1\ 000}\right)\times\$2\ 000=\$1\ 200$$

$$分配给芝加哥客户的成本=\left(\frac{\$1\ 000}{\$1\ 500+\$1\ 000}\right)\times\$2\ 000=\$800$$

这种方法被认为比较合理，因为每一方都承担了与其自身独立成本相对应的总成本中的一部分。

B．增量成本分配法。

在分配差旅费之前，GE 先生需要确定谁应该被列为首要使用者。在纽约的客户被视为首要使用者，因为纽约是此次行程原先的目的地。因此，在芝加哥的客户则成了第一增量使用者。

分配给纽约客户的成本＝$ 1 500

分配给芝加哥客户的成本＝$ 2 000－$ 1 500＝$ 500

因为分配给首要使用者的共同成本的金额总是很高，所以如果共同成本的金额很高，那么每一方都愿意自己成为增量使用者。

可以使用**夏普利值（shapley value）法**来解决这个难题。这种方法先把一方当作首要使用者，再将其当作增量使用者。

把纽约客户作为首要使用者：

分配给纽约客户的成本＝$ 1 500

分配给芝加哥客户的成本＝$ 2 000－$ 1 500＝$ 500

把芝加哥客户作为首要使用者：

分配给芝加哥客户的成本＝$ 1 000

分配给纽约客户的成本＝$ 2 000－$ 1 000＝$ 1 000

最后的分配：

$$分配给纽约客户的成本=\frac{\$1\ 500+\$1\ 000}{2}=\$1\ 250$$

$$分配给芝加哥客户的成本=\frac{\$1\ 000+\$500}{2}=\$750$$

EQ3.2-2

FENG公司的财务部门以$10 000的价格购置了一套新的彩色复印机系统用来制作必要的报告。FENG公司的IT部门计划再花同样的价格购置一个类似的系统，不过该部门发现财务部门已经购置了足够的系统资源，因而这两个部门可以平等地共用这台新设备。为了公平分摊这台设备的共同成本，主计长应采用(　　)。

A. 增量成本法，并将$10 000分摊到财务部门

B. 独立成本法，并将$5 000分摊到每个部门

C. 固定毛利法，并将$5 000分摊到每个部门

D. 可变现净值法，并将$10 000分摊到财务部门

【答案】B

【考点】选择合适的共同成本分配法

由于财务部门和IT部门可以平等地使用设备，所以使用独立成本分配法比较合适，即将$10 000平分给每个部门。

3.2.3 转移定价

1. 基础

(1) 定义

转移定价(transfer pricing)是指在企业内部不同的业务部门之间交换产品或服务时，对于交换价格的确定(见图3-26)。

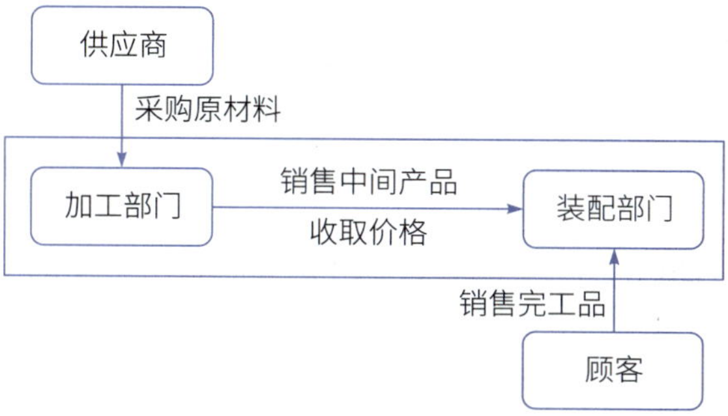

图3-26 转移定价的过程

转移价格(transfer price)是指在同一个组织内，一个业务部门向另一个业务部门提供产品或服务时所收取的价格。

(2) 转移价格的理论基础

在**分权制的组织**中，战略经营单位决策时，只需要关注决策将如何影响自己的绩效，而无需评价对整个企业绩效的影响。

在设计良好的转移定价系统中，管理者需要对战略经营单位的绩效进行优化，进而使企业整体的绩效最优化。

管理控制系统通常会使用转移价格来协调不同部门之间的行为，并评估它们的绩效。

2. 转移定价的方法

(1) 评估转移价格的标准

评估转移价格的 4 项标准见图 3 - 27。

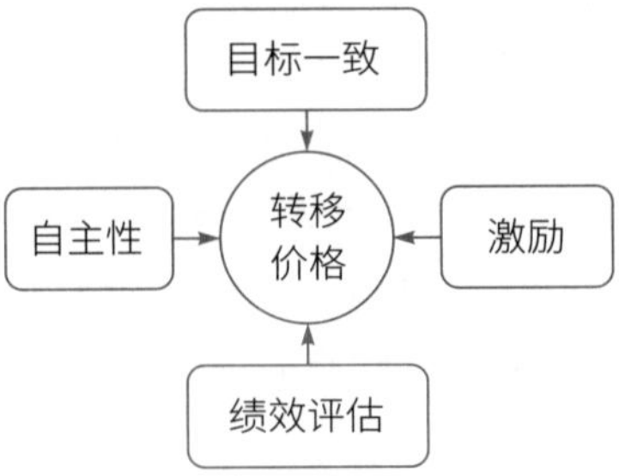

图 3 - 27 评估转移价格的 4 项标准

① 转移价格应促进**目标一致**。

② 转移价格应该能够**激励**管理者**付出更多的努力**。

A. 降低转出战略经营单位的制造成本。

B. 提高转入战略经营单位获取和使用资源的效率。

③ 转移价格应能够协助高层管理者**评估每个战略经营单位的绩效**。

④ 如果高层管理者青睐高度的分权制,则转移价格应在决策中**确保战略经营单位高度的自主性**。

(2) 5 种转移定价的方法

① **市场定价法**(market-price method)是按照产品在外部市场中现行的价格来确定其转移价格的。

市场定价法的主要优点是其客观性,能够最大限度地满足管理和税务上的独立性。它的主要缺点是产品(特别是中间产品)可能没有市场价格。

② **全部成本定价法**(full-cost method)是按照转出产品的变动成本加上分配的固定成本来确定其转移价格的。

③ **变动成本定价法**(variable-cost method)是按照转出产品的变动成本来确定其转移价格的。

④ **协商定价法**(negotiated-price method)通过部门之间的协商来确定其转移价格,有时则是通过仲裁来定价。

⑤ **双重定价法**(dual pricing)涉及在内部转移中使用多种价格。

5 种转移定价方法的优缺点总结见表 3 - 18。

表 3 - 18 转移定价方法的优缺点

方法	优点	缺点
市场定价法	• 存在市场价格时的最优方法 • 税务部门接受的独立标准 • 为利润中心的绩效评估提供依据 • 确保部门的自主性 • 促进目标一致	• 无市场价格时,无法应用

续表

方法	优点	缺点
全部成本定价法	• 客观且易于实施 • 相比变动成本法，税务部门更青睐全部成本法 • 适用于长期的转移定价决策	• 不适用于短期的转移定价决策 • 转出部门将低效率转嫁给转入部门
变动成本定价法	• 适用于短期的转移定价决策	• 转出部门会出现损失 • 不适用于长期的转移定价决策
协商定价定价法	• 确保部门的自主性 • 处理冲突的理性方法 • 与分权制保持一致	• 协商效率低 • 管理高层的介入会降低自主性
双重定价法	• 促进目标一致	• 使税务问题复杂化

例 3.2－4

FENG 公司是一家制造企业，采用分权的管理模式。该公司目前有两个分部 X 和 Y。X 部门生产 Afla－14，Afla－14 是 FENG 公司终端产品 Beta－31 的重要配件。X 部门目前的产能为每月 1 000 个，并以市价出售 Alfa－14。Y 部门装配 Beta－31，该部门可以从内部采购 Alfa－14，也可以从外部采购。Afla－14 和 Beta－31 的相关数据见表 3－19。

表 3－19　Afla－14 和 Beta－31 的相关数据

X 部门	
单位产品的变动制造成本	$ 70
总固定成本	$ 10 000
Y 部门	
Afla－14 的市价	$ 85
单位产品的变动装配成本	$ 25
总固定成本	$ 15 000
Beta－31 的市价	$ 150

A．市价法。

分权制允许 X 部门以市价对内或对外出售 Alfa－14，也允许 Y 部门以市价从内部或外部采购 Alfa－14。因此，市价法为转移价格的设定提供了最好的选择。

表 3－20 显示了 X 部门、Y 部门和 FENG 公司的经营收益。

在不超过 X 部门产能的前提下，$ 85 的市场价格允许 Y 部门内部采购 Alfa－14。分权制通过确保部门的自主性使两个部门的经营收益最大化。

表 3－20　通过市价法设定的转移价格

X 部门	
Afla－14 的收入（$ 85）	$ 85 000
变动制造成本（$ 70）	$ 70 000
总固定成本	$ 10 000

续表

X 部门的经营收益	$ 5 000
Y 部门	
Beta - 31 的收入($ 150)	$ 150 000
Afla - 14 的采购成本($ 85)	$ 85 000
变动制造成本($ 25)	$ 25 000
总固定成本	$ 15 000
Y 部门的经营收益	$ 25 000
总经营收益	$ 30 000

市价法还可以让 FENG 公司的管理层评估战略经营单位的盈利能力和经济上的可行性。

如果 X 部门和 Y 部门只能赚取微薄的利润甚至出现亏损,FENG 公司应该考虑通过再造经营流程来降低成本,或采取更为激进的措施——出售部分资产。

内部转移价格等于市场价格可以满足税务部门对于独立性的要求。

如果 Alfa - 14 没有活跃的市场,则无法使用市场价格来设定转移价格。因而,市价法的价值也就消失了。

B. 全部成本法。

这种方法设定的转移价格等于单位变动成本加上单位固定成本。

表 3 - 21 展示了全部成本法外加不同的加成率。

全部成本法的优势在于其客观性和简便性。决策者能够通过会计数据来获取产品的全部成本。

全部成本法的主要缺点是将固定成本包括在内,而固定成本与短期决策无关。

在最大产能范围内,固定成本不会随着产量的变化而变化。因此,固定成本不应被包括在短期的转移价格内。

表 3 - 21 通过全部成本法设定的转移价格

	加成率		
X 部门	0%	5%	10%
Afla - 14 的收入($ 80、$ 84、$ 88)	$ 80 000	$ 84 000	$ 88 000
变动制造成本($ 70)	$ 70 000	$ 70 000	$ 70 000
总固定成本	$ 10 000	$ 10 000	$ 10 000
X 部门的经营收益	$ 0	$ 4 000	$ 8 000
Y 部门			
Beta - 31 的收入($ 150)	$ 150 000	$ 150 000	$ 150 000
Afla - 14 的采购成本($ 80、$ 84、$ 88)	$ 80 000	$ 84 000	$ 88 000
变动制造成本($ 25)	$ 25 000	$ 25 000	$ 25 000
总固定成本	$ 15 000	$ 15 000	$ 15 000

续表

	加成率		
Y 部门的经营收益	$ 30 000	$ 26 000	$ 22 000
总经营收益	$ 30 000	$ 30 000	$ 30 000

在全部成本法下,X 部门的管理者没有意愿去降低制造成本,因为在 X 部门发生的全部的制造成本都会被 Y 部门吸收。因此,转出部门的生产低效率完全转嫁给了转入部门。

C. 变动成本法。

由于固定成本在短期决策中不相关,所以短期转移价格的设定应基于变动成本,即管理会计师应使用变动成本法。

变动成本法下的经营收益见表 3 - 22。

变动成本法解决了全部成本法的一个问题。只有变动成本才能被包括在转移价格中,因而不会出现次优的定价决策。

X 部门的亏损也显示了变动成本法的不合理性和不公平性,因为 Y 部门获得了这种转移定价法的全部好处。

表 3 - 22 通过变动成本法设定的转移价格

X 部门	
Afla - 14 的收入($ 70)	$ 70 000
变动制造成本($ 70)	$ 70 000
总固定成本	$ 10 000
X 部门的经营收益	($ 10 000)
Y 部门	
Beta - 31 的收入($ 150)	$ 150 000
Afla - 14 的采购成本($ 70)	$ 70 000
变动制造成本($ 25)	$ 25 000
总固定成本	$ 15 000
Y 部门的经营收益	$ 40 000
总经营收益	$ 30 000

如果 X 部门可能生产并对外销售 Alfa - 14,且有剩余的产能,则 X 部门可能会同意以$ 70 的价格向 Y 部门出售 Alfa - 14,因为没有额外的固定成本发生。

如果 X 部门现在还有 20%剩余的产能,则该部门可能会接受 Y 部门内部采购的要求,即以最低$ 70 的价格内部采购 150 个 Alfa - 14。

如果 X 部门可能生产并对外销售 Alfa - 14,且没有剩余的产能,则 Y 部门要求内部采购 200 个 Alfa - 14 的转移价格的设定还需要一些额外的信息,相关数据见表 3 - 23。

第3章

表 3－23 Afla－14 和 Beta－31 的相关数据

X 部门	
单位产品的变动制造成本	$ 70
总固定成本	$ 10 000
变动销售费用	$ 2
售价	$ 90
Y 部门	
Afla－14 的市价	$ 85
单位产品的变动装配成本	$ 25
总固定成本	$ 15 000
Beta－31 的市价	$ 150

如果基于变动成本设定转移价格，则内部采购可以让 Y 部门每一单位节省 $ 15（$ 85－$ 70）。

如果接受这 200 个的内部采购，则受限的产能会迫使 X 部门放弃一些现有的生产和销售。因此，在没有剩余产能的情况下，接受内部采购就会导致机会成本的发生。因此，最低的转移价格应为 X 部门的变动制造成本加上机会成本。

每一单位放弃的边际贡献＝$ 90－$ 70－$ 2＝$ 18

X 部门为内部转移设定的价格＝$ 70＋$ 18＝$ 88

$ 2 的变动销售成本不包括在转移价格中，因为在 FENG 公司内部进行内部转移不会发生类似的成本。

D．协商定价法。

协商定价法是由买卖双方通过议价并且共同认可而确定的内部转移价格。

表 3－24 展示了协商定价法的经营收益。

表 3－24 通过协商定价法设定的转移价格

X 部门	
Afla－14 的收入（$ 95）	$ 95 000
变动制造成本（$ 70）	$ 70 000
总固定成本	$ 10 000
X 部门的经营收益	$ 15 000
Y 部门	
Beta－31 的收入（$ 150）	$ 150 000
Afla－14 的采购成本（$ 95）	$ 95 000
变动制造成本（$ 25）	$ 25 000

续表

总固定成本	$ 15 000
Y 部门的经营收益	$ 15 000
总经营收益	$ 30 000

$ 95 是双方都认可的价格，该价格可以让两个部门赚到相同的利润。

该方法与分权制的理念一致，保护了参与协商的每个部门的自主性。

当两个部门之间长期以来都有利益冲突时，这是一种不错的方法，因为通过协商可以达成双方都满意的价格。

协商定价法可能会出现效率低下的问题，所以可能会由高层管理者通过仲裁来确定内部转移价格，这会导致部门自主性的降低。

E. 双重定价法。

当单一的转移定价法无法同时满足内部转移的双方时，FENG 公司可以采用双重定价法。

表 3 - 25 展示了双重定价法下的经营收益。

表 3 - 25　通过双重定价法设定的转移价格

X 部门	
Afla - 14 的收入（$ 88）	$ 88 000
变动制造成本（$ 70）	$ 70 000
总固定成本	$ 10 000
X 部门的经营收益	$ 8 000
Y 部门	
Beta - 31 的收入（$ 150）	$ 150 000
Afla - 14 的采购成本（$ 85）	$ 85 000
变动制造成本（$ 25）	$ 25 000
总固定成本	$ 15 000
Y 部门的经营收益	$ 25 000
总经营收益	$ 33 000

X 部门向 Y 部门收取的价格为全部成本外加 10%的加成率。

Y 部门使用市价作为其采购成本。

在双重定价法下，企业总的经营收益（$ 330 000）超过了其他 4 种方式所能赚取的经营收益，因为 X 部门获得了 FENG 公司为其提供的补贴，这促进了企业与部门之间的目标一致。

双重定价法的一个关注点是，它会导致在不同税务管辖区的分公司产生争论——到底应使用哪个价格来计算应税收益，这使得税务问题变得非常复杂。

(3) 转移定价的一般原则

在设定转移价格时,管理会计师需要回答一系列的问题,见图3－28。

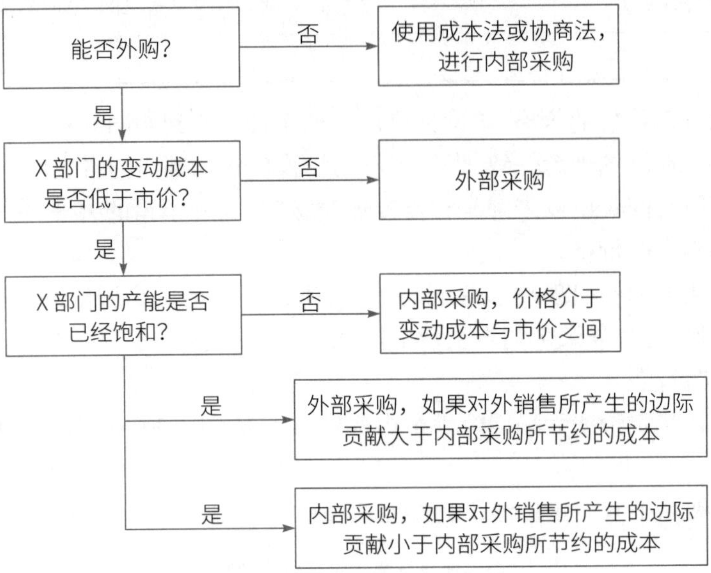

图 3－28　转移定价的原则

(4) 最低的转移价格

最低的转移价格取决于转出部门的增量成本和接受内部转移所引发的机会成本。

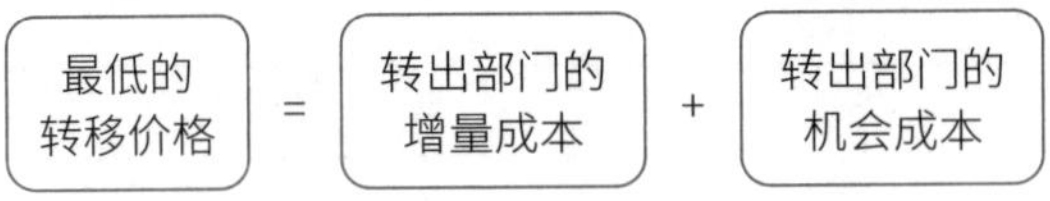

图 3－29　设定最低的转移价格

3. 转移定价的其他考量

(1) 限制资金转移

有些投资接受国禁止跨国企业将其利润转回母公司。应对此种限制的一种方法是通过设定转移价格来降低利润累积的速度。

(2) 税务的考量

现在,大多数国家接受经济合作与发展组织的模式协议,该协议要求根据独立企业交易标准来调整转移价格,即由不相关机构设定的价格。

在普遍遵守国际通行规则的前提下,税收费用最小化是国际环境中转移定价的另一个重要考量因素。

一般而言,以高价格将产品或服务从低税率地区转移至高税率地区可以降低企业的税负。

(3) 关税

管理会计师还需要考虑关税。比如,X 部门和 Y 部门分别在不同的国家,如果 Y 部门以高价格从 X 部门采购配件,则会产生很高的关税。

(4) 征收的风险

当政府取得和控制外国投资者在该国投资的资产时,就会发生征收。

当存在较大的征收风险时,企业应该采取适当的措施来改善与外国政府的关系,比如通过转移定价决策向该国政府支付高昂的税费。

EQ3.2-3

关于确定结转价格的表述,下列哪一项是错误的?( )

A. 它衡量了某一利润中心向公司内其他责任中心提供的商品和服务的价值

B. 若存在市价,则市价可作为转移价格

C. 它衡量了某公司和外部客户之间的交易

D. 若无市价,则转移价格可以成为基础

【答案】C

【考点】理解转移定价

转移定价是指在企业内部不同的业务部门之间交换产品或服务时,对于交换价格的确定。

与企业外部的客户进行交易不在内部转移的范围之内。

3.3 绩效考核

3.3.1 顾客盈利能力分析

1. 基础

(1) 定义

顾客盈利能力分析(customer-profitability analysis)是指通过识别所有与顾客直接相关的作业和成本动因,来报告和分析从顾客那里赚取的收入和为了创收而发生的成本。

(2) 作用

① 识别盈利能力最强的客户。

② 管理每位客户的服务成本。

③ 推广能盈利的新产品和服务。

④ 停止无法盈利的产品、服务或客户。

⑤ 将客户的采购组合转向利润更高的产品和服务线。

⑥ 向采购量大、服务成本低的客户提供折扣。

⑦ 选择售后服务的类型。

2. 顾客成本分析

(1) 顾客成本层级

顾客成本层级(customer-cost hierarchy)根据成本动因的类型,分配的基础,或确定因果关系与收益获取关系的难易程度,将与顾客相关的成本归入不同成本库。

（2）5 种类别的成本

① **顾客产出数量级成本**（customer output unit-level costs）是指消耗在卖给顾客的每一单位产品上的资源，包括：

A．基于销售量或销售额的销售佣金。

B．每一单位产品的处理成本。

C．根据运送个数来计算的运输费。

D．每一单位退货产品的再存储成本。

② **顾客批次级成本**（customer batch-level costs）是指消耗在每一单销售交易上的资源，包括：

A．订单处理成本。

B．运货成本。

C．开票成本。

D．每次允许退货或给予折让时，记录退货或折让的成本。

③ **顾客维持成本**（customer-sustaining costs）是指消耗在每一位顾客服务上的，且与销售数量或批次无关的资源，包括：

A．销售人员拜访顾客的差旅费。

B．在顾客那里展示的成本。

C．超期货款的收账成本。

④ **分销渠道成本**（distribution-channel costs）是指消耗在企业针对顾客的每一条分销渠道上的资源，包括：

A．某一个地区开发市场的成本。

B．服务主要客户的区域仓库和服务零售网点的集散中心的运营成本。

C．某一零售分销渠道管理层的工资。

⑤ **销售维持成本**（sales-sustaining costs）是指消耗在销售和服务维持活动上的资源，这些活动无法追溯至单个产品、批次或分销渠道上，包括：

A．企业用于销售活动的一般支出。

B．总部销售管理人员的工资、福利和奖金。

（3）相关成本

在顾客成本层级中，前 3 个类别的成本属于顾客级的成本。

分销渠道成本和销售维持成本不会随着销量、订单处理量和拜访客户量的变化而变化（见图 3 - 30）。

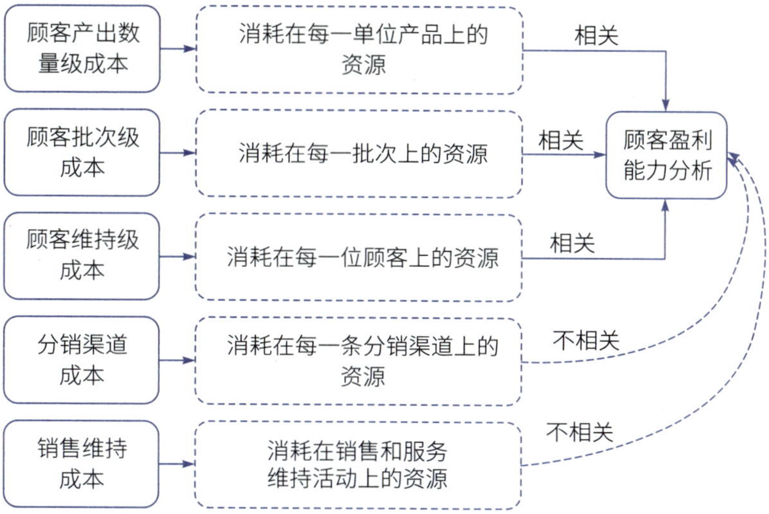

图 3－30　顾客成本层级

例 3.3－1

FENG 公司目前通过 4 家零售商来销售一款产品 X。FENG 公司的管理会计师正在对其零售渠道进行顾客盈利能力的分析。FENG 公司的零售利润表见表 3－26。

FENG 公司根据每个零售商的采购量，给予不同的折扣：GE 公司 8.5 折，HNEG 公司 9 折，SU 公司 9.5 折。

产品处理成本和运费是根据销量来分配的，而订单获取成本、客户拜访费用和广告费是根据销售收入分配的。

折旧费用、部门和公司管理费用都是固定成本，平分给 4 个零售商。

根据利润表呈现的结果，MARS 公司是盈利能力最强的零售商。

表 3－26　FENG 公司零售利润表

	GE	HENG	SU	MARS	合计
销量(个)	22 800	14 400	12 000	10 800	60 000
销售收入($ 20)	$ 387 600	$ 259 200	$ 228 000	$ 216 000	$ 1 090 800
减：销货成本($ 12)	$ 273 600	$ 172 800	$ 144 000	$ 129 600	$ 720 000
毛利	$ 114 000	$ 86 400	$ 84 000	$ 86 400	$ 370 800
经营费用					
产品处理费	$ 28 500	$ 18 000	$ 15 000	$ 13 500	$ 75 000
订单获取费	$ 2 660	$ 1 680	$ 1 400	$ 1 260	$ 7 000
运费	$ 7 600	$ 4 800	$ 4 000	$ 3 600	$ 20 000
客户拜访费	$ 1 066	$ 713	$ 627	$ 594	$ 3 000

续表

	GE	HENG	SU	MARS	合计
广告费	$ 17 767	$ 11 881	$ 10 451	$ 9 901	$ 50 000
折旧费	$ 6 000	$ 6 000	$ 6 000	$ 6 000	$ 24 000
部门管理费	$ 3 000	$ 3 000	$ 3 000	$ 3 000	$ 12 000
公司管理费	$ 7 500	$ 7 500	$ 7 500	$ 7 500	$ 30 000
经营费用合计	$ 74 093	$ 53 574	$ 47 978	$ 45 355	$ 221 000
经营收益	$ 39 907	$ 32 826	$ 36 022	$ 41 045	$ 149 800

编制顾客成本层级(见表3－27)。

表3－27　顾客成本层级

资源成本	成本层级
产品处理成本	数量级
订单获取成本	批次级
运费	批次级
客户拜访成本	顾客维持级
广告费	分销渠道级
折旧费用	销售维持级
部门管理费	销售维持级
公司管理费	销售维持级

确定与顾客直接相关的资源成本的分配率(见表3－28)。

表3－28　顾客级成本的分配率

资源成本	产品处理	订单获取	运输	客户拜访
	$ 75 000	$ 7 000	$ 20 000	$ 3 000
成本动因	销量(个)	订单数量(个)	运输量(次)	访客数量(次)
GE	22 800	30	40	10
HENG	14 400	16	30	8
SU	12 000	12	20	1
MARS	10 800	12	10	1
合计	60 000	70	100	20
分配率	$ 1.25	$ 100.00	$ 200.00	$ 150.00

进行顾客盈利能力分析(见表 3 - 29)。

表 3 - 29 顾客盈利能力分析

	GE	HENG	SU	MARS
销量(个)	22 800	14 400	12 000	10 800
销售收入($ 20)	$ 387 600	$ 259 200	$ 228 000	$ 216 000
减:销货成本($ 12)	$ 273 600	$ 172 800	$ 144 000	$ 129 600
毛利	$ 114 000	$ 86 400	$ 84 000	$ 86 400
经营费用				
产品处理费	$ 28 500[a]	$ 18 000	$ 15 000	$ 13 500
订单获取费	$ 3 000[b]	$ 1 600	$ 1 200	$ 1 200
运费	$ 8 000[c]	$ 6 000	$ 4 000	$ 2 000
客户拜访费	$ 1 500[d]	$ 1 200	$ 150	$ 150
顾客级成本的合计值	$ 41 000	$ 26 800	$ 20 350	$ 16 850
顾客级经营收益	$ 73 000	$ 59 600	$ 63 650	$ 69 550

a:22 800 个×$ 1.25/个 = $ 28 500

b:30 个订单×$ 100/订单 = $ 3 000

c:40 次运输×$ 200/运输 = $ 8 000

d:10 次拜访×$ 150/拜访 = $ 1 500

表 3 - 29 显示了,GE 公司向 FENG 公司提供了最多的顾客级经营收益。

EQ3. 3 - 1

FENG 公司有 4 个客户,它们的收入和费用见表 3 - 30。

表 3 - 30 FENG 公司 4 个客户的相关数据

	A	B	C	D
销量(个)	10 000	20 000	35 000	50 000
销售收入	$ 100 000	$ 150 000	$ 200 000	$ 250 000
销货成本	$ 50 000	$ 60 000	$ 70 000	$ 75 000
运费	$ 10 000	$ 25 000	$ 30 000	$ 50 000
订单处理成本	$ 15 000	$ 20 000	$ 25 000	$ 30 000
管理费用	$ 30 000	$ 30 000	$ 30 000	$ 30 000
折旧费用	$ 20 000	$ 20 000	$ 20 000	$ 20 000
电费	$ 10 000	$ 10 000	$ 10 000	$ 10 000
经营收益(亏损)	($ 35 000)	($ 15 000)	$ 15 000	$ 35 000

对于每个出售的产品,哪个客户提供了最高的顾客级经营收益?(　　)

A. A 客户　　B. B 客户　　C. C 客户　　D. D 客户

第
3
章

【答案】A

【考点】计算顾客级经营收益

顾客级成本包括:数量级成本、批次级成本和顾客维持级成本。

在 FENG 公司的案例中,运费和订单处理费应包括在顾客盈利能力分析。

单位顾客级利润:

$$A=\frac{\$100\ 000-\$50\ 000-(\$10\ 000+\$15\ 000)}{10\ 000\ 个}=\$2.5/个$$

$$B=\frac{\$150\ 000-\$60\ 000-(\$25\ 000+\$20\ 000)}{20\ 000\ 个}=\$2.25/个$$

$$C=\frac{\$200\ 000-\$70\ 000-(\$30\ 000+\$25\ 000)}{35\ 000\ 个}=\$2.14/个$$

$$D=\frac{\$250\ 000-\$75\ 000-(\$50\ 000+\$30\ 000)}{50\ 000\ 个}=\$1.9/个$$

3.3.2 投资中心的财务绩效指标

1. 投资回报率

(1) 定义

投资回报率(return on investment,ROI)等于利润指标除以投入经营单位的投资金额指标。投资回报率是投资中心最常见的短期财务指标。

作为一个百分比值,投资回报率关注的是投资效率。百分比值越大,投资回报率越高。

(2) 公式

投资回报率的公式有两种形式。

$$ROI=\frac{EBIT}{A} \tag{3.3.1}$$

在公式(3.3.1)中:

EBIT——投资中心的经营收益;

A——经营单位的资产。

$$ROI=ROS\times AT \tag{3.3.2}$$

在公式(3.3.2)中:

ROS——销售回报率$=\frac{息税前收益}{销售收入}$;

AT——资产周转率$=\frac{销售收入}{经营单位的资产}$。

投资回报率为战略经营单位未来的经营活动提供了指南,因为销售回报率与资产周转率之间的关系类似于函数 $y=1/x$,见图 3-31。

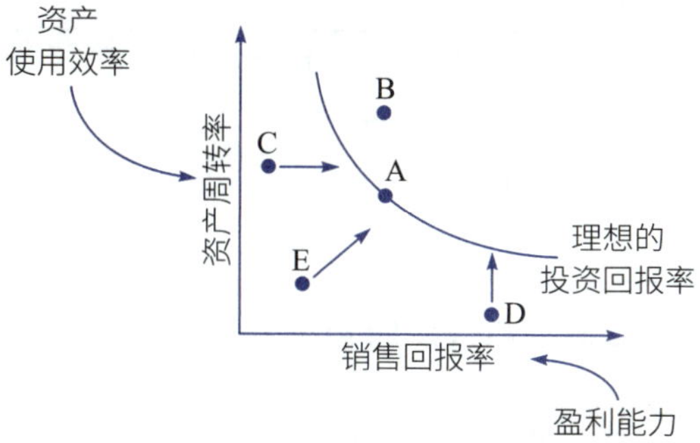

图 3-31　投资回报率的分解

如果投资中心位于：

A 点，则其投资回报率等于市场中的理想回报率；

B 点，则其投资回报率大于市场中的理想回报率；

C 点，则其投资回报率小于市场中的理想回报率，未来需要更多地关注如何提高销售利润率；

D 点，则其投资回报率小于市场中整体的回报率，提高资产周转率更为重要；

E 点，则投资回报率小于市场中整体的回报率，未来既需要提高利润率，也需要提高资产周转率。

例 3.3-2

FENG 公司有三家投资中心 X、Y 和 Z。这三家投资中心在 20×1 年和 20×2 年的经营收益、资产和销售收入见表 3-31。

表 3-31　与投资回报率相关的财务数据

投资中心	经营收益		资产		销售收入	
	20×1 年	20×2 年	20×1 年	20×2 年	20×1 年	20×2 年
X	$ 50 000	$ 36 000	$ 200 000	$ 250 000	$ 500 000	$ 550 000
Y	$ 108 000	$ 126 000	$ 600 000	$ 750 000	$ 720 000	$ 900 000
Z	$ 55 440	$ 69 000	$ 280 000	$ 300 000	$ 308 000	$ 345 000
合计	$ 213 440	$ 231 000	$ 1 080 000	$ 1 300 000	$ 1 528 000	$ 1 795 000

表 3-32 展示了三家投资中心及 FENG 公司整体的投资回报率。

表 3-32　三家投资中心和 FENG 公司的投资回报率

投资中心	销售回报率		资产周转率		投资回报率	
	20×1 年	20×2 年	20×1 年	20×2 年	20×1 年	20×2 年
X	10%	7%	2.50	2.20	25.00%	14.40%
Y	15%	14%	1.20	1.20	18.00%	16.80%

续表

投资中心	销售回报率		资产周转率		投资回报率	
	20×1 年	20×2 年	20×1 年	20×2 年	20×1 年	20×2 年
Z	18%	20%	1.10	1.15	19.80%	23.00%
FENG 公司	14%	13%	1.41	1.38	19.76%	17.77%

在 20×2 年，由于销售回报率和资产周转率双双下降，FENG 公司的投资回报率从 19.76%下降至 17.77%。

在 20×2 年，X 和 Y 这两家投资中心的投资回报率分别下降 10.6%和 1.2%。X 的销售回报率和资产周转率双双下降导致了该投资中心的投资回报率大幅下降。

在 20×2 年，投资中心 Z 比另外两家投资中心的业绩要好，其投资回报率高于企业整体的回报率，同比上升了 3.2%。

(3) 投资回报率计量和实施的事项

① 作为一项基于会计数据的财务指标，投资回报率的数值取决于**管理层所选择的会计原则**。

A. 不同的会计原则会产生不同的收益。

在成本上升期间，一家采用先进先出法（FIFO）的战略经营单位，比采用后进先出法（LIFO）的单位会报告更高的利润。

B. 投资回报率所使用的资产金额也受制于会计原则。

在计算投资回报率时，资产的账面净值（初始成本扣除累计折旧）被当作分母，所以年限久远的战略经营单位会更青睐投资回报率，因为它的投资回报率会高于持有很多新购置资产的战略经营单位。

C. 在使用投资回报率来评估投资中心时，应采用一套统一的会计原则及其重置成本，来确保绩效评估的一致性、可比性和公平性。

② 作为一项绩效评估的指标，投资回报率可以让高层管理者实现其战略目标。

A. 如果高层管理者希望鼓励下属部门剥离闲置资产，将闲置资产纳入投资回报率的计算中可以促使预期行为的发生，因为剥离资产会减少投资金额并提升投资回报率。

$$\text{ROI}=\frac{\text{经营收益}}{\text{使用的资产}+\text{闲置资产}}$$

B. 如果管理高层将持有闲置资产视为潜在的战略优势，将闲置资产在投资回报率的计算中排除，可以最大程度地鼓励此种行为，因为持有闲置资产也不会影响投资回报率的计算。

$$\text{ROI}=\frac{\text{经营收益}}{\text{使用的资产}-\text{闲置资产}}$$

③ 作为一项短期的会计数据，投资回报率让战略经营单位的管理者通过提高经营收益和/或降低资产来提升该指标，但是以企业长期战略竞争优势为代价的。

④ 盈利能力最强的经营单位往往不愿意投资那些投资回报率低于其部门当前投资回报率的项目，即使该项目对于组织整体而言是有利可图的。

例 3.3－3

X 部门是 FENG 公司的一个经营单位，其 20×1 年的投资回报率为 25%。FENG 公司整体的最低回报率为 15%。X 部门的管理者正在考虑是否要接受一个项目，该项目的投资金额为$ 50 000，预期的投资回报率为 18%。

X 部门不大会接受一个投资回报率只有 18%的项目，即使该项目对于企业整体而言是有利可图的。因为接受该项目会使得 X 部门的投资回报率下降（见图 3－32）。

$$\text{如果接受，X 部门的投资回报率} = \frac{\$\,50\,000 + \$\,50\,000 \times 18\%}{\$\,200\,000 + \$\,50\,000} = 23.6\%$$

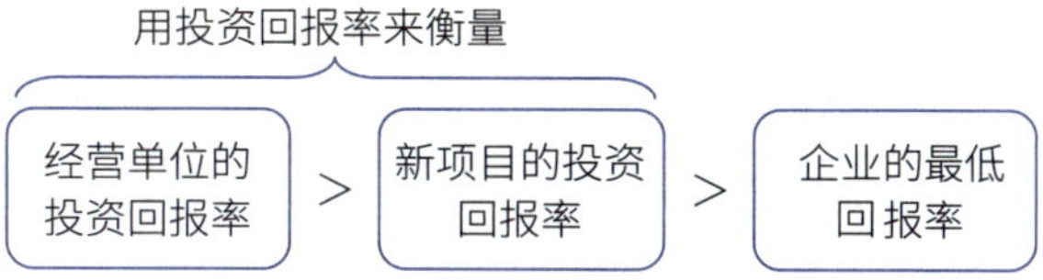

图 3－32　投资回报率会降低接受新项目的意愿

（4）投资回报率的优缺点

① 投资回报率的优点：

A．作为一个百分比式的财务指标，即使没有财务背景知识的管理者也**容易理解及运用**投资回报率。

B．由于投资回报率相对值的特质，使得它能有效地**比较投资规模不同的投资项目**。

② 投资回报率的缺点：

A．如果使用投资回报率来评估经营单位，那么管理者就没有意愿去接受那些投资回报率高于企业最低回报率，但低于部门当前投资回报率的项目。

B．作为一项绩效评估的指标，投资回报率更受老部门的青睐，因为投资回报率的计算使用的是资产的账面净值。

C．投资回报率是一项短期的财务绩效指标，几乎不会关注企业长期战略经营的问题。

2. 剩余收益

（1）定义

剩余收益（residual income，RI）是指一家经营单位的收益扣除了该单位投资成本之后的美元值。

剩余收益可以被解读为，对于高层管理者向部门投资的资本而言，经营单位在支付了投资成本之后赚取的收益。

支付的投资成本就是投资的机会成本，即从其他同等风险的投资项目中预期可以获得的最低收益。

（2）公式

剩余收益的公式有两种形式。

$$RI = EBIT - I \times MRR \tag{3.3.3}$$

在公式(3.3.3)中：

EBIT——投资中心或投资项目的经营收益；

I——投资中心或投资项目的资产；

MRR——企业的最低报酬率。

$$RI = I \times (ROI_P - MRR) \tag{3.3.4}$$

在公式(3.3.4)中：

I——投资项目的资产；

ROI_P——投资项目的投资回报率；

MRR——企业的最低报酬率。

根据这两个公式，一个投资项目可以被接受的条件是，当且仅当它的剩余收益大于零，或项目的投资回报率大于企业要求的最低报酬率。

$$RI > 0 = ROI_P > MRR \rightarrow \text{接受投资项目}$$

例 3.3－4

FENG 公司有三家投资中心：X、Y 和 Z。这三家投资中心 20×2 年的经营收益和资产见表 3－33。FENG 公司最低的回报率为 15%。

表 3－33　与剩余收益项目的财务数据

投资中心	经营收益	资产
X	$ 36 000	$ 250 000
Y	$ 126 000	$ 750 000
Z	$ 69 000	$ 300 000

表 3－34 展示了三家投资中心的剩余收益。

表 3－34　三家投资中心的剩余收益和投资回报率

投资中心	经营收益	资产	机会成本	剩余收益	投资回报率
X	$ 36 000	$ 250 000	$ 37 500	($ 1 500)[a]	14. 40%
Y	$ 126 000	$ 750 000	$ 112 500	$ 13 500[b]	16. 80%
Z	$ 69 000	$ 300 000	$ 45 000	$ 24 000[c]	23. 00%

a：$ 36 000－$ 250 000×15% = $ 250 000×(14. 4%－15%) = －$ 1 500

b：$ 126 000－$ 750 000×15% = $ 750 000×(16. 8%－15%) = $ 13 500

c：$ 69 000－$ 300 000×15% = $ 300 000×(23%－15%) = $ 24 000

基于剩余收益，20×2 年 Y 部门的绩效优于 X 部门和 Z 部门，因为其剩余收益最高。

(3) 作用

投资回报率的一个缺陷是，投资回报率较高的经营单位，其管理者没有意愿去投资那些投资回报率较低的项目，即使这些项目对企业整体而言是有利的(见图 3－33)。

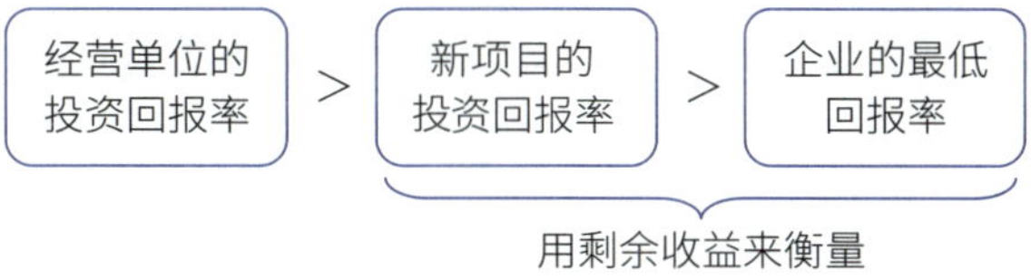

图 3－33　剩余收益会提升接受新项目的意愿

这个问题可以通过剩余收益来解决。

例 3.3－5

X 部门是 FENG 公司的一个经营单位，其 20×1 年的投资回报率为 25%。FENG 公司整体的最低回报率为 15%。X 部门的管理者正在考虑是否要接受一个项目，该项目的投资金额为$ 50 000，预期的投资回报率为 18%。

如果使用剩余收益来评估 X 部门的绩效，X 部门会接受这个投资回报率为 18% 的新项目，因为该项目的剩余收益是正的。

新项目的剩余收益 = $ 50 000×18% − $ 50 000×15% = $ 50 000×(18% − 15%) = $ 1 500

(4) 剩余收益的优缺点

① 剩余收益的优点：

A. 剩余收益让管理者愿意接受所有投资回报率超过最低收益率的项目，这促进了企业的目标一致。

B. 剩余收益还通过调整每个项目的最低报酬率，来考察投资风险。

② 剩余收益的缺点：

A. 剩余收益可能提供某种偏向性的评估结构，即作为绝对值的剩余收益会更青睐规模较大的战略经营单位。

B. 确定风险调整最低报酬率不是一件容易的工作。

C. 作为一项短期的财务指标，剩余收益关注的是企业短期的业绩，而不是长期的经营结果。

EQ3.3－2

FENG 公司正在考虑添加一条新的产品线。产品线预期的投资回报率大于资本成本，但小于企业当前整体的投资回报率。如果 FENG 公司接受了该项目，其剩余收益将会(　　)。

A. 上升　　B. 维持不变

C. 下降　　D. 超过企业的投资回报率

【答案】A

【考点】理解剩余收益

RI = 投资金额×(项目的投资回报率 − 最低回报率)

项目的回报率大于资本成本→项目的投资回报率>最低回报率→剩余收益>0
资本成本等同于最低回报率。

3.3.3 平衡计分卡

1. 基础

平衡计分卡(balanced scorecard,BSC)是指一种包括了企业4种关键成本因素的会计报告,即财务业绩、客户满意度、内部流程和学习与成长(见图3-34)。

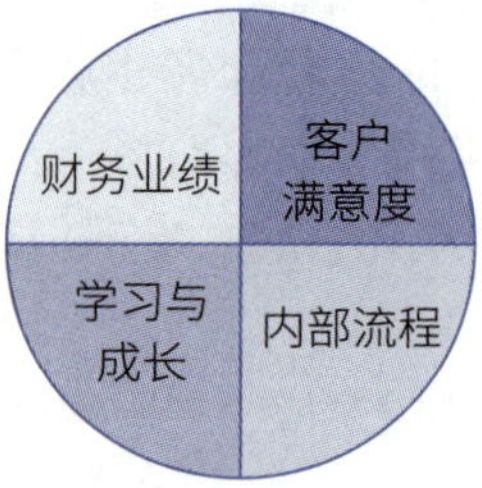

图3-34 平衡计分卡的4个要素

平衡计分卡通过强调4个关键成功因素,根据企业的长期战略目标来协调业务活动。平衡计分卡在战略实施和绩效评估中都起到了非常重要的作用。

2. 用于绩效评估的平衡计分卡

(1)平衡计分卡的诞生

1992年,卡普兰和诺顿在《哈佛商业评论》上发表了一篇名为**《平衡计分卡——驱动业绩的指标》("The Balanced Scorecard-Measures that Drive Performance")**的文章,这篇文章第一次描述了作为绩效评估工具的平衡计分卡。两位作者认为,传统的财务绩效模式无法满足IT时代绩效评估的要求,因为基于无形资产投入的产出无法仅仅通过一系列财务指标来进行有效的衡量。

新的绩效评价体系应该由多种要素构成,包括财务业绩、客户满意度、内部流程和学习与成长。在很大程度上,企业战略目标的实现取决于对这4个关键成功因素进行有机的整合。

(2)与每个维度相关的细分指标

① **财务业绩**——衡量盈利能力和市场价值。

A. 销售收入:销售预测准确度、销售回报率、销售增长趋势。

B. 流动性:资产、存货、应收账款周转率、现金流量。

C. 获利能力:收益增长率、投资回报率、剩余收益、经济附加值。

D. 市值:市场增值、股价、债券评级。

② **客户满意度**——衡量品质、服务和低成本。

A. 市场份额:整体市场份额、市场份额增长率、品牌美誉度和认知度。

B. 客户获得:新顾客数量、面向新客户的总销售额。

C. 客户满意度:客户退货、客户投诉、客户调查。

D. 客户保留:各类客户的保留率、客户增长率。

E. 质量:质保费。

F. 及时性:订货至交货所需的时间、及时送货次数。

③ **内部流程**——衡量企业生产产品或服务的效率和效用。

A. 生产率:生产周期、效用、效率、差异、废料。

B. 质量:次品、退货、废料、返工、质保、质检。

C. 安全性:事故、保险索赔、事故后果。

D. 加工时间:安装调试时间、周转时间、订货交付时间。

E. 品牌管理:广告数量、调查、最新报道。

④ **学习与成长**——衡量企业开发和利用人力资源来满足其当前和未来战略目标的能力。

A. 技能发展:员工培训时间、技能提升、管理者的胜任能力。

B. 员工激励和授权:员工平均建议数量、已采纳的建议。

C. 新产品:新专利新产品的数量、设计变更次数、研发技能。

D. 竞争力:员工流动率、经验、客户满意度。

E. 团队合作表现:调查、与其他团队共享成果的次数、多组合作项目的次数、激励共享所占比例、员工士气和企业文化。

3. 用于战略管理的平衡计分卡

(1) 战略地图

作为平衡计分卡的一种改进,卡普兰和诺顿于2000年在《哈佛商业评论》上发表了《执行你的战略有困难吗?用战略地图解决》("Having Trouble with Your Strategy? Then Map It"),这篇文章将平衡计分卡界定为一种战略管理的工具。

(2) 用地图描绘战略的4个维度(见图3-35)

① 卡普兰和诺顿将**财务维度**分解成增长策略和效率策略。

A. 增长策略关注的是,通过提供新的产品、进入新的市场和/或获取新的客户来提高收入。

B. 效率策略则强调通过优化成本结构和提升资产的使用效率来降低成本。

② **客户维度**要求管理者能够根据产品属性、客户关系和品牌形象来提出客户价值主张,进而构建企业的业务战略。

客户价值主张包括卓越的运营能力、紧密的客户关系和领先的产品。

③ **内部流程**的设定必须基于客户维度的价值主张。比如,卓越的运营能力是高效的内部流程的结果。

④ 最后,卡普兰和诺顿认为,**学习与成长**是战略地图的基础。

学习与成长从3个方面来支持战略的实施:人力资源、信息技术资源和组织资源。

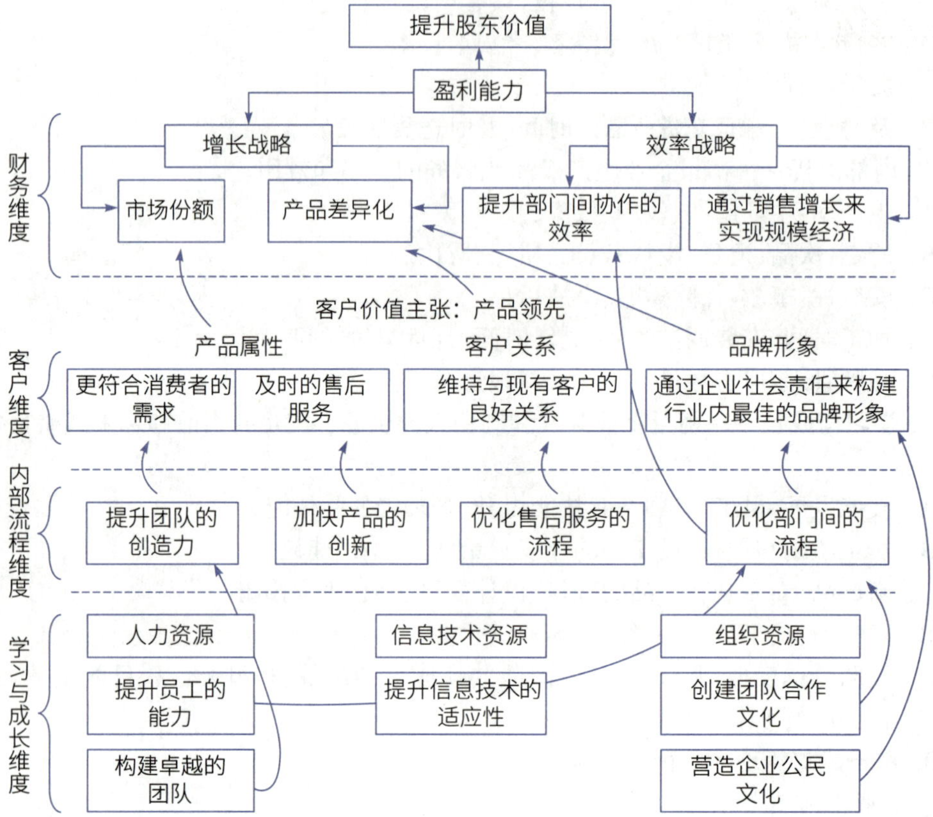

图 3－35　战略地图

EQ3.3－3

平衡计分卡通过把管理上的注意力集中在几个关键成功因素上，为企业在竞争中取胜提供了一份行动计划。请问下面哪一项不是平衡计分卡中通常强调的关键成功因素？(　　)

A．竞争对手的战略　　　　B．财务业绩指标

C．内部业务流程　　　　D．员工创新和学习能力

【答案】A

【考点】理解平衡计分卡

平衡计分卡通过 4 个关键成功因素来进行绩效评估，包括财务业绩、客户满意度、内部流程和学习与成长。

竞争对手的战略不包括在平衡计分卡中。

扫码做题
即学即练

本章思维导图

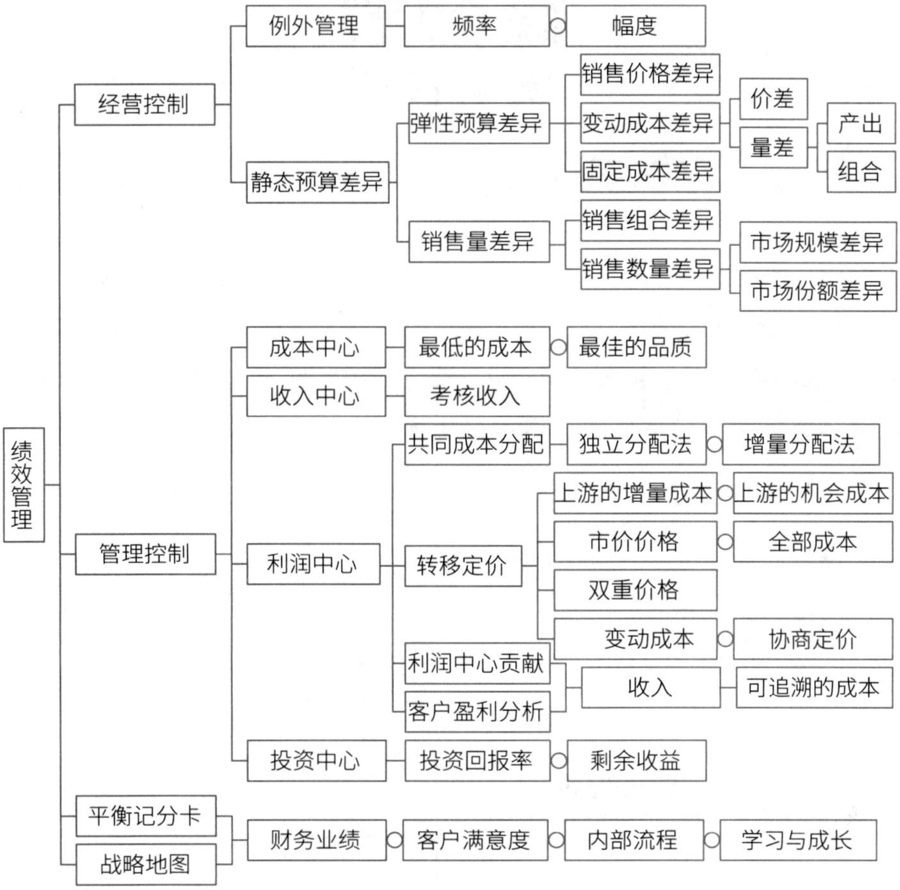

绩效管理
经营控制
例外管理
频率
幅度
静态预算差异
弹性预算差异
销售价格差异
变动成本差异
固定成本差异
价差
量差
产出
组合
销售量差异
销售组合差异
销售数量差异
市场规模差异
市场份额差异
管理控制
成本中心
最低的成本
最佳的品质
收入中心
考核收入
利润中心
共同成本分配
独立分配法
增量分配法
转移定价
上游的增量成本
上游的机会成本
市价价格
全部成本
双重价格
变动成本
协商定价
利润中心贡献
客户盈利分析
收入
可追溯的成本
投资中心
投资回报率
剩余收益
平衡记分卡
战略地图
财务业绩
客户满意度
内部流程
学习与成长

第 4 章

成本管理

管理会计源于成本会计，因此，进行有效的成本管理是管理会计师的核心任务。为了使成本管理合理化，管理会计师需要对成本进行归集和分派，并且根据企业自身的特征建立一套成本核算的体系，如分批法、分步法、作业成本法、产品生命周期成本法、产量成本法等。除了在数字上做文章之外，管理会计师还可以运用先进的生产理念和方法来提升成本管理的有效性。

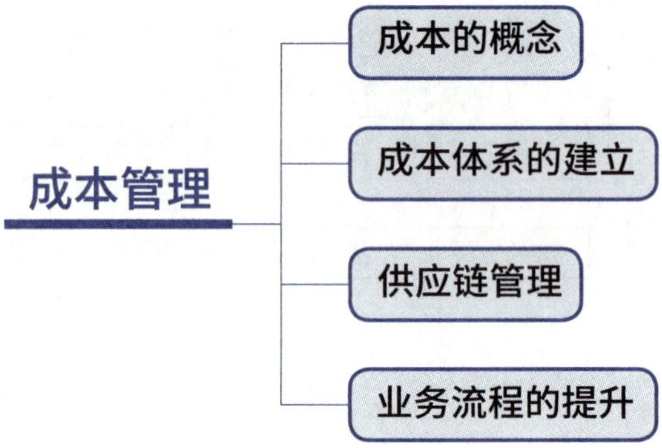

本章导学
扫码观看

4.1　计量概念

4.1.1　成本

1. 成本的相关概念

（1）基础

成本（cost）是指为了达到某一特定目的而耗费或放弃的资源。

成本会计（cost accounting）用于计量、分析和报告财务与非财务的信息，这些信息与取得或使用企业资源的成本相关。

管理会计（management accounting）用于计量、分析和报告财务与非财务的信息，这些信息可以协助管理者进行决策，最终实现企业的目标（见图 4-1）。

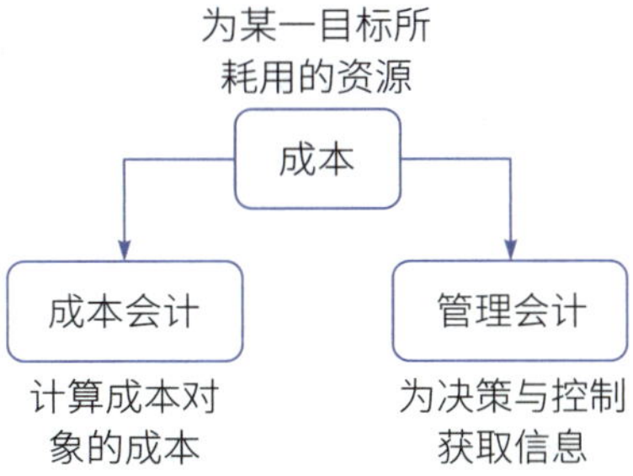

图 4-1　成本、成本会计和管理会计

（2）成本库

成本库（cost pools）是指用于成本有效归类的一些组别。

成本可以根据不同的方式进行归类，包括：

① 成本类型（人工成本库、材料成本库）；

② 来源（人力资源部、会计部）；

③ 责任（管理者 A、管理者 B）。

（3）成本对象

成本对象（cost object）是指出于某些管理目的，可以对成本进行分配的任一产品、服务、顾客、作业或组织单位（项目）。

表 4-1 列示了与 CMA 项目相关的成本对象。

表 4-1　与 CMA 项目相关的成本对象

成本对象	描述
产品	CMA 的面授课和网课
服务	后续教育，学习支持
顾客	面授课或网课的学员
作业	网络课程的录制
项目	在线题库的建设，教材的编写

（4）成本动因

① 成本动因的定义和功能。

成本动因(cost driver)是指任何会导致某一作业的成本发生变化的因素。

成本动因为管理会计师提供了两项重要的功能:

A. 将成本分配给成本对象。

B. 解释成本性态,即总成本是如何随着成本动因的变化而变化的(见图4-2)。

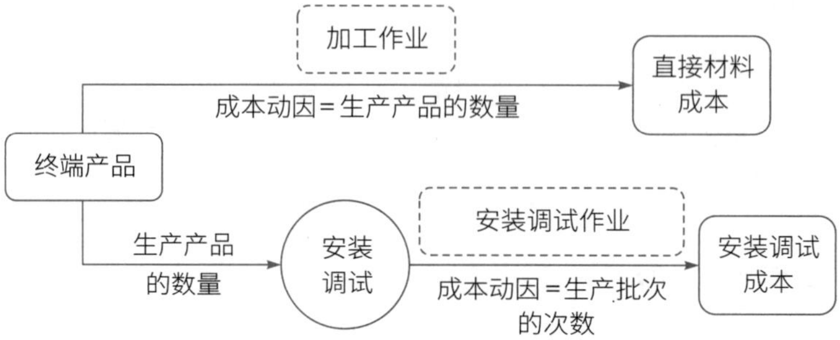

图4-2 成本、成本动因、作业和成本对象

② 成本动因的类型。

A. **基于作业的成本动因**(activity-based cost drivers)是指在价值链上通过作业分析识别而得的一系列作业或业务职能,这些作业或业务职能逐步地累积消费者感知并使消费者认可产品或服务的价值。

此类成本动因的实例包括安装调试、工程调试和加工。

B. **基于数量的成本动因**(volume-based cost drivers)与产量有关。

基于数量的成本动因的实例有直接材料成本和直接人工成本,这些成本直接随着产量的变化而变化。

C. **结构成本动因**(structural cost drivers)本质上具有战略属性,涉及那些会产生长期影响的计划和决策,例如,规模、经验、技术和复杂性。

a. 规模经济会使得规模更大的企业产生更低的综合成本。

b. 企业拥有丰富的生产和销售经验的员工,其研发、生产和分销的成本将会更低。

c. 新技术可以大幅降低设计、生产、分销和客服的成本。

d. 经营多种产品的企业,其生产流程的计划与管理成本会很高,上游的产品开发成本和下游的分销服务成本也会很高。

D. **执行成本动因**(executional cost drivers)是指企业在短期内可以进行管理的,用于降低成本的因素,例如,员工的参与、生产流程的设计和与供应商的关系。

a. 与员工有良好关系的企业能大幅降低经营成本。

b. 生产技术的创新可以让企业大幅降低制造成本。

c. 与供应商建立良好的关系可以部分地为企业创建低成本的优势,因为这些供应商提供的产品可以满足企业明确的要求。

2. 成本的划分

(1) 直接成本与间接成本

把成本划分成直接成本和间接成本,目的是将这些成本分派给成本对象,从而确定在财报上报告的销货成本和期末存货的金额。

① 直接成本。

直接成本(direct cost)是指可以便捷且经济地直接追溯到某一成本对象上的成本。

“直接”意味着成本与成本对象之间有明确的关系。用来生产一张课桌的木料成本就是典型的直接成本,因为它可以直接地追溯到课桌上,或者说木料成本与课桌之间的关系是可以被轻易识别的。

A. **直接材料成本**(direct materials cost)包括在产品中消耗的材料成本及其合理分配的废料和次品成本。

B. **直接人工成本**(direct labor cost)包括在产品生产或服务提供中所耗用的人工。

② 间接成本。

间接成本(indirect cost)是指无法便捷且经济地直接追溯到某一成本对象上的成本。间接制造成本亦称为**工厂/制造费用**(factory overhead)。

“间接”并不意味着成本与成本对象之间没有关系,而是没有那种可以被轻易识别的关系。维修木材切割机所花费的维修成本就被视为间接成本,因为它不能轻易地追溯到课桌上。

A. **间接材料成本**(indirect materials cost)是指在生产过程中耗用的材料成本,但是这些材料又不是终端产品有形的构成部分。

出于便捷和经济可行的目的,占到材料成本很小一部分的直接材料,如胶水和钉子,通常不直接追溯到每个产品上,而是计入间接材料。

B. **间接人工成本**(indirect labor cost)包括监管、质量控制、质检、采购与验收,以及其他支持生产的成本。

③ 主本成与转换成本。

在成本会计中,包含直接材料和直接人工的成本被称为**主成本**(prime cost),而**转换成本**(conversion cost)则是把直接人工和制造费用合并成一个金额。

④ 成本追溯与分配。

在把制造成本**分派**给成本对象时,需要用到两种方法:追溯和分配(见图 4-3)。

A. **成本追溯**(cost tracing)这个术语用来描述将直接成本分派给某一特定的成本对象。

B. **成本分配**(cost allocation)这个术语用来描述将间接成本分派给某一特定的成本对象。

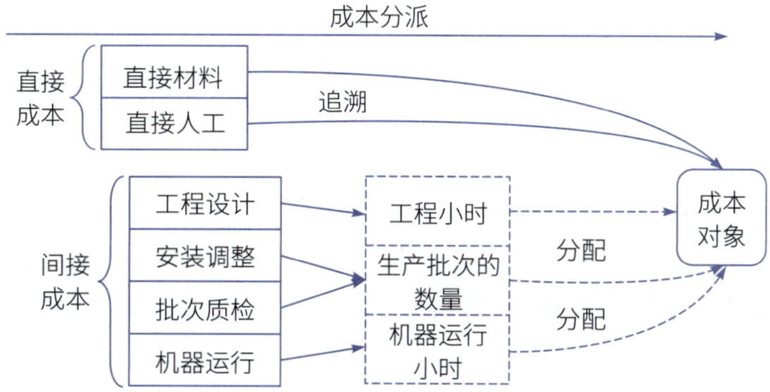

图 4-3　将制造成本分派给成本对象

(2) 变动成本与固定成本

① 变动成本和固定成本的相关概念。

变动成本(variable cost)是指随着总作业水平或数量的变化而按一定比例关系变化的成本。

固定成本(fixed cost)是指在一段时间内总量不会发生变化的成本,即使总作业水平或数量发生较大幅度的变化。

混合成本(mixed cost)是指当成本包括变动和固定要素时的总成本,也称为**半变动成本**(semi-variable cost)。

变动成本和固定成本用于让管理者实施决策和控制(见图 4-4)。

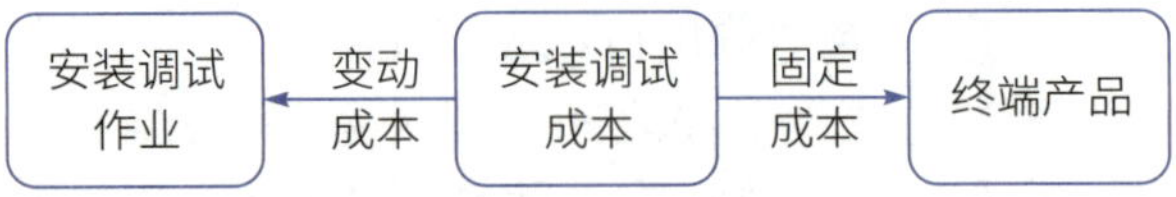

图 4-4 理解变动成本和固定成本

第
4
章

② 变动成本和固定成本的结构。

变动成本和固定成本的结构见图 4-5。

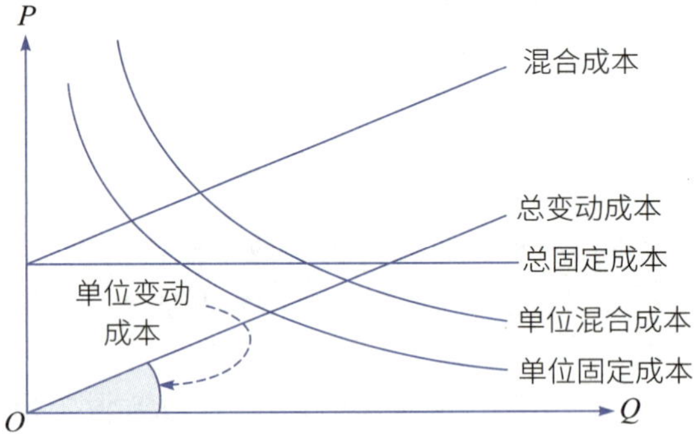

图 4-5 变动成本和固定成本的结构

③ 变动成本和固定成本的确定。

变动成本和固定成本应该在一个相关范围内才能予以确定。

相关范围(relevant range)是指一段正常的作业水平或产量的区间。在该区间内,作业水平或产量与所涉及的成本之间有一个清晰、明确的关系。

在一个相关范围内,总固定成本与单位变动成本维持不变,而单位混合成本与单位固定成本随着产量的增加而递减。

例 4.1-1

FENG 公司正在分析 3 种成本,见表 4-2。

表 4 - 2　相关范围内的变动成本和固定成本

成本		产出水平		
		10 000	12 000	15 000
总金额	A 成本	$ 25 000	$ 29 000	$ 35 000
	B 成本	$ 10 000	$ 15 000	$ 15 000
	C 成本	$ 15 000	$ 18 000	$ 22 500
单位金额	A 成本	$ 2. 50	$ 2. 42	$ 2. 33
	B 成本	$ 1. 0	$ 1. 25	$ 1. 0
	C 成本	$ 1. 50	$ 1. 50	$ 1. 50

有两个相关范围：产出水平从 10 000 个到 12 000 个和产出水平从 12 000 个到 15 000 个。

在这两个相关范围内，固定成本（B 成本）从 $ 10 000（第 1 个区间内）变化到 $ 15 000（第 2 个区间内）。C 成本是变动的，因为其单位值是不变的。A 成本可以确定为混合成本，因为产量增加时，其单位值在递减。

3. 产品成本和期间成本

（1）产品成本

在制造业企业中，**产品成本（product cost）**也称为**存货成本（inventoriable cost）**，包括直接材料、直接人工和制造费用。

存货成本是一个产品的所有成本。在这些成本发生时，它们在资产负债表上被视为资产；在出售产品时，这些成本就变成了销货成本，报告在利润表上。

一般而言，在资产负债表的存货项目上，有 3 个账户被用来核算产品成本：原材料、在产品和完工品。这 3 个存货账户的结构见表 4 - 3。

表 4 - 3　与产品成本相关的 3 个存货账户

存货账户	发生或增加的成本	转出的成本
原材料	材料采购	用于生产的材料成本
在产品	耗用的材料成本	完工品成本（COGM）
	人工成本	
	制造费用	
完工品	完工品成本	销货成本（COGS）

期初存货成本（原材料）+材料采购成本 = **材料耗用成本**+期末存货成本（原材料）

材料耗用成本+人工成本+制造费用 = **制造成本**

期初在产品成本+**制造成本** = **完工品成本**+期末在产品成本

期初存货成本（完工品）+**完工品成本** = **销货成本**+期末存货成本（完工品）

（2）期间成本

期间成本(period cost)是指用于管理企业和销售产品所发生的非制造成本。

包括营销、分销和客服成本在内的期间成本会在它们发生的会计期间内作为费用被处理，因为它们预期会增加该期的收入，而不是未来会计期的收入。

有些成本，比如研发成本，也作为期间成本来处理，因为虽然这些成本会增加未来的收入(如果研发成功的话)，但是这些好处是否会发生、何时发生都是高度不确定的。

例 4.1-2

FENG 公司生产并销售一款产品 X。该公司正在利用财务信息来计算其经营收益，见表 4-4、图 4-6。

表 4-4 FENG 公司的财务数据

存货	1月1日	12月31日
原材料	$ 2 000	$ 6 000
在产品	12 000	20 000
完工品	8 000	15 000
其他信息		**12月31日**
原材料采购		$ 80 000
直接人工		$ 12 000
制造费用		$ 6 000
期间成本		$ 55 000
销售收入		$ 180 000

直接材料成本 = 期初余额 + 材料采购 - 期末余额 = $ 2 000 + $ 80 000 - $ 6 000 = $ 76 000

总制造成本 = 直接材料 + 直接人工 + 制造费用 = $ 76 000 + $ 12 000 + $ 6 000 = $ 94 000

完工品成本(COGM) = $ 12 000+$ 94 000-$ 20 000 = $ 86 000

销货成本(COGS) = $ 8 000+$ 86 000-$ 15 000 = $ 79 000

毛利 = $ 180 000-$ 79 000 = $ 101 000

经营收益 = $ 101 000-$ 55 000 = $ 46 000

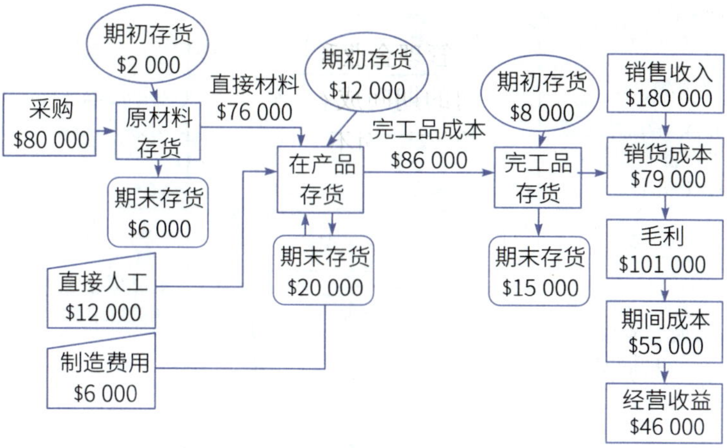

图 4-6　FENG 公司收入与成本的流转

EQ4.1-1

在实践中，生产学校桌椅所用的木螺钉和木工胶水的成本最有可能计入(　　)。

A. 直接人工　　B. 制造费用

C. 直接材料　　D. 期间费用

【答案】B

【考点】理解成本的划分

出于便捷和经济可行的目的，占到材料成本很小一部分的直接材料，如胶水和钉子，通常不直接追溯到每个产品上，而是计入间接材料。

4.1.2　吸收成本法与变动成本法

1. 存货成本范围的差异

(1) 吸收成本法

吸收成本法(absorption costing，AC)，也称为**全额成本法**(full costing)，是一种存货成本计量的方法，该方法把所有的变动制造成本(直接的和间接的)和固定制造成本都包括在存货成本中。

(2) 变动成本法

变动成本法(variable costing，VC)，也称为**直接成本法**(direct costing)，是一种存货成本计量的方法，该方法将所有的变动制造成本(直接的和间接的)包括在存货成本中。

吸收成本法和变动成本法的成本结构见图 4-7。

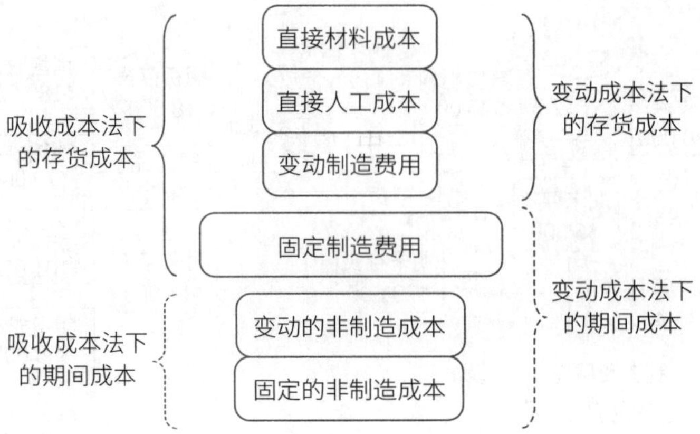

图 4－7　吸收成本法和变动成本法的成本结构

所有实际发生的固定制造费用都被**排除在**存货成本之外,且在其发生的期间内作为期间成本处理。

第4章

例 4.1－3

FENG 公司从 20×1 年开始其经营活动。20×3 年,该公司的会计师计算了过去 3 年的经营收益用于比较。表 4－5 列示了标准成本的信息。

表 4－5　标准价格和成本

售价	$ 500
直接材料	$ 50
直接人工	$ 30
变动制造费用	$ 20
单位总变动制造费用	$ 100
固定制造费用(基于 5 000 个的基准作业水平)	$ 600 000
单位固定制造费用($ 600 000/5 000)	$ 120
单位总制造成本	$ 220
单位变动营销成本	$ 30
固定营销成本	$ 200 000

A. 单位存货成本。

吸收成本法:$ 50+$ 30+$ 20+$ 120＝$ 220

变动成本法:$ 50+$ 30+$ 20＝$ 100

B. 期间成本总额。

吸收成本法:$ 30×销量+$ 200 000

变动成本法:$ 600 000+$ 30×销量+$ 200 000

2. 经营收益的差异

(1) 吸收成本法

① 固定制造费用。

由于固定制造费用包含在存货成本中,所以对于利润表上扣除的销货成本而言,它应该计入该成本金额的计算。

在利润表上扣除的固定制造费用的金额受制于销量与产量的差异。由于固定制造费用直接与实际产能相关,所以它不会随着产量的变化而变化。因此,实际发生的固定制造费用等于预算的固定制造费用,即使实际产量大于或小于预算产量,除非产能发生了变化。

此外,实际发生的固定制造费用与分配的固定制造费用可能不一致,因此还需要对固定制造费用的差异进行调整。

$$FOH_{EX}=AFC-(P-S)\times FCU \quad (4.1.1)$$

在公式(4.1.1)中:

FOH_{EX}——利润表上扣除的固定制造费用;

AFC——实际发生的固定制造费用;

P——产量;

S——销量;

FCU——单位固定制造费用。

② 经营收益。

在吸收成本法下,经营收益等于毛利扣除期间成本。

经营收益=(总收入-销货成本)-期间成本=毛利-期间成本

例 4.1-4

FENG 公司从 20×1 年开始其经营活动,并计划投入$ 10 000 的固定制造费用来建立 1 000 个产品的实际产能。表 4-6 列示了 FENG 公司两年的产销量信息。

表 4-6　FENG 公司两年的产销量及其存货量

	20×1 年	20×2 年
期初存货(个)	0	50
实际产量(个)	900	1 050
销售量(个)	850	1 100
期末存货(个)	50	0

固定制造费用的分配率 $=\frac{\$\,10\,000}{1\,000}=\$\,10/$个

20×1 年:

分配的固定制造费用=900×$ 10=$ 9 000

少分配的固定制造费用=$ 10 000-$ 9 000 =$ 1 000

差异调整前，利润表上扣除的固定制造费用 = (0 + 900 − 50) × $ 10 = 850 × $ 10 = $ 8 500

差异调整后，利润表上扣除的固定制造费用 = $ 8 500+$ 1 000 = $ 9 500

20×2 年：

分配的固定制造费用 = 1 050×$ 10 = $ 10 500

多分配的固定制造费用 = $ 10 000−$ 10 500 = −$ 500

差异调整前，利润表上扣除的固定制造费用 = (50+1 050−0)×$ 10 = 1 100×$ 10 = $ 11 000

差异调整后，利润表上扣除的固定制造费用 = $ 11 000+(−$ 500) = $ 10 500

利润表上扣除的固定制造费用的计算过程如下。

20×1 年：

(0+900 − 50) × $ 10 + [$ 10 000 − (900 × $ 10)] = $ 10 000 − 900× $ 10 + 850 × $ 10 = $ 10 000−(900−850)×$ 10 = $ 9 500

20×2 年：

(50+1 050−0)×$ 10+[$ 10 000−(1 050×$ 10)] = $ 10 000−(1 050−1 100)×$ 10 = $ 10 500

---

(2) 变动成本法

因为固定制造费用被视为期间成本，所以其总额会在利润表上全额扣除。

变动成本法使用的是边际贡献而不是毛利，所以经营收益等于边际贡献扣除总固定成本。

经营收益 = (总收入−总变动成本)−总固定成本

例 4.1 − 5

FENG 公司从 20×1 年开始其经营活动。20×3 年，该公司的会计师计算了过去 3 年的经营收益用于比较。表 4 − 7 列示了 FENG 公司 3 年产销量及存货量的信息，表 4 − 8 列示了标准价格和成本的信息。

表 4 − 7　3 年的产销量及存货量

	20×1 年	20×2 年	20×3 年
预算产量	5 000	5 000	5 000
期初存货(B)	0	1 000	500
实际产量(P)	5 000	4 000	6 000
销售量(S)	4 000	4 500	6 000
期末存货(E)	1 000	500	500

表 4－8　标准价格和成本

售价	\$ 500
直接材料	\$ 50
直接人工	\$ 30
变动制造费用	\$ 20
单位总变动制造费用	\$ 100
固定制造费用(基于 5 000 个的基准作业水平)	\$ 600 000
单位固定制造费用(\$ 600 000/5 000)	\$ 120
单位总制造成本	\$ 220
单位变动营销成本	\$ 30
固定营销成本	\$ 200 000

① 吸收成本法下的经营收益(见表 4－9)。

表 4－9　吸收成本法下的经营收益

	20×1 年	20×2 年	20×3 年
销售收入	\$ 2 000 000	\$ 2 250 000	\$ 3 000 000
销货成本(\$ 220)			
期初存货成本	\$ 0	\$ 220 000	\$ 110 000
加:变动制造成本(\$ 100)	\$ 500 000	\$ 400 000	\$ 600 000
固定制造费用(\$ 120)	\$ 600 000	\$ 480 000	\$ 720 000
减:期末存货成本	\$ 220 000	\$ 110 000	\$ 110 000
加:固定制造费用差异	\$ 0	\$ 120 000	(\$ 120 000)
销货成本	\$ 880 000	\$ 1 110 000	\$ 1 200 000
毛利	\$ 1 120 000	\$ 1 140 000	\$ 1 800 000
减:变动营销成本(\$ 30)	\$ 120 000	\$ 135 000	\$ 180 000
固定营销成本	\$ 200 000	\$ 200 000	\$ 200 000
经营收益	\$ 800 000	\$ 805 000	\$ 1 420 000

A. 20×1 年:

0(B)+5 000(P)= 4 000(S)+1 000(E)

销售收入=4 000×\$ 500=\$ 2 000 000

销货成本的计算如下:

期初存货成本=0×(\$ 100+\$ 120)= \$ 0

变动制造成本=5 000×\$ 100=\$ 500 000

分配的固定制造费用=5 000×\$ 120=\$ 600 000

期末存货成本=1 000×(\$ 100+\$ 120)= \$ 220 000

固定制造费用的差异=\$ 600 000(实际值)−\$ 600 000(分配值)= \$ 0

销货成本 = ($ 0+$ 500 000+$ 600 000−$ 220 000) +$ 0 = $ 880 000 = 4 000×($ 100+$ 120) +0

毛利 = $ 2 000 000−$ 880 000 = $ 1 120 000

期间成本的计算如下：

变动营销成本 = 4 000×$ 30 = $ 120 000

固定营销成本 = $ 200 000

总期间成本 = $ 120 000+$ 200 000 = $ 320 000

经营收益 = $ 1 120 000−$ 320 000 = $ 800 000 = {4 000×$ 500−[4 000×$ 220+($ 600 000−5 000×$ 120)]} −(4 000×$ 30+$ 200 000)

利润表上扣除的变动制造成本 = 4 000×$ 100 = $ 400 000

利润表上扣除的固定制造费用 = $ 600 000−(5 000−4 000) ×$ 120 = $ 480 000

利润表上扣除的变动期间成本 = $ 120 000

利润表上扣除的固定期间成本 = $ 200 000

B. 20×2 年：

1 000(B) +4 000(P) = 4 500(S) +500(E)

销售收入 = 4 500×$ 500 = $ 2 250 000

销货成本的计算如下：

期初存货成本 = 1 000×($ 100+$ 120) = $ 220 000

变动制造成本 = 4 000×$ 100 = $ 400 000

分配的固定制造费用 = 4 000×$ 120 = $ 480 000

期末存货成本 = 500×($ 100+$ 120) = $ 110 000

少分配的固定制造费用 = $ 600 000(实际值) −$ 480 000(分配值) = $ 120 000

销货成本 = ($ 220 000+$ 400 000+$ 480 000−$ 110 000) +$ 120 000 = $ 1 110 000 = 4 500×($ 100+$ 120) +$ 120 000

毛利 = $ 2 250 000−$ 1 110 000 = $ 1 140 000

期间成本的计算如下：

变动营销成本 = 4 500×$ 30 = $ 135 000

固定营销成本 = $ 200 000

总期间成本 = $ 135 000+$ 200 000 = $ 335 000

经营收益 = $ 1 140 000−$ 335 000 = $ 805 000 = {4 500×$ 500−[4 500×$ 220+($ 600 000−4 000 ×$ 120)]} −(4 500×$ 30+$ 200 000)

利润表上扣除的变动制造成本 = 4 500×$ 100 = $ 450 000

利润表上扣除的固定制造费用 = $ 600 000−(4 000−4 500) ×$ 120 = $ 660 000

利润表上扣除的变动期间成本 = $ 135 000

利润表上扣除的固定期间成本 = $ 200 000

C. 20×3 年：

500(B) +6 000(P) = 6 000(S) +500(E)

销售收入 = 6 000×$ 500 = $ 3 000 000

销货成本的计算如下：

期初存货成本＝500×（$100+$120）＝$110 000

变动制造成本＝6 000×$100＝$600 000

分配的固定制造费用＝6 000×$120＝$720 000

期末存货成本＝500×（$100+$120）＝$110 000

多分配的固定制造费用＝$600 000（实际值）－$720 000（分配值）＝－$120 000

销货成本＝（$110 000+$600 000+$720 000－$110 000）+（－$120 000）＝$1 200 000＝6 000×（$100+$120）+（－$120 000）

毛利＝$3 000 000－$1 200 000＝$1 800 000

期间成本的计算如下：

变动营销成本＝6 000×$30＝$180 000

固定营销成本＝$200 000

总期间成本＝$180 000+$200 000＝$380 000

经营收益＝$1 800 000－$380 000＝$1 420 000＝{6 000×$500－[6 000×$220+（$600 000－6 000×$120）]}－（6 000×$30+$200 000）

利润表上扣除的变动制造成本＝6 000×$100＝$600 000

利润表上扣除的固定制造费用＝$600 000－（6 000－6 000）×$120＝$600 000

利润表上扣除的变动期间成本＝$18 000

利润表上扣除的固定期间成本＝$200 000

② 变动成本法下的经营收益（见表 4－10）。

表 4－10　变动成本法下的经营收益

	20×1 年	20×2 年	20×3 年
销售收入	$2 000 000	$2 250 000	$3 000 000
销货成本（$100）			
期初存货成本	$0	$100 000	$50 000
加：变动制造成本（$100）	$500 000	$400 000	$600 000
减：期末存货成本	$100 000	$50 000	$50 000
销货成本	$400 000	$450 000	$600 000
减：变动营销成本（$30）	$120 000	$135 000	$180 000
边际贡献	$1 480 000	$1 665 000	$2 220 000
减：固定制造费用	$600 000	$600 000	$600 000
固定营销成本	$200 000	$200 000	$200 000
经营收益	$680 000	$865 000	$1 420 000

A. 20×1 年：

0（B）+5 000（P）＝4 000（S）+1 000（E）

销售收入＝4 000×$500＝$2 000 000

变动成本的计算如下：

销货成本：

期初存货成本＝0×$ 100＝$ 0

变动制造成本＝5 000×$ 100＝$ 500 000

期末存货成本＝1 000×$ 100＝$ 100 000

销货成本＝$ 0+$ 500 000－$ 100 000＝$ 400 000＝4 000×$ 100

变动营销成本＝4 000×$ 30＝$ 120 000

总变动成本＝$ 400 000+$ 120 000＝$ 520 000

边际贡献＝$ 2 000 000－$ 520 000＝$ 1 480 000＝4 000×[$ 500－($ 100+$ 30)]

固定成本的计算如下：

固定制造费用＝$ 600 000(实际发生值)

固定营销成本＝$ 200 000

总固定成本＝$ 600 000+$ 200 000＝$ 800 000

经营收益＝$ 1 480 000－$ 800 000＝$ 680 000＝{4 000×[$ 500－($ 100+$ 30)]}－($ 600 000+$ 200 000)

利润表上扣除的变动制造成本＝4 000×$ 100＝$ 400 000

利润表上扣除的固定制造费用＝$ 600 000

利润表上扣除的变动期间成本＝$ 120 000

利润表上扣除的固定期间成本＝$ 200 000

B. 20×2 年：

1 000(B)+4 000(P)＝4 500(S)+500(E)

销售收入＝4 500×$ 500＝$ 2 250 000

变动成本的计算如下：

销货成本：

期初存货成本＝1 000×$ 100＝$ 100 000

变动制造成本＝4 000×$ 100＝$ 400 000

期末存货成本＝500×$ 100＝$ 50 000

销货成本＝$ 100 000+$ 400 000－$ 50 000＝$ 450 000＝4 500×$ 100

变动营销成本＝4 500×$ 30＝$ 135 000

总变动成本＝$ 450 000+$ 135 000＝$ 585 000

边际贡献＝$ 2 250 000－$ 585 000＝$ 1 665 000

固定成本的计算如下：

固定制造费用＝$ 600 000(实际发生值)

固定营销成本＝$ 200 000

总固定成本＝$ 600 000+$ 200 000＝$ 800 000

经营收益＝$ 1 665 000－$ 800 000＝$ 865 000＝{4 500×[$ 500－($ 100+$ 30)]}－($ 600 000+$ 200 000)

利润表上扣除的变动制造成本＝4 000×$ 100＝$ 400 000

利润表上扣除的固定制造费用 = $ 600 000
利润表上扣除的变动期间成本 = $ 135 000
利润表上扣除的固定期间成本 = $ 200 000
C. 20×3 年：
500(B)+6 000(P)= 6 000(S)+500(E)
销售收入 = 6 000×$ 500 = $ 3 000 000
变动成本的计算如下：
销货成本：
期初存货成本 = 500×$ 100 = $ 50 000
变动制造成本 = 6 000×$ 100 = $ 600 000
期末存货成本 = 500×$ 100 = $ 50 000
销货成本 = $ 50 000+$ 600 000−$ 50 000 = $ 600 000 = 6 000×$ 100
变动营销成本 = 6 000×$ 30 = $ 180 000
总变动成本 = $ 600 000+$ 180 000 = $ 780 000
边际贡献 = $ 3 000 000−$ 780 000 = $ 2 220 000
固定成本的计算如下：
固定制造费用 = $ 600 000(实际发生值)
固定营销成本 = $ 200 000
总固定成本 = $ 600 000+$ 200 000 = $ 800 000
经营收益 = $ 2 220 000−$ 800 000 = $ 1 420 000 = {6 000×[$ 500−($ 100+$ 30)]}−($ 600 000+$ 200 000)
利润表上扣除的变动制造成本 = 6 000×$ 100 = $ 600 000
利润表上扣除的固定制造费用 = $ 600 000
利润表上扣除的变动期间成本 = $ 180 000
利润表上扣除的固定期间成本 = $ 200 000
③ 两种成本法经营收益的比较见表 4－11。

表 4－11　两种成本法经营收益的比较

	20×1 年	20×2 年	20×3 年
产量	5 000	4 000	6 000
销量	4 000	4 500	6 000
吸收成本法			
销售收入	$ 2 000 000	$ 2 250 000	$ 3 000 000
变动制造成本	$ 400 000	$ 450 000	$ 600 000
固定制造费用	$ 480 000	$ 660 000	$ 600 000
变动营销成本	$ 120 000	$ 135 000	$ 180 000
固定营销成本	$ 200 000	$ 200 000	$ 200 000

续表

经营收益	$ 800 000	$ 805 000	$ 1 420 000
变动成本法			
销售收入	$ 2 000 000	$ 2 250 000	$ 3 000 000
变动制造成本	$ 400 000	$ 450 000	$ 600 000
固定制造费用	$ 600 000	$ 600 000	$ 600 000
变动营销成本	$ 120 000	$ 135 000	$ 180 000
固定营销成本	$ 200 000	$ 200 000	$ 200 000
经营收益	$ 680 000	$ 865 000	$ 1 420 000

A. 产量与销售之间的差异。

20×1 年:5 000−4 000=1 000

20×2 年:4 000−4 500=−500

20×3 年:6 000−6 000=0

B. 经营收益的差异(吸收成本法−变动成本法)。

20×1 年:$ 800 000−$ 680 000=$ 120 000

20×2 年:$ 805 000−$ 865 000=−$ 60 000

20×3 年:$ 1 420 000−$ 1 420 000=$ 0

C. 固定制造费用的差异(吸收成本法−变动成本法)。

20×1 年:

$ 480 000−$ 600 000=−$ 120 000=[$ 600 000−(5 000−4 000)×$ 120]−$ 600 000 =($ 600 000−$ 600 000)−(5 000−4 000)×$ 120

20×2 年:

$ 660 000−$ 600 000=$ 60 000=[$ 600 000−(4 000−4 500)×$ 120]−$ 600 000 =($ 600 000−$ 600 000)−(4 000−4 500)×$ 120

20×3 年:

$ 600 000−$ 600 000=$ 0=[$ 600 000−(6 000−6 000)×$ 120]−$ 600 000=($ 600 000 −$ 600 000)−(6 000−6 000)×$ 120

---

(3) 两种成本法差异的总结

① 两种成本法在固定制造费用处理上的差异导致了经营收益的差异。

A. 如果产量大于销量,则吸收成本法在利润表上扣除的固定制造费用会更低。

因此,吸收成本法报告的经营收益会更高。

B. 如果销量大于产量,则吸收成本法用于计算利润所扣除的固定制造费用会更高。

因此,变动成本法可以赚取更多的利润。

C. 若在某一财务年度中出售了当期生产的全部产品,则两种方法在利润表上报告的固定制造费用无差异。

因此,吸收成本法的经营收益与变动成本法的经营收益完全一致。

$$EBIT_{AC}-EBIT_{VC}=(P-S)\times FCU \tag{4.1.2}$$

在公式(4.1.2)中:

$EBIT_{AC}$——吸收成本法的经营收益;

$EBIT_{VC}$——变动成本法的经营收益;

P——产量;

S——销量;

FCU——单位固定制造费用。

$$EBIT_{AC}-EBIT_{VC}=(E-B)\times FCU \tag{4.1.3}$$

在公式(4.1.3)中:

$EBIT_{AC}$——吸收成本法的经营收益;

$EBIT_{VC}$——变动成本法的经营收益;

E——期末存货量;

B——期初存货量;

FCU——单位固定制造费用。

② 经营收益与产销量之间的关系如下:

B(期初存货量)$+P$(产量)$=S$(销量)$+E$(期末存货量)

$P-S=E-B$

$P>S\rightarrow E>B\rightarrow EBIT_{AC}>EBIT_{VC}$

$P<S\rightarrow E<B\rightarrow EBIT_{AC}<EBIT_{VC}$

$P=S\rightarrow E=B\rightarrow EBIT_{AC}=EBIT_{VC}$

③ 在不调整固定制造差异的情况下,计算吸收成本法经营收益的简易方法如下:

$$EBIT_{AC}=EBIT_{VC}+(P-S)\times FCU$$

$$EBIT_{VC}=(Pr-VCU)\times S-TFC \tag{4.1.4}$$

在公式(4.1.4)中:

$EBIT_{VC}$——变动成本法的经营收益;

Pr——单位售价;

VCU——单位变动成本,包括变动制造成本和变动期间成本;

S——销量;

TFC——总固定成本,包括某一期实际发生的固定制造费用和固定期间成本。

3. 目的的差异

(1) 吸收成本法

吸收成本法的目的是给对外财务报告提供信息,因为会计准则和税法要求必须将固定制造费用包括在产品成本内。

吸收成本法的一个重要缺陷是,即使销量维持不变,它也可以让管理者在某一期通过生产更多的产品来增加利润。

例 4.1-6

20×2 年，FENG 公司使用吸收成本法，并正在计划当年的产量。表 4-12 列示了 4 种不同的产量方案。

表 4-12　吸收成本法下 4 种生产计划的经营收益

生产计划	A	B	C	D
期初存货量	1 000	1 000	1 000	1 000
产量	4 000	5 000	6 000	7 000
销量	4 500	4 500	4 500	4 500
期末存货量	500	1 500	2 500	3 500
利润表				
销售收入	$ 2 250 000	$ 2 250 000	$ 2 250 000	$ 2 250 000
销货成本（$ 220）				
期初存货成本	$ 220 000	$ 220 000	$ 220 000	$ 220 000
加：制造成本	$ 880 000	$ 1 100 000	$ 1 320 000	$ 1 540 000
减：期末存货成本	$ 110 000	$ 330 000	$ 550 000	$ 770 000
加：固定制造费用差异调整	$ 120 000	$ 0	（$ 120 000）	（$ 240 000）
销货成本	$ 1 110 000	$ 990 000	$ 870 000	$ 750 000
毛利	$ 1 140 000	$ 1 260 000	$ 1 380 000	$ 1 500 000
减：变动营销成本（$ 30）	$ 135 000	$ 135 000	$ 135 000	$ 135 000
固定营销成本	$ 200 000	$ 200 000	$ 200 000	$ 200 000
经营收益	$ 805 000	$ 925 000	$ 1 045 000	$ 1 165 000

在相同的销量水平下，产量越高，利润表上扣除的固定制造费用越少。因此，吸收成本法的经营收益受制于产销量之差。当销量低于产量时，差异越大，经营收益越高（见表 4-13）。

表 4-13　4 种生产计划扣除的固定制造费用

计划	数量		扣除的固定制造费用
	产量	销量	
A	4 000	4 500	$ 600 000-（4 000-4 500）×$ 120=$ 660 000
B	5 000	4 500	$ 600 000-（5 000-4 500）×$ 120=$ 540 000
C	6 000	4 500	$ 600 000-（6 000-4 500）×$ 120=$ 420 000
D	7 000	4 500	$ 600 000-（7 000-4 500）×$ 120=$ 300 000

（2）变动成本法

吸收成本法调节利润的问题可以通过变动成本法来解决，因为变动成本法的经营收益只随着销量的变化而变化。因此，采用变动成本法进行内部绩效评估会更合理。

由于固定成本与变动成本完全分离，这让变动成本法可以充分地关注成本动因，所以变动成本法可以有效地应用于决策和控制。

然而，变动成本法无法用于对外财务报告，因为它不符合会计准则和税法的要求。

例 4.1－7

20×2 年，FENG 公司使用变动成本法，并正在计划当年的产量。表 4－14 列示了 4 种不同的产量方案。

表 4－14　变动成本法下 4 种生产计划的经营收益

生产计划	A	B	C	D
期初存货量	1 000	1 000	1 000	1 000
产量	4 000	5 000	6 000	7 000
销量	4 500	4 500	4 500	4 500
期末存货量	500	1 500	2 500	3 500
利润表				
销售收入	$ 2 250 000	$ 2 250 000	$ 2 250 000	$ 2 250 000
销货成本（$ 100）				
期初存货成本	$ 100 000	$ 100 000	$ 100 000	$ 100 000
加：变动制造成本	$ 400 000	$ 500 000	$ 600 000	$ 700 000
减：期末存货成本	$ 50 000	$ 150 000	$ 250 000	$ 350 000
销货成本	$ 450 000	$ 450 000	$ 450 000	$ 450 000
减：变动营销成本	$ 135 000	$ 135 000	$ 135 000	$ 135 000
边际贡献	$ 1 665 000	$ 1 665 000	$ 1 665 000	$ 1 665 000
减：固定制造费用	$ 600 000	$ 600 000	$ 600 000	$ 600 000
固定营销成本	$ 200 000	$ 200 000	$ 200 000	$ 200 000
经营收益	$ 865 000	$ 865 000	$ 865 000	$ 865 000

4 种生产计划提供了相同的经营收益，因为利润只与销量有关。销量越高，利润越高。

EQ4.1－2

FENG公司对内报告采用直接(变动)成本法,使用吸收成本法进行对外财务报告。在评估企业对内和对外披露的报告时会发现,(　　)。

A. 两者对于固定销售和管理成本的处理不同

B. 向管理层报告的单位存货成本会高于向股东报告的单位存货成本

C. 向股东披露的报告中会使用边际贡献而不是毛利

D. 对内报告的收益金额会随着销售的变化而变化,而对外报告的收益金额会受到产销量的影响

【答案】D

【考点】理解吸收成本法和变动成本法

两种方法对于固定销管费用的处理是一致的。

管理层使用变动成本法而非吸收成本法来向股东报告利润。

在变动成本法下,存货成本指标包括直接材料、直接人工和变动制造费用。变动成本法的存货成本低于吸收成本法的存货成本。

变动成本法使用边际贡献,而吸收成本法采用毛利。

变动成本法的经营收益只随着销量的变化而变化。

吸收成本法产生的经营收益取决于产量和销量。

4.2 成本计算系统

4.2.1 成本系统

1. 基础

(1) 定义

成本法(costing)是指归集、分类并将直接材料、直接人工和制造费用分派给产品、服务或项目的过程。

(2) 3个要素

在设立一个特定的成本系统来满足一家企业的需求时,管理会计师必须对以下3个项目作出选择:

① 成本归集的方法;

② 成本计量的方法;

③ 成本分派的方法。

2. 成本归集

(1) 定义

成本归集(cost accumulation)是指通过一种会计系统以有组织的方式来收集成本数据的过程。

(2) 方法

不同的成本法使用不同的归集方式,不同的归集方式会产生不同的成本法。

① 如果将发生的成本归集到**每个订单或每个生产批次**，则企业使用的是**分批法**。

② 如果成本归集到**每个生产部门**，则企业使用**分步法**来核算成本是恰当的。

③ 如果能将制造费用恰当地归集到**每个作业**上，则可以应用**作业成本法**来精确地分配间接成本。

④ **生命周期成本法**用来归集发生在某一成本对象价值链上的所有成本，旨在分析该成本对象综合的盈利能力。

3. 成本计量

(1) 定义

成本计量(cost measurement)是指以实际、正常或标准金额来计量发生的成本。

(2) 3 种类型

① **实际成本法(actual costing system)**使用所有产品成本的**实际成本金额**，包括直接材料、直接人工和制造费用。

实际成本法为发生的成本提供了**准确的信息**，但是企业无法及时地获取成本信息，因为只有当成本在期末实际发生了之后，才能收集成本数据。

② **正常成本法(normal costing system)**对直接材料和直接人工使用实际成本值，对制造费用则使用成本预估值。

A. 正常成本法对制造费用进行预估，然后将其分派到企业所生产的商品上。

B. 正常成本法**及时地**提供了产品或批次生产的成本预估值。

③ **标准成本法(standard costing system)**对制造成本的 3 个要素都使用标准值，包括直接材料、直接人工和制造费用。

标准成本法为成本控制、绩效评估和流程改进提供了基础。

表 4－15 展示了 3 种成本法所使用的成本值。

表 4－15　3 种成本法所使用的成本类型

成本系统	直接材料	直接人工	制造费用
实际成本法	实际	实际	实际
正常成本法	实际	实际	预估
标准成本法	标准	标准	标准

对于差异分析而言，表 4－15 表明实际成本法是不会产生差异的，正常成本法只会产生制造费用的差异，而标准成本法下的直接材料、直接人工和制造费用都会产生差异。

4. 成本分派

(1) 定义

成本分派(cost assignment)是指将成本分派给成本库或是从成本库分派给成本对象的过程，包括追溯和分配(见图 4－8)。

(2) 流程

① 直接成本可以直接地追溯到一个成本对象上。

② 间接成本需要根据**以数量为基础的动因**或**以作业为基础的动因**将成本分配到一个成本对象上。

图 4-8 成本分派:追溯和分配

4.2.2 分批法

1. 基础

(1) 定义

分批法(job costing)是指一种产品成本系统归集成本,然后将其分派给特定的批次、客户、项目或合同。

在分批法下,**批次**(job)是指一个成本对象,可以是一个单位或多个单位的独特产品或服务。

(2) 适用性

当为某一个批次发生的大多数成本都能清晰地识别出是用于某一特定的产品、产品批次、客户订单、合同或项目时,采用分批法就是合适的。

使用分批法的企业,涉及的行业包括建筑业、印刷业、特种设备制造业、造船业、定制家具业、专业服务、医疗服务、广告业等。

(3) 成本法

分批法将发生的成本归集到每个批次上。

直接材料和直接人工的计量使用实际值,而制造费用的计量则使用正常(预估)值。因此,在分批成本系统中,使用的是**正常成本法**。

归集后的成本用来分派给每个批次的产品。

2. 核算流程

(1) 直接材料和直接人工

在分批法下,**直接材料**和**直接人工**发生的**实际金额**记录在批次成本单上。

(2) 制造费用

① 正常成本法根据预估的分配率将制造费用分配给每个批次。

② 预设分配率计算的 4 个步骤如下:

A. 预估一个经营期(通常是一年)内的制造费用。

B. 选择适当的用于费用分配的成本动因。

C. 预估一个经营期内所选成本动因的发生总值。

D. 将预估的年制造费用除以预估的成本动因值来计算分配率。

a. $分配率=\dfrac{预估的年制造费用}{预估的年成本动因值}$。

b. 如果在分配所有部门的间接制造成本时只计算一个分配率，则企业使用的是**全厂分配率**(plantwide rate)法。

当企业中每个生产部门发生的制造费用及其所使用的成本动因都非常**相似**时，使用全厂分配率是恰当的。

c. 每个部门都计算其自身的分配率，这种方式被称为**部门分配率**(departmental overhead rate)**法**。

当每个部门制造费用的金额及其成本动因都**有很大的差异**时，部门分配率就会更加有效。

③ 分配给每个批次的制造费用的金额取决于分配率和所选成本动因耗用在该批次上的数量。

$$分配的制造费用 = SP \times AMCD \tag{4.2.1}$$

在公式(4.2.1)中：

SP——预设的分配率；

AMCD——每个批次实际耗用的成本动因的数量。

④ 根据预设率进行分配可能会导致制造费用的分配值不同于制造费用的实际发生值。

分配值>实际值→**多分配**(overapplication)

分配值<实际值→**少分配**(underapplication)

⑤ 对制造费用的差异调整有两个方法：

如果差异**金额不大**，**调整销货成本账户**即可。

如果差异**金额较大**，则需要通过按一定的比例将费用差异分配至当期包含了制造费用分配值的账户，即**在产品存货**账户、**完工品存货**账户和**销货成本**账户(见图 4-9)。

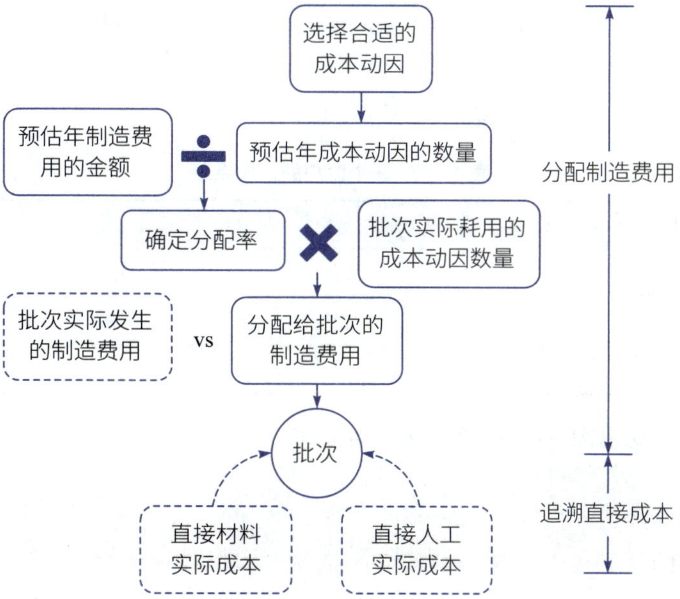

图 4-9 分批法总览

第4章

例 4.2-1

FENG 公司是一家制造业企业,有 3 个生产部门。该公司使用分批法来核算其制造成本。3 个生产部门全年预算的制造费用和成本动因的数量,见表 4-16。

表 4-16 3 个部门预算的制造费用和成本动因数量

部门	制造费用	成本动因	成本动因数量(个)
X	$ 200 000	机器小时(MH)	10 000
Y	$ 300 000	直接人工工时(DLH)	40 000
Z	$ 100 000	直接人工工时(DLH)	10 000

目前正在生产的一个批次为 1014 号订单。该批次产品总的材料成本为$ 95 000,其中$ 90 000 是直接材料,而$ 5 000 为间接材料。X 部门耗费了 750 个机器小时来处理该批次的材料。

总人工成本为$ 56 000,其中$ 50 000 为直接人工(2 000 个直接人工工时),$ 6 000 为间接人工。

X 部门在材料处理上耗用了 500 个直接人工工时。在 Y 部门中,耗费了 1 000 个直接人工工时用于装配配件;在 Z 部门中,耗费了 500 个直接人工工时用于完工品的抛光。

1014 号订单实际发生的制造费用为$ 19 000。

FENG 公司采用全厂分配率法,根据直接人工工时来分配制造费用。

FENG 公司全年预算的制造费用为$ 600 000,该年度预算的人工工时为 50 000 小时。该年度实际发生的制造费用为$ 658 000,在生产过程中耗用的直接人工工时为 48 000 个小时。

截至年末,3 个账户的期末余额见表 4-17。

表 4-17 3 个账户的期末余额

账户	余额
在产品控制	$ 40 000
产成品控制	$ 120 000
销货成本	$ 1 440 000

10104 号批次分批法的成本流转见图 4-10。

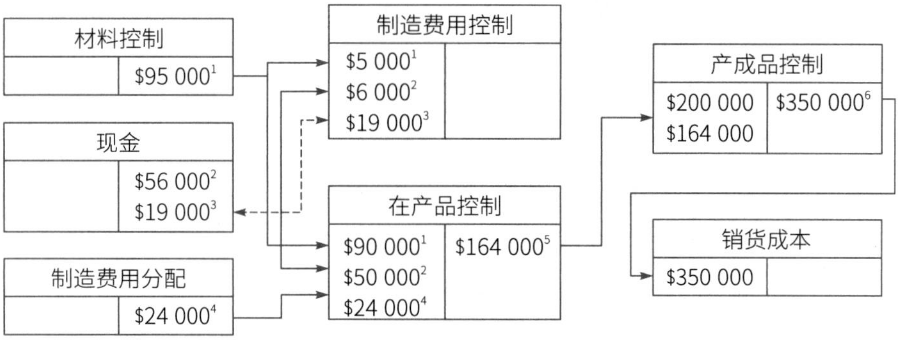

图 4－10　1014 号批次分批法的成本流转

A．将直接材料和直接人工成本追溯至 1014 号批次。

直接材料和直接人工成本分别以实际值＄90 000 和＄50 000 计入在产品控制账户（见表 4－18）。

表 4－18　记录直接材料和直接人工

在产品控制	＄140 000	
材料控制		＄90 000
现金（人工成本）		＄50 000

B．将制造费用分配给 1014 号批次。

全厂分配率法（见表 4－19）。

表 4－19　记录使用全厂分配率的制造费用分配值

在产品控制	＄24 000	
制造费用分配		＄24 000

$$\text{分配率}=\frac{\$\,600\ 000}{50\ 000\text{DLHs}}=\$\,12/\text{DLH}$$

分配给 1014 号批次的制造费用＝＄12/DLH×2 000 DLHs＝＄24 000

部门分配率法（见表 4－20、表 4－21）。

表 4－20　记录使用部门分配率的制造费用分配值

在产品控制	＄27 500	
制造费用分配		＄27 500

表 4－21　记录实际发生的制造费用

制造费用控制	＄30 000	
材料控制		＄5 000
现金		＄25 000

$$\text{X 部门的分配率}=\frac{\$\,200\ 000}{10\ 000\text{DLHs}}=\$\,20/\text{MH}$$

$$Y\text{ 部门的分配率}=\frac{\$\,300\,000}{40\,000\text{MHs}}=\$\,7.50/\text{DLH}$$

$$Z\text{ 部门的分配率}=\frac{\$\,100\,000}{10\,000\text{MHs}}=\$\,10/\text{DLH}$$

分配给 1014 号批次的制造费用 = $ 20/MH×750 MHs + $ 7.50/DLH×1 000 DLHs + $ 10/DLH×500 DLHs = $ 27 500

C. 调整年末制造费用的差异(见表 4 – 22)。

表 4 – 22 实际的制造费用与分配的制造费用

制造费用控制		制造费用分配	
$ 658 000			$ 576 000

制造费用的实际值 = $ 658 000

制造费用的分配值(全厂分配率) = $ 12/DLH×48 000 DLHs = $ 576 000

少分配的制造费用 = $ 658 000 – $ 576 000 = $ 82 000

D. 调整销货成本(见表 4 – 23)。

表 4 – 23 记录制造费用的调整

销货成本	$ 82 000	
制造费用分配	$ 576 000	
制造费用控制		$ 658 000

调整后的销货成本 = $ 1 440 000 + $ 82 000 = $ 1 522 000

E. 在 3 个账户中按比例分配(见表 4 – 24、表 4 – 25)。

表 4 – 24 在 3 个账户中按比例分配

账户	调整前的余额	百分比	分配	调整后的余额
在产品控制	$ 40 000	2.5%	$ 2 050	$ 42 050
产成品控制	$ 120 000	7.5%	$ 6 150	$ 126 150
销货成本	$ 1 440 000	90.0%	$ 73 800	$ 1 513 800
合计	$ 1 600 000	100%	$ 82 000	$ 1 682 000

表 4 – 25 记录制造费用的调整

在产品控制	$ 2 050	
完工品控制	$ 6 150	
销货成本	$ 73 800	
制造费用分配	$ 576 000	
制造费用控制		$ 658 000

3. 废品、返工和废料

(1) 废品

废品(spoilage)是指会被废弃或是为了残余价值而出售的不合格品。

需要对正常废品和异常废品进行区分。

① **正常废品**是指在正常经营条件下会产生的废品。它在短期内是不可控制的，所以被认定为生产和产品成本中正常且可接受的部分。

由于正常废品与正常生产流程和完工品是不可分割的，所以正常废品的成本通常记为**完工品制造成本的一部分**。

特定的正常废品是归属于某个批次的，应计入**该批次的成本**，所以正常废品的成本是在该批次的产品中进行分摊。

共同的正常废品是由两个或多个批次的因素造成的，应计入工厂费用，并且会影响**所有批次的成本**。

② **异常废品**是指在正常经营条件下不会产生的废品。它是可控的，并且在正常生产过程中通过采取适当的措施是可以避免的。

异常废品在发现的当期作为期间成本，计入**异常废品损失账户**。

（2）返工

返工（rework）是指没有达到品质的要求但经过重新加工后可以作为合格完工品出售的产品。

正常返工确认为完工品的一部分。

某一特定批次的正常返工计入该批次的在产品账户，所有批次的共同正常返工计入制造费用账户。

异常返工计入**异常返工损失账户**。

（3）废料

废料（scrap）是指在产品生产过程产生的剩余材料，其经济价值远低于产成品的价值。

由于难以区分正常废料和异常废料，所以废料通常作为制造成本的一部分；由于可以区分特定的废料和共同的废料，所以需要分开记录废料成本。

特定废料计入相应的批次。

共同废料计入工厂的制造费用（见图 4－11）。

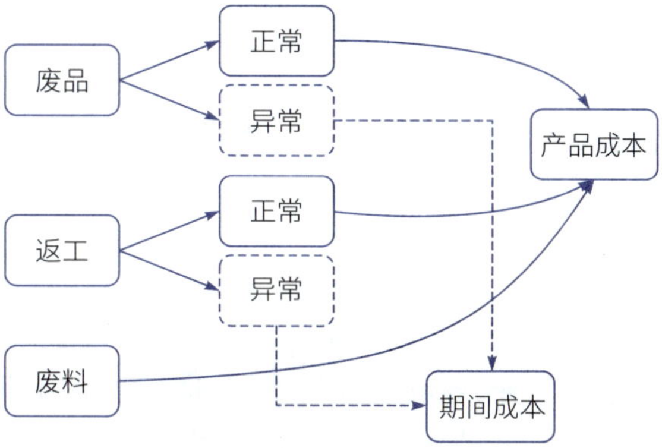

图 4－11　废品、返工和废料的处理

EQ4.2-1

FENG 公司的管理会计师 John Sheng 正在为该公司的 X 和 Y 部门设定制造费用的部门分配率。每个部门预算的制造费用及某一批次的数据如表 4-26 所示：

表 4-26 X 和 Y 部门预算的制造费用及某一批次的数据

	X	Y
物料	\$ 850	\$ 200
主管工资	\$ 1 500	\$ 2 000
间接人工	\$ 1 200	\$ 4 880
折旧	\$ 1 000	\$ 5 500
维修	\$ 4 075	\$ 3 540
预算费用合计值	\$ 8 625	\$ 16 120
总的直接人工工时(个)	460	620
231 号批次的直接人工工时(个)	12	3

在采用部门分配率的条件下，X 和 Y 部门分配给 231 号批次的总制造费用为(　　)。

A. \$ 225　　B. \$ 303　　C. \$ 537　　D. \$ 671

【答案】B

【考点】利用部门分配率分配制造费用

部门分配率要求为每个部门计算分配率：

$$X\ 部门=\frac{\$\,8\,625}{460}=\$\,18.75/工时$$

$$Y\ 部门=\frac{\$\,16\,120}{620}=\$\,26/工时$$

分配给 231 号批次的制造费用 = \$ 18.75×12+\$ 26×3 = \$ 303

4.2.3 分步法

1. 基础

(1) 定义

分步法(process costing)是指一种成本系统，根据流程或部门来归集产品或服务的成本，然后将归集的成本分派给大量相同的产品。

(2) 适用性

对于通过一系列**相似**的流程或部门，以连续大规模生产的模式来生产一种或几种**同质化**的产品或服务的企业而言，分步法是切实可行的。

化工业、石油冶炼业、纺织业、橡胶业、钢铁制造业、食品加工业、采矿业、汽车制造业、制药业、木材加工业、皮革制品业、金属制品业和水泥制造业企业会选择采用分步法。

第4章

（3）成本法

在分步法下，成本归集到每个生产部门。

生产成本以标准值进行计量。归集的成本分派到每一单位相同的产品上。

2. 核算流程

（1）约当产量

① **约当产量**（equivalent units，EU）是指就耗用在完工品和在产品上的工作量而言，能够生产出的相同或类似的完工品的数量。

A．连续大规模的生产模式会导致在产品的出现。

B．对在产品成本的确定，要求使用约当产量。

② 在产品的约当产量不同于在产品的物理数量。

A．约当产量指向的是在产品所耗用的资源数量。

B．物理数量则是完工品的实际数量。

③ 可能需要分开计算直接材料、直接人工和制造费用的约当产量，因为这 3 种生产要素资源消耗的方式不尽相同。

A．直接材料可以在生产过程中的不同阶段投放。

因此，直接材料的约当产量取决于投料的方式。

B．直接人工、间接人工和间接材料更有可能以均匀的方式被耗用。

所以，比较实际的方式就是将直接人工和间接制造费用合并在一起进行核算。这两种成本之和被称为**转换成本**（conversion cost）。

转换成本的约当产量取决于在产品的物理数量及其完工率。

例 4.2－2

FENG 公司是一家制造业企业，有 2 个生产部门。该公司使用分步法（加权平均）来核算其制造成本。5 月的物理数量和 3 种成本要素完工率见表 4－27。

表 4－27　5 月 X 部门的生产数据

5 月 1 日的在产品存货（个）	0
5 月开工的数量（个）	10
5 月完工且转入 Y 部门的数量（个）	6
5 月 31 日的在产品存货（个）	4
直接材料：期初 100%投料	
转换成本：50%完工率	

A．物理数量的等式：

0（期初在产品数量）+10（当期开工数量）= 6（当期完工数量）+4（期末在产品数量）

B．直接材料的约当产量：

10×100% = 10（个）

C．转换成本的约当产量：

6+4×50%＝8（个）

直接材料和转换成本的约当产量见图 4－12。

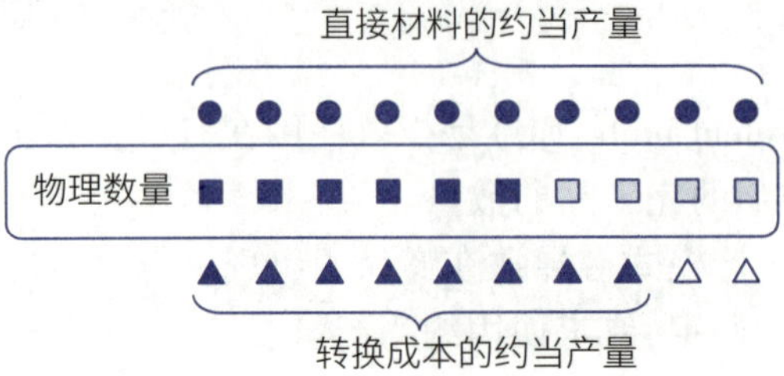

图 4－12　直接材料和转换成本的约当产量

D．如果在生产过程中的不同阶段投料，则直接材料的约当产量为：

均匀投料：6+4×50%＝8（个）

期初投料：6+4×100%＝10（个）

期末投料：6+4×0%＝6（个）

完工 40%时投料：6+4×100%＝10（个）

完工 80%时投料：6+4×0%＝6（个）

完工 40%是投料 50%且完工 80%时投料 50%：6+4×50%＝8（个）

不同投料方式下，直接材料的约当产量见图 4－13。

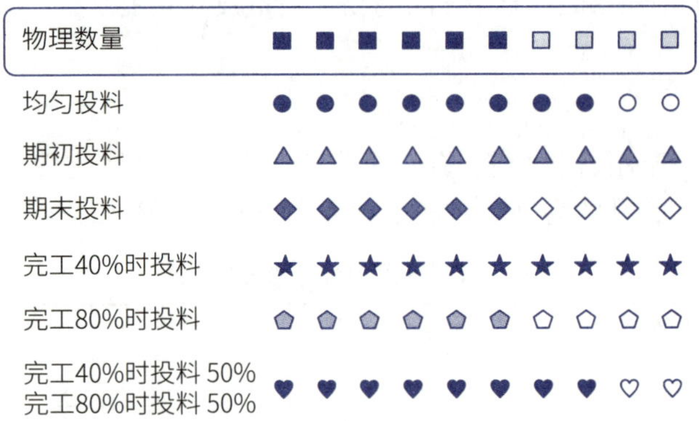

图 4－13　不同投料方式下直接材料的约当产量

（2）加权平均法

① **加权平均法**（weighted-average method，WA）在计算单位成本时，包括了当期和上一期的成本。分步成本系统的加权平均法见图 4－14。

A．加权平均法不会对期初在产品的数量进行单独处理。

B．这种方法会计算上期成本和当期成本的平均值。

② 当在产品的数量较少，或直接材料、转换成本和存货水平相对比较稳定时，这种计算方法是恰当的。

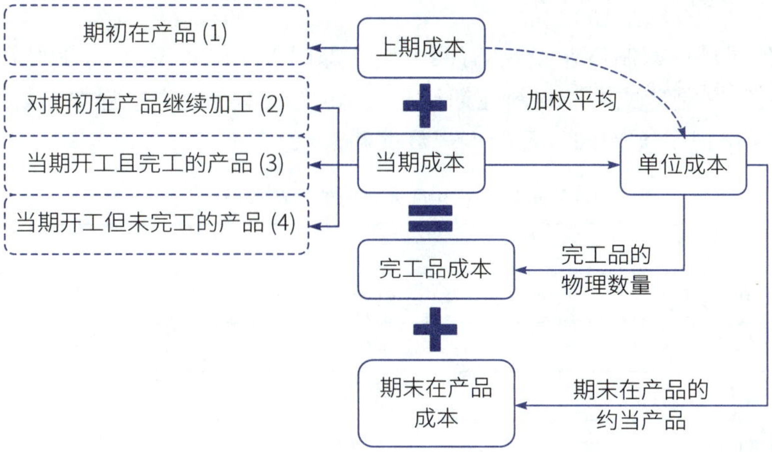

图 4－14 分步成本系统的加权平均法

③ 与加权平均法相关的 4 个公式。

$$EU_{WA}=PUFG+PUEWIP\times C_C \tag{4.2.2}$$

在公式(4.2.2)中：

EU_{WA}——加权平均法的约当产量；

PUFG——完工品的物理数量；

PUEWIP——期末在产品的物理数量；

C_C——当期完工率。

$$UC=\frac{PPC+CPC}{EU_{WA}} \tag{4.2.3}$$

在公式(4.2.3)中：

UC——单位成本；

PPC——上期成本；

CPC——当期成本；

EU_{WA}——加权平均法的约当产量。

$$COGC=PUFG\times TUC \tag{4.2.4}$$

在公式(4.2.4)中：

COGC——完工品成本；

PUFG——完工品的物理数量；

TUC——单位总成本，包括直接材料成本和转换成本。

$$CEWIP=EUEWIP\times UC \tag{4.2.5}$$

在公式(4.2.5)中：

CEWIP——期末在产品成本；

EUEWIP——期末在产品的约当产量；

UC——直接材料或转换成本的单位成本。

<u>例 4.2－3</u>

FENG 公司是一家制造业企业，有两个生产部门 X 和 Y。该公司使用分步法（加权平均法）来核算其制造成本。材料在期初投入，转换成本在生产过程中均匀发生。

表 4－28 呈现了 X 部门 6 月的生产数据和信息。

表 4－28　6 月 X 部门的生产数据

6 月 1 日在产品存货（个）	12 000
直接材料：100%完工	$ 10 000
转换成本：40%完工	$ 4 000
期初在产品存货	$ 14 000
6 月开工的数量（个）	50 000
6 月完工且转入 Y 部门的数量（个）	46 000
6 月 30 日在产品存货（个）	16 000
直接材料：100%完工	
转换成本：50%完工	
6 月发生的成本	
直接材料	$ 56 000
转换成本	$ 84 000
合计	$ 140 000

A．物理数量等式：

12 000（期初在产品数量）+50 000（当期开工数量）= 12 000（期初在产品数量）+34 000（当期开工且完工数量）+16 000（期末在产品数量）

当期完工品物理数量 = 12 000+34 000 = 46 000

B．制造成本等式：

$ 14 000（期初在产品成本）+$ 140 000（6 月发生的成本）= ?（**完工品成本**）+?（**期末在产品成本**）

C．确定约当产量：

直接材料的约当产量 = 46 000+16 000×100% = 62 000

转换成本的约当产量 = 46 000+16 000×50% = 54 000

D．计算单位成本：

$$直接材料的单位成本=\frac{\$\,10\,000+\$\,56\,000}{62\,000}=\$\,1.064\,52/个$$

$$转换成本的单位成本=\frac{\$\,4\,000+\$\,84\,000}{54\,000}=\$\,1.629\,63/个$$

E. 分派制造成本：

完工品成本 = 46 000×($ 1.064 52+$ 1.629 63) = $ 123 931

期末在产品成本 = 16 000×$ 1.064 52+16 000×50%×$ 1.629 63 = $ 30 069

F. 验证计算过程(见表 4－29、表 4－30)：

$ 14 000(期初在产品成本)+$ 140 000(6 月发生的成本) = **$ 123 931(完工品成本)+$ 30 069(期末在产品成本)**

表 4－29　记录 X 部门 6 月的制造成本(加权平均)

在产品——X	$ 140 000	
材料存货		$ 56 000
应计工资和制造费用		$ 84 000

表 4－30　记录 6 月从 X 部门转入 Y 部门的完工品成本(加权平均)

在产品——Y	$ 123 931	
在产品——X		$ 123 931

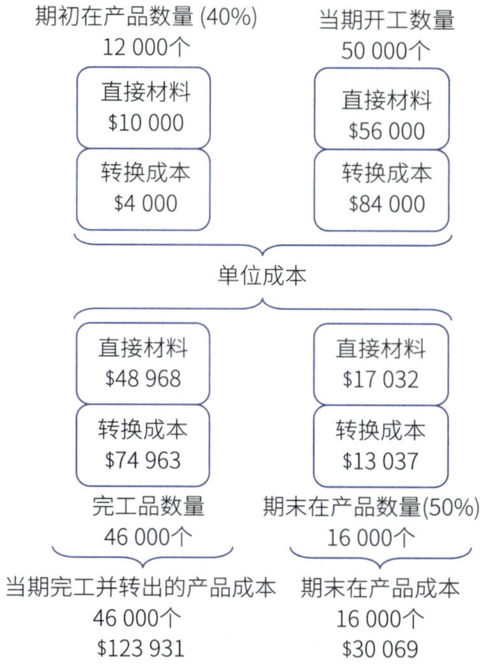

图 4－15　加权平均法下的制造成本流转

(3) 先进先出法

先进先出法(FIFO)在计算单位成本时,包含了当期发生的成本和工作量。

先进先出法将期初在产品存货视为一个独立的批次,并将其与在当期开工且完工的产品进行区分。

先进先出法假定首先完成期初在产品的生产。因此,所有的期初在产品都假定会在当期期末之前完工。

分布成本系统的先进先出法见表 4－16。

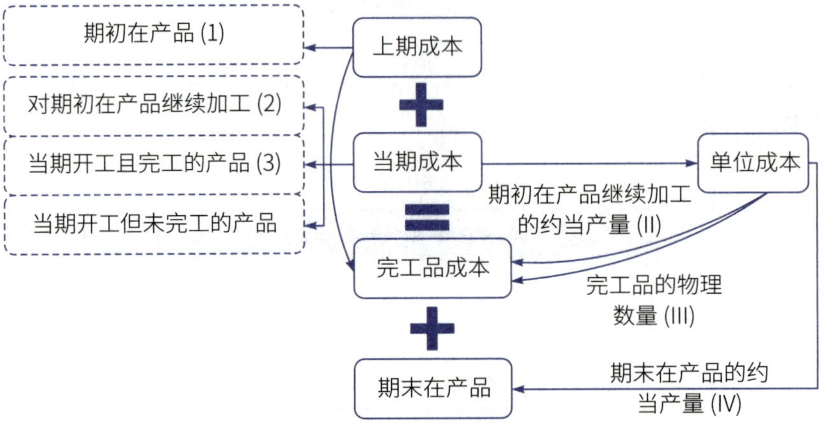

图 4－16　分步成本系统的先进先出法

当直接材料价格、转换成本或存货水平有较大波动时，使用先进先出法是合适的。与先进先出法相关的 5 个公式。

$$EU_{FIFO}=PUFG+PUEWIP\times C_C-PUBWIP\times C_P \quad (4.2.6)$$

在公式(4.2.6)中：

EU_{FIFO}——先进先出法的约当产量；

PUFG——完工品的物理数量；

PUEWIP——期末在产品的物理数量；

C_C——当期完工率；

PUBWIP——期初在产品的物理数量；

C_P——上期完工率。

$$EU_{FIFO}=PUBWIP\times(1-C_P)+PUGSC+PUEWIP\times C_C \quad (4.2.7)$$

在公式(4.2.7)中：

EU_{FIFO}——先进先出法的约当产量；

PUBWIP——期初在产品的物理数量；

C_P——上期完工率；

PUGSC——当期开工且完工产品的物理数量；

PUEWIP——期末在产品的物理数量；

C_C——当期完工率。

$$UC=\frac{CPC}{EU_{FIFO}} \quad (4.2.8)$$

在公式(4.2.8)中：

UC——单位成本；

CPC——当期成本；

EU_{FIFO}——先进先出法的约当产量。

$$COGC = PPC + PUBWIP \times (1 - C_P) \times UC + PUGSC \times TUC \tag{4.2.9}$$

在公式(4.2.9)中:

COGC——完工品成本;

PPC——上期成本;

PUBWIP——期初在产品的物理数量;

C_P——上期完工率;

PUGSC——当期开工且完工产品的物理数量;

TUC——单位总成本,包括直接材料成本和转换成本。

$$CEWIP = EUEWIP \times UC \tag{4.2.10}$$

在公式(4.2.10)中:

CEWIP——期末在产品成本;

EUEWIP——期末在产品的约当产量;

UC——直接材料或转换成本的单位成本。

例 4.2-4

FENG 公司是一家制造业企业,有两个生产部门 X 和 Y。该公司使用分步法(先进先出法)来核算其制造成本。材料在期初投入,转换成本在生产过程中均匀发生。

表 4-31 呈现了 X 部门 6 月的生产数据信息。

表 4-31　6 月 X 部门的生产数据

6 月 1 日在产品存货(个)	12 000
直接材料:100%完工	$ 10 000
转换成本:40%完工	$ 4 000
期初在产品存货	$ 14 000
6 月开工的数量(个)	50 000
6 月完工且转入 Y 部门的数量(个)	46 000
6 月 30 日在产品存货(个)	16 000
直接材料:100%完工	
转换成本:50%完工	
6 月发生的成本	
直接材料	$ 56 000
转换成本	$ 84 000
合计	$ 140 000

A．物理数量等式。

12 000(期初在产品数量)+50 000(当期开工数量)= 12 000(期初在产品数量)+34 000(当期开工且完工数量)+16 000(期末在产品数量)

当期完工品物理数量=12 000+34 000=46 000

B．制造成本等式。

$ 14 000(期初在产品成本)+$ 140 000(6 月份发生的成本)= ? (**完工品成本**)+? (**期末在产品成本**)

C．确定约当产量。

直接材料的约当产量=(46 000+16 000×100%)-12 000×100%=50 000

50 000=(46 000-12 000)+16 000×100%+12 000×(1-100%)

转换成本的约当产量=(46 000+16 000×50%)-12 000×40%=49 200

49 200=(46 000-12 000)+16 000×50%+12 000×(1-40%)

D．计算单位成本。

直接材料的单位成本 $=\frac{\$\,56\ 000}{50\ 000}=\$\,1.12$/个

转换成本的单位成本 $=\frac{\$\,84\ 000}{49\ 200}=\$\,1.70732$/个

E．分派制造成本。

完工品成本=$ 14 000+12 000×(1-40%)×$ 1.707 32+(46 000-12 000)×($ 1.12+$ 1.707 32)= $ 122 422

期末在产品成本=16 000×$ 1.12+16 000×50%×$ 1.707 32=$ 31 578

F．验证计算过程(见表 4-32、表 4-33)：

$ 14 000(期初在产品成本)+$ 140 000(6 月发生的成本)= $ 122 422(**完工品成本**)+$ 31 578(**期末在产品成本**)

表 4-32　记录 X 部门 6 月的制造成本(先进先出)

在产品——X	$ 140 000	
材料存货		$ 56 000
应计工资和制造费用		$ 84 000

表 4-33　记录 6 月从 X 部门转入 Y 部门的完工品成本(先进先出)

在产品——Y	$ 122 422	
在产品——X		$ 122 422

第4章

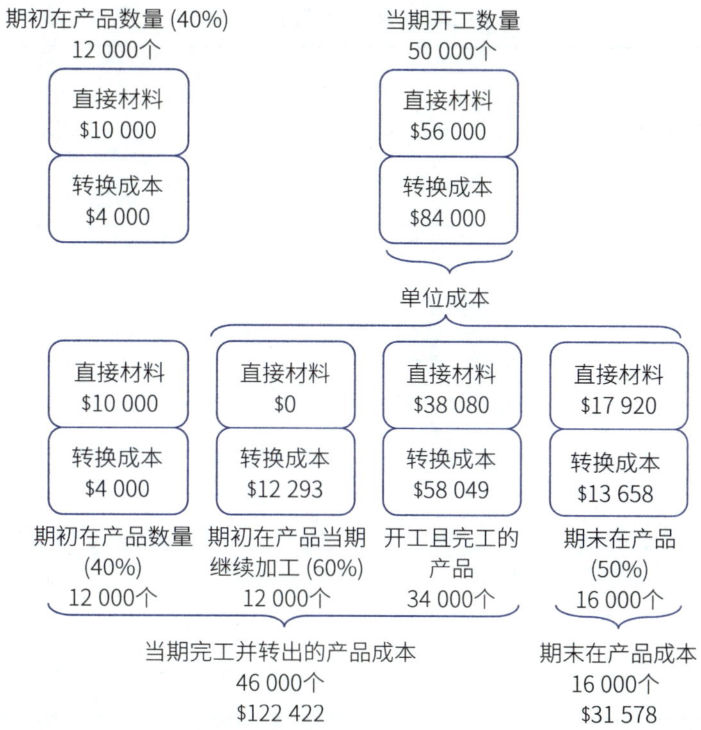

图 4－17　先进先出法下的制造成本流转

(4) 转入成本(见图 4－18)

转入成本(transferred-in costs)是指在上一个部门内耗用的,要转入当前部门的资源。

转入成本包括耗用在完工品上的直接材料成本和转换成本。这些完工品在上游部门生产并转移至下游部门。

因此,可以将转入成本视为在生产过程一开始就投入的直接材料,而且无论在当前生产部门期末在产品的实际完工率如何,转入成本的完工率总是 100%。

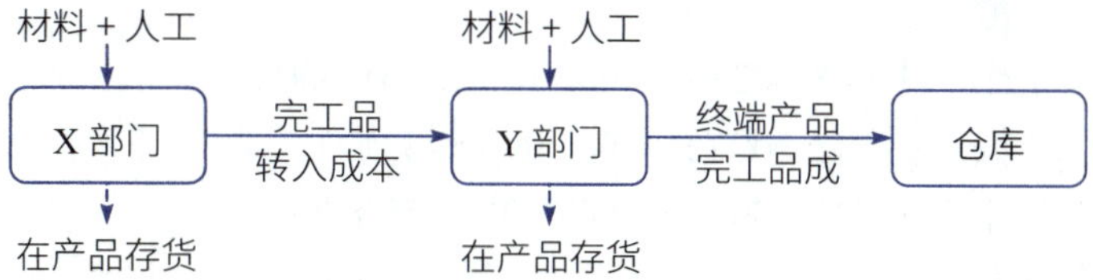

图 4－18　转入成本的流转

例 4.2－5

FENG 公司是一家制造业企业,有 2 个生产部门。该公司使用分步法来核算其制造成本。Y 部门在完工率达到 80%时投入材料。转换成本是均匀发生的。

表 4－34 呈现了 Y 部门 7 月的生产数据信息。

表 4-34 7 月 Y 部门的生产数据

7 月 1 日在产品存货(个)	15 000
转入成本:100%完工	$ 35 750
直接材料:0%完工	$ 0
转换成本:40%完工	$ 8 500
期初在产品存货	$ 44 250
7 月开工的数量(个)	46 000
7 月完工数量(个)	48 000
7 月 31 日在产品存货(个)	13 000
转入成本:100%完工	
直接材料:0%完工	
转换成本:60%完工	
7 月发生的成本	
直接材料	$ 32 000
转换成本	$ 53 500
加权平均	$ 123 931
先进先出	$ 122 422

物理数量等式:

15 000(期初在产品数量)+46 000(当期开工数量)= 15 000(期初在产品数量)+33 000(当期开工且完工数量)+13 000(期末在产品数量)

当期完工品物理数量=15 000+33 000=48 000

A. 加权平均法。

a. 制造成本等式:

$ 44 250(期初在产品成本)+($ 123 931+$ 32 000+$ 53 500)(7 月份发生的成本)=?(完工品成本)+?(期末在产品成本)

b. 确定约当产量:

转入成本的约当产量=48 000+13 000×100%=61 000

直接材料的约当产量=48 000+13 000×0%=48 000

转换成本的约当产量=48 000+13 000×60%=55 800

c. 计算单位成本:

$$\text{转入成本的单位成本}=\frac{\$\,35\ 750+\$\,123\ 931}{61\ 000}=\$\,2.617\ 72/\text{个}$$

$$\text{直接材料的单位成本}=\frac{\$\,0+\$\,32\ 000}{48\ 000}=\$\,0.666\ 67/\text{个}$$

$$\text{转换成本的单位成本}=\frac{\$\,8\ 500+\$\,53\ 500}{55\ 800}=\$\,1.111\ 11/\text{个}$$

d. 分派制造成本：

完工品成本 = 48 000×($ 2.617 72+$ 0.666 67+$ 1.111 11) = $ 210 984

期末在产品成本 = 13 000×100%×$ 2.617 72+13 000×0%×$ 0.666 67+13 000×60%×$ 1.111 11 = $ 42 697

e. 验证计算过程(见表 4－35、表 4－36)：

$ 44 250(期初在产品成本)+($ 123 931+$ 32 000+$ 53 500)(7 月发生的成本) = **$ 210 984(完工品成本)+$ 42 697(期末在产品成本)**

表 4－35　记录 Y 部门 7 月的制造成本(加权平均)

在产品——Y	$ 85 500	
材料存货		$ 32 000
应计工资和制造费用		$ 53 500

表 4－36　记录 7 月从 Y 部门转入仓库的完工品成本(加权平均)

完工品控制	$ 210 984	
在产品——Y		$ 210 984

B. 先进先出法。

a. 制造成本等式：

$ 44 250(期初在产品成本)+($ 122 422+$ 32 000+$ 53 500)(7 月发生的成本) = **?(完工品成本)+?(期末在产品成本)**

b. 确定约当产量：

转入成本的约当产量 = (48 000+13 000×100%)－15 000×100% = 46 000

46 000 = (48 000－15 000)+13 000×100%+15 000×(1－100%)

直接材料的约当产量 = (48 000+13 000×0%)－15 000×0% = 48 000

48 000 = (48 000－15 000)+13 000×0%+15 000×(1－0%)

转换成本的约当产量 = (48 000+13 000×60%)－15 000×40% = 49 800

49 800 = (48 000－15 000)+13 000×60%+15 000×(1－40%)

c. 计算单位成本：

$$转入成本的单位成本 = \frac{\$ 122\ 422}{46\ 000} = \$ 2.661\ 35/个$$

$$直接材料的单位成本 = \frac{\$ 32\ 000}{48\ 000} = \$ 0.666\ 67/个$$

$$转换成本的单位成本 = \frac{\$ 53\ 500}{49\ 800} = \$ 1.074\ 30/个$$

d. 分派制造成本：

完工品成本 = [$ 44 250+15 000×(1－0%)×$ 0.666 67+15 000×(1－40%)×$ 1.074 30]+(48 000－15 000)×($ 2.661 35+$ 0.666 67+$ 1.074 30) = $ 209 195

期末在产品成本 = 13 000×$ 2.661 35+13 000×0%×$ 0.666 67+13 000×60%×$ 1.074 30 = $ 42 977

e. 验证计算过程(见表 4－37、表 4－38):

$44 250(期初在产品成本)+($122 422+$32 000+$53 500)(7 月发生的成本)=$209 195(**完工品成本**)+$42 977(**期末在产品成本**)

表 4－37 记录 Y 部门 7 月的制造成本(先进先出)

在产品——Y	$85 500	
材料存货		$32 000
应计工资和制造费用		$53 500

表 4－38 记录 7 月从 Y 部门转入仓库的完工品成本(先进先出)

完工品控制	$209 195	
在产品——Y		$209 195

(5) 废品

分批法类似,分步法下的正常废品作为制造成本的一部分予以记录,而异常废品在废品发现的当期作为期间成本计入**异常废品损失账户**。

例 4.2－6

FENG 公司是一家制造业企业,有两个生产部门 X 和 Y。该公司使用分步法来核算其制造成本。材料在期初投入,转换成本在生产过程中均匀发生。

根据 X 部门设定的废品政策,产品在完工时进行质检,正常废品率为通过质检的合格品数量的 8%。

表 4－39 呈现了 X 部门 6 月的生产数据信息。

表 4－39 6 月 X 部门的生产数据

6 月 1 日在产品存货(个)	12 000
直接材料:100%完工	$10 000
转换成本:40%完工	$4 000
期初在产品存货	$14 000
6 月开工的数量(个)	50 000
6 月完工且转入 Y 部门的数量(个)	46 000
6 月废品数量(个)	5 000
6 月 30 日在产品存货(个)	11 000
直接材料:100%完工	
转换成本:50%完工	
6 月发生的成本	
直接材料	$56 000

续表

转换成本	$ 84 000
合计	$ 140 000

物理数量等式：

12 000(期初在产品数量)+50 000(当期开工数量)= 12 000(期初在产品数量)+34 000(当期开工且完工数量)+11 000(期末在产品数量)+3 680(正常废品数量)+1 320(异常废品数量)

当期完工品物理数量=12 000+34 000=46 000

正常废品数量=46 000×8%=3 680

异常废品数量=5 000-3 680=1 320

制造成本等式：

$ 14 000(期初在产品成本)+$ 140 000(6 月发生的成本)=？(完工品成本)+?(正常废品成本)+?(期末在产品成本)+?(异常废品成本)

A. 加权平均法。

a. 确定约当产量：

直接材料的约当产量=46 000+11 000×100%+5 000=62 000

转换成本的约当产量=46 000+11 000×50%+5 000=56 500

b. 计算单位成本：

$$直接材料的单位成本=\frac{\$\ 10\ 000+\$\ 56\ 000}{62\ 000}=\$\ 1.064\ 52/个$$

$$转换成本的单位成本=\frac{\$\ 4\ 000+\$\ 84\ 000}{56\ 500}=\$\ 1.557\ 52/个$$

c. 分派制造成本：

转出成本：

完工品成本=46 000×($ 1.064 52+$ 1.557 52)= $ 120 614

正常废品成本=3 680×($ 1.064 52+$ 1.557 52)= $ 9 649

转出成本=完工品成本+正常废品成本=$ 120 614+$ 9 649=$ 130 263

期末在产品成本=11 000×$ 1.064 52+11 000×50%×$ 1.557 52=$ 20 276

异常废品成本=1 320×($ 1.064 52+$ 1.557 52)= $ 3 461

d. 验证计算过程(见表 4-40、表 4-41)：

$ 14 000(期初在产品成本)+$ 140 000(6 月发生的成本)= $ 120 614(完工品成本)+$ 9 649(正常废品成本)+$ 20 276(期初在产品成本)+$ 3 461(异常废品成本)

表 4-40　记录 6 月从 X 部门转入 Y 部门的完工品成本(加权平均)

在产品——Y	$ 130 263	
在产品——X		$ 130 263

表 4-41　记录 6 月 X 部门的异常废品(加权平均)

异常废品损失	$ 3 461	
在产品——X		$ 3 461

B．先进先出法。

a. 确定约当产量：

直接材料的约当产量=(46 000+11 000×100%+5 000)-12 000×100%=50 000

50 000=(46 000-12 000)+11 000×100%+5 000+12 000×(1-100%)

转换成本的约当产量=(46 000+11 000×50%+5 000)-12 000×40%=51 700

51 700=(46 000-12 000)+11 000×50%+5 000+12 000×(1-40%)

b. 计算单位成本：

$$直接材料的单位成本=\frac{\$56\ 000}{50\ 000}=\$1.12/个$$

$$转换成本的单位成本=\frac{\$84\ 000}{51\ 700}=\$1.624\ 76/个$$

c. 分派制造成本：

转出成本：

完工品成本=$ 14 000+12 000×(1-40%)×$ 1.624 76+(46 000-12 000)×($ 1.12+$ 1.624 76)=$ 119 020

正常废品成本=3 680×($ 1.12+$ 1.624 76)=$ 10 101

转出成本=完工品成本+正常废品成本=$ 119 020+$ 10 101=$ 129 121

期末在产品成本=11 000×$ 1.12+11 000×50%×$ 1.624 76=$ 21 256

异常废品成本=1 320×($ 1.12+$ 1.624 76)=$ 3 623

d. 验证计算过程(见表 4-42、表 4-43)：

$ 14 000(期初在产品成本)+$ 140 000(6 月发生的成本)=$ 119 020(**完工品成本**)+$ 10 101(**正常废品成本**)+$ 21 256(**期末在产品成本**)+$ 3 623(**异常废品成本**)

表 4-42 记录 6 月从 X 部门转入 Y 部门的完工品成本(先进先出)

在产品——Y	$ 129 121	
在产品——X		$ 129 121

表 4-43 记录 6 月 X 部门的异常废品(先进先出)

异常废品损失	$ 3 623	
在产品——X		$ 3 623

如果期末在产品在当期经过了质检，则正常废品的成本既需要分配给完工品，还需要分配给在生产过程中的期末在产品。

如果质检点对应的完工率小于期末在产品的完工率，则期末在产品在当期经过了质检。

例 4.2-7

FENG 公司是一家制造业企业，有 2 个生产部门。该公司使用分步法(加权平均法)来核算其制造成本。材料在期初投入，转换成本在生产过程中均匀发生。

根据 X 部门设定的废品政策,产品在完工率达到 20%的时候进行质检,正常废品率为通过质检的合格品数量的 8%。

表 4 - 44 呈现了 X 部门 6 月的生产数据信息。

表 4 - 44 6 月 X 部门的生产数据

6 月 1 日在产品存货(个)	12 000
直接材料:100%完工	$ 10 000
转换成本:40%完工	$ 4 000
期初在产品存货	$ 14 000
6 月开工的数量(个)	50 000
6 月完工且转入 Y 部门的数量(个)	46 000
6 月废品数量(个)	5 000
6 月 30 日在产品存货(个)	11 000
直接材料:100%完工	
转换成本:50%完工	
6 月发生的成本	
直接材料	$ 56 000
转换成本	$ 84 000
合计	$ 140 000

A. 物理数量等式。

12 000(期初在产品数量)+50 000(当期开工数量)= 12 000(期初在产品数量)+34 000(当期开工且完工数量)+11 000(期末在产品数量)+5 000(废品数量)

当期完工品物理数量=12 000+34 000=46 000

B. 制造成本等式。

$ 14 000(期初在产品成本)+$ 140 000(6 月发生的成本)= **?(完工品成本)+?(分配给完工品的正常废品成本)+?(期末在产品成本)+?(分配给期末在产品的正常废品成本)+?(异常废品成本)**

C. 确定正常废品和异常废品的数量。

正常废品数量=[(46 000−12 000)+11 000]×8%=3 600

分配给完工品的正常废品数量=(46 000−12 000)×8%=2 720

分配给期末在产品的正常废品数量=11 000×8%=880

异常废品数量=5 000−3 600=1 400

D. 确定约当产量。

直接材料的约当产量=46 000+11 000×100%+5 000=62 000

转换成本的约当产量=46 000+11 000×50%+5 000×20%=52 500

E. 计算单位成本。

$$直接材料的单位成本=\frac{\$\,10\,000+\$\,56\,000}{62\,000}=\$\,1.064\,52/个$$

$$转换成本的单位成本=\frac{\$4\ 000+\$84\ 000}{52\ 500}=\$1.676\ 19/个$$

F. 分派制造成本。

转出成本：

完工品成本=46 000×($1.064 52+$1.676 19)=$126 073

分配给完工品的正常废品成本=2 720×$1.064 52+2 720×20%×$1.676 19=$3 807

转出成本=完工品成本+分配给完工品的正常废品成本=$126 073+$3 807=$129 880

期末在产品成本：

未完工品成本=11 000×$1.064 52+11 000×50%×$1.676 19=$20 929

分配给未完工品的正常废品成本=880×$1.06452+880×20%×$1.67619=$1 232

期末在产品成本=未完工品成本+分配给未完工品的正常废品成本=$20 929+$1 232=$22 161

异常废品成本=1 400×$1.064 52+1 400×20%×$1.676 19=$1 960

G. 验证计算过程。

$14 000(期初在产品成本)+$140 000(6月发生的成本)= $126 073(**完工品成本**)+$3 807(**分配给完工品的正常废品成本**)+$20 929(**未完工品成本**)+$1 232(**分配给未完工品的正常废品成本**)+$1 960(**异常废品成本**)

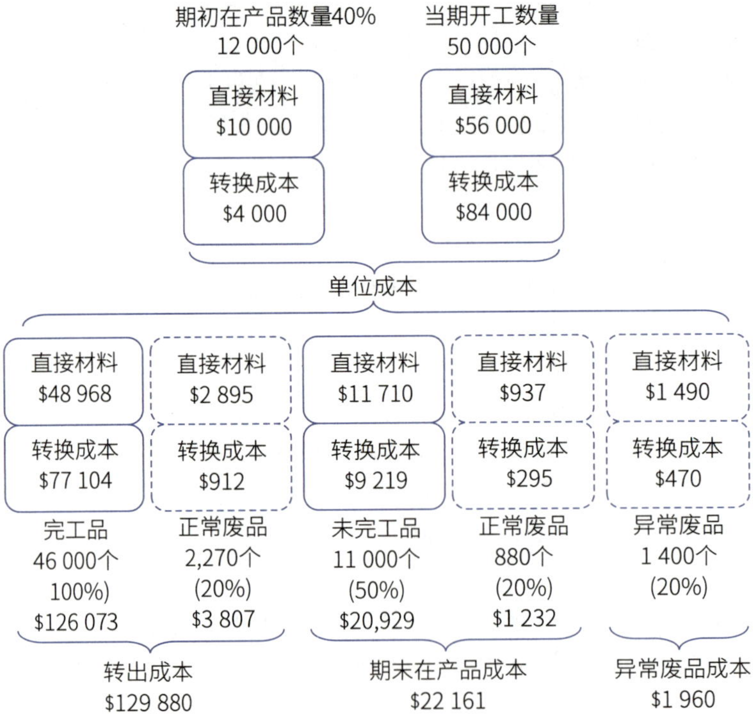

图 4-19 加权平均法下的制造成本流转

EQ4.2 – 2

FENG 公司使用加权平均的分步法。在生产产品 X 的过程中,B 材料分两次投入:当完工率达到 20%时,投入 40%的材料;剩余的 60%在完工率达到 80%时投入。在季度末,有 22 000 个在产品,其完工率为 50%。就 B 材料而言,期末在产品所对应的约当产量为(　　)个。

A. 4 400　　B. 8 800　　C. 11 000　　D. 22 000

【答案】B

【考点】计算加权平均的约当产量

在加权平均法下,约当产量=完工品的物理数量+期末在产品的约当产量。

当期没有完工品。

由于期末完工率小于 80%,所有材料只投入了 40%。

材料的约当产量=0+22 000×40%=8 800

4.2.4　作业成本法

1. 基础

(1) 定义

① **作业成本法**(activity-based costing,ABC)是一种成本法,它根据成本对象所使用的作业将资源成本分派给这些成本对象。

② **作业**(activity)是指完成工作所需要实施的一种特定任务或活动。

③ **资源**(resource)是指实施活动所需要或耗用的经济要素。

④ **资源消耗成本动因**(resource consumption cost driver)是指完成一项作业所耗用资源数量的衡量指标。

⑤ **作业消耗成本动因**(activity consumption cost driver)衡量一个成本对象所使用的作业的数量。

资源消耗和作业消耗的成本动因见图 4 – 20。

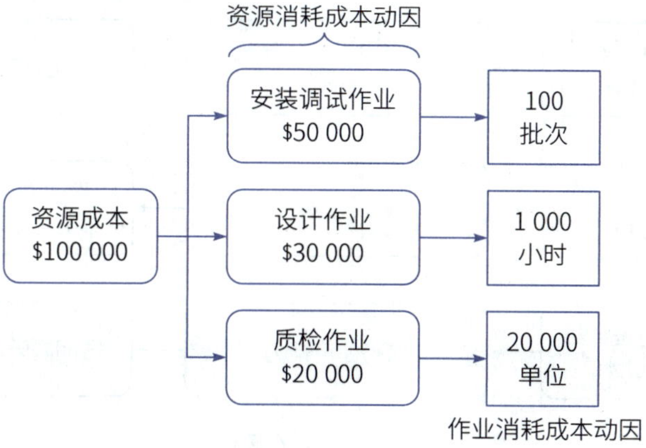

图 4 – 20　资源消耗和作业消耗的成本动因

（2）适用性

作业成本法的重要性和使用价值体现在以下方面：

① 间接制造成本在总制造成本中的比重较大。

② 只使用一个或两个成本库分配基础来分配大量的间接成本。

③ 把绝大多数间接成本只认定为产出数量级成本，但事实上它们与批次级的成本、产品维持级的成本或设备维持级的成本相关。

④ 产量、生产步骤、批次规模或复杂性的差异导致产品在资源消耗上的多样化。

⑤ 就盈利能力和成本金额而言，预算方案与实际结果之间有很大的偏差。

（3）成本法

① 作业成本法根据成本对象需要实施的每项作业来归集成本。

② 生产成本以标准值进行计量。

③ 通过每项作业的成本动因，将归集的成本分派到产品上。

2. 作业成本法的实施

（1）识别资源成本和作业

① 作业分析。

作业成本法设计的第一步就是开展**作业分析**，以此来识别企业的资源成本和作业。

企业可以通过作业分析来识别它开展经营活动所需要开展的工作。

作业分析不仅要从现有的文档记录中收集数据，还需要通过问卷调查、观察或与核心人员的访谈等方式来获取额外的数据。

② 成本层级。

为了识别不同作业的资源成本，企业应根据作业消耗资源的方式对所有作业进行分离，以此来构建一个**成本层级**（cost hierarchy）（见图4－21）。

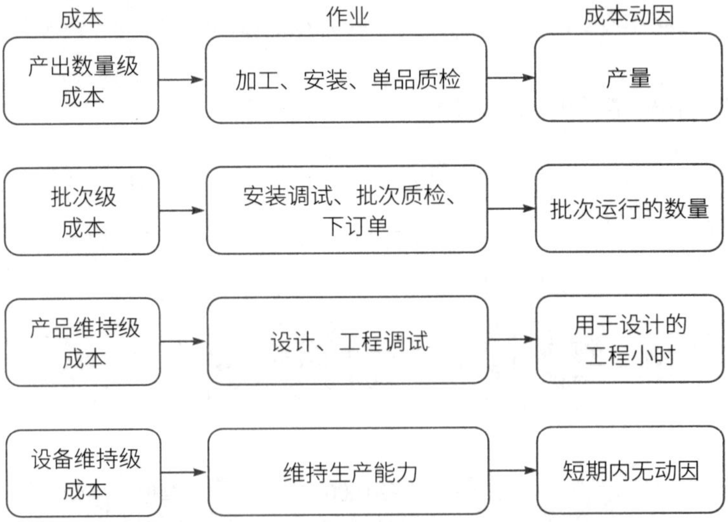

图4－21　成本层级

A. **产出数量级成本**(output unit-level cost)是指一种作业的成本,此种作业是为每一单位的产品或服务而实施的。数量级成本都是以数量为基础的。

在这个层级上,资源的消耗量按一定比例,随着成本对象的数量变化而变化。

对于数量级的作业而言,资源消耗成本动因和作业消耗成本动因很有可能是完全一致的。

这一级的成本与产出量有着直接密切的关系。

数量级的成本包括直接材料和直接人工成本与配件安装或质检的成本。

B. **批次级成本**(batch-level cost)是指一类作业的成本,这类作业是为每一批的产品或服务而实施的。

资源是根据生产批次的数量而消耗的。

典型的批次级成本包括设备安装调试成本、下订单的成本、安排生产计划的成本、批次质检的成本和材料处理费。

C. **产品维持级成本**(product-sustaining cost)是指一类作业的成本,这类作业是为支持每种产品或服务而实施的,与产量或批次数量无关。

当且仅当与产品线相关的作业发生了变化时,产品维持级成本是变动的。

产品维持级的作业包括:产品研发、购买产品专属的配件和对产品进行改良的工程调试。

D. **设备维持级成本**(facility-sustaining cost)是指一类作业的成本,这类作业通常用于支持企业整体的运营。

这类成本无法追溯到单一的产品或服务上,所以在短期内它们都是固定成本。

设备维持级的作业包括维护厂房安全、一般的维修、管理厂房、工厂物业的税费和保险费,以及每月末的结账。

(2) 把资源成本分派给作业

① 作业成本法会利用资源消耗动因将资源成本分派给作业。

A. 因为在生产过程中,作业驱动了资源成本的发生,所以企业应该基于**因果关系**来选择资源消耗成本动因。

B. 对于作业和成本动因的关注,使得作业成本系统必须创建**同质性的成本库**,将资源消耗成本动因相同的作业合并在一起。

C. 作业成本系统试图将更多的成本重新划分为**直接成本**,因为成本追溯要比成本分配的成本效益高得多。

② 可以通过直接追溯的方式将资源成本分派给作业。

直接追溯要求必须计算出作业实际耗用的资源数量。

(3) 将作业成本分派给成本对象

最后一步就是根据恰当的作业消耗成本动因,将作业的成本或者成本库的成本分派给成本对象(见图 4-22)。

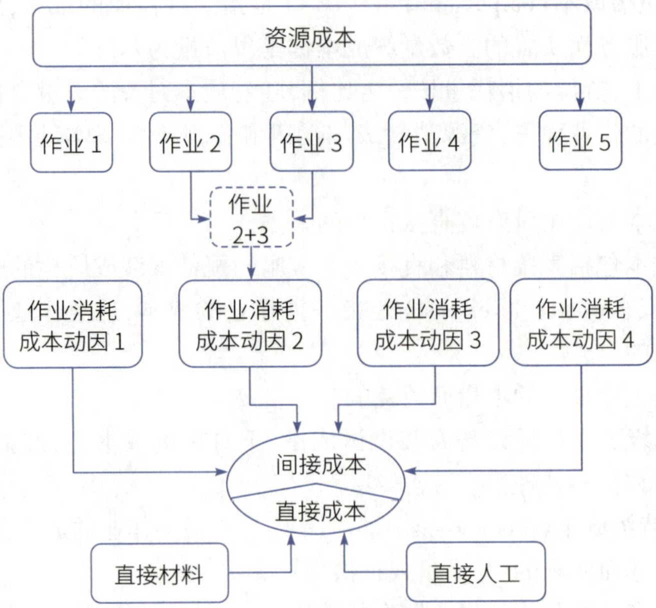

图 4－22 作业成本法的成本流转

例 4.2－8

FENG 公司生产并销售两款产品 X 和 Y。FENG 公司的管理会计师正在计算两种产品的成本，相关信息见表 4－45。通常情况下，公司根据直接人工工时来分配制造费用。

表 4－45 X 和 Y 成本确定的信息

	X	Y
产量(个)	10 000	30 000
售价	\$ 300	\$ 100
单位直接材料和人工成本	\$ 120	\$ 30
直接人工工时(小时)	2	1
总制造费用	\$ 3 000 000	

① 基于数量的成本法(见图 4－23)。

基于数量的成本根据直接人工工时来分配制造费用。

A．确定分配率。

$$\text{分配率}=\frac{\$\,3\ 000\ 000}{2\text{ 小时}\times 10\ 000+1\text{ 小时}\times 30\ 000}=\$\,60/\text{小时}$$

B．把制造费用分配给 X 和 Y。

分配给 X 的制造费用＝$ 60/小时×20 000 小时＝$ 1 200 000

分配给 Y 的制造费用＝$ 60/小时×30 000 小时＝$ 1 800 000

C．计算单位成本。

$$X\text{ 的单位成本}=\$\,120+\frac{\$\,1\ 200\ 000}{10\ 000}=\$\,240/\text{个}$$

$$Y\text{ 的单位成本}=\$\,30+\frac{\$\,1\ 800\ 000}{30\ 000}=\$\,90/\text{个}$$

D．计算毛利。

X 的单位毛利 = $ 300 − $ 240 = $ 60/个

Y 的单位毛利 = $ 100 − $ 90 = $ 10/个

总毛利 = $ 60/个×10 000 个+$ 10/个×30 000 个 = $ 900 000

E．分析毛利率。

$$X=\frac{\$\,60}{\$\,300}=20\%$$

$$Y=\frac{\$\,10}{\$\,100}=10\%$$

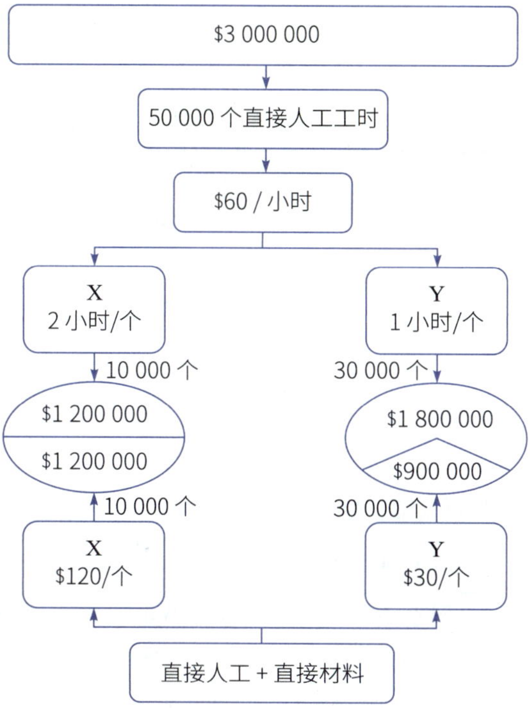

图 4 - 23　采用基于数量的成本法计算成本

② 基于作业的成本法(见图 4 - 24)。

基于作业的成本根据作业和成本动因来分配制造费用。

A．识别资源消耗成本动因。

在 FENG 公司的生产过程中可以识别出 5 项资源消耗成本动因或作业。

a. 工程设计;
b. 安装调试;
c. 批次质检;
d. 机器运行;
e. 包装。
B. 将资源成本分派给作业(见表 4-46)。

表 4-46 归集到 5 项作业的资源成本

作业	制造费用
工程设计	$ 350 000
安装调试	$ 900 000
批次质检	$ 450 000
机器运行	$ 1 100 000
包装	$ 200 000
合计	$ 3 000 000

C. 为每项作业识别作业消耗成本动因(见表 4-47)。

表 4-47 5 项作业的作业消耗成本动因

作业	作业消耗成本动因	消耗量		
		合计	X	Y
工程设计	工程小时	10 000	4 000	6 000
安装调试	批次数量	300	200	100
批次质检	批次数量	300	200	100
机器运行	机器小时	110 000	50 000	60 000
包装	产量	40 000	10 000	30 000

D. 确定每项作业成本的分配率(见表 4-48)。

表 4-48 确定每项作业成本的分配率

作业	制造费用	作业消耗成本动因	作业消耗量	分配率
工程设计	$ 350 000	工程小时	10 000	$ 35
安装调试+批次质检	$ 1 350 000	批次数量	300	$ 4 500
机器运行	$ 1 100 000	机器小时	110 000	$ 10
包装	$ 200 000	产量	40 000	$ 5

安装调试和批次质检这两项作业可以合并成一个成本库,因为它们的作业消耗成本动因是完全一致的。

与包装相关的制造费用应重新划分为直接成本,因为它直接随着产量的变化而变化。

E．将作业成本分配给成本对象（见表 4－49、表 4－50）。

表 4－49　分配给 X 的制造费用

作业消耗成本动因	分配率	作业消耗量	分配的制造费用
工程小时	$ 35	4 000	$ 140 000
批次数量	$ 4 500	200	$ 900 000
机器小时	$ 10	50 000	$ 500 000
合计			$ 1 540 000
单位制造费用			$ 154

表 4－50　分配给 Y 的制造费用

作业消耗成本动因	分配率	作业消耗量	分配的制造费用
工程小时	$ 35	6 000	$ 210 000
批次数量	$ 4 500	100	$ 450 000
机器小时	$ 10	60 000	$ 600 000
合计			$ 1,260 000
单位制造费用			$ 42

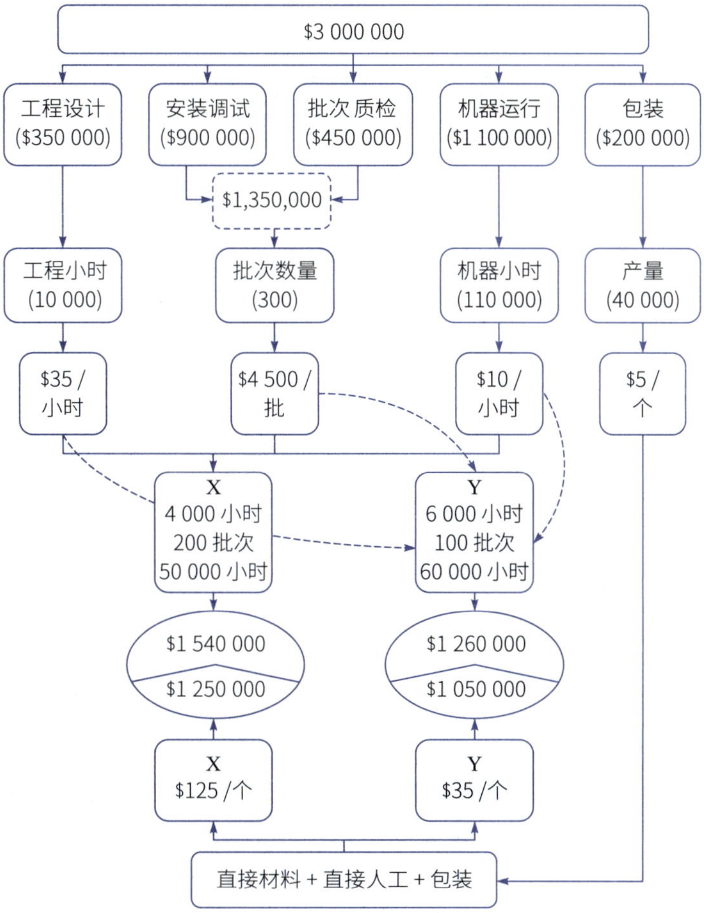

图 4－24　采用基于作业的成本法计算成本

F. 计算单位成本。

X 的单位成本 = (\$ 120+\$ 5) +\$ 154 = \$ 279/个

Y 的单位成本 = (\$ 30+\$ 5) +\$ 42 = \$ 77/个

G. 计算毛利。

X 的单位毛利 = \$ 300-\$ 279 = \$ 21/个

Y 的单位毛利 = \$ 100-\$ 77 = \$ 23/个

总毛利 = \$ 21/个×10 000 个+\$ 23/个×30 000 个 = \$ 900 000

H. 计算毛利率。

$$X=\frac{\$21}{\$300}=7\%$$

$$Y=\frac{\$23}{\$100}=23\%$$

③ 比较两种方法(见表 4-51)。

表 4-51 两种方法的比较

项目	基于数量		基于作业	
	X	Y	X	Y
产量	10 000	30 000	10 000	30 000
单位成本	\$ 240	\$ 90	\$ 279	\$ 77
毛利	\$ 60	\$ 10	\$ 21	\$ 23
盈利能力	20%	10%	7%	23%

A. 上述比较显示了基于数量的成本法严重地少计了 X 的成本,而多计了 Y 的成本。

这种**成本少计**(undercosting)和**成本多计**(overcosting)被称为**交叉补贴**。

交叉补贴(cross subsidization)是指以多计一些产品的成本为代价,进而对另一项产品进行成本少计的一种成本会计方法。

在使用基于数量的方法时,交叉补贴的方向往往是对产量少(批次规模小)的产品进行成本少计,而对产量多(批次规模大)的产品进行成本多计。

B. 基于数量的成本法还会对产品的盈利能力提供误导的信息。

交叉补贴大幅降低了 X 的单位成本,进而抬高了该产品的毛利和毛利率。

类似的信息会让决策者做出次优甚至是错误的决策。

---

3. 作业成本法的优缺点

(1) 优点

① 精确计量产品成本是作业成本法最大的价值之一。这种精确性扎根于成本系统所倡导的因果关系中。

② 通过多种动因来分配间接成本可以缓解交叉补贴的负面效应。

③ 作业成本法以富有洞察力的方式提供了正确的成本数据,这构成了理性决策和

控制的必要基础。

④ 作业成本法可以作为作业管理法的序曲,后者是成本管理的重要工具。

(2) 缺点

① 作业成本法是管理会计师强大的武器,但它不是财务会计师的“菜”。它不能用于对外财务报告。报告实体披露的财务信息的可靠性、公允性和客观性是对外财务报告的关注点。财务报告并不关注资源消耗的模式。

② 作业成本法不符合会计准则的要求,它并不严格区分产品成本和期间成本。

③ 无法轻易地确定成本与成本对象之间的因果关系,有些间接成本很难找到它们特定的动因。

④ 建立和维护作业成本系统需要使用大量的信息,投入大量的人力、时间和资金。至少在短期内,作业成本法不符合成本-收益的原则。

EQ4.2-3

FENG 公司生产两种建筑业的工程诊断设备。这两种产品基于不同的技术:X 光和超声波;但是在同一家工厂生产的。FENG 公司对总直接材料、直接人工和基于工时分配的制造费用进行加总,以此来计算 X 光设备和超声设备的成本。该工厂有三个辅助部门支持生产这两种产品的单一生产线。这些部门制造费用的预算值如表 4-52 所示。

表 4-52 辅助部门制造费用的预算值

部门			
工程设计	材料处理	安装调试	合计
$ 6 000	$ 5 000	$ 3 000	$ 14 000

FENG 公司当期预算的生产作业和成本如表 4-53 所示。

表 4-53 FENG 公司当期预算的生产作业和成本

项目	产品	
	X 光设备	超声波设备
产销量(台)	50	100
直接材料成本	$ 5 000	$ 8 000
直接人工工时(个)	100	300
直接人工成本	$ 4 000	$ 12 000
配件使用量(个)	400	600
工程调整次数(次)	2	1
产品调试次数(次)	8	7

采用作业成本法,生产一单位超声波设备预算的成本为(　　)。

A. $ 225　　B. $ 264　　C. $ 293　　D. $ 305

【答案】B

【考点】使用作业成本法分配制造费用

识别成本动因：

工程设计成本→工程调试的次数

材料处理成本→配件使用的数量

安装调试成本→产品安装调试的批次

计算分配率：

$$工程设计的分配率=\frac{\$6\ 000}{(2+1)}=\$2\ 000$$

$$材料处理的分配率=\frac{\$5\ 000}{(400+600)}=\$5$$

$$安装调试的分配率=\frac{\$3\ 000}{(8+7)}=\$200$$

分配给超声波设备的制造费用 = \$ 2 000×1+\$ 5×600+\$ 200×7 = \$ 6 400

超声波设备的总成本 = \$ 8 000+\$ 12 000+\$ 6 400 = \$ 26 400

$$超声波设备的单位成本=\frac{\$26\ 400}{100}=\$264$$

4.2.5 生命周期成本法

1. 基础

(1) 定义

① **生命周期成本法**(life-cycle costing)是指一种在产品生命周期内识别和考察该产品成本的方法。

② 生命周期包括了一个产品从产品设计和原材料采购到运送和服务的所有阶段。

(2) 适用性

① 生命周期成本提供了一个长期的视角,因为它考察了产品或服务整个成本的生命周期。因此,它可以为产品成本及其产品或服务的盈利能力提供一个更完整的视角。

② 生命周期成本法可以分析不同产品的综合盈利能力,包括整个生命周期内的成本。

③ 战略定价需要使用在定价决策中生命周期的诸多概念。

(3) **成本法**

① 生命周期成本归集在价值链上发生的所有成本。

② 价值链上发生的存货成本和期间成本以实际或标准值进行计量。

③ 归集的成本被分派到终端产品上。

2. 实施中的问题

(1) 价值链

① **价值链**(value chain)是指一个业务职能的顺序。在该顺序中,将客户感知到的

有用性添加到企业的产品或服务中(见图 4－25)。

② 价值链上的步骤包括:

A. 研究与开发;

B. 产品设计,包括原型开发、目标成本的设定和测试;

C. 生产、检测、包装和仓储;

D. 营销、促销和分销;

E. 售后服务。

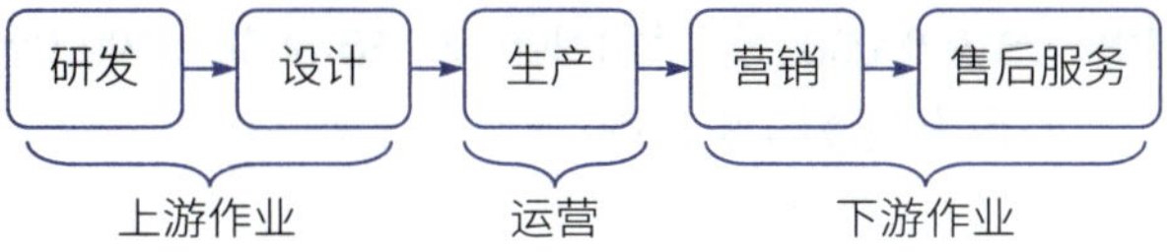

图 4－25 价值链

③ 价值链可以分成 3 个阶段:上游、运营和下游。

A. 上游阶段包括产品的研发以及研发企业与供应商的联系。

B. 运营阶段是指生产运作,对于零售或服务企业而言,运营涉及提供产品或服务。

C. 下游阶段是指与客户的联系,包括运货、服务和其他相关服务。

(2) 上游成本与下游成本

① 传统的成本管理只关注生产过程中的成本。然而,管理层应该关注生命周期内的所有成本,而不仅是生产成本。

② 在整个价值链中,上游成本和下游成本占据了**大部分**的生命周期成本。这种现象在有些行业中尤为明显。

A. 上游成本高的行业,如计算机软件、制药。

B. 下游成本高的行业,如流行服饰、香水和化妆品。

(3) 设计的重要性

① 对于上游成本和下游成本而言,设计阶段的决策是极其重要的。

② 设计阶段的决策会锁定绝大部分剩余生命周期的成本,因为上游作业会确定运营和下游作业成本发生的方式和金额。

例 4.2－9

FENG 公司是一家制造业企业。该公司的管理会计师正在分析最新开发的 X 产品的盈利能力。管理会计师认为,X 产品的生命周期预期为 5 年。对于 X 产品综合盈利能力的分析要求管理会计师采用生命周期成本法。5 年相关的财务信息,见表 4－54。

表 4－54 生命周期成本法(单位:千美元)

阶段	年	研发	销量	收入	生产成本	营销成本	客服成本	经营收益
研发	0	$ 300	0	$ 0	$ 0	$ 50	$ 0	($ 350)
导入	1	$ 0	10	$ 500	$ 150	$ 350	$ 40	($ 40)

续表

阶段	年	研发	销量	收入	生产成本	营销成本	客服成本	经营收益
增长	2	$ 0	18	$ 900	$ 230	$ 300	$ 100	$ 270
成熟	3	$ 50	35	$ 1 750	$ 450	$ 200	$ 150	$ 900
衰退	4	$ 0	8	$ 400	$ 180	$ 50	$ 80	$ 90
撤出市场	5		0				$ 20	($ 20)
	合计	$ 350		$ 3 550	$ 1 010	$ 950	$ 390	$ 850

X 的生命周期成本 = $ 350 000+ $ 1 010 000+ $ 950 000+ $ 390 000 = $ 2 700 000

X 生命周期内综合的盈利能力 = $ 3 550 000− $ 2 700 000 = $ 850 000

EQ4.2－4

FENG 公司要求对其从 1997—2000 年生产和销售的某个产品进行盈利能力的评估。该产品从销售之日起有 1 年的质保期。表 4－55 是在财务记录上的信息。

表 4－55 某产品在财务记录上的信息

时间	研发和设计	制造和分销	质保	
时间	(1995—1996 年)	(1997—2000 年)	(1997—2000 年)	2001 年
成本	$ 5 000 000	$ 7 000 000	$ 200 000	$ 100 000

该产品的生命周期成本为(　　)。

A. $ 10 000 000　　B. $ 12 000 000

C. $ 12 200 000　　D. $ 12 300 000

【答案】D

【考点】界定生命周期成本法的产品成本

在生命周期成本法下，产品成本包括生命周期内，价值链上发生的所有与成本对象相关的成本。

产品的生命周期成本 = 研发和设计成本+制造和分销成本+质保成本 = $ 5 000 000+ $ 7 000 000+ $ 200 000+ $ 100 000 = $ 12 300 000

4.3 制造费用

4.3.1 联合产品成本法

1. 基础

(1) 定义

① **联合生产流程**(joint production process)是指从一个共同的生产要素中获得多种产出的一种生产流程。

② **联合产品**(joint products)是指从同一个生产流程中产生的，且**销售价值相对较高**的多种产品。

③ **副产品**(by-products)是指相比联合产品的销售价值,总**销售价值较低**的产品。

④ **分离点**(split-off point)是指联合生产流程中,第一次能够识别出单个产品的点。

⑤ **联合成本**(joint costs)包括所有**在分离点之前**发生的制造成本。

⑥ 额外的加工成本或**可分属成本**(separable costs)是指那些发生在分离点之后,且可以认定与单个产品有直接关联的成本。

⑦ **联合产品成本法**(joint product costing)是指将联合成本分配给多种联合产品和副产品的过程。

联合生产流程及其成本见图 4－26。

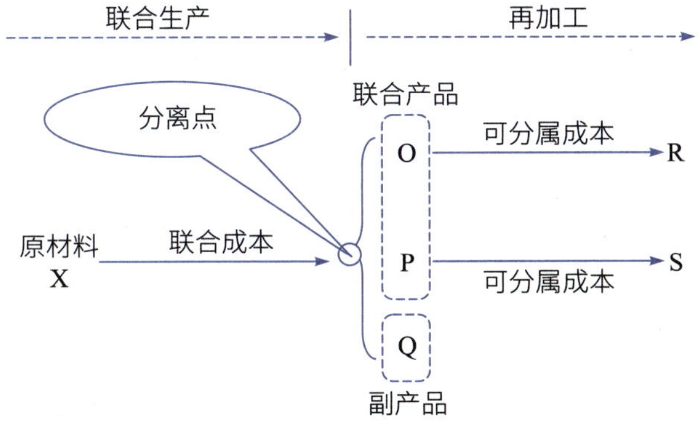

图 4－26　联合生产流程及其成本

(2) 作用

联合成本分配的主要目的是以一种合理的方式来精确地核算存货,用于对外财务报告。

联合成本为内部分析提供各类信息,包括盈利能力的分析和部门管理者的绩效评估。

2. 分配方法

总体有两大类分配方法——实物计量法和市场数据法,具体可以分为 7 种方式(见图 4－27)。

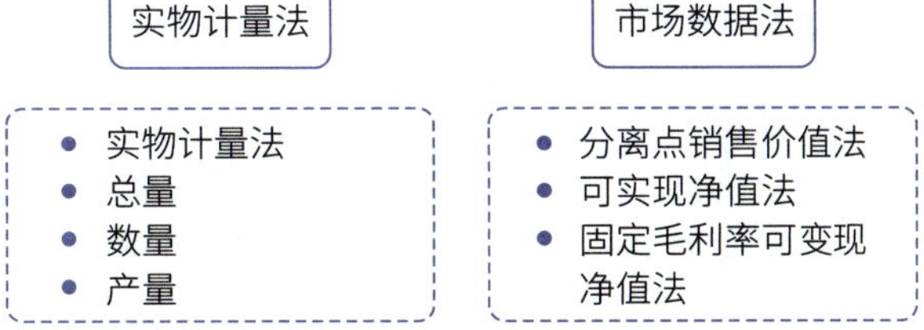

图 4－27　联合成本分配法

(1) 实物计量法

① **实物计量法**(physical measure method)通过在分离点的实物量,如总量、数量或产量,将联合成本分配给联合产品。

② 每种联合产品的分配权重是基于它们在分离点的实物量计算得到的。

$$\text{O 的分配权重}=\frac{Q_O}{Q_O+Q_P} \tag{4.3.1}$$

$$\text{P 的分配权重}=\frac{Q_P}{Q_O+Q_P} \tag{4.3.2}$$

在公式(4.3.1)和(4.3.2)中：

Q_O——O 在分离点的产量；

Q_P——P 在分离点的产量。

③ 分配给一种联合产品的联合成本取决于该产品的分配权重和总的联合成本。

$$\text{分配给 O 的联合成本}=W_O\times TJC \tag{4.3.3}$$

$$\text{分配给 P 的联合成本}=W_P\times TJC \tag{4.3.4}$$

在公式(4.3.3)和(4.3.4)中：

W_O——O 的分配权重；

W_P——P 的分配权重；

TJC——总的联合成本。

④ 基于产出数量的实物计量法实际上是**平均成本法**，利用产出的数量把联合成本分配给联合产品。

因此，对于所有联合产品而言，分配到每一单位产品上的联合成本是完全一致的。

$$\text{分配给 O 的单位联合成本}=\frac{\left(\dfrac{Q_O}{Q_O+Q_P}\right)\times TJC}{Q_O}=\left(\frac{TJC}{Q_O+Q_P}\right)$$

$$\text{分配给 P 的单位联合成本}=\frac{\left(\dfrac{Q_P}{Q_O+Q_P}\right)\times TJC}{Q_P}=\left(\frac{TJC}{Q_O+Q_P}\right)$$

⑤ 实物计量法的优缺点。

A．实物计量法的优点之一就**易于使用**，而且分配联合成本的**标准也是很客观的**。

B．实物计量法的缺点在于其**忽略了每种联合产品创造收入的能力**，而这种能力与任何的实物量都是没有关系的。此外，每种联合产品还可能会有**不同类型的实物数量**（一种产量的单位是加仑，而另一种是磅）。

例 4.3－1

FENG 公司使用联合生产模式，在分离点能获得 2 款产品 O 和 P。企业花了＄800 000 采购了 22 万吨 X 材料，在分离点之前发生的联合成本为＄200 000。该公司使用实物计量法将联合成本分配给每种联合产品。其他相关的财务信息见表 4－56。

表 4－56　联合生产的财务信息

联合成本	＄1 000 000	
分离点的联合产品	O	P
期初存货(吨)	0	0

续表

产量(吨)	50 000	150 000
销量(吨)	35 000	65 000
期末存货(吨)	15 000	85 000
每吨的销售价格	$ 20	$ 10

A．确定每种联合产品的分配权重。

总实物量＝50 000+150 000＝200 000

$$O\text{ 的分配权重}=\frac{50\ 000}{200\ 000}=0.25$$

$$P\text{ 的分配权重}=\frac{150\ 000}{200\ 000}=0.75$$

B．将联合成本分配给每种联合产品。

分配给 O 的联合成本＝$ 1 000 000×0. 25＝$ 250 000

分配给 P 的联合成本＝$ 1 000 000×0. 75＝$ 750 000

C．计算每种联合产品的单位成本(见表 4－57)。

$$O\text{ 的单位成本}=\frac{\$\ 250\ 000}{50\ 000}=\$\ 5/\text{吨}$$

$$P\text{ 的单位成本}=\frac{\$\ 750\ 000}{150\ 000}=\$\ 5/\text{吨}$$

表 4－57　联合成本分配表(实物计量法)

联合产品	O	P	合计
产量(吨)	50 000	150 000	200 000
分配权重	25%	75%	100%
分配的联合成本	$ 250 000	$ 750 000	1 000 000
每吨的联合成本	$ 5	$ 5	$ 5

D．计算每种产品的毛利(见表 4－58)。

表 4－58　利润表(实物计量法)

	O	P	合计
销量(吨)	35 000	65 000	100 000
销售收入($ 20,$ 10)	$ 700 000	$ 650 000	$ 1 350 000
销货成本($ 5)	$ 175 000	$ 325 000	$ 500 000
毛利	$ 525 000	$ 325 000	$ 850 000
毛利率	75%	50%	
总毛利率			63%

(2) 分离点销售价值法

① **分离点销售价值法(sales value at split-off method)**依据与分离点相对的总销售价

值，将联合成本分配给联合产品。

② 应该先计算在分离点的每种联合产量的销售价值，然后确定分配权重。

$$\text{O 的销售价值} = Q_O \times P_O \tag{4.3.5}$$

$$\text{P 的销售价值} = Q_P \times P_P \tag{4.3.6}$$

在公式(4.3.5)和(4.3.6)中：

Q_O——O 在分离点的产量；

Q_P——P 在分离点的产量；

P_O——O 的销售价格；

P_P——P 的销售价格。

在计算销售价值时，需要使用产量而不是销量，因为发生总的联合成本是为了生产而不是销售。

③ 每种联合产品的分配权重是基于这些产品在分离点的销售价值来确定的。

$$\text{O 的分配权重} = \frac{SV_O}{SV_O + SV_P} \tag{4.3.7}$$

$$\text{P 的分配权重} = \frac{SV_P}{SV_O + SV_P} \tag{4.3.8}$$

在公式(4.3.7)和(4.3.8)中：

SV_O——O 在分离点的销售价值；

SV_P——P 在分离点的销售价值。

④ 分配给一种联合产品的联合成本取决于该产品的分配权重和总的联合成本。

$$\text{分配给 O 的联合成本} = W_O \times TJC \tag{4.3.9}$$

$$\text{分配给 P 的联合成本} = W_P \times TJC \tag{4.3.10}$$

在公式(4.3.9)和(4.3.10)中：

W_O——O 的分配权重；

W_P——P 的分配权重；

TJC——总的联合成本。

⑤ 分离点销售价值法是基于所有联合产品的销售价值及其总的联合成本计算的，所以所有联合产品的毛利率是完全一致的。

$$\text{O 的毛利率} = \frac{Q_O \times P_O - \left(\dfrac{Q_O \times P_O}{Q_O \times P_O + Q_P \times P_P}\right) \times TJC}{Q_O \times P_O} = 1 - \left(\frac{TJC}{Q_O \times P_O + Q_P \times P_P}\right)$$

$$\text{P 的毛利率} = \frac{Q_P \times P_P - \left(\dfrac{Q_P \times P_P}{Q_O \times P_O + Q_P \times P_P}\right) \times TJC}{Q_P \times P_P} = 1 - \left(\frac{TJC}{Q_O \times P_O + Q_P \times P_P}\right)$$

⑥ 分离点销售价值法的优缺点。

A. 分离点销售价值法的优点包括易于计算以及能够将每种联合产品的创收能力与其成本结合在一起。

B．分离点销售价值法的缺点在于，如果联合产量没有市场价格，则分离点销售价值就无法使用了。

例 4.3-2

FENG 公司使用联合生产模式，在分离点能获得两款产品 O 和 P。企业花了 $ 800 000 采购了 22 万吨 X 材料，在分离点之前发生的联合成本为 $ 200 000。该公司使用分离点销售价值法将联合成本分配给每种联合产品。其他相关的财务信息，见表4-59。

表 4-59　联合生产的财务信息

联合成本	$ 1 000 000	
分离点的联合产品	O	P
期初存货（吨）	0	0
联合成本	$ 1 000 000	
分离点的联合产品	O	P
产量（吨）	50 000	150 000
销量（吨）	35 000	65 000
期末存货（吨）	15 000	85 000
每吨的销售价格	$ 20	$ 10

A．计算每种联合产品的销售价值。

O 的销售价值 = 50 000×$ 20 = $ 1 000 000

P 的销售价值 = 150 000×$ 10 = $ 1 500 000

总销售价值 = $ 1 000 000+$ 1 500 000 = $ 2 500 000

B．确定每种联合产品的分配权重。

$$\text{O 的分配权重} = \frac{\$\,1\,000\,000}{\$\,2\,500\,000} = 0.4$$

$$\text{P 的分配权重} = \frac{\$\,1\,500\,000}{\$\,2\,500\,000} = 0.6$$

C．将联合成本分配给每种联合产品。

分配给 O 的联合成本 = $ 1 000 000×0.4 = $ 400 000

分配给 P 的联合成本 = $ 1 000 000×0.6 = $ 600 000

D．计算每种联合成本的单位成本（见表 4-60）。

$$\text{O 的单位成本} = \frac{\$\,400\,000}{50\,000} = \$\,8/\text{吨}$$

$$\text{P 的单位成本} = \frac{\$\,600\,000}{150\,000} = \$\,4/\text{吨}$$

表 4-60 联合成本分配表(分离点销售价值法)

	O	P	合计
产量(吨)	50 000	150 000	200 000
每吨的销售价格	$ 20	$ 10	
总销售价值	$ 1 000 000	$ 1 500 000	$ 2 500 000
分配权重	40%	60%	
分配的联合成本	$ 400 000	$ 600 000	$ 1 000 000
每吨的联合成本	$ 8	$ 4	

E. 计算每种联合产品的毛利(见表 4-61)。

表 4-61 利润表(分离点销售价值法)

	O	P	合计
销量(吨)	35 000	65 000	100 000
销售收入($ 20,$ 10)	$ 700 000	$ 650 000	$ 1 350 000
销货成本($ 8,$ 4)	$ 280 000	$ 260 000	$ 540 000
毛利	$ 420 000	$ 390 000	$ 810 000
毛利率	60%	60%	
总毛利率			60%

(3) 可变现净值法

① **可变现净值法** [net realizable value(NRV) method]根据在分离点相对的可变现净值,将联合成本分配给联合产品。可变现净值法的流程见图 4-28。

A. 如果在分离点无法获得销售价值时,则需要使用可变现净值法。

B. 在可变现净值法下,中间产品或联合产品没有市场销售价格,而且会对这些产品进行再加工来获取能够实现更高销售价值的终端产品。

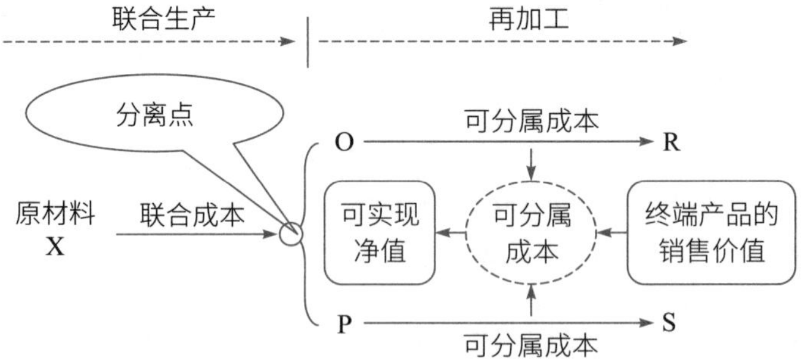

图 4-28 可变现净值法的流程

② 应该先计算在分离点中间产品的可变现净值,然后才能确定分配权重。

$$\text{O 的可变现净值} = Q_R \times P_R - SC_O \rightarrow R \quad (4.3.11)$$

$$\text{P 的可变现净值} = Q_S \times P_S - SC_P \rightarrow S \quad (4.3.12)$$

在公式(4.3.11)和(4.3.12)中:

Q_R——R 完工后的产量;

Q_S——S 完工后的产量;

P_R——R 的销售价格;

P_S——S 的销售价格;

$SC_O \to R$——在分离点之后发生的,从 O 到 R 的可分属成本;

$SC_P \to S$——在分离点之后发生的,从 P 到 S 的可分属成本。

在计算可变现净值时,需要使用产量而不是销量。

③ 每种中间产品的分配权重是基于这些产品在分离点的可变现净值来确定的。

$$\text{O 的分配权重} = \frac{NRV_O}{NRV_O + NRV_P} \tag{4.3.13}$$

$$\text{P 的分配权重} = \frac{NRV_P}{NRV_O + NRV_P} \tag{4.3.14}$$

在公式(4.3.13)和(4.3.14)中:

NRV_O——O 在分离点的可变现净值;

NRV_P——P 在分离点的可变现净值。

④ 分配给一种联合产品的联合成本取决于该产品的分配权重和总的联合成本。

$$\text{分配给 O 的联合成本} = W_O \times TJC \tag{4.3.15}$$

$$\text{分配给 P 的联合成本} = W_P \times TJC \tag{4.3.16}$$

在公式(4.3.15)和(4.3.16)中:

W_O——O 的分配权重;

W_P——P 的分配权重;

TJC——总的联合成本。

⑤ 可变现净值法的优缺点:

A. 可变现净值法的优点:当中间产品没有市场价格时,这种方法可以有效地分配联合成本。此外,与分离点销售价值法类似,可变现净值法也将每种联合产品的创收能力与其成本联系在一起(见图 4-29)。

B. 可变现净值法的缺点在于,假设再加工是不产生任何利润的,所有利润都是由联合成本流程产生的。

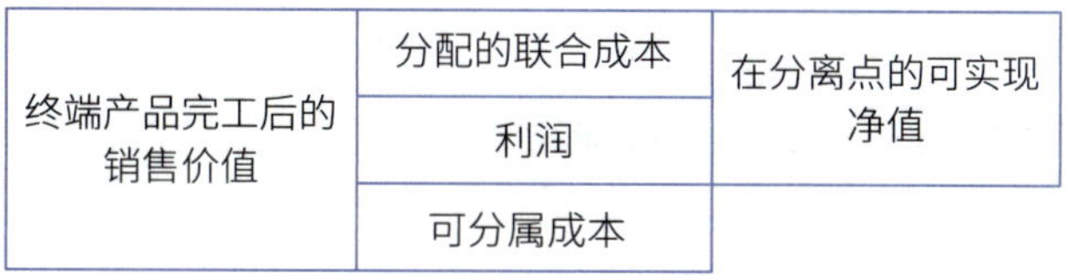

图 4-29　中间产品可变现净值的结构

例 4.3-3

FENG 公司使用联合生产模式,在分离点能获得两款产品 O 和 P。这两种联合产品会继续加工来获取终端产品 R 和 S。企业花了 $ 800 000 采购了 22 万吨 X 材料,在分离点之前发生的联合成本为$ 200 000。该公司使用可变现净值法将联合成本分配给每种联合产品。其他相关的财务信息见表4-62。

表4-62 联合生产的财务信息

联合成本	$ 1 000 000	
分离点的联合产品	O	P
期初存货(吨)	0	0
产量(吨)	50 000	150 000
再加工的财务信息		
终端产品	R	S
期初存货(吨)	0	0
产量(吨)	40 000	100 000
销量(吨)	30 000	50 000
期末存货(吨)	10 000	50 000
每吨的销售价格	$ 80	$ 40
可分属成本	$ 1 000 000	$ 1 200 000

A. 计算每种联合产品的可变现净值。

O的可变现净值 = 40 000×$ 80-$ 1 000 000 = $ 2 200 000

P的可变现净值 = 100 000×$ 40-$ 1 200 000 = $ 2 800 000

B. 确定每种联合产品的分配权重。

$$O的分配权重=\frac{\$\,2\,200\,000}{\$\,2\,200\,000+\$\,2\,800\,000}=0.44$$

$$P的分配权重=\frac{\$\,2\,800\,000}{\$\,2\,200\,000+\$\,2\,800\,000}=0.56$$

C. 将联合成本分配给每种联合产品。

分配给O的联合成本 = $ 1 000 000×0.44 = $ 440 000

分配给P的联合成本 = $ 1 000 000×0.56 = $ 560 000

D. 计算每种终端产品的单位成本(见表4-63)。

$$R的单位成本=\frac{\$\,440\,000+\$\,1\,000\,000}{40\,000}=\$\,36/吨$$

$$S的单位成本=\frac{\$\,560\,000+\$\,1\,200\,000}{100\,000}=\$\,17.6/吨$$

表4-63 联合成本分配表(可变现净值法)

终端产品	R	S	合计
产量(吨)	40 000	100 000	140 000
每吨的销售价格	$ 80	$ 40	
总销售价格	$ 3 200 000	$ 4 000 000	$ 7 200 000

续表

终端产品	R	S	合计
可分属成本	$ 1 000 000	$ 1 200 000	
	O	P	合计
可变现净值	$ 2 200 000	$ 2 800 000	$ 5 000 000
分配权重	44%	56%	
分配的联合成本	$ 440 000	$ 560 000	$ 1 000 000
总生产成本	$ 1 440 000	$ 1 760 000	
每吨的联合成本	$ 36. 0	$ 17. 6	

E．计算每种终端产品的毛利(见表 4 – 64)。

表 4 – 64　利润表(可变现净值法)

终端产品	R	S	合计
销量(吨)	30 000	50 000	80 000
销售收入($ 80, $ 40)	$ 2 400 000	$ 2 000 000	$ 4 400 000
销货成本($ 36, $ 17. 6)	$ 1 080 000	$ 880 000	$ 1 960 000
毛利	$ 1 320 000	$ 1 120 000	$ 2 440 000
毛利率	55%	56%	
总毛利率			55. 45%

(4) 固定毛利率可变现净值法(见图 4 – 30)

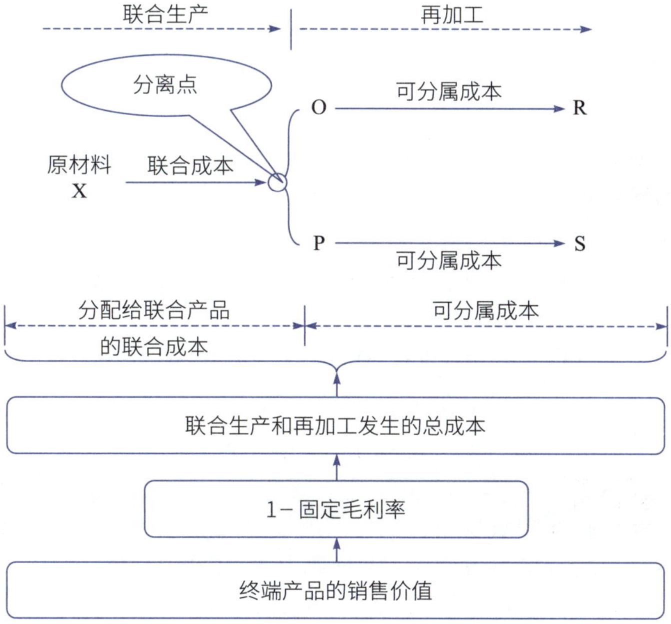

图 4 – 30　固定毛利率可变现净值法的流程

① **固定毛利率可变现净值法**(constant gross-margin percentage NRV method)以每种产品能实现相同毛利率的方式将联合成本分配给在会计期内所生产的联合产品。

固定毛利率可变现净值法有助于解决由可变现净值法引起的问题,即分离点之后的生产流程不产生任何利润。

② 固定毛利率可变现净值法的第一步是要计算每种终端产品的销售价值。

$$\text{R 的销售价值} = Q_R \times P_R \qquad (4.3.17)$$

$$\text{S 的销售价值} = Q_S \times P_S \qquad (4.3.18)$$

在公式(4.3.17)和(4.3.18)中:

Q_R——R 完工后的产量;

Q_S——S 完工后的产量;

P_R——R 的销售价格;

P_S——S 的销售价格。

在计算终端产品销售价值时,需要使用产量而不是销量。

③ 预估所有终端产品的固定毛利率是这种方法的核心步骤。

$$\text{固定毛利率} = \frac{(SV_R + SV_S) - (SC_O \to R + SC_P \to S) - TJC}{SV_R + SV_S} \qquad (4.3.19)$$

在公式(4.3.19)中:

SV_R——R 的销售价值;

SV_S——S 的销售价值;

$SC_O \to R$——在分离点之后发生的,从 O 到 R 的可分属成本;

$SC_P \to S$——在分离点之后发生的,从 P 到 S 的可分属成本;

TJC——总的联合成本。

④ 根据固定毛利率来确定每种终端产品的总成本。

$$\text{R 的总成本} = SV_R \times (1 - GM\%) \qquad (4.3.20)$$

$$\text{S 的总成本} = SV_S \times (1 - GM\%) \qquad (4.3.21)$$

在公式(4.3.20)和(4.3.21)中:

SV_R——R 的销售价值;

SV_S——S 的销售价值;

GM%——固定毛利率。

⑤ 分配给每种联合产品的联合成本等于每种终端产品的总成本与其在分离点之后发生的可分属成本之差。

$$\text{分配给 } O \text{ 的联合成本} = TC_O \to R - SC_O \to R \qquad (4.3.22)$$

$$\text{分配给 P 的联合成本} = TC_P \to S - SC_P \to S \qquad (4.3.23)$$

在公式(4.3.22)和(4.3.23)中:

$TC_O \to R$——从 O 到 R 的总成本;

$TC_P \to S$——从 P 到 S 的总成本;

$SC_O \to R$——在分离点之后发生的,从 O 到 R 的可分属成本;

$SC_P \to S$——在分离点之后发生的,从 P 到 S 的可分属成本。

需要注意的是,固定毛利率法在分配联合成本时**没有使用分配权重**。

第4章

⑥ 固定毛利率可变现净值法的优缺点:

A. 固定毛利率可变现净值法的优点:它让**联合生产和再加工都能产生利润**。而且作为一种基于市场数据的方法,它依然能**将每种联合产品的创收能力与其成本联系在一起**。

B. 固定毛利率可变现净值法的缺点:假定每种终端产品的毛利率是一致的,但是这并不符合事实。

例 4.3-4

FENG 公司使用联合生产模式,在分离点能获得两款产品 O 和 P。这两种联合产品会继续加工来获取终端产品 R 和 S。企业花了$ 800 000 采购了 22 万吨 X 材料,在分离点之前发生的联合成本为$ 200 000。该公司使用固定毛利率可变现净值法将联合成本分配给每种联合产品。其他相关的财务信息见表 4-65。

表 4-65 联合生产的财务信息

联合成本	$ 1 000 000	
分离点的联合产品	O	P
期初存货(吨)	0	0
产量(吨)	50 000	150 000
再加工的财务信息		
终端产品	R	S
期初存货(吨)	0	0
产量(吨)	40 000	100 000
销量(吨)	30 000	50 000
期末存货(吨)	10 000	50 000
每吨的销售价格	$ 80	$ 40
可分属成本	$ 1 000 000	$ 1 200 000

A. 计算每种终端产品的销售价值。

R 的销售价值 = 40 000×$ 80 = $ 3 200 000

S 的销售价值 = 100 000×$ 40 = $ 4 000 000

总销售价值 = $ 3 200 000+$ 4 000 000 = $ 7 200 000

B. 预计总的固定毛利率。

$$固定毛利率=\frac{\$7\ 200\ 000-(\$1\ 000\ 000+\$1\ 200\ 000)-\$1\ 000\ 000}{\$7\ 200\ 000}=55.56\%$$

C. 确定每种终端产品的总成本。

R 的总成本 = $ 3 200 000×(1-55.56%) = $ 1 422 080

S 的总成本 = $ 4 000 000×(1-55.56%) = $ 1 777 600

D. 将联合成本分配给每种联合产品。

分配给 O 的联合成本 = $ 1 422 080-$ 1 000 000 = $ 422 080

分配给 P 的联合成本 = \$ 1 777 600 − \$ 1 200 000 = \$ 577 600

E．计算每种联合产品的单位成本(见表 4 − 66)。

$$R的单位成本=\frac{\$422\ 080+\$1\ 000\ 000}{40\ 000}=\$35.56/吨$$

$$S的单位成本=\frac{\$577\ 600+\$1\ 200\ 000}{100\ 000}=\$17.78/吨$$

表 4 − 66　联合成本分配表(固定毛利率可变现净值法)

终端产品	R	S	合计
产量(吨)	40 000	100 000	140 000
每吨的销售价格	\$ 80	\$ 40	
总销售价格	\$ 3 200 000	\$ 4 000 000	\$ 7 200 000
总生产成本			
可分属成本	\$ 1 000 000	\$ 1 200 000	\$ 2 200 000
联合成本			\$ 1 00 000
总生产成本			\$ 3 200 000
总毛利			\$ 4 000 000
毛利率	55. 56%	55. 56%	
成本率	44. 44%	44. 44%	
总成本	\$ 1 422 080	\$ 1 777 600	\$ 3 199 680
分配的联合成本	\$ 422 080	\$ 577 600	\$ 999 680
每吨的联合成本	\$ 35. 56	\$ 17. 78	

F．计算每种终端产品的毛利(见表 4 − 67)。

表 4 − 67　利润表(固定毛利率可变现净值法)

	R	S	合计
销量(吨)	30 000	50 000	80 000
销售收入(\$ 80, \$ 40)	\$ 2 400 000	\$ 2 000 000	\$ 4 400 000
销货成本(\$ 35. 56, \$ 17. 78)	\$ 1 066 667	\$ 888 889	\$ 1 955 556
毛利	\$ 1 333 333	\$ 1 111 111	\$ 2 444 444
毛利率	55. 56%	55. 56%	
总毛利率			55. 56%

(5) 出售或再加工决策

① 在联合生产流程下,管理者还需要决定是在分离点出售产品还是继续加工产品。

② **边际分析**可以应用于出售或再加工决策。在此类决策中,会对增量收入与增量成本进行比较(见图 4 − 31)。

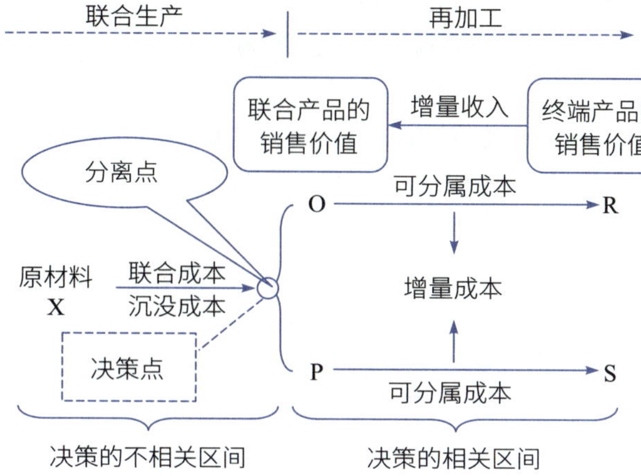

图 4-31　增量收入与增量成本

增量收入是指终端产品的销售价值与在分离点联合产品的销售价值之差。

增量成本是能轻易地认定为与终端产品有直接关联的可分属成本。

例 4.3-5

FENG 公司使用联合生产模式，在分离点能获得两款产品 O 和 P。对这两种联合产品继续加工来获取终端产品 R 和 S。企业花了$ 800 000 采购了 22 万吨 X 材料，在分离点之前发生的联合成本为$ 200 000。该公司正在考虑是在分离点出售 O 和 P，还是对它们继续加工。其他相关的财务信息见表 4-68。

表 4-68　联合生产的财务信息

联合成本	$ 1 000 000	
分离点的联合产品	**O**	**P**
期初存货(吨)	50 000	150 000
每吨的销售价格	$ 20	$ 10
再加工的财务信息		
终端产品	**R**	**S**
期初存货(吨)	40 000	100 000
每吨的销售价格	$ 80	$ 40
每吨的可分属成本	$ 40	$ 20

A. 对于 R 的边际分析。

增量收入 = $ 80×40 000-$ 20×50 000 = $ 2 200 000

增量成本 = $ 40×50 000 = $ 2 000 000

增量利润 = $ 2 200 000-$ 2 000 000 = $ 200 000

B. 对于 S 的边际分析。

增量收入 = $ 40×100 000-$ 10×150 000 = $ 2 500 000

增量成本＝$ 20×150 000＝$ 3 000 000

增量利润＝$ 2 500 000－$ 3 000 000＝－$ 500 000

C．结论。

应该对 O 继续加工来获取 R，因为再加工可以赚取额外的利润。

应该在分离点出售 P，因为再加工会降低企业的利润。

3. 副产品成本法

（1）基础

① 在联合生产模式中，对于副产品的核算是另一项需要考虑的问题。

② 副产品成本法有两种方式：生产法和销售法。

这两种方式主要区别在于，是否会在分离点将存货价值分派给副产品。

（2）生产法

① **生产法（production method）**会在资产负债表上以可变现净值将副产品报告为**存货**，而在利润表上会将该可变现净值从联合产品的总制造成本中扣除。

在副产品生产的会计期内进行这种核算。

② 生产法基于资产确认、配比和重要性这些财务会计的概念。

如果副产品的可变现净值比较重要（即它会对存货或利润产生重要的影响），则应该根据配比原则进行资产确认。

例 4.3－6

FENG 公司使用联合生产模式，在分离点能获得两款产品 O 和 P。这两种联合产品会继续加工来获取终端产品 R 和 S。企业花了$ 800 000 采购了 22 万吨 X 材料，在分离点之前发生的联合成本为$ 200 000。该公司使用分离点销售价值法将联合成本分配给每种联合产品，并将副产品作为存货处理。其他相关的财务信息见表 4－69。

表 4－69 联合生产的财务信息

联合成本	$ 1 000 000		
在分离点的产品	联合产品		副产品
	O	P	Q
期初存货（吨）	0	0	0
产量（吨）	50 000	150 000	10 000
销量（吨）	35 000	65 000	5 000
期末存货（吨）	15 000	85 000	5 000
每吨的销售价格	$ 20	$ 10	$ 2

A．确定 Q 的可变现净值。

Q 的可变现净值＝$ 2×10 000＝$ 20 000

B．计算需要分配给联合产品的总制造成本。

待分配的总制造成本＝$ 1 000 000－$ 20 000＝$ 980 000

记录完工品成本(见表 4－70)。

表 4－70　记录完工品成本

副产品存货	$ 20 000	
完工品	$ 980 000	
在产品		$ 1 000 000

C．计算每种联合产品的销售价值。

O 的销售价值＝50 000×$ 20＝$ 1 000 000

P 的销售价值＝150 000×$ 10＝$ 1 500 000

总销售价值＝$ 1 000 000＋$ 1 500 000＝$ 2 500 000

D．确定每种联合产品的分配权重。

$$\text{O 的分配权重}=\frac{\$\,1\ 000\ 000}{\$\,2\ 500\ 000}=0.4$$

$$\text{P 的分配权重}=\frac{\$\,1\ 500\ 000}{\$\,2\ 500\ 000}=0.6$$

E．将联合成本分配给每种联合产品。

分配给 O 的联合成本＝$ 980 000×0. 4＝$ 392 000

分配给 P 的联合成本＝$ 980 000×0. 6＝$ 588 000

F．计算每种联合产品的单位成本。

$$\text{O 的单位成本}=\frac{\$\,392\ 000}{50\ 000}=\$\,7.84/\text{吨}$$

$$\text{P 的单位成本}=\frac{\$\,588\ 000}{150\ 000}=\$\,3.92/\text{吨}$$

G．计算每种联合产品的毛利(见表 4－71～表 4－73)。

表 4－71　利润表(分离点销售价值法)

	O	P	合计
销量(吨)	35 000	65 000	100 000
销售收入($ 20，$ 10)	$ 700 000	$ 650 000	$ 1 350 000
销货成本($ 7. 84，$ 3. 92)	$ 274 400	$ 254 800	$ 529 200
毛利	$ 425 600	$ 395 200	$ 820 800
毛利率	60. 80%	60. 80%	
总毛利率			60. 80%

表 4－72　记录联合产品的销售

现金	$ 1 350 000	
收入——联合产品		$ 1 350 000

表 4－73　记录副产品的销售

现金	$ 10 000	
副产品存货		$ 10 000

H. 报告每种产品的期末余额。

O 的期末余额 = 15 000×$ 7.84 = $ 117 600

P 的期末余额 = 85 000×$ 3.92 = $ 333 200

Q 的期末余额 = 5 000×$ 2 = $ 10 000

---

(3) 销售法

① **销售法**(sales method)会在出售副产品的时候,将副产品的**净销售收入**在利润表上报告为其他收益或其他销售收入。

② 销售法的合理性基于诸如收入确认、重要性和成本收益等财务会计的概念。

当副产品的价值不是很重要时,即相对净利润而言较小时,使用销售法是恰当的。

就成本收益的考量而言,很多企业会因为简便而使用销售法。

例 4.3-7

FENG 公司使用联合生产模式,在分离点能获得两款产品 O 和 P。对这两种联合产品继续加工来获取终端产品 R 和 S。企业花了$ 800 000 采购了 22 万吨 X 材料,在分离点之前发生的联合成本为$ 200 000。该公司使用分离点销售价值法将联合成本分配给每种联合产品,但不将副产品作为存货处理。其他相关的财务信息,见表 4-74、表 4-75。

表 4-74　联合生产的财务信息

联合成本	$ 1 000 000		
在分离点的产品	联合产品		副产品
	O	P	Q
期初存货(吨)	0	0	0
产量(吨)	50 000	150 000	10 000
销量(吨)	35 000	65 000	5 000
期末存货(吨)	15 000	85 000	5 000
每吨的销售价格	$ 20	$ 10	$ 2

表 4-75　记录完工品成本

完工品	$ 1 000 000	
在产品		$ 1 000 000

A. 计算每种联合产品的销售价值。

O 的销售价值 = 50 000×$ 20 = $ 1 000 000

P 的销售价值 = 150 000×$ 10 = $ 1 500 000

总销售价值 = $ 1 000 000+$ 1 500 000 = $ 2 500 000

B. 确定每种联合产品的分配权重。

$$O\text{ 的分配权重} = \frac{\$\,1\,000\,000}{\$\,2\,500\,000} = 0.4$$

P 的分配权重 $= \frac{\$1\ 500\ 000}{\$2\ 500\ 000} = 0.6$

C. 将联合成本分配给每种联合产品。

分配给 O 的联合成本 $= \$1\ 000\ 000 \times 0.4 = \$400\ 000$

分配给 P 的联合成本 $= \$1\ 000\ 000 \times 0.6 = \$600\ 000$

D. 计算每种联合产品的单位成本。

O 的单位成本 $= \frac{\$400\ 000}{50\ 000} = \$8.0$/吨

P 的单位成本 $= \frac{\$600\ 000}{150\ 000} = \$4.0$/吨

E. 计算每种联合产品的毛利(见表 4－76～表 4－78)。

表 4－76　利润表(分离点销售价值法)

	O	P	Q	合计
销量(吨)	35 000	65 000	5 000	105 000
销售收入($ 20, $ 10)	$ 700 000	$ 650 000	$ 10 000	$ 1 360 000
销货成本($ 8, $ 4)	$ 280 000	$ 260 000	$ 0	$ 540 000
毛利	$ 420 000	$ 390 000	$ 10 000	$ 820 000
毛利率	60.00%	60.00%		
总毛利率				60.29%

表 4－77　记录联合产品的销售

现金	$ 1 350 000	
收入——联合产品		$ 1 350 000

表 4－78　记录副产品的销售

现金	$ 10 000	
收入——副产品		$ 10 000

F. 报告每种产品的期末余额。

O 的期末余额 $= 15\ 000 \times \$8.0 = \$120\ 000$

P 的期末余额 $= 85\ 000 \times \$4.0 = \$340\ 000$

Q 的期末余额 $= 5\ 000 \times \$2 = \$10\ 000$

无须在资产负债表上报告。

EQ4.3－1

将联合成本分配给联合产品的主要目的是确定(　　)。

A. 副产品的售价

B. 某一种联合产品是否要停产

C. 预算共同成本与实际共同成本之间的差异

D. 用于财务报告的联合产品的存货成本

【答案】D
【考点】理解分配联合成本的目的
联合成本分配的主要目的是以一种合理的方式来精确地核算存货。

4.3.2 分配支持部门的成本

1. 基础

(1) 运营部门与支持部门

① 企业会对运营部门和支持部门进行区分。

A. **运营部门**(operating departments)是指直接为外部客户生产产品或提供服务的生产部门。

B. **支持部门**(support departments)是指为企业内部其他部门(运营或支持)提供服务的服务部门。

信息系统部门和维修部门是典型的支持部门。

② 基于收益获取原则,一个加工部门应该分担一些在IT部门发生的成本,因为前者使用了一些由后者提供的计算机服务。同理,一些IT部门的成本应该分配给人力资源部门,如果人力资源部门使用了来自IT部门的计算机服务(见图4-32)。

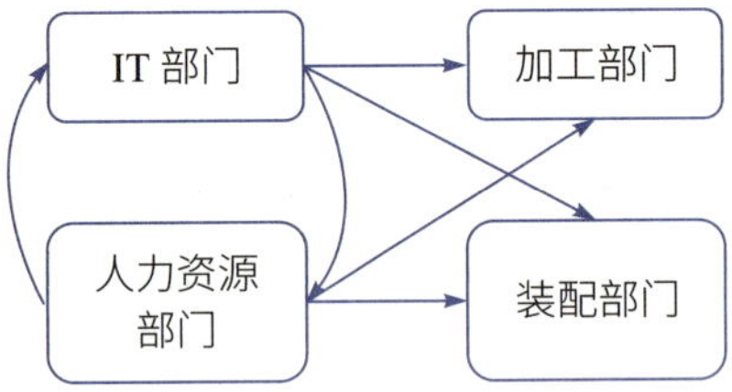

图4-32 支持部门的成本分配至运营部门

(2) 分配的目的

把支持部门的成本分配给运营部门,主要是为了实现以下4个目标。

① 分配可以协助管理者**精确确定部门和产品的成本**,以此为评估部门的成本效率、不同产品的盈利能力、财务报告和税务合规提供依据。

② 恰当的分配可以**激励管理者**投入更多的努力,实现管理高层的目标。

③ 合理的分配还能根据目标一致的原则,为管理者的决策**提供相关的信息**。

④ 它还能有效地确定管理者根据自己的努力和技能获得公平的奖励。

2. 分配方法

(1) 基础

① 把支持成本分配给运营的核心问题是理解交互流(见图4-33)。

A. **交互流**是指在支持部门之间往复的服务流。

B. 分配方法的选择取决于是充分还是部分地考虑交互流。

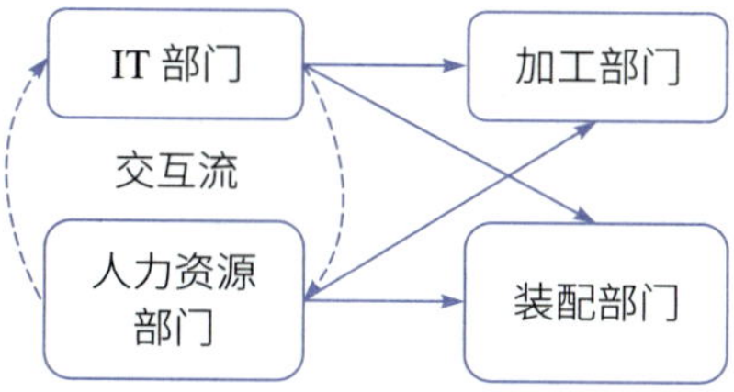

图 4－33　交互流

（2）直接法

直接法（direct method）只会将支持部门的成本分配给运营部门。这种方法不会考虑交互流。

不考虑交互流会使得直接法易于使用，但是无法精确地预估运营部门的成本。

例 4.3－8

FENG 公司有两个支持部门和两个运营部门。该公司使用直接法将支持成本分配给运营部门，相关信息见表 4－79。

表 4－79　用于支持部门成本分配的财务数据

	支持部门		运营部门		合计
	人力	IT	加工	装配	
待分配的总成本	\$ 9 000	\$ 16 000	\$ 30 000	\$ 45 000	\$ 100 000
人工工时	—	600	450	450	1 500
计算使用时间	600	—	900	1 500	3 000

A．人力部门。

计算分配权重：

$$向加工部门=\frac{450}{450+450}=50\%=\frac{30\%}{30\%+30\%}$$

$$向装配部门=\frac{450}{450+450}=50\%=\frac{30\%}{30\%+30\%}$$

分配支持成本：

向加工部门＝\$ 9 000×50%＝\$ 4 500

向装配部门＝\$ 9 000×50%＝\$ 4 500

B. IT 部门。

计算分配权重：

$$向加工部门=\frac{900}{900+1\ 500}=37.5\%=\frac{30\%}{30\%+50\%}$$

$$向装配部门=\frac{1\ 500}{900+1\ 500}=62.5\%=\frac{50\%}{30\%+30\%}$$

分配支持成本：

向加工部门＝$ 16 000×37. 5%＝$ 6 000

向装配部门＝$ 16 000×62. 5%＝$ 10 000

总结见表 4－80、图 4－34。

表 4－80　使用直接法分配支持部门的成本

		加工	装配	合计
人力	分配权重	50%	50%	100%
	分配的金额	$ 9 000×50%＝$ 4 500	$ 9 000×50%＝$ 4 500	$ 9 000
IT	分配权重	37. 5%	62. 5%	100%
	分配的金额	$ 16 000×37. 5%＝$ 6 000	$ 16 000×62. 5%＝$ 10 000	$ 16 000
运营部门的直接成本		$ 30 000	$ 45 000	$ 75 000
运营部门的总成本		$ 40 500	$ 59 500	$ 100 000

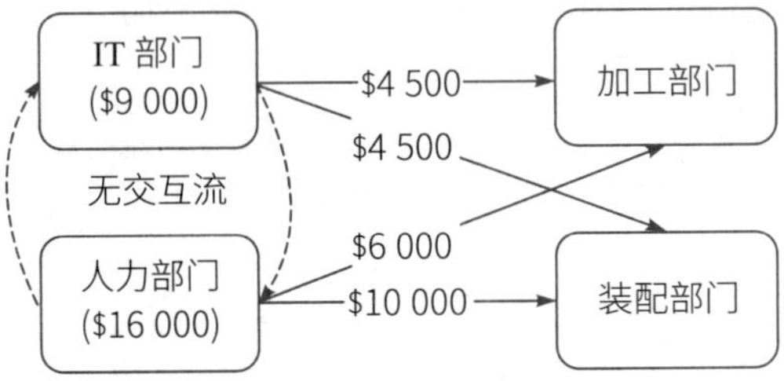

图 4－34　使用直接法分配成本

（3）阶梯法

① **阶梯法**（step-down method）按照一定的步骤顺序将支持部门的成本分配给运营部门。

该方法按顺序将一个支持部门的成本分配到其他支持部门和运营部门，相当于**部分地确认**了在所有支持部门之间的交互流。

② 部分确认交互流使得阶梯法会选择一个支持部门进行充分地分配。

A. 选择的标准为，按顺序的分配始于一个支持部门；该部门将其最多的服务提供给了其他支持部门。接下来对提供第二多服务的部门进行分配，以此类推；最后一个分配的是提供服务最少的部门。

一个支持部门的成本一旦完成分配，后续的服务部门不会将其成本反向地分配给之前的部门。

B. 对于那些非充分分配的支持部门，待分配成本的金额应该包括这些部门原有的成本，外加从充分分配部门那里分配到的成本。

③ 由于只会选择一个支持部门进行充分分配，所以分配的顺序会对分配的结果产品产生重大的影响。

④ 部分地考虑交互流让分配变得更为精确。

例 4.3－9

FENG 公司有两个支持部门和两个运营部门。该公司使用阶梯法将支持成本分配给运营部门,相关信息见表 4－81。

表 4－81　用于支持部门成本分配的财务数据

	支持部门		运营部门		合计
	人力	IT	加工	装配	
待分配的总成本	$ 9 000	$ 16 000	$ 30 000	$ 45 000	$ 100 000
人工工时	—	600	450	450	1 500
计算使用时间	600	—	900	1 500	3 000

A．确定充分分配的支持部门。

分配应从人力部门开始,因为它向 IT 部门提供了更多的服务(40%)。

B．人力部门。

分配支持成本:

向 IT 部门＝$ 9 000×40%＝$ 3 600

向加工部门＝$ 9 000×30%＝$ 2 700

向装配部门＝$ 9 000×30%＝$ 2 700

C．IT 部门。

确定 IT 部门待分配的成本:

待分配的总成本＝$ 16 000＋$ 3 600＝$ 19 600

计算分配权重:

$$\text{向加工部门}=\frac{900}{900+1\ 500}=37.5\%=\frac{30\%}{30\%+50\%}$$

$$\text{向装配部门}=\frac{1\ 500}{900+1\ 500}=62.5\%=\frac{50\%}{30\%+30\%}$$

分配支持成本:

向加工部门＝$ 19 600×37.5%＝$ 7 350

向装配部门＝$ 19 600×62.5%＝$ 12 250

总结见表 4－82、图 4－35。

表 4－82　使用阶梯法分配支持部门的成本

		IT	加工	装配	合计
人力	分配权重	40%	30%	30%	100%
	分配的金额	$ 9 000×40%＝$ 3 600	$ 9 000×30%＝$ 2 700	$ 9 000×30%＝$ 2 700	$ 9 000
IT	分配权重	—	37.5%	62.5%	100%
	分配的金额	$ 16 000＋$ 3 600＝$ 19 600	$ 19 600×37.5%＝$ 7 350	$ 19 600×62.5%＝$ 12 250	$ 19 600－$ 3 600＝$ 16 000

续表

	IT	加工	装配	合计
运营部门的直接成本		$ 30 000	$ 45 000	$ 75 000
运营部门的总成本		$ 40 050	$ 59 950	$ 100 000

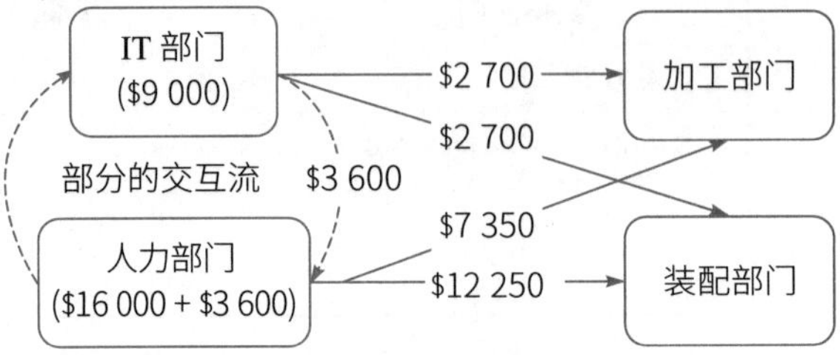

图 4－35　使用阶梯法分配成本

（4）交叉法

交叉法（reciprocal method）通过联立方程充分地考虑了支持部门之间的交互流。交叉法需要建立一个等式来确定每个支持部门向营运部门分配的待分配成本。每个支持部门的成本是一个未知数，需要通过联立方程求解而得。

$$\begin{cases}\text{X 的待分配成本}=\text{X 原有的成本}+\text{Y 的待分配成本}\times\text{Y 向 X 提供服务的百分比}\\\text{Y 的待分配成本}=\text{Y 原有的成本}+\text{X 的待分配成本}\times\text{X 向 Y 提供服务的百分比}\end{cases}$$

例 4.3－10

FENG 公司有 2 个支持部门和 2 个运营部门。该公司使用交叉法将支持成本分配给运营部门，相关信息，见表 4－83。

表 4－83　用于支持部门成本分配的财务数据

	支持部门		运营部门		合计
	人力	IT	加工	装配	
待分配的总成本	$ 9 000	$ 16 000	$ 30 000	$ 45 000	$ 100 000
人工工时	—	600	450	450	1 500
计算使用时间	600	—	900	1 500	3 000

A．使用联立方程来求解支持部门的待分配成本。

$$\begin{cases}\text{人力的待分配成本}=\$\,9\,000+\text{IT 的待分配成本}\times 20\%\\\text{IT 的待分配成本}=\$\,16\,000+\text{人力的待分配成本}\times 40\%\end{cases}$$

联立解得：

$$\begin{cases}\text{人力的待分配成本}=\$\,13\,261\\\text{IT 的待分配成本}=\$\,21\,304\end{cases}$$

B．人力部门。

分配支持成本：

向加工部门 = \$ 13 261×30% = \$ 3 978
向装配部门 = \$ 13 261×30% = \$ 3 978
C. IT 部门。
分配支持成本：
向加工部门 = \$ 21 304×30% = \$ 6 391
向装配部门 = \$ 21 304×50% = \$ 10 652
总结见表 4 - 84、图 4 - 36。

表 4 - 84　使用交叉法分配支持部门的成本

		加工	装配	合计
人力	分配权重	30%	30%	
	分配的金额	\$ 13 261×30% = \$ 3 978	\$ 13 261×30% = \$ 3 978	\$ 7 956
IT	分配权重	30%	50%	
	分配的金额	\$ 21 304×30% = \$ 6 391	\$ 21 304×50% = \$ 10 652	\$ 17 043
运营部门的直接成本		\$ 30 000	\$ 45 000	\$ 75 000
运营部门的总成本		\$ 40 370	\$ 59 630	\$ 100 000

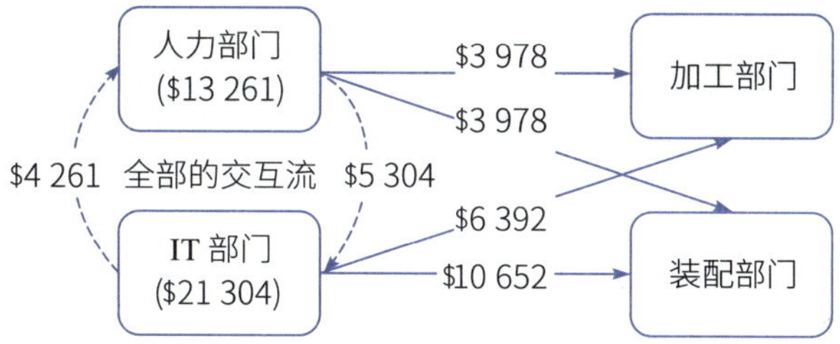

图 4 - 36　使用交叉法分配成本

3. 成本分配其他的考量因素

（1）单一分配率法与双重分配率法

① **单一分配率法**使用单一分配基础相同的分配率，将每个成本库（支持部门）中的成本分配给成本对象（运营部门）。

A. 单一分配率法易于使用。

B. 该方法可能会让管理者出于自身的利益做出次优的决策，但是从企业整体的角度来看，该决策是缺乏效率的。

② **双重分配率法**将每个支持部门的成本分解为 2 个成本库——变动的成本库和固定的成本库，然后使用不同的分配基础来分配每个成本库中的成本。

双重分配率法可以指导部门管理者做出对企业整体和部门都有利的决策。

③ 当部门的总成本可以分为变动成本和固定成本时，双重分配率法是分配支持部门成本的理想方法。

例 4.3－11

在 FENG 公司中,IT 部门是一个支持部门,向两个运营部门(加工部门和装配部门)提供计算机服务。该公司正在考虑是使用单一分配率法还是双重分配率法,将支持成本分配给运营部门,相关信息见表 4－85。

表 4－85 用于支持部门成本分配的财务数据

	IT	加工	装配	合计
固定成本	$ 20 000			
变动成本	$ 10 000			
预算的计算机使用时间		800	1 200	2 000
实际的计算机使用时间		900	1 100	2 000

A. 单一分配率法。

确定分配率:

$$分配率=\frac{(\$20\ 000+\$10\ 000)}{2\ 000}=\$15$$

分配 IT 部门的成本:

向加工部门=900×$ 15=$ 13 500

向装配部门=1 100×$ 15=$ 16 500

B. 双重分配率。

确定分配率:

$$固定成本分配率=\frac{\$20\ 000}{2\ 000}=\$10$$

$$变动成本分配率=\frac{\$10\ 000}{2\ 000}=\$5$$

分配 IT 部门的成本:

向加工部门=800×$ 10+900×$ 5=$ 12 500

向装配部门=1 200×$ 10+1 100×$ 5=$ 17 500

C. GE 公司是一家外部 IT 服务的供应商。如果它以每小时$ 8 的收费方式向两个部门提供计算机服务,不同的分配法会让运营部门的管理者做出不同的应对措施。

在单一分配率法下,运营部门的管理者倾向于外购 IT 服务,因为外购能够降低运营部门的成本($ 8 小于$ 15)。然而,外购会导致 FENG 公司额外发生每小时$ 3($ 8－$ 5)的成本,因为 IT 部门的固定成本不会发生变化。

如果使用双重分配率法,运营部门的管理者不会愿意支付超过每小时$ 5 的价格进行外购。双重分配率法可以让管理者通过忽略固定成本,对"自制或外购"进行边际决策。

(2) 实际分配率与预算分配率

① 从运营部门的角度。

A. 实际分配率对于成本分配来说**并不是一个理想的分配率**,因为它会给运营部门带来一定程度的不确定性;运营部门只有等到期末才能知道支持部门会分配给它们多少成本。

B. 确定的预算分配率可以让运营部门确定需要获取多少服务,并且判断是使用企业内部的服务还是外购服务。

② 从支持部门的角度。

预算分配率可以激励支持部门的管理者提高运行效率,因为使用服务的部门不会为支持部门的低效率买单,而这种低效率会导致实际分配率超过预算分配率。最终由支持部门承担不利成本差异的风险。

(3) 实际使用量与预算使用量(见图 4-37)。

① 变动成本是根据预算的分配率和实际的使用量来分配的,因为它们直接随着使用量的变化而变化。

A. 根据预算使用量来分配变动成本会鼓励使用服务的部门对于支持服务的耗用不加以控制。

B. 因此,将作为分配基础的实际使用量与预算分配率结合在一起,不仅让使用服务的部门事先了解分配率,而且还能够对分配它们的成本加以控制。

② 固定成本应根据预算分配率进行分配,因为无论实际使用量如何,该成本总是不变的。

A. 由于预算使用量衡量了运营部门对支持服务的长期需求,所以它可以协助使用服务的部门进行短期和长期的规划。

B. 将实际使用量作为固定成本的分配基础,其产生的效果与使用单一分配率法所产生的效果完全一致。

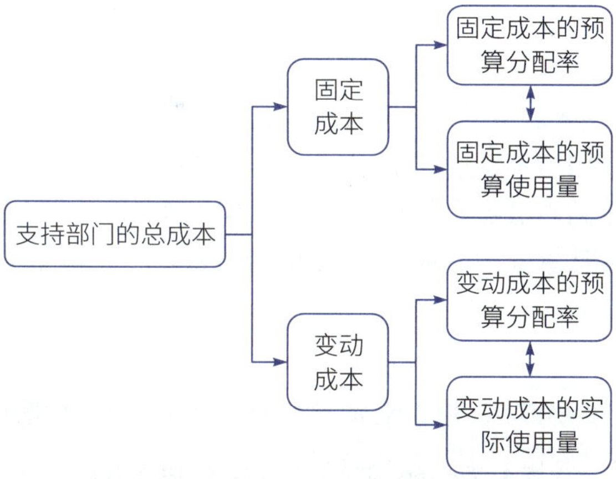

图 4-37　双重分配率下的预算分配率和实际与预算使用量

EQ4.3－2

FENG公司有2个服务部门和3个运营部门。在将服务部门的成本分配给运营部门时，以下3种方法（直接法、阶梯法和交叉法）中，就服务部门的成本分配至每个运营部门而言，无论服务部门成本分配的顺序如何，哪些方法会产生相同的结果？（　　）

A．直接法和交叉法　　B．阶梯法和交叉法

C．直接法和阶梯法　　D．只有直接法

【答案】A

【考点】理解阶梯法下分配顺序的重要性

由于只会选择一个支持部门进行充分分配，所以分配的顺序会对分配的结果产生重大的影响。

4.3.3 预测成本函数的方法

1. 高低点法

（1）基础

高低点法（high-low method）利用代数方法，将数据中两个具有代表性的高点和低点作为基础确定一条唯一的预估线，以此区分变动成本和固定成本。

高低点法所构建的成本函数包括了变动成本和固定成本，旨在对总成本的变化进行预测。

$$y=a+bx \tag{4.3.24}$$

在公式（4.3.24）中：

y——总成本；

a——总固定成本；

b——单位变动成本；

x——成本动因的数值。

（2）高低法的应用

高低点法的一般步骤如下：

首先，根据**成本动因**而不是成本金额来确定高点和低点。

其次，通过所选出的高低点及其相对应的成本金额来确定单位变动成本。

最后，将高点或者低点处的总成本扣除相应的变动成本，就能得到固定成本。

例4.3－12

FENG公司正在为一家工厂建立维修成本的预估值，相关数据见表4－86。

表4－86　机器时间和维修成本的相关数据

月	机器小时	维修成本
1	680	$1 190

续表

月	机器小时	维修成本
2	880	$ 1 211
3	620	$ 986
4	720	$ 917
5	600	$ 820
6	960	$ 1 456
7	780	$ 1 180
8	460	$ 710
9	820	$ 1 316
10	940	$ 1 305
11	680	$ 1 023
12	510	$ 870

A．识别高点和低点。

高点＝960 小时

低点＝460 小时

B．确定单位变动成本。

高点对应的成本金额＝$ 1 456

低点对应的成本金额＝$ 710

$$b=\frac{\$\,1\ 456-\$\,710}{960-460}=\$\,1.492/\text{小时}$$

C．计算固定成本。

在高点处，$ 1 456＝a+1. 492×960。

在低点处，$ 710＝a+1. 492×460。

$a=\$\,23.68$

D．预测维持成本的函数（见图 4－38）。

$$y=\$\,23.68+\$\,1.492x$$

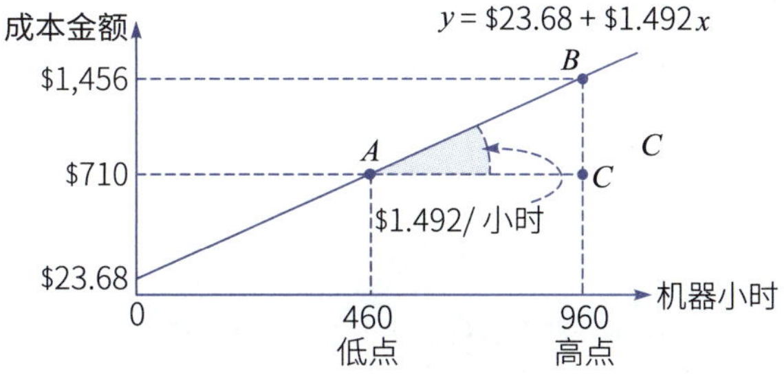

图 4－38　预估维持成本函数

2. 回归分析

（1）基础

回归分析(regression analysis)是指一种衡量因变量的平均变化幅度与一个或多个自变量单位变化幅度之间关系的统计方法。

（2）用途

① 回归分析可以建立用于预测的量化模型，即用来描述一组变量之间的关系。

② 在成本预估中，一元线性回归可以用来区分固定成本和变动成本。

例 4.3－13

FENG 公司正在为一家工厂建立维修成本的预估值，相关数据见表 4－87。

表 4－87 一元线性回归的相关数据

月	机器小时	维修成本
1	680	$ 1 190
2	880	$ 1 211
3	620	$ 986
4	720	$ 917
5	600	$ 820
6	960	$ 1 456
7	780	$ 1 180
8	460	$ 710
9	820	$ 1 316
10	940	$ 1 305
11	680	$ 1 023
12	510	$ 870

机器运行时间与维修成本的回归分析见图 4－39。

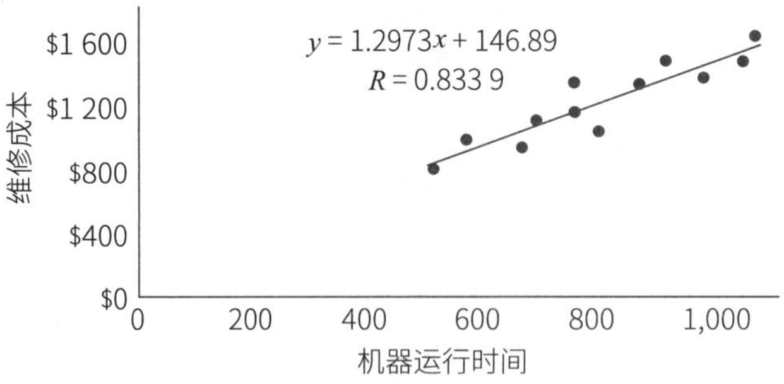

图 4－39 机器运行时间与维修成本的回归分析

EQ4.3－3

FENG 公司的财务总监要求预测 7 月生产物料的成本，7 月预计的产量为 470 000 个。FENG 公司的预算分析采集了过去 3 个月的实际数据，见表 4－88。

表 4－88　过去 3 个月的产量及生产物料的成本

月份	产量	生产物料
3	450 000	$ 723 060
4	540 000	$ 853 560
5	480 000	$ 766 560

使用上述数据和高低点法构建成本预测等式，预测 7 月所需的生产物料成本为（　　）。

A. $ 652 500　　B. $ 681 500　　C. $ 749 180　　D. $ 752 060

【答案】D

【考点】使用高低点法来预测成本

成本动因是产出，所以高低点分别为 540 000 个（4 月）和 450 000 个（3 月）。

$$b=\frac{\$853\ 560-\$723\ 060}{540\ 000-450\ 000}=\$1.45/\text{个}$$

$a=\$853\ 560-\$1.45\times540\ 000=\$70\ 560$

$y=f(x)=\$70\ 560+\$1.45x$

$y=f(470\ 000)=\$70\ 560+\$1.45\times470\ 000=\$752\ 060$

4.4　供应链管理

4.4.1　供应链活动

1. 供应链管理

（1）定义

供应链管理（supply chain management）描述的是从原材料开始到满足消费者为止的所有供应链活动的协调。

一条供应链包括供应商、制造企业和/或服务提供企业和分销商、批发商与把产品和/或服务传递给终端消费者的零售商（见图 4－40）。

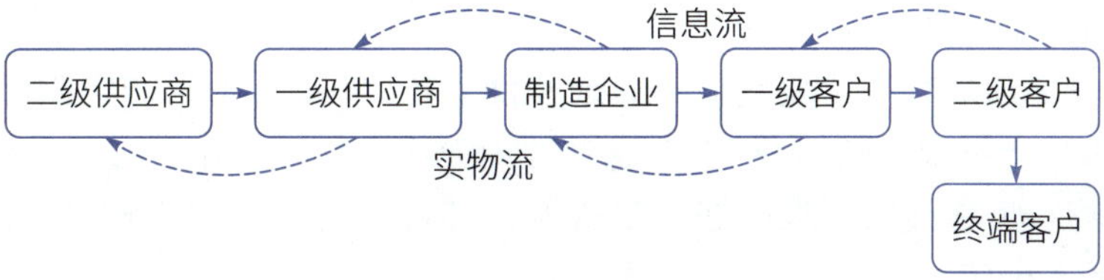

图 4－40　供应链管理

(2) 目标

① 供应链管理希望在消费者和供应商之间建立起协作和互惠的长期关系。

② 供应链管理旨在构建一个能够使企业竞争力和终端客户利益最大化的供应链。

2. 精益运营

(1) 定义

精益运营(lean operations)旨在通过持续改善来消除浪费,并只关注客户的需求。

(2) 主要特征

① 精益制造企业只关注精益求精:没有次品、没有存货、只有增值作业及**没有浪费**。就客户而言,不增值的作业就是一种浪费。客户定义产品的价值。如果客户不想为某一事项买单,那么该事项就是一种浪费。

② 管理者寻求**消除**由内外部因素引起的**易变性**。优化流程每次都能按时交付优质的产品,而易变性意味着偏离了优化流程。容忍浪费或管理不善都能引起易变性。

③ **产出率**(throughput)是指产品通过某一生产流程的速度。**拉动系统**(pull system)是一种提升产出率的有效方法。拉动系统只在需要某一产品的时候将其拉入正确的领域。拉动系统是精益运营的标准工具,它使用信号对生产发出指令,指挥从供应站点到有产能站点的物流。而**推动系统**(push system)与精益运营则是完全对立的。

3. 物料需求计划

(1) 定义

物料需求计划(material requirements planning,MRP)是指一种需求依赖性的技术;该方法使用用料单、存货、预期订单和主生产计划来确定材料的需求量。

A. 物料需求计划是一种**推动的系统**;它根据预测的需求来生产最终产品。

B. 一旦按照计划方案开始生产,每个部门的产出就会推入生产线。

(2) 模型的要求因素

有效地运用依赖性存货模式要求管理者必须了解以下的信息:

A. 主生产计划——一项规定了生产什么(终端产品)和何时生产的详细计划。

B. 用料单——一份生产所需配件及其规格和生产一单位产品所需数量的清单。

C. 可用的存货——以存货的方式持有的材料、配件和产品;良好的存货管理是物料需求计划运作的必备条件。

D. 尚未收货的订单——已经采购,预计即将收货的材料和配件;生产人员必须能够了解订单的记录及其预计的发货时间。

E. 交货期——从确认订单需求到订单收货所需耗用的时间。

(3) 物料需求计划的风险

① 物料需求计划对于装配型生产的企业价值较大,而对于生产定制品的企业价值较小。对于每年产量很少的企业,物料需求计划无法有效地运作。

② 由于物料需求计划要求根据预测的需求进行比较精确的排产,所以它可以降低生产流程中的不确定性。

③ 对各职能领域之间的协调性要求不是那么高;所有人员只需要按照用料单工作即可。

④ 精确预测原材料能够让企业利用大宗采购和价格梯度。

⑤ 持有额外的存货作为缓冲,可以降低预测需求出现大幅波动时的缺货风险。

⑥ 然而,使用物料需求计划的企业也需要面对潜在存货累积所带来的滞销问题。

例 4.4－1

FENG 公司 6 月份的预算销量为 1 000 个。管理者根据用料单和交货期来计划材料的采购,见图 4－41。

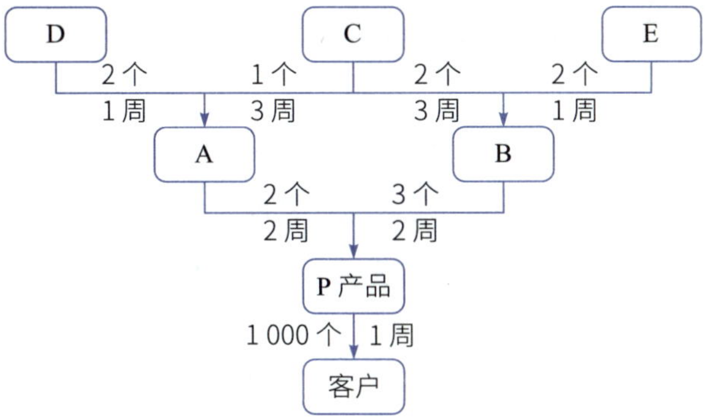

图 4－41　P 产品的用料单和交货期

确定配件的使用量和原材料的采购量(见表 4－89)。

表 4－89　1 000 个 P 产品所需每种配件的预算量

项目	投入量		
	单位量	总量	
A 配件	1 单位 P 需要 2 个	2×1 000＝2 000	
B 配件	1 单位 P 需要 3 个	3×1 000＝3 000	
C 配件	1 单位 A 需要 1 个	1×2 000＝2 000	8 000
	1 单位 B 需要 2 个	2×3 000＝6 000	
D 配件	1 单位 A 需要 2 个	2×2 000＝4 000	
E 配件	1 单位 B 需要 2 个	2×3 000＝6 000	

4. 适时制

(1) 定义

① **适时制生产**[just-in-time(JIT) production],也称为**精益生产**(lean production),是指一种**需求拉动**的生产系统;在该系统中,生产线上的每种零部件只有在下一生产步骤需要该部件时才会立即生产。

② **适时制采购**[just-in-time(JIT) purchasing]是指原材料(或商品)只有在生产(或销售)需要时才送货的一种采购方式。

（2）适时制的核心特征

① 适时制系统的首要特征就是**需求拉动**。

A. 适时制系统通过促成生产环节之间的紧密合作，在存货量水平较低的情况下，也能确保平滑的产品流，见图 4-42。

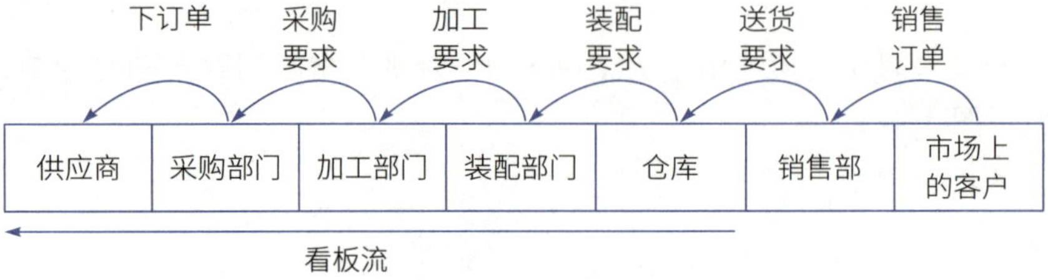

图 4-42 适时制的信息流

B. 一旦外部的买方下了采购订单，生产订单就从销售部门（下游）向采购部门（上游）和供应商传递。

C. 换言之，以销售确定生产。

② 生产过程中的信息流是通过**看板（kanban）来传递的**。

在图 4-42 中，生产的信息通过使用看板从下游向上游传递。因此，看板系统是适时制存货管理系统的核心；它负责确保在必要的时间点，按照必要的数量生产必要的配件或产品。

③ 存货是**负担**而不是资产。

以需求拉动为特征的生产模式意味着，企业不会持有多余的产品，也不会去采购多余的原材料。因此，企业可以大幅度地降低存货的持有成本。

④ 与少数几家核心供应商建立**战略联盟的关系**。

A. 一家成功应用适时制的企业与几家核心供应商都有着非常紧密的关系，所以这样的企业不需要有大量后备的供应商。

B. 使用适时制生产系统的企业只会采购当前生产所需的材料，即供应商会及时地将高品质的产品以合理的数量运送给企业。因此，买方与供应商之间的战略联盟有助于实现“零库存”。

⑤ 在生产单元中组织生产。

制造单元（manufacturing cell），又称为**工作单元（work cell）**，在一个固定的区域内，使用一组不同类型的设备生产一款产品。它通过提高在产品转移的速度来降低生产周期。因此，可以大幅降低材料处理成本。

⑥ 雇佣并培养**多技能**的工人。

在制造单元中，工人并不专注于某项工作，而是能够执行多种不同的操作任务。

⑦ 要求**零缺陷**。

A. 由于生产过程是环环相扣的，在一个生产环节出现的次品会很快地影响到生产单元内的其他环节，甚至让整个生产毁于一旦。

B. 适时制会采取立即解决问题的紧急措施，并在最短的时间内消除出现次品的原因。

⑧ 减少准备时间和生产周期。

A. **准备时间**是指为了获取生产所需的设备、工具和材料而耗费的时间。**制造周期**是指从获取订单到完成生产所需要的总耗时。

B. 适时制采取的是小规模、多批次的生产模式;这种模式会减少用于准备和生产的时间。因此,时间的减少会使相关成本降低,也能够让企业更快速地应对消费者的需求。

⑨ 提升盈利能力。

产品服务品质的提升可以提高销售和市场份额。同时,有效的存货和生产管理可以降低相关成本。因此,采用适时制的企业能提升其盈利能力。

5. 企业资源计划

(1) 定义

企业资源计划(enterprise resource planning,ERP)系统是指通过一系列软件模块将会计、分销、生产、采购、人力资源和其他职能整合起来的信息系统(见图 4-43)。

图 4-43　企业资源计划系统与组织的职能

(2) 目标

① 企业资源计划系统的目标是协调从供应商评估到为消费者开票的整个企业的业务活动。

② 企业资源计划系统可以让企业:

A. 对其业务流程进行自动化和整合;

B. 在组织内部共享数据库和业务实践行为;

C. 实时产生信息。

(3) 实施

在实施企业资源计划系统时,主要的挑战是要在标准化系统的低成本与个性化系统所带来的战略利益之间做取舍。

6. 外包

(1) 定义

外包(outsourcing)是指企业从外部供应商处购买自己也能生产的产品或服务。

(2) 定量分析

① 企业自己生产还是外购的决策被称为**自制与外购决策**。

② 自制与外购决策取决于每个方案的相关成本。

自制的成本<外购的成本→自制

自制的成本>外购的成本→外购

（3）定性因素

① 如果企业希望能够控制设计、品质、可靠性和交货时间，则该企业更愿意选择自制。

② 当企业开始关注其核心的业务活动和竞争力时，该企业可能会倾向于外购。

③ 外购可能会让购买方过度依赖出售方。因此，企业会将其议价能力转移给供应商。

（4）优缺点

外包可能带来一些潜在的优缺点，见表 4－90。

表 4－90　外包潜在的优点和缺点

优点	缺点
节约成本	提高物流和仓储成本
获取外部专业化的专家技能	失去控制（品质、运输等）
提升运营和服务	产生潜在的竞争
聚焦核心竞争力	对员工产生消极影响
获取外部技术	在多年之后才会显现的风险

EQ4. 4－1

FENG 公司使用物料需求计划并根据下列的结构树生产一款产品。

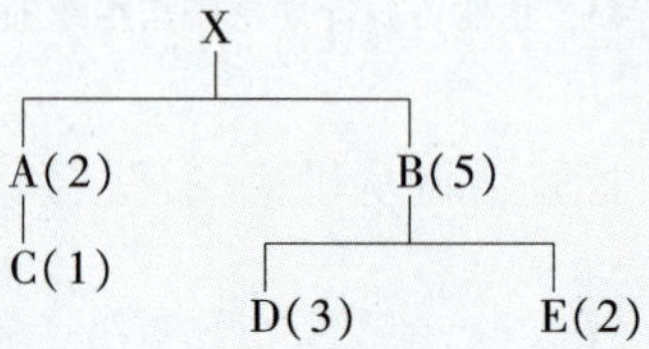

FENG 公司目前获取了生产 100 个 X 的订单。该公司 X 产品的库存为 20 个，B 配件的库存为 100 个，E 配件的库存为 50 个。为了满足上述订单，应采购多少 E 配件（　　）个。

A. 1 000　　B. 830　　C. 800　　D. 550

【答案】D

【考点】使用物料需求计划来计算采购量

根据生产流程，一条生产流程为 E→B→X；

X 产品的需求量为 100 个，库存为 20 个，所以产量为 80 个；

B 配件的库存为 100 个，所以生产耗用的 B 的数量为 300 个（80×5－100）；

E 配件的库存为 50 个，所以需要采购的 E 的数量为 550 个（300×2－50）。

4.4.2　约束理论

1. 基础

(1) 定义

① **约束理论**(theory of constraints,TOC)是一项运营分析的方法;这种分析法通过识别运营流程中的瓶颈步骤,并且在既定瓶颈步骤的条件下确定盈利能力最强的产品组合,以此来提升企业的盈利能力和降低生产周期。

② **生产周期**(cycle time)是指从接到客户订单到订单装运所耗费的时间。

③ **约束步骤**(constraints)是指那些会延长产品生产周期的活动。

(2) 约束理论的 3 项指标

① **产量收益(贡献)**[throughput margin(contribution)]等于收入减去所售产品的直接材料成本。

$$产量收益 = P - MC \tag{4.4.1}$$

在公式(4.4.1)中:

P——售价;

MC——材料成本,包括所有材料的采购和处理成本。

② **投资**等于直接材料成本、在产品成本、产成品成本、研发成本和设备与建筑物的资本成本之和。

③ **经营成本**等于(除了直接材料之外的)所有为了赚取产量收益而发生在经营方面的成本。

约束理论考察的是只有几个月的短期时间维度,并且假设**经营成本是固定**的,只有**直接材料成本才是变动的**。

(3) 目标

约束理论主要是为了在提高产量收益的同时降低投资和经营成本。

(4) 约束理论的关注点(见图 4-44)

① 约束理论关注如何提高**约束步骤**的速度,进而降低整个生产周期和存货量。

② 提高那些非约束步骤的效率和速度会使得企业生产处于混乱的状态。

如果企业通过耗用资源来提高非约束步骤的效率,可能产生的结果:在约束步骤之前的生产环节出现在产品存货的积压,并且使企业的注意力和资源偏离如何降低生产周期。

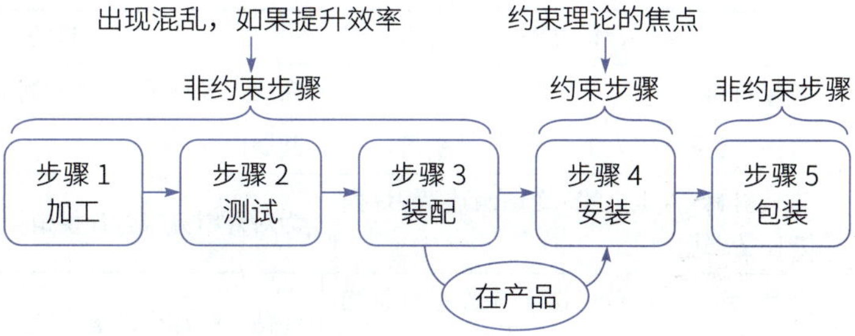

图 4-44　约束理论的关注点

2. 约束理论的 5 个步骤

约束理论的 5 个步骤见图 4－45。

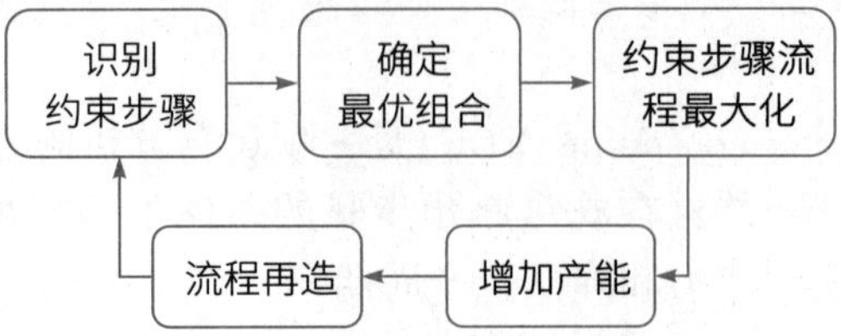

图 4－45 约束理论的 5 个步骤

（1）识别约束步骤

① 管理会计师需要与制造部门的管理者和工程师合作，通过绘制流程图来识别生产过程中的约束步骤。

② 如果某一步骤提供的资源少于预期需求量所需要耗用的资源，就能确定该步骤为约束步骤。

（2）在约束步骤既定的条件下，确定盈利能力最大的产品组合

① 约束理论使用**产量成本法**（throughput costing）来衡量产品的盈利能力和确定最优组合。

A. 产量成本法是变动成本法的一种极端形式；该成本法只把直接材料成本纳入存货成本。

B. 在产量成本法下，其他所有的制造成本都被排除在存货成本之外，并被视为经营成本的一部分，因为它们都被假定为固定的成本。

② 最优组合是根据单位限制要素产量收益来确定的；应该根据该项指标以降序的方式将有限的资源分配给所有的产品。

$$单位限制要素的产量收益=\frac{TRPU}{CRPU} \tag{4.4.2}$$

在公式（4.4.2）中：

TRPU——单位产品的产量收益；

CRPU——单位产品耗用的限制要素。

③ 4 种成本法的比较见表 4－91。

表 4－91 4 种成本法的比较

成本法	存货成本	目的
产量成本法	直接材料	在约束条件下，实现利润最大化
变动成本法	直接材料+直接人工+变动制造费用	开展内部评估
吸收成本法	直接材料+直接人工+变动制造费用+固定制造费用	为对外财务报告提供销货成本和期末存货
生命周期成本法	在生命周期内，价值链上与成本对象相关的所有成本	评估产品综合的盈利能力

(3) 根据约束步骤,使生产流程最大化

① 约束理论利用“**鼓、缓冲和绳系统**”来协助瓶颈工序与非瓶颈工序的排产。

A. **鼓**是指约束理论第一个步骤识别出来的瓶颈工序。它是整个系统的节奏;它根据第三步确定的最优组合,提供生产计划。

B. **缓冲**通常是指存货资源;它有助于确保瓶颈工序按照鼓的节奏开展生产。

C. **绳**起到沟通信号的功能,告诉瓶颈工序之前的上游工序何时开始生产。

② 总之,鼓、缓冲和绳系统用来确保非瓶颈工序是根据瓶颈工序的节奏开展运作的。

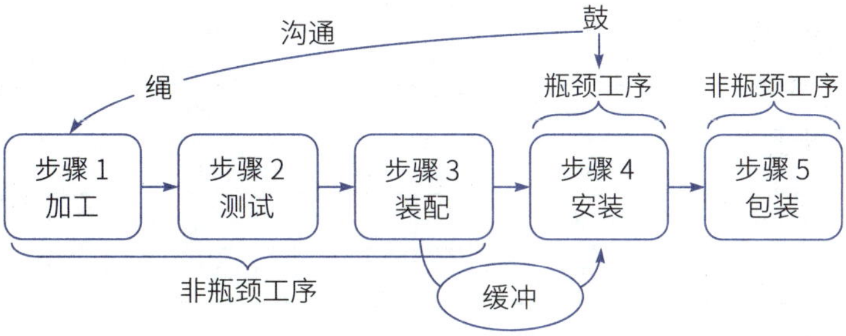

图 4-46 鼓、缓冲和绳系统

③ 此外,还可以采取其他一些措施来缓解瓶颈的困境。

A. 消除瓶颈工序的闲置时间。

B. 只加工那些能增加产量收益的零件或产品,而不加工那些生产结束后只会留在仓库内的零件或产品。

C. 将那些不必非得在瓶颈设备上生产的零件转移至非瓶颈设备上生产,或交由第三方生产。

D. 减少瓶颈工序的生产准备时间和加工时间。

E. 提升瓶颈工序生产零件或产品的质量,因为瓶颈工序的低品质要比非瓶颈工序的低品质成本更高。

(4) 增加约束步骤的产能

作为缓解约束和提升生产周期的长期措施,管理层应当考虑通过添置新的或改良的设备和/或增加人工来扩充约束步骤的产能。

(5) 通过重新设计生产流程来增加灵活性并缩短生产周期

对于约束步骤而言,最彻底的战略举措就是利用价值工程重新设计生产流程,包括:

A. 引入新的生产技术。

B. 剔除那些难以生产的产品。

C. 重新设计产品以便于生产。

例 4.4-2

FENG 公司生产两款产品 X 和 Y,其生产流程一共有 5 个步骤。该公司利用约束理论对其生产流程进行分析。相关信息见表 4-92。

表 4-92　约束理论的相关信息

流程	单位产品的耗时(分钟)		可用的人工工时(小时)
	X	Y	
加工	110	120	9 500
测试	10	20	1 200
装配	30	50	3 200
安装	30	40	2 500
包装	25	25	2 100
销售数据			
售价	\$ 820	\$ 1 300	
材料成本	\$ 400	\$ 850	
转换成本	\$ 100	\$ 180	
预计需求量(个)	3 000	1 800	

第4章

① 绘制流程图(见图 4-47)。

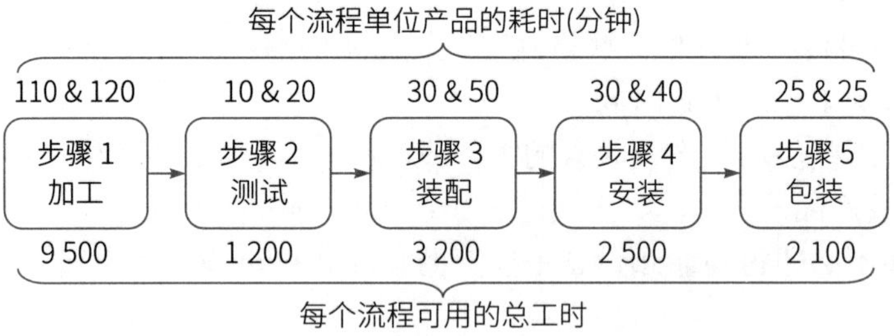

图 4-47　FENG 公司生产流程图

② 识别约束步骤。

A. 预计需求量所需要耗用的预算总工时。

$$加工=\frac{3\ 000\times110+1\ 800\times120}{60}=9\ 100\ 小时$$

$$测试=\frac{3\ 000\times10+1\ 800\times20}{60}=1\ 100\ 小时$$

$$装配=\frac{3\ 000\times30+1\ 800\times50}{60}=3\ 000\ 小时$$

$$安装=\frac{3\ 000\times30+1\ 800\times40}{60}=2\ 700\ 小时$$

$$包装=\frac{3\ 000\times25+1\ 800\times25}{60}=2\ 000\ 小时$$

B. 约束发生在第 4 个流程(安装)中,因为该流程可用的人工工时少于预计需求量要求耗用的工时。

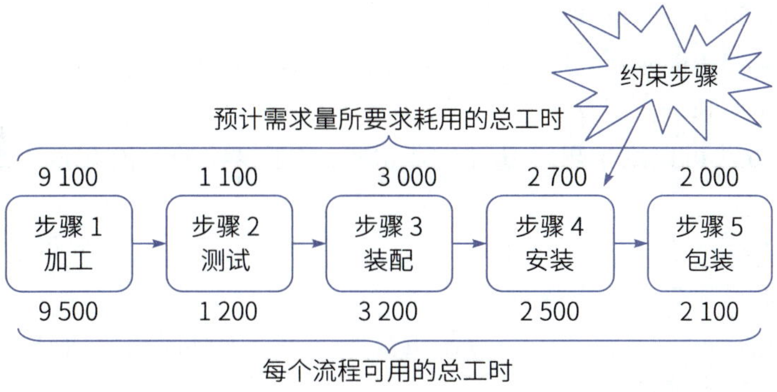

图 4 - 48　确定约束步骤

③ 在约束条件下,确定盈利能力最强的产品组合

A. 安装流程每一分钟的产量收益:

$$X\text{ 每分钟的产量收益}=\frac{\$820-\$400}{30}=\$14/\text{分钟}$$

$$Y\text{ 每分钟的产量收益}=\frac{\$1\,300-\$850}{40}=\$11.25/\text{分钟}$$

B. 以降序的方式,将 2 500 个小时分配给 X 和 Y:

$$\text{分配给 X 的人工工时}=\frac{3\,000\times30}{60}=1\,500\text{ 小时}$$

分配给 Y 的人工工时 = 2 500 小时 - 1 500 小时 = 1 000 小时

C. 确定最优的产品组合:

X 产品 = 3 000 个

$$Y\text{ 产品}=\frac{1\,000\times60}{40}=1\,500\text{ 个}$$

EQ4.4 - 2

约束理论使用的 3 个基本指标包括(　　)。

A. 毛利率、资产回报率和总销售额

B. 约束步骤的数量、非约束步骤的数量和经营杠杆

C. 产量收益、投资和经营费用

D. 单位固定制造费用、单位固定管理费用和单位毛利

【答案】C

【考点】识别约束理论的 3 个指标

约束理论的 3 个指标包括:产量收益、投资和经营费用。

4.4.3　产能管理

1. 基础

(1) 目的

① 为了计算单位固定成本进而核算产品成本,企业必须选择一个产出量(作业)水

平来分摊一段时间内预算的固定成本。

一般使用基准作业水平(denominator activity level)这个术语来描述用于计算固定制造费用标准分配率的产出量水平。

② 有两种方法可以用来界定基准作业水平:基于供给的产能和基于需求的产能。

(2) 定义

① 基于供给的产能(supply-based capacity)是指根据企业可以提供的产出能力而界定的基准作业水平。它有两个备选的产能。

A. 理论产能(theoretical capacity)是指在所有时段内都以满负荷高效率的方式进行生产后能够取得的产能水平。

1 000 个/天×365 天=365 000 个

在现实环境中,理论产能只是一种无法实现的理想目标,只能作为企业期望实现的目标。

B. 实际产能(practical capacity)在理论产能中扣除了因为员工休息时间、正常维修而造成的正常的产出损失。

850 个/天×300 天=255 000 个

相比理论产能,实际产能是可以实现的。

② 基于需求的产能(demand-based capacity)是指根据对于企业产出的需求而界定的基准作业水平。它也有两个备选的产能。

A. 正常产能利用(normal capacity utilization)是指能满足消费者在一段时间内(2 到 3 年)平均需求的产能利用水平;该需求包括了季节性、周期性和趋势性的因素。

B. 总预算产能利用(master-budget capacity utilization)是指在本预算期(通常为 1 年)内,管理者预期的产能利用水平。

2. 产能的选择

(1) 会计准则和税法

① 会计准则要求,固定制造费用的分配应基于生产设备的常规产能。

根据美国财务会计准则委员会《会计准则汇编》的规定,常规产能是指在一段时间内,正常的生产条件下可以预期实现的产量,同时还需要考虑由于计划维修所产生的产能损失。

② 美国国内税务署允许使用实际产能来计算单位固定制造成本的预算值。

(2) 闲置产能的成本

使用实际产能可以让管理者确定闲置产能的成本。

例 4.4-3

FENG 公司是一家制造业企业。该公司的管理会计师正在使用实际产能或主预算产能来确定固定制造费用的分配率,见表 4-92。FENG 公司年预算的固定制造费用为 $600 000。

表 4－93　实际产能与主预算产能

基准水平	产能水平
实际产能	8 000
主预算产能	6 000

A．确定分配率。

$$实际产能的分配率=\frac{\$600\ 000}{8\ 000}=\$75/个$$

$$主预算产能的分配率=\frac{\$600\ 000}{6\ 000}=\$100/个$$

B．计算闲置产能的成本。

根据主预算，预算销量为 6 000 个。

a. 基于实际产能。

如果把实际产能 8 000 作为基准作业水平，闲置产能就等于实际产能与预算销售之差。

闲置产能＝8 000－6 000＝2 000（个）

闲置产能的成本＝2 000 个×$ 75/个＝$ 150 000

b. 基于主预算产能。

如果把主预算产能 6 000 作为基准作业水平，闲置产能等于主预算产能利用与预算销售之差。

闲置产能＝6 000－6 000＝0 个

闲置产能的成本＝0 个×$ 100/个＝$ 0

（3）定价决策

① 实际产能能够让管理者在规定的预算期内设定一个稳定的价格。

② 实际产能可以避免需求递减恶性循环的效应。

一家企业的**需求递减恶性循环**（downward demand spiral）是指由于在价格上无法与竞争对手抗衡，导致消费者对该企业产品的需求持续下降；而需求的下降又会使得单位成本上升，导致企业更无法与竞争对手的价格相匹配。

③ 此外，使用实际产能定价还能剔除闲置产能的成本，让管理者能够更精确地设定价格。

（4）结论

实际产能优于其他产能，充当基准作业水平。

例 4.4－4

FENG 公司是一家制造业企业。该公司的管理会计师使用成本加成法对产品定价，加成率为 20%。定价决策的其他财务数据，见表 4－94 和表 4－95。FENG 公司年预算的固定制造费用为$ 600 000。

第
4
章

表 4-94 实际产能与主预算产能

基准水平	产能水平	单位变动成本
实际产能	8 000	\$ 100
主预算产能	6 000	\$ 100

表 4-95 竞争对手的价格信息

竞争对手	价格	预期损失的销量
GE 公司	\$ 210	1 000
HENG 公司	\$ 250	1 000

A．基于实际产能。

单位固定成本 = $\frac{\$\,600\,000}{8\,000}$ = \$ 75/个

单位总成本 = \$ 75+\$ 100 = \$ 175/个

期望价格 = \$ 175×(1+20%) = \$ 210/个

无论销量如何，在预算期内，实际产能将价格恒定在\$ 210 上。

B．基于主预算产能利用。

a. 产能水平为 6 000 个：

初始预算销量为 6 000 个。

单位固定成本 = $\frac{\$\,600\,000}{6\,000}$ = \$ 100/个

单位总成本 = \$ 100+\$ 100 = \$ 200/个

期望价格 = \$ 200×(1+20%) = \$ 240/个

b. 产能水平为 5 000 个：

由于 GE 公司的售价低于 FENG 公司初始的价格\$ 240，FENG 公司预期会损失 1 000 个的销量。

单位固定成本 = $\frac{\$\,600\,000}{(6\,000-1\,000)}$ = \$ 120/个

单位总成本 = \$ 120+\$ 100 = \$ 220/个

期望价格 = \$ 220×(1+20%) = \$ 264/个

损失的 1 000 个销量使得售价从\$ 240 上升到\$ 264。

c. 产能水平为 4 000 个：

由于调整后的价格依然高于 HENG 公司的价格，所以还会损失 1 000 个销量。

单位固定成本 = $\frac{\$\,600\,000}{(5\,000-1\,000)}$ = \$ 150/个

单位总成本 = \$ 150+\$ 100 = \$ 250/个

期望价格 = \$ 250×(1+20%) = \$ 300/个

销量减少使得 FENG 公司的价格持续上升。

EQ4.4－3

在确定下一年度制造费用分配率时,企业希望关注生产能力而不是对于其产品的需求量。为了获得合理的分配率,基准作业水平应基于(　　)。

A. 实际产能　　B. 最大产能

C. 正常产能　　D. 主预算产能

【答案】A

【考点】选择合理的产能水平

实际产能优于其他产能,充当基准作业水平。

4.5　业务流程改进

4.5.1　基于流程的改进

1. 价值链分析

(1) 基础

① **价值链(value chain)**是指一个业务职能的顺序;在该顺序中,客户感知到的有用性被添加到企业的产品或服务中(见图 4－49)。

价值链上的步骤包括:

A. 研究与开发;

B. 产品设计,包括原型开发、目标成本的设定和测试;

C. 生产、检测、包装和仓储;

D. 营销、促销和分销;

E. 售后服务。

图 4－49　价值链

② **价值链分析(value-chain analysis)**是指一种战略分析工具,用于更好地理解企业的竞争优势,识别可以在哪里提升消费者的价值或降低成本,并且还能更好地理解企业与供应商、客户和行业中其他企业的关系。

(2) 竞争优势和顾客价值

① 一家企业综合的竞争优势来自该企业给顾客提供的**价值**与其创造这些价值所耗用**成本**之差。

② 当顾客感知到一家企业提供的产品质量更好,产生的风险更小和/或优于其他竞争性产品时,企业就获得了**差异化优势**。

③ 如果企业的总成本低于行业平均值,那么相对的**成本优势**就能使其制定比其竞争对手更低的价格,或者能与竞争性产品或服务的价格相抗衡。

(3) 评估竞争优势

价值链分析能够协助企业通过以下 3 种分析法来评估其竞争优势。

① **内部成本分析**旨在确定企业盈利能力的来源以及内部价值创造过程的相关成本状况。

内部成本分析的主要步骤包括:

A. 识别企业价值创造过程;

B. 确定产品或服务总成本中归属于价值创造过程的比重;

C. 识别每个流程的成本动因;

D. 识别不同流程之间的联系;

E. 评估实现相对成本优势的机会。

② **内部差异化分析**用于理解内部价值创造过程中差异化的源泉。

内部差异化分析有以下步骤:

A. 识别客户的价值创造过程;

B. 评估能提升客户价值的差异化战略;

C. 确定最佳的可持续差异化战略。

③ **纵向连接分析**用来理解外部供应商和客户之间的关系及相关成本,以此来为客户提供最大化的价值并且尽可能地降低成本。

开展纵向连接分析的步骤如下:

A. 识别行业价值链并将成本、收入和资产分配给价值创造流程;

B. 确认每个价值创造流程的成本动因;

C. 评估可持续竞争优势的机会。

2. 流程分析

(1) 基础

① **流程分析**(process analysis)是管理者用来识别和连接价值链中所有作业的一种方法。

② **流程**(process)是指为了完成一项任务所需作业的顺序。

(2) 业务流程再造

① **业务流程再造**(business process reengineering)是指对于业务流程进行彻底的再思考和再设计,从而实现在绩效核心指标上的提升,比如成本、品质、服务、速度和客户满意度。

业务流程再造的一个显著特征就是,它通过放弃现有的实践行为,转而采用全新的方法来开展业务流程,以此对流程进行**大刀阔斧式的改革**。

② 业务流程再造是一种激进的方式,而**业务流程改进**(business process improvement,BPI)是一种增量的方式;业务流程改进让管理者和员工持续投入对于品质和其他关键成功因素的提升。

3. 作业管理法

(1) 基础

作业管理法(activity-based management,ABM)是指一种利用作业成本法的信息为消费者提供更多产品或服务的价值，并且能够增加企业竞争力和盈利能力的管理方法。

（2）两大类别

① **运营作业管理法**（operational ABM）的目的是提升运营和资产使用的效率及降低成本；它关注如何以正确的方式高效地开展业务活动。

② **战略作业管理法**（strategic ABM）试图改变对于作业的需求并通过提升作业效率来增加盈利能力；它关注为运营选择恰当的作业，消除不必要的作业并且选择能为企业带来最多利润的客户。

（3）增值分析

① 了解作业的价值可以让员工知道他们的工作是如何服务于消费者的，应该消除哪些无法为终端消费者提供价值的作业。

A．**增值作业**（value-added activity）是一种作业类型，如果消除这种作业，消费者在使用产品或服务的过程中所获得或感知到的价值或效用（有用性）就会减少。

B．**非增值作业**（non-value-added activity）是一种作业类型，即使消除这种作业，消费者在使用产品或服务的过程中所获得或感知到的价值或效用（有用性）也不会减少。

② 表 4－96 列举了增值与非增值作业。

表 4－96　增值与非增值作业列表

作业	增值	非增值
产品设计	√	
安装调试		√
等待		√
搬运		√
加工	√	
返工		√
维修		√
存储		√
检验		√
运货	√	

EQ4.5－1

以下哪项是价值链的合理顺序？（　　）

A．研发、营销和客服

B．生产、营销和生产设计

C．生产设计、分销和营销

D．研发、客服和分销

【答案】A
【考点】识别价值链上基本职能的顺序
一般而言,价值链包括5项职能:研发、设计、生产、营销与分销和售后服务。

4.5.2 基于目标的改进

1. 标杆分析

(1) 基础

① **标杆分析**(benchmarking)是指一个流程,该流程让企业能够识别其关键成功因素,研究其他企业(或同一企业内其他业务单位)的最佳实践行为并且获取这些关键成功因素,然后在企业的流程中实施改进措施,以此来赶超竞争对手的业绩。

② **关键成功因素**(critical success factors,CSFs)是指企业业绩各个方面的指标,这些业绩对于企业的竞争优势和成功都是至关重要的。

(2) 标杆分析的步骤

① 选择标杆管理项目并安排优先顺序。

为了能够恰当地选择标杆项目并进行排序,组织首先需要了解其自身的关键成功因素及其所在的商业环境。

② 组织标杆管理的团队。

根据结构和报告关系,将标杆管理的团队分为两种类型:

A. 完整工作团队通常位于一个地方,团队的所有成员都向一位管理者报告。

B. 跨职能、部门和组织团队根据不同的事项和客户群来划分任务小组。

③ 记录本组织的工作流程。

记录和存档自身的业务流程包括研究预期的标杆流程和影响业务流程业绩的因素。

④ 研究和确定最佳的业绩。

标杆管理团队需要利用从内部工作流程研究中获得的信息来确定哪些组织是最适合用于外部流程比较的。

⑤ 分析标杆管理数据并确定绩效成因。

数据分析旨在识别业绩差距,理解造成业绩差异的原因并且对关键原因和落实的促进因素进行排序。

⑥ 落实标杆管理研究建议。

团队必须能够向管理高层就推荐的改进方案解释其合理性。同时,流程改进团队必须能够对调整的落实进行管理并追踪进程。

⑦ 修正标杆。

修正目标和改进标杆。

2. 持续改进

(1) 基础

① **持续改进**(continuous improvement),日语汉字中的**改善**(kaizen)是指一种管理方

法；该方法要求管理者和员工全身心地投入对于品质和其他关键成功因素持续提升的项目中。

② 持续改进采取众多细微的改进措施来提升业绩。

A. 相对于那些大刀阔斧的改进，持续改进认为众多细微的改进有其显著的优势，可以持续地实施细微的改进，而又不出现由于剧烈变更带来的阵痛。

B. 持续改进的重点不在于改良的速度，而在于改进的原动力。

（2）核心特征

① 改进是基于许多细微的改进而不是剧烈的变更。

② 相比重要的流程改造，细微的改进不需要投入大量的资本。

③ 改进的灵感来自现有员工的聪明才智，而不是那些需要支付高昂费用的研究、咨询或设备。

④ 所有员工都应持续地寻找能够提高他们自身业绩的方法。

⑤ 持续改进鼓励员工成为他们自己工作的主人，强化团队工作，有助于提升对于工人的激励。

3. 质量成本

（1）基础

① **质量成本**（cost of quality）是指为了预防生产出低质量产品而发生的成本或者由于生产了低质量的产品而导致的成本。

② 报告质量成本是为了让管理者意识到这些成本的重要性，激励他们在质量成本上持续改进，并且提供一条基线用于衡量改善品质投资的效果。

（2）质量成本的 4 种类型（见图 4 - 50）

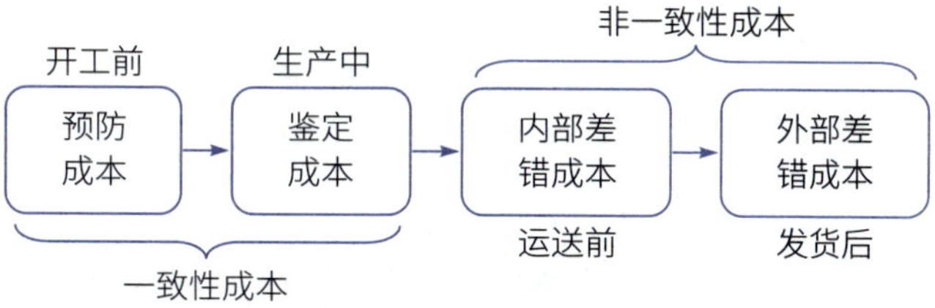

图 4 - 50　4 种质量成本

① **预防成本**（prevention costs）是指为了防止质量缺陷而发生的成本；通常发生在生产之前。

表 4 - 97 列举了与预防成本相关的活动。

表 4 - 97　与预防成本相关的活动

活动	描述
品质培训	通过企业的内部培训，向涉及生产的所有员工传递企业对品质的要求及其实现的手段
开工之前的设备维护	在生产之前，对于设备进行安装、校正、维护、维修和检查，以此来降低生产过程中设备的故障率

续表

活动	描述
供应商评估	通过对于供应商的整体评估,来确保所购材料和服务能够达到企业所设定的质量标准
信息系统	通过建立信息系统来收集、汇总、分析和报告与质量相关的数据
调整产品设计和改进生产流程	通过提升产品设计与简化生产流程,来降低或消除由于产品或生产流程复杂所导致的质量问题
新材料品质的测试	通过对于尚未使用过的原材料的评估,来判定该原材料是否符合企业所设定的品质要求
质量小组	通过建立质量控制小组,来识别生产过程中的质量问题并提出改进方案

② **鉴定成本**[appraisal(detection) costs]是指计量和分析数据以鉴定产品和服务是否符合特定要求而产生的费用。

表4-98列举了与鉴定成本相关的活动。

表4-98　与鉴定成本相关的活动

活动	描述
测试和检查	测试和检查购进的原材料、在产品和产成品,检查设备;在客户处开展现场产品测试
测试设备和仪器	购置、使用或维护用于测试或鉴定产品、服务或流程的设备、软件、机器和仪器

③ **内部差错成本**(internal failure costs)是指商品在交送客户之前通过鉴定发现其质量低劣而发生的成本。

表4-99列举了与内部差错成本相关的活动。

表4-99　与内部差错成本相关的活动

活动	描述
纠正措施	查找差错的原因并改正问题
废品、返工和废料	由于次品所引起的废弃、返工及其重新检测的损失和成本
生产流程	重新设计产品或生产流程的耗费
设备故障	因设备突发故障所引起的维修及其在产品报废或返工的费用
赶工	由于返工所引起的赶工成本
产能限制所引起的损失	将有限的产能用于次品的返工,进而造成可用产能进一步降低,由此所引发的收益的减少

④ **外部差错成本**(external failure costs)是指产品或服务送到客户处后,由于劣质或低品质产品所导致的成本。

表4-100列举了与外部差错成本相关的活动。

表 4－100　与外部差错成本相关的活动

活动	描述
保修或重置	由于保修和退换已出售的产品所消耗的成本
客户投诉和退货	客户服务部门的工资和管理费用
	因次品而产生的折让或折扣
法律责任	因召回次品所引起的成本，及其后续可能的诉讼成本与赔偿
次品导致的客户忠诚度的下降	由于次品所导致的销售额减少和市场份额缩减
恢复市场形象	用于挽回及恢复由于次品所产生的企业不良的社会影响

（3）一致性成本与非一致性成本

① 在概念上，总的质量成本还可以划分为一致性成本和非一致性成本。

② **一致性成本（costs of conformance）**包括预防成本和鉴定成本，因为这些成本的支出就是为了确保产品或服务能够达到消费者的预期。

A. 在管理层用来控制的这 4 种质量成本中，预防成本通常是**最便宜**的，也是**最容易**实施的。

B. 更好地预防低品质的出现，可以降低其他类别的质量成本。

③ **非一致性成本（costs of nonconformance）**包括内部差错成本和外部差错成本，因为正是由于低品质产品或服务的出现才导致这些成本的发生。

内部和外部差错成本是这 4 种成本中**最昂贵**的，特别是外部差错成本。

④ 在预防和鉴定上投入更多成本的企业，可以减少内部或外部差错成本。

一致性成本越高，非一致性成本越低。

EQ4.5－2

外部差错成本包括以下各项成本，除了（　　）。

A. 销售减少和消费者流失

B. 保修责任

C. 产品质量诉讼

D. 产品现场质检

【答案】D

【考点】识别 4 种质量成本

在客户处开展现场产品测试属于鉴定成本。

扫码做题
即学即练

本章思维导图

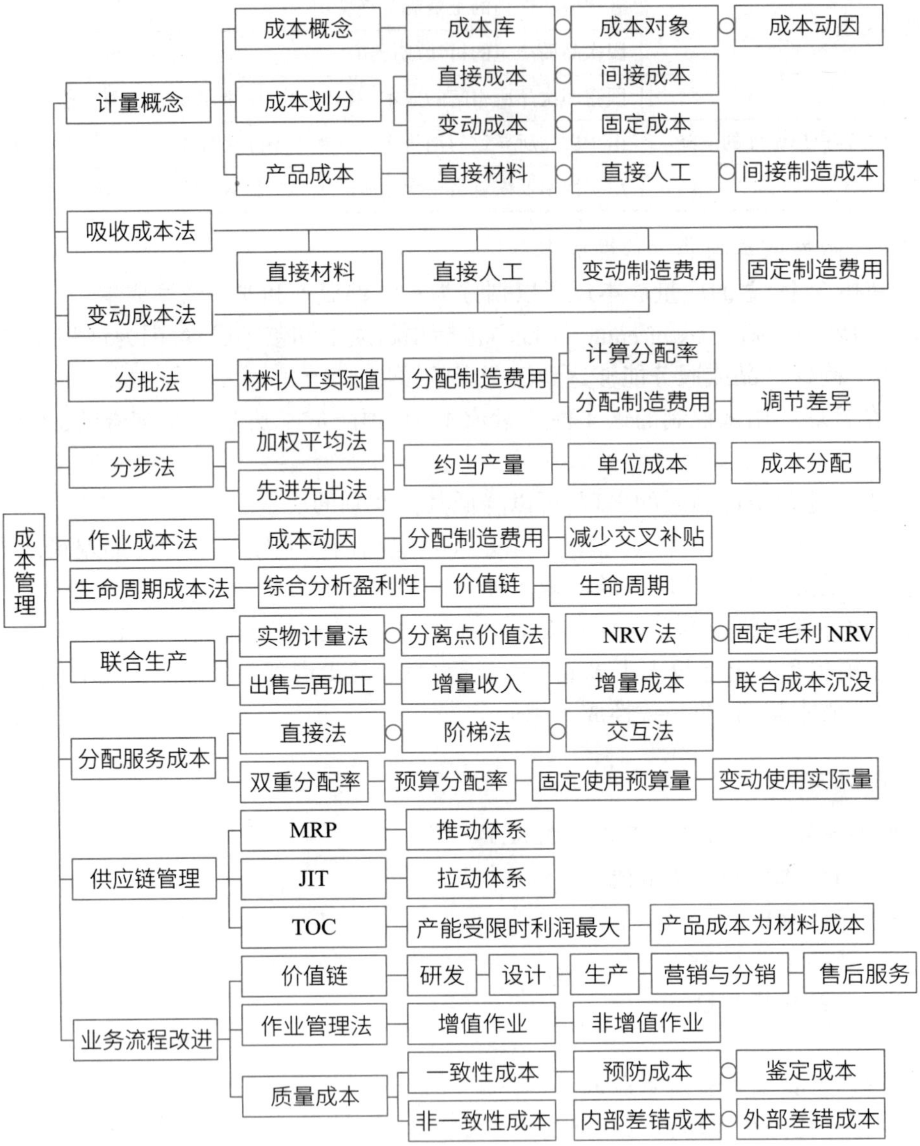
成本管理
计量概念
成本概念
成本库
成本对象
成本动因
成本划分
直接成本
间接成本
变动成本
固定成本
产品成本
直接材料
直接人工
间接制造成本
吸收成本法
直接材料
直接人工
变动制造费用
固定制造费用
变动成本法
分批法
材料人工实际值
分配制造费用
计算分配率
分配制造费用
调节差异
分步法
加权平均法
先进先出法
约当产量
单位成本
成本分配
作业成本法
成本动因
分配制造费用
减少交叉补贴
生命周期成本法
综合分析盈利性
价值链
生命周期
联合生产
实物计量法
分离点价值法
NRV 法
固定毛利 NRV
出售与再加工
增量收入
增量成本
联合成本沉没
分配服务成本
直接法
阶梯法
交互法
双重分配率
预算分配率
固定使用预算量
变动使用实际量
供应链管理
MRP
推动体系
JIT
拉动体系
TOC
产能受限时利润最大
产品成本为材料成本
业务流程改进
价值链
研发
设计
生产
营销与分销
售后服务
作业管理法
增值作业
非增值作业
质量成本
一致性成本
预防成本
鉴定成本
非一致性成本
内部差错成本
外部差错成本

第
4
章

第 5 章 内部控制

组织是为了实现共同目标而由几个人组成的社会团体。目标实现的过程就是对抗风险的过程。遗憾的是,没有一项有效的方式能彻底消除风险。因此,管理会计师需要使用 COSO 的内部控制框架为企业运营提供合理保证。

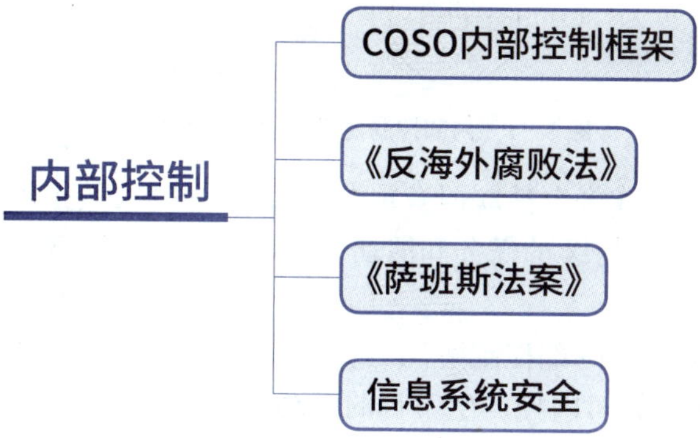

本章导学
扫码观看

5.1 管理、风险与合规

5.1.1 内部控制

1. 基础

(1) 定义

内部控制(internal control)是指一个受到实体董事会、管理层和其他人员影响的过程;该过程旨在为实现经营、报告与合规等3类目标提供合理保证。

图5-1呈现了上述定义中所强调的5个关键要素。

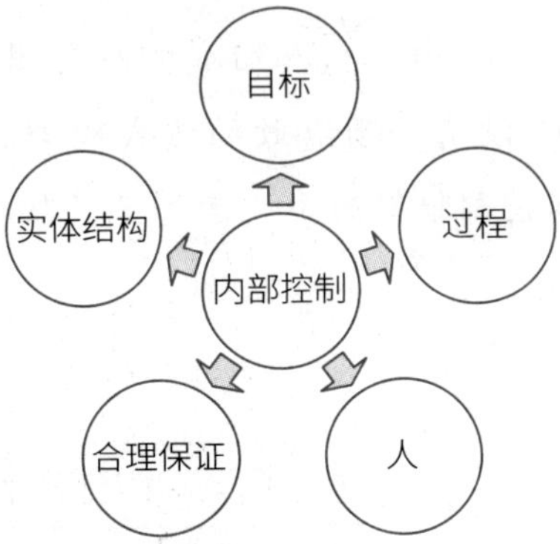

图5-1 内部控制定义中的5个关注点

① 致力于实现一个或多个独立但有重合的目标——经营、报告和合规。

② 一个流程,包括了持续的任务和活动——内部控制是实现目标的手段,而非目的本身。

③ 受到人的影响——内部控制不仅是政策与手册、系统和形式,更是关于人及组织内每个层级人所采取的会对内控产生影响的活动。

④ 能提供合理保证——对于组织的管理高层和董事会而言,内控无法提供绝对保证。

⑤ 适应组织的结构——内控在应用于组织或特定的子公司、分部、运营部门或业务流程时具有很大的灵活性。

(2) 目标、要素和原则

① 3个目标—5个要素—17条原则。

② 目标、要素和组织结果之间的直接关系可通过一个正立方体来呈现,见图5-2。

列代表了3个目标,行代表了5个要素,立方体的右面呈现了组织结构,包括组织、分部、业务单位和职能部门。

③ 内部控制有3个期望实现的目标。

A. **经营的目标**(operations objectives)与实现组织基本的任务和使命相关。

组织层级的目标传递给下一层级,并且被分解成与分部、子公司、业务单位和职能部门的运营相关的次级目标,以此来提升效果和效率,最终实现组织的目标。

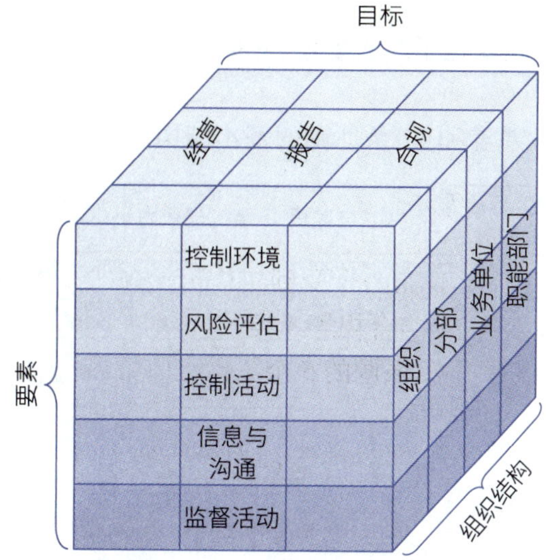

图 5-2 COSO 的内控模型

经营目标还包括**资产监管**(safeguarding of assets),即保护和保存企业的资产。

B. **报告的目标**(reporting objectives)与编制报告相关。这些报告供组织和利益相关者使用,包括**财务**或**非财务**的报告,**内部**或**外部**的报告(见图 5-3)。

a. 外部的财务和非财务报告目标。

法律法规和外部准则要求企业披露财务报表,用于满足外部财务报告的目标。

管理层也会被要求提交非财务的信息,比如针对财报的内部控制有效性,以此来满足法律法规、监管、准则或其他框架的要求。

b. 内部的财务和非财务报告目标。

提交给管理层和董事会的内部报告用于支持企业活动和业绩的决策和评估。

外部财务 • 年度财务报告 • 中期财务报告 • 盈利信息的披露	外部非财务 • 内部控制报告 • 可持续性报告 • 供应链/资产监管的报告	• 用来满足外部利益相关者和监管的要求 • 根据外部准则编制 • 基于监管者、协议、合约的要求
内部财务 • 分部财务信息 • 现金流/预算 • 银行贷款合约	内部非财务 • 员工/资产使用 • 客户满意度指标 • 健康与安全指标	• 用于管理业务和决策 • 受制于管理层和董事会

图 5-3 4 种报告的关系

C. **合规目标**(compliance objectives)要求企业采取措施,通常是一些特定的举措来遵守适用的法律法规。

法律法规为企业预期行为构建了底线。组织预期会将这些标准和要求纳入企业目标的设定。

④ 本框架为内部控制制定了**5 大要素**，并提供了**17 条原则**来呈现与这些要素相关的基本概念。

图 5－4 呈现了 5 大要素和 17 条原则的基本结构。

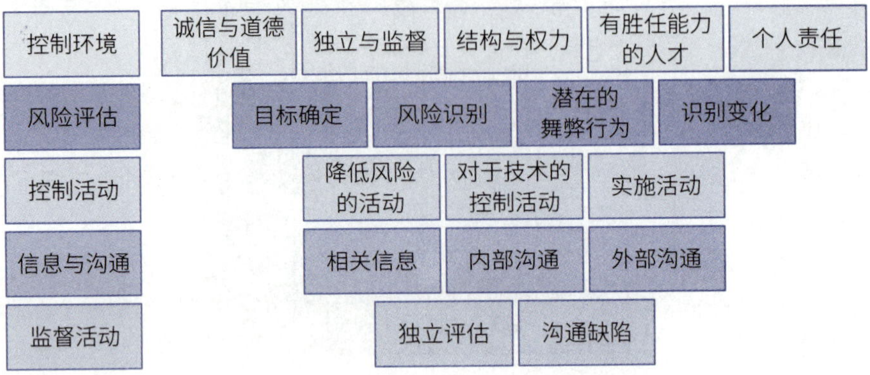

图 5－4　5 大要素和 17 条原则的基本结构

（3）有效的内部控制

① 内部控制 5 大要素中的每个要素以及相关原则都必须同时**存在**和**持续运行**。

A．“存在”是指在内部控制系统的设计和实施以实现特定目标的过程中，应确定各要素和相关原则存在。

B．“持续运行”是指在内部控制系统的执行以实现特定目标的过程中，应确定各要素和相关原则持续存在。

② 5 个要素以整合的方式共同运行。

“共同运行”是指确定 5 个要素共同持续运行，从而将影响目标实现的风险降低至可接受水平。

③ 除了存在和持续运行之外，管理层还应能识别内部控制缺陷，以此来确定所有要素都在共同运行。

A．**内部控制缺陷**是指与一个或多个要素和原则相关的，可能会导致实体降低其目标实现可能性的缺点。

B．**重大缺陷**是指一项或多项内部控制缺陷的组合，可能会导致实体降低其目标实现可能性的缺点。

C．与某一要素相关的重大缺陷不能因为另一个要素的存在并持续运行而降低至一个可接受的水平。

D．通过判断来评估内部控制缺陷的严重性，管理层能够判断要素和相关原则是否存在和持续运行，是否共同运行，以及实体内部控制系统最终的有效性。

④ 图 5－5 呈现了一个有效内部控制模型的结构。

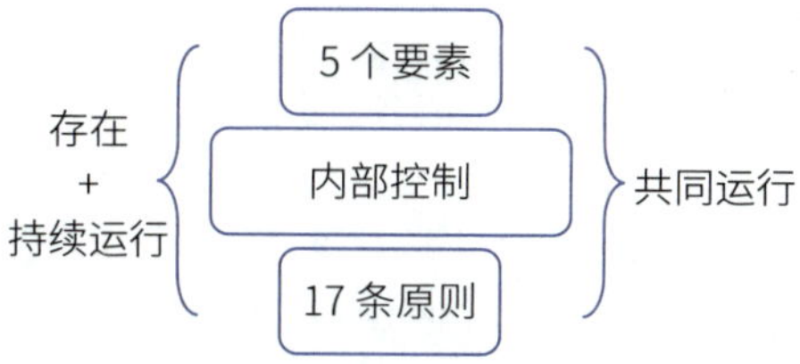

图 5－5　有效内部控制的结构

（4）角色和职责

实体中每个成员的行为都会影响内部，其角色在内控中的职责和参与程度各不相同，见图 5－6。

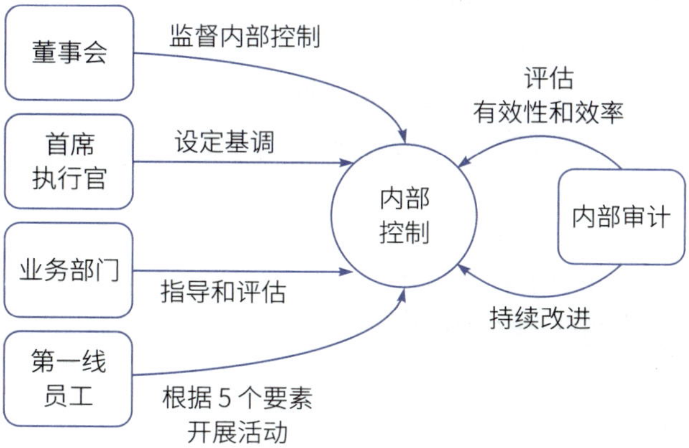

图 5－6　内部控制中每个成员的角色和职责

① **董事会**负责**监督**内部控制体系。

审计委员会（audit committee）强调风险监督的重要性。董事会通过审计委员会向管理高层询问其如何履行内部和外部报告的职能，并且核查管理高层是否及时地采取纠正措施。

② **首席执行官**为企业设定基调，对董事会负责，同时负责设计、实施和执行有效的内部控制。

③ 不同的**职能**或**业务部门**通过其专业技能支持实体的运营。它们根据其专业领域相关的内部控制提供指引和评估，同时有义务针对问题开展跨部门的分享和评估。

④ 实体中的**每个人**都有责任履行内部控制，**第一线员工**应根据 **5 个要素**在内部控制执行过程中充当第一道防线。

⑤ **内部审计师**通过**评估内部控制的有效性**及效率**积极促进持续改进**，为管理层提供内部控制鉴证与咨询方面的支持。内部审计师就内部审计过程中发现的问题直接与管理层、审计委员会和/或董事会进行商讨。

（5）内部控制的局限性

COSO 的内部控制框架只能提供实现实体目标的合理保证，因为内部控制系统存在着一些固定的局限性，见图 5－7。

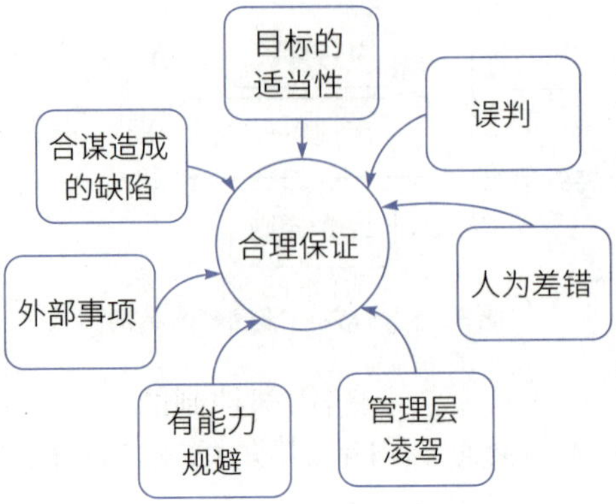

图 5－7 内部控制的 7 项局限性

① 目标设定的适当性是内部控制的先决条件。

② 在决策过程中人的判断可能造成错误和偏见。

③ 因为差错等人为过失而导致内部控制失效。

④ 管理层有能力凌驾于内部控制之上。

⑤ 管理层、其他人员和/或第三方通过合谋来规避控制。

⑥ 发生了超出控制能力的外部事件。

⑦ 由于合谋产生的内部控制缺陷。

2. 控制环境

(1) 控制环境的定义

控制环境是一套标准、流程和结构，能够为**组织实施内部控制提供基础**。

(2) 与控制环境相关的 **5 条原则**

① 组织应展现对诚信和道德价值的承诺。

A. 管理层和董事会应采取特定的措施，在道德、社会、环境或其他形式的社会责任行为方面**确定基调**；这对于内部控制系统的运行而言是**根本性的**。

B. 组织通过**实施行为准则**来体现其对诚信和道德价值的承诺；由管理层和董事会制定的行为准则为评估是否**遵循了诚信和道德价值**提供了基础。

② 董事会应展现出其独立于管理层，并对内部控制的开展与成效实施进行监督。

A. 董事会应**确认并接受其对已建立要求所负有的监督职责**，首席执行官和管理高层对内部控制系统的**建立和实施负有直接责任**。

B. 董事会应**独立于管理层**，并具备相关的技能和专业知识来实施监督。

③ 管理层为实现目标，应在董事会的监督下确立组织结构、报告路线、合理的权力与责任。

A. 管理层设计并评估**每个实体组织结构内的报告路线**，以促成权力与责任的行使以及信息的流动，从而管理实体的业务活动。

B. 管理层和董事会应**授权、界定责任**、并使用适当的流程和技术，在组织不同层级内进行**责任分配**和必要的**职责分离**。

④ 组织应展现出其对吸引、培养和留用符合组织目标要求的人才的承诺。

A．**政策**和**实践**为界定组织内部**所需的胜任能力提供了基础**，也为执行与评价绩效、决定必要的修正措施等**更为细节的程序提供了基础**。

B．董事会应评估首席执行官的胜任能力；相应地，管理层也会按照既定政策及实践对组织内部及外包服务供应商的胜任能力进行评价。

C．对于胜任能力的承诺**获得了人力资源管理流程的支持**，同时**也嵌入在人力资源管理流程之中**；人力资源管理流程主要用于吸引、培养、评估和留住合适的管理人员、其他人员和外包服务供应商。

⑤ 组织为实现目标，应要求员工承诺内部控制的相关责任。

管理层和董事会应**建立机制**，**与员工沟通**，**要求其承担内部控制的责任**，并落实必要的修正措施。

3. 风险评估

（1）与风险相关的定义

① **风险**是指事件发生并对目标实现产生负面影响的可能性。

② **风险容忍度**（risk tolerance）是指相对于目标实现而言所能接受的偏离程度。

风险容忍度水平通常是目标设定过程的组成部分；在目标设定时，设定容忍度水平是制定风险应对措施以及相关控制活动的**前提条件**。

（2）与风险评估相关的 **4 条原则**

① 组织应设定清晰明确的目标，以识别和评估与目标相关的风险。

A．**一套清晰的运营目标**会明确营利性或非营利性实体为达到预期绩效需要在哪些方面投入重要的资源。

B．报告目标与编制符合**可靠性**、**及时性**、**透明度**要求，或者符合监管机构、准则制定机构以及内部政策规定的报告有关。

C．合规目标包括"**法律和规章**"与"**政策与程序**"；法律和规章是实体行为的最低标准，政策与程序涉及与合规目标相关的沟通程序、现场检查和培训。

② 组织应对影响其实现目标的风险，在整体实体范围内进行识别和分析，并以此为基础来决定应如何管理风险。

A．应在**实体层级**识别由于外部或内部因素造成的风险，在**交易层级**识别在子公司、分部、业务单位或职能部门中出现的风险。

B．将风险发生的可能性与影响相乘来评估风险。

可能性代表了一项既定事件将会发生的概率，而**影响**代表了该事件会产生的**影响**。

一个有**较高发生概率**且有**潜在重大影响**的风险会使企业对其采取严重关注，见图 5－8。

第5章

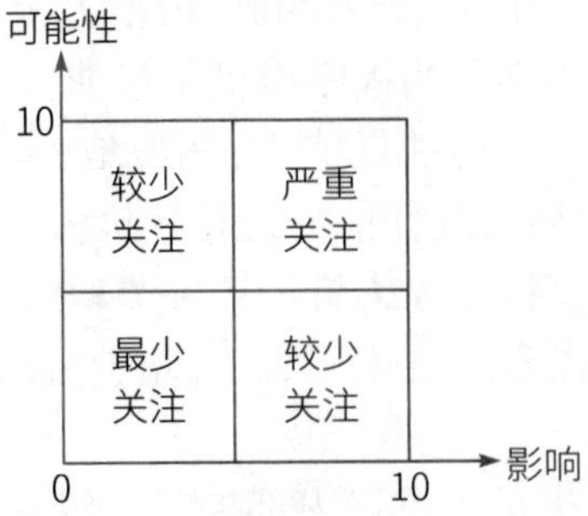

图 5-8　风险评估 4 种可能的结果

C. 管理层还需要同时考虑**固有风险和剩余风险**(见图 5-9)。

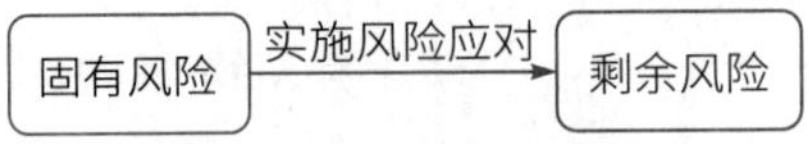

图 5-9　固有风险与剩余风险

固有风险(inherent risk)是指**在管理层没有采取任何措施**来改变风险的机率或影响的情况下,影响实体目标实施的风险。

剩余风险(residual risk)是指在管理层建立并采取风险应对措施之后所剩余的影响目标实现的风险。

D. 管理者有 4 种风险应对措施来降低风险(见图 5-10)。

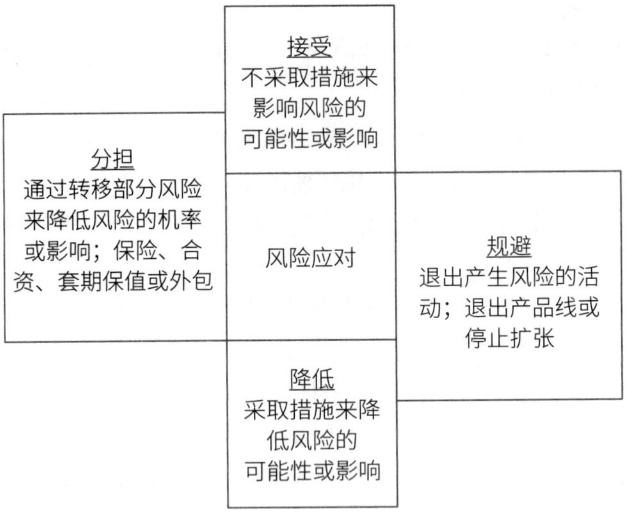

图 5-10　4 种风险应对措施

接受——不采取任何措施去干预风险的可能性或影响。

规避——退出产生风险的活动。风险规避可能包括退出产品线、停止向新的地区扩张或出售一个部门。

降低——采取措施降低风险的可能性或影响,或两者同时降低;通常涉及几乎所有的日常经营决策。

分担——通过转移或分担一部分风险来降低风险的可能性或影响；常用的方式包括：购买保险产品、建立合资企业、进行套期保值交易或外包一项业务活动。

E. 从外部审计的角度来看，需要识别以下几种风险。

a. **固有风险**（inherent risk，IR）衡量的是审计师在不考虑内部控制有效性的情况下，评估在审计认证中出现重大错报的可能性。

固有风险可能来自：

处理的复杂性——养老金费用计算出现错误的可能性大于折旧费用的计算。

资产的特征——现金比石灰石更容易被偷盗。

外部因素的变化——经济衰退会导致坏账金额的增加。

b. **控制风险**（control risk，CR）衡量的是，审计师评估在审计认定中出现重大错报且被审计单位内部控制无法及时预防该重大错报的风险。

控制风险意味着，在内部控制系统中存在着差错或缺陷。

c. **检查风险**（detection risk，DR）是指审计师无法检查出在一项审计认证中存在重大错报的风险。

出现检查风险的原因是，审计师无法对所有的余额或交易进行判断，使用了不恰当或错误的审计步骤。

d. **可接受的审计风险**（acceptable audit risk，AAR）由上述 3 项风险构成；它用来衡量审计师愿意接受的，在审计已经完成并已出具无保留意见审计意见后，财务报表依然存在重大错报的可能性。

对于某一个既定水平的计划审计风险，固有风险、控制风险与检查风险负相关。

$$\text{计划的检查风险}=\frac{\text{可接受的审计风险}}{\text{固有风险}\times\text{控制风险}}$$

上述关系显示，与审计认证有关的固有风险和控制风险越大，能够被接受的检查风险就必须越小，审计师必须收集更多的审计证据。

③ 组织应在评估影响其目标实现的风险时，考虑潜在的舞弊行为。

A. 有 3 种舞弊行为与内部控制相关。

a. 当实体通过未经授权的收入或支出、不当的财务行为或其他违规披露等手段，以故意遗漏或虚假陈述的方式来编制报告时，就会出现**虚假报告**（fraudulent reporting）。

b. **资产监管**（safeguarding of assets）通常与经营目标相关；它是指防止未经授权擅自获取、使用或处置资产，可能涉及诸如非法影响、盗窃资产、侵犯知识产权、逾期交易和洗钱等行为。

c. 管理层需要考虑在实体内可能发生的**腐败**（corruption）；腐败行为一般与合规目标相关，但也会对能左右实体对外财务报告目标的控制环境产生影响。

B. **管理层凌驾**（management override）是指为了某一非法目的而采取行为**凌驾于实体控制系统之上**；非法的目的包括：获取个人利益、粉饰实体业绩或合规情况。

a. **管理层**需要评估管理层凌驾于内控系统之上的风险，**董事会或审计委员会**需要对管理层的评估进行评价并且根据情况对管理层进行质询。

b. 实体的**控制环境**会极大地影响管理层凌驾的风险。

C．在审计准则中，出现财报的造假和资产挪用等舞弊行为需要满足3个条件。这3个条件被称为**舞弊三角**(fraud triangle)，见图5-11。

a. **激励/压力**(incentives/pressures)——管理层或员工有实施舞弊行为的外部激励因素或压力。

b. **机会**(opportunities)——环境给管理层或员工提供了**实施**舞弊行为的机会。

c. **态度/合理化**(attitudes/rationalization)——存在着一种态度、特质或一套伦理价值，让管理层或员工做出**蝇营狗苟**之事；或者某一环境产生的压力足以让他们为自己所做的不当或不法之事给出一个合理的理由。

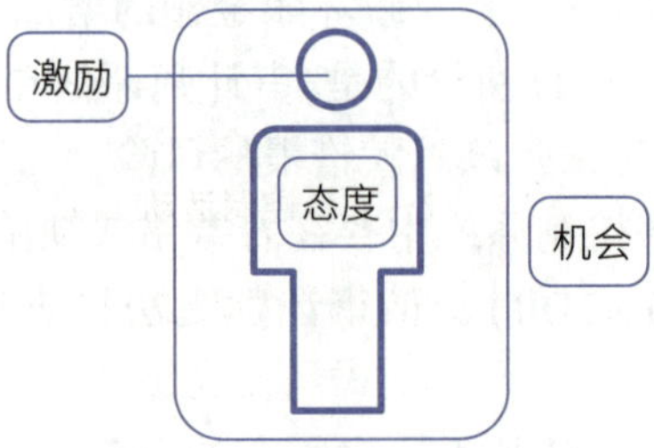

图5-11 舞弊三角

④ 组织应识别并评估对其内部控制系统可能造成重大影响的变化。

管理层应识别那些会对实体的内控系统产生重大影响的变化，因为在一定条件下，有效的内部控制会在条件变化时失效。

A．变化的监管或经济环境。

B．自然灾害。

C．新的商业模式。

D．新的管理高层或领导方式。

4. 控制活动

(1) 定义控制活动

控制活动(control activities)是指用于实现管理实体目标所采用的机制，是实体目标实现过程的重要组成部分。

控制活动可以支持实体目标的实现，包括：经营目标，报告目标和合规目标。

(2) 与控制活动相关的**原则**

① 组织应选择并执行那些可以将影响其目标实现的风险降至可接受水平的控制活动。

A．根据风险评估的结果，管理层解释并采取有效的行动去落实特定的风险应对措施。实体在选择“接受”或“规避”风险时，通常不需要采取控制活动；对于“降低”或“分担”风险，则需要采用控制活动。

B．交易控制是实体中**最基本的**控制活动，因为它在业务流程中可以直接处理风险应对措施以满足管理层目标。

一些交易控制活动列示于图5-12中，可供实体选择和使用。

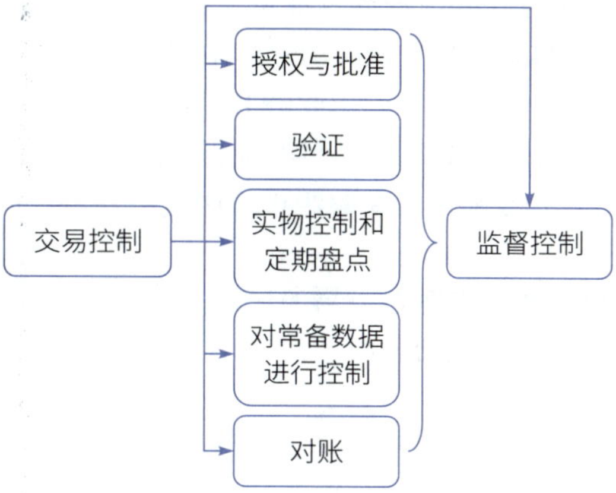

图 5－12　交易控制活动

a. 一项**授权**能确认一项交易是有效的（这代表真实的经济事项或者在实体的正常允许范围内发生）；授权通常可以采取的形式是较高级别管理人员对交易的有效性进行批准或验证和决定。

b. **验证**一般用于两个或多个对象之间、对象与政策间的互相比较，并在两个对象不匹配或对象与政策不符时执行跟进工作。

c. 保护设备、存货、有价证券、现金和其他资产的**实物安全**（如仅允许授权人员进入上锁的或有人看管的仓储区域），**定期盘点实物并将盘点的结果与控制记录中显示的数量**进行比较。

d. 组织应建立控制活动，以确保数据录入、更新和维护过程中的准确性、完整性和**常备数据的**有效性。

e. **对账**一般比较两个或多个数据元素来解决交易处理的完整性和/或准确性；如果发现差异，应采取措施使数据保持一致。

f. **监督控制**评估其他交易控制是否按照政策与程序的要求完全、准确地执行。

C．控制活动可以分为**预防控制**或**检查控制**，组织通常选择将这两者混合使用。它们的主要区别在于控制活动发生的时点（见图 5－13）。

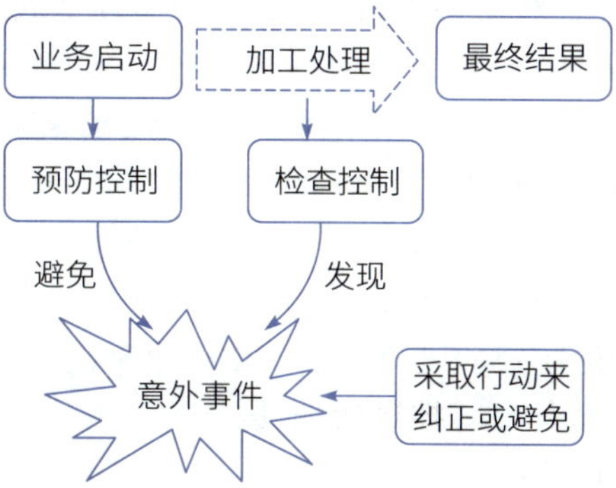

图 5－13　预防控制与检查控制

a. **预防控制**(preventive control)是指在**业务开始时**应用以避免意外事件或结果的控制活动(比如,最初记录的财务交易或启动一个生产过程时)。

b. **检查控制**(detective control)是指在**业务开始后,最终目标达成前**用来发现意外的事件或结果的控制活动(比如,对外披露财务报告或完成某生产流程的过程中)。

c. 这两种控制活动的关键都在于**采取纠正或避免**意外事件或结果的行动。

D. **职责划分**(segregation of duties)旨在用于降低(而不是消除)发生错误、不当或舞弊行为的风险;职责划分通常需要对交易的记录、授权和批准以及相关资产的处理职责进行分离,见图5-14。

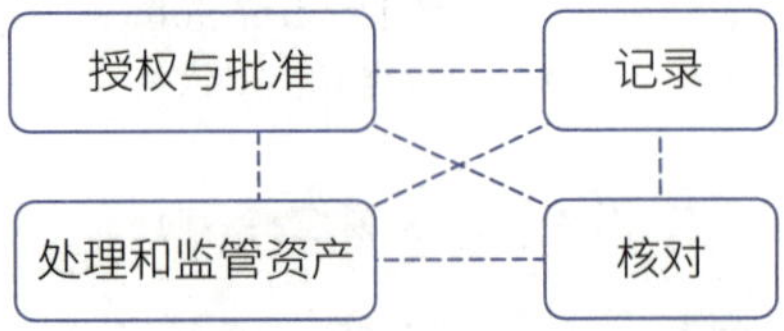

图5-14 职责划分中的互斥活动

若关键流程的责任至少在两名员工之间进行划分,则只有合谋才会导致舞弊行为的出现。

E. 其他控制活动包括充分的文档记录和独立核查。

a. 文档记录的是过去发生的事情,所以充分的文档和记录可以为内部控制活动及其财务报告的编制提供必要的证据。

作为文档管理中最重要的措施之一,**预编号码**(prenumbering)可以用来确保文档记录的精确性,主要的方式包括:简易的识别和追踪,防止交易被重复记录,或者防止交易被漏记。

b. 对于绩效进行独立核查是一项非常有价值的控制方法,因为独立核查是企业内部对其他控制活动进行持续验证的程序方法。

涉及独立核查的方法包括:强制休假,即让其他员工来做休假员工的工作、定期轮岗或转岗和银行对账。

② 针对信息技术,组织应选择并执行一般控制活动以支持其目标的实现。

A. 安全管理包括那些针对于"谁可以获取何种实体的技术"的子级流程和控制活动,还包括谁有能力执行交易。

B. 对用户获取技术的控制通常是通过验证控制活动来实现的,即将唯一的用户身份或令牌与准许访问清单进行对比。

③ 组织应通过政策和程序来实施控制活动。政策用来建立预期,程序用来将政策付诸行动。

控制活动与将影响目标实现的风险降至可接受水平的相关政策和程序有关。

5. 信息与沟通

(1) 信息与沟通的作用

信息与沟通方面的控制有助于在内部控制系统中利用准确的信息来履行内部控制的责任。

（2）与信息和沟通相关的 **3 条原则**

① 组织应获取或生产和使用高质量的、相关的信息来支持内部控制的持续运行。

A．作为一个反复和持续的过程，获取相关信息要求管理层识别和定义信息需求的相关性水平以及必要的特征。

B．需要开发信息系统来收集、获取和处理来自内外渠道的大量数据，并将其变成有意义和可付诸行动的信息，以此来满足确定的信息要求。

C．企业资源计划（ERP）系统、关联管理系统（AMS）、公司局域网、协同作业工具、互动社交媒体、数据仓库、业务职能系统、运营系统、基于网络的应用和其他技术解决方案为管理层提供了运用技术开发、实施有效信息系统的机会。

② 组织应在内部对内部控制目标和责任的必要信息进行沟通，从而支持内部控制持续运行。

A．组织应建立并实施能促进有效**内部沟通**的正常程序，用来解决人员权力、责任和行为准则等问题。

B．除了正常沟通渠道之外，**独立的沟通渠道**为**匿名或保密沟通**（如举报和道德热线）建立失效保护机制；它可以鼓励员工在不必担心打击报复的情况下，揭发涉嫌违反实体规章制度的行为。

③ 组织应就影响内部控制发挥作用的事项与外部进行沟通。

组织需要建立和实施能促进**外部沟通**的控制，包括从外部各方获取或接收信息并在内部共享信息的政策和程序；这可以让管理层和其他人员识别那些会对目标实现产生影响的趋势、事件或环境。

6. 监督活动

（1）监督的必要性

选择、建立和实施监督活动是为了确认每项内部控制要素是否都存在并持续运行，或是否需要进行修正。

管理者在判断内部控制系统是否相关以及是否能够有效应对新风险时，监督活动可以提供有价值的信息。

（2）与监督活动相关的**两条原则**

① 组织应选择、开展并实施持续和/或单独评估，以确认内部控制各要素的存在和持续运行。

A．监督活动可以采取两种方式：持续评估或单独评估，或两者兼有之。

B．**持续评估**通常由**一线主管或职能经理**来执行，他们具备胜任能力和丰富的知识来理解被评估的事项，并且能够对获得的信息进行进一步的考察。

C．**独立评估**是由**内部审计部门**负责实施的，它能以全新的视角去审视内部控制 5 要素是否存在且持续运行。

② 组织应评价内部控制缺陷，并及时与整改责任方沟通，必要时还应与管理高层和董事会沟通。

A．在进行监督活动时，组织应评估那些对实体目标实现会产生负面影响的**内部控制缺陷**。

B．将内部控制缺陷向**整改责任方以及至少比其高一层级的管理者**通报，对实体实现目标是极其重要的。

C．在评估了内部控制缺陷并将其向相应的部门进行通报之后，应由不负责监督活动的部门及时采取纠正措施。

EQ5.1－1

对于控制风险而言，以下哪项是正确的？（　　）

A．控制风险用来评估错报超过可接受程度的可能性，而这种错报又无法通过内控检测出来

B．控制风险用来评估错报超过可接受程度的可能性，而这种错报又无法通过内审检测出来

C．控制风险依靠检查风险

D．计量控制风险加上防范风险，以此来确定整体风险

【答案】A

【考点】理解风险的类别

控制风险衡量的是，审计师评估在审计认证中出现重大错报且被审计单位内部控制无法及时防止该重大错报的风险。

在审计风险既定的情况下，检查风险取决于固有风险和控制风险。

5.1.2　与内控相关的法律

1.《反海外腐败法》

（1）基础

① 1977年的**《反海外腐败法》**（The Foreign Corrupt Practices Act，FCPA）是一项包括了两大条款的美国联邦法案：一项条款是基于1934年的《证券交易法》，用来解决对于会计信息公开透明的要求；另一项条款主要涉及行贿外国官员的问题。

② 1977年通过的《反海外腐败法》旨在确认以下行为是违法行为，即某一类人和企业向外国的政府官员行贿，以此来获取或维持海外商业的利益。

（2）两大主要条款

《反海外腐败法》的反行贿条款总体上禁止**美国企业**和**公民**、**在美国上市的外国企业**，或**在美国代理人**直接或间接地向**外国官员**、**外国政党或政党官员或外国政治职务候选人**，支付或提议支付金钱或任何有价值的物件，以此来达到如下目的：在其职权范围内对其作为或不作为的决定施加影响，诱导其作出超越合法职责范围的事项，或协助获取任何不正当的优势，以此让行贿者获取或维持商业利益。

① 反行贿条款还包括了宽泛的第三方行贿条款。根据此条款，海外子公司和其他第三方（包括代理人、咨询方、分销商、合伙人等等）的行为也会使其母公司或第三方涉及的企业违反《反海外腐败法》。**《反海外腐败法》的会计条款**只适用于在美上市的企业；旨在强化企业账册和记录的精确性以及审计步骤的可靠性，这些都是企业信息披露

系统的基础。

② 该条款要求上市公司：

A. 以合理详尽的方式保存企业的账册、记录和账户，以此来精确且公允地反映交易和资产处置的情况。

B. 设立和维护好一套足以提供合理保证的内部会计控制系统，即：

a. 交易的执行必须基于管理层的一般或特定授权；

b. 必备的交易记录要能够确保企业根据 GAAP 或其他使用的准则来编制财务报表，并且维持对于资产的监管责任；

c. 资产的获取必须经管理层的一般或特定授权；

d. 确保在合理期间对记录的资产和实物资产进行比较，并对任何的差异采取适当的举措。

2.《萨班斯法案》

(1) 相关条款

① 第 201 条款——审计师执业范围之外的业务。

A. (a) 被禁止的行为——《1934 年证券交易法》的 10A 部分的修订增加了下述条款：

a. "(g) 被禁止的行为——除了本节(h)所述的业务外，在本章，或是 SEC 的相关条款，或是由本法案 101 规定成立的公众公司会计监督委员会(本节以下简称"委员会")制定的条款(在委员会开始工作 180 天后生效)的规定下，执行任何发行证券的公司任何审计业务的注册会计师事务所(以及任何由 SEC 认定的与该所相关联的人员)，在执行审计业务的同时，提供如下非审计业务是非法的：

i. 涉及被审计客户的会计记录及财务报表的簿记或其他业务；

ii. 设计及执行财务信息系统；

iii. 评估或估价业务、公证业务或出具实物捐赠报告书；

iv. 精算业务；

v. 内部审计外部化业务；

vi. 代行使管理或人力资源职能；

vii. 作为客户的经纪人或经销商、投资顾问，或提供投资银行服务；

viii. 提供与审计无关的法律服务或专家服务；

ix. 任何委员会所规定的未被许可的业务。

b. (h) 事前需获许可的非审计业务——根据本法案的 202(9)，只有事前得到发行证券公司审计委员会许可后，注册会计师事务所才可以执行如税务咨询等非审计业务，这些非审计业务不包括本法案 201(g)所述(1) 至(9) 的业务。"

B. (b) 免除权——在逐案审查的基础上，如果委员会认为免除遵守《1934 年证券交易法》10A(g)禁令的义务对保护公众利益来说是必要的或适当的，并且与保护投资者的宗旨相一致，委员会有权免除任何人员、发行证券的公司、注册会计师事务所或会计事项遵守《1934 年证券交易法》10A(g)禁止的交易事项，这种免除要由 SEC 来复核的规定与本法案 107 中的关于委员会的规定是相同的。

② 第 203 条款——负责审计合伙人的轮换。

《1934 年证券交易法》的 10A 部分由本法案作出修订，并增加了下述条款：

“(j) 负责审计合伙人的轮换——对审计某发行证券公司的注册会计师事务所而言，如果该所负责(或负责协调)该审计项目的合伙人或负责复核该审计项目的合伙人已连续超过 5 年对该公司的审计或复核负责，则该事务所提供上述审计业务的行为是非法的。”

③ 第 204 条款——审计师向审计委员会报告。

《1934 年的证券交易法》的 10A 部分由本法案作出修订，并增加了下述条款：

“向审计委员会提供报告——任何审计发行证券公司的注册会计师事务所都应及时向公司的审计委员会报告如下内容：

A. 拟使用的所有关键性会计政策及会计惯例；

B. 管理层讨论过的财务信息的所有可供选择的处理方法(这些方法在 GAAP 范围之内)，使用这些可选择的披露及处理方法的分歧，以及注册会计师事务所优先采用的处理方法；

C. 注册会计师事务所和公司管理层用于沟通的其他书面材料，如管理建议书及未调整差异明细表。”

④ 第 302 条款——公司对财务报告的责任。

A. 对制定规章的要求——SEC 应颁布规定，对于按照《1934 年证券交易法》的 13(a)或 15(d)部分编制定期报告的公司，应要求这些公司的首要官员(们)及首席财务官(们)(或担任同等职务的人员)在每一年度报告或季度报告中保证如下内容：

a. 签字的官员已审阅过该报告；

b. 该官员认为报告中不存在重大的错报、漏报；

c. 该官员认为报告中的会计报表及其他财务信息在所有重大方面，公允地反映了公司在该报告期末的财务状况及该报告期内的经营成果。

d. 签字官员：

i. 对建立及保持内部控制负责；

ii. 设计了所需的内部控制，以保证这些官员能知道该公司及其子公司的所有重大信息，尤其是报告期内的重大信息；

iii. 评价公司的内部控制在签署报告前 90 天内的有效性；

iv. 在该定期报告中发布他们上述评价的结论。

e. 签字官员已向公司的审计师及董事会下属的审计委员会(或担任同等职务的人员)披露了如下内容：

i. 在内部控制的设计或执行中，对公司记录、处理、汇总及编报财务数据的功能产生负面影响的所有重大缺陷，以及向公司的审计师指出内部控制的重大缺点；

ii. 在内部控制中担任重要职位的管理人员或其他雇员的欺诈行为，不论该行为的影响是否重大；

f. 签字官员应在报告中指明在他们对内部控制评价之后，内部控制是否发生了重大变化，或其他可能对内部控制产生重要影响的因素，包括对内部控制的重大缺陷或重要缺点的更正措施。

B. 公司迁址国外不影响本法案的效力——即使发行证券的公司通过再合并或其他交易使公司的注册地或办公地迁至国外,也不能减少本节规定的法律效力。本节规定对该公司依然适用,且全部适用。

C. 最终期限——本节(a)部分的规定应在本法案颁布后 30 日内生效。

⑤ 第 404 条款——管理层对内部控制的评价。

A. 内部控制方面的要求—— SEC 应当颁布相应的规定,要求按《1934 年证券交易法》第 13 节(a)或 15 节(d)编制的年度报告中,应包括内部控制报告:

a. 强调公司管理层建立和维护内部控制系统及相应控制程序充分有效的责任;

b. 发行人管理层最近财务年度末对内部控制体系及控制程序有效性的评价。

B.(b) 内部控制评价报告——对于本节(a)中要求的管理层对内部控制的评价,担任公司年报审计的会计公司应当对其进行测试和评价,并出具评价报告。上述评价和报告应当遵循委员会发布或认可的准则。上述评价过程不应当作为一项单独的业务。

⑥ 第 407 条款——有关审计委员会财务专家的信息披露。

A. 定义"财务专家"的相关规定——SEC 应当从保护公众利益和投资者权益的角度出发,制定相应的规定,要求发行申请人在根据本法第 13 节(a)和《1934 年证券交易法》第 15 节(d)的规定编制定期报告时,披露是否在审计委员会中至少存在 1 名由 SEC 定义的"财务专家",如果没有,应当说明原因。

B. 相关因素——在按照(a)中规定对"财务专家"进行定义时,SEC 应当考虑专家是否具有注册会计师和审计师的教育和执业经历,是否曾在发行人担任过财务总监、财务主管、会计主管或从事过相当职位的工作。

a. 能够理解公认会计原则和财务报告;

b. 具有下列经历:

i. 为一般(可比)发行人编制或审计财务报表的经历;

ii. 运用会计原则进行会计估计、应计事项、准备计提等方面的工作。

c. 具有内部财务控制方面的工作经验;

d. 对审计委员会的职能有较好理解。

C. 规定制定的时限。

a. SEC 应当在本法生效后 90 天内发布落实本节规定的法规的征求意见稿;

b. 在本法生效后 180 天内,SEC 应当发布上述规定的最终稿(生效稿)。

(2) 上市公司会计监察委员会

①《萨班斯法案》的第 101 条款规定了上市公司会计监督委员会的建立。

为了保护投资者以及公众的利益,兹组建**上市公司会计监察委员会(the Public Company Accounting Oversight Board,PCAOB)**。委员会组建的目的是监督公众公司的审计以及相关事项,以便为购买及持有其证券的公司或公众投资者编制准确、独立的审计报告。

② 上市公司会计监督委员会主要负责监督和监管所有会计事务所,包括:

A. 根据第 102 条款的规定,对为发行证券的公司出具审计报告的注册会计师事务所进行注册；

B．根据第103条款的规定，制定或（以及）采纳与为发行证券的公司编制审计报告有关的审计、质量控制、道德、独立性及其他准则；

C．根据第104条款和委员会的规定，对注册的会计师事务所进行检查；

D．根据第105条款的规定，对注册的会计师事务所及相关人员进行调查、惩诫，以及处罚；

E．实施其他委员会认为（或SEC认为，或法规、法令中规定）是必要的职责或职能，以便提高注册的会计师事务所职业标准，提高审计质量；或执行本法，以便保护投资者或公众利益；

F．强制执行本法、委员会的规定、专业准则及与编制及公布审计报告、相关注册的会计师事务所和相关人员的责任与义务有关的证券法规。

③ 与内部控制相关的指南（《萨班斯法案》第一章的第103条款）。

每一注册会计师事务应当按照第404条款（b）的要求，在每份审计报告中说明**审计师对发行证券的公司内部控制的构成及程序的测试范围**，并在该审计报告或单独的报告中注明：

a. 审计师在测试中的发现；

b. 评价该内部控制的构成及程序是否符合下列要求：

i. 包括保存适当、详细而准确、并能公允地反映公司的交易及资产分配情况的会计记录；

ii. 能够合理保证：交易被记录、可以根据这些记录来编制符合公认会计原则要求的财务报告、公司所有的收入及支出得到了管理层或董事会的批准。

c. 根据测试发现的关于内部会计控制系统中的明显缺陷及任何重大不符情况的描述（最低要求）。

（3）上市公司会计监督委员会的《第5号审计公告》

① 2007年，上市公司会计监督委员会颁布了《第5号审计公告——与财务报表审计相整合的财务报告内部控制审计》。

② 准则设立了审计师履行对管理层财务报告内部控制（财务报告内部控制审计）有效性评估进行审计时的要求，并规定了适用的指导；财务报告内部控制审计已与财务报表审计进行了整合。

③ 审计师在财务报告内部控制审计中的目标是对公司财务报告内部控制发表意见。

④ 在财务报告内部控制审计中，审计师应采用**由上至下的方法**选择将要执行的控制。

A．由上至下的方法始于企业财务报告的层级，并要求审计师能够理解针对于财务报告的内部控制的整体风险。

B．审计师需要关注企业层级的控制，并向下至重要的账户和披露的信息，以及对于它们的确认。

C．本方法要求将审计师的注意力引向账户、披露的信息及其确认，因为这些事项

第5章

可以呈现出财报和相关披露出现实质性错报的合理机率。

D. 审计师需要验证他们对企业流程风险的理解，并对那些可以充分解决每项确认错报风险的控制进行选择性测试。

⑤ 企业、业务流程及其业务单位的规模与复杂度会影响到企业实现其诸多控制部门的方式。企业的规模和复杂度还会影响错报的风险和解决这些风险的必要控制。作为基于风险审计法的自然延伸，**按比例调节法(scaling)**对于所有企业的审计而言是最有效的，也是适用性最强的。

5.1.3　外部审计师的责任

1. 审计报告

审计师的责任是在执行审计工作的基础上对财务报表发表审计意见。审计师按照美国公认会计准则的规定执行了审计工作。这些准则要求审计师计划和执行审计工作以对财务报表是否不存在实质性错报获取合理保证。

2. 审计意见

(1) 无保留意见

① 审计师的意见是，上述财务报表遵守美国公认会计原则，**在所有重大方面都公允地反映**了发行方在 20×1 年 12 月 31 日的财务状况，及其截至年末当期的经营业绩和现金流。

② 出具标准的无保留意见需要满足以下的条件：

A. 财务报表齐全，包括资产负债表、利润表、所有者权益变动表和现金流量表。

B. 审计师已经收集了充分适当的审计证据，并且认为审计活动实施的方式能够让其认定审计是按照审计准则的要求开展的。

C. 财务报表的编制符合美国的公认会计原则或其他适用的会计准则。这也意味着，财务报表的附注和其他部分已经作了充分的披露。

D. 不存在需要对报告增加说明段或修正措辞的情况。

③ 附有说明段或修正措辞的无保留意见审计报告满足下列要求：整个审计工作的结果令人满意且财报公允地呈现了信息，但是审计师认为提供一些额外的信息是至关重要的或是必须的。

根据 AICPA 和 PCAOB 的审计要求，对标准无保留意见审计报告添加说明段或修正措辞的一些重要原因如下：

A. 公认会计原则的运用缺乏一致性；

B. 对持续经营的能力产生重大怀疑；

C. 审计师认同的与会计原则的偏离；

D. 其他需要强调的事项；

E. 报告涉及其他审计师的工作。

(2) 保留意见

① 审计师的意见是，**除了**在保留意见基础段落内所提及事项的影响之外，上述财务

报表遵守美国公认会计原则,**在所有重大方面都公允地反映**了发行方在 20×1 年 12 月 31 日的财务状况,以及截至年末当期的经营业绩和现金流。

② 审计师应该出具保留意见的情形。

A. 根据会计准则,当审计师认定错报在个体上或整体上对于财务报表而言**是重大的但不具有广泛性**;

B. 根据审计准则,当审计师无法获得能够形成审计意见的充分适当的审计证据,而且认定尚未发现的错报的潜在影响**只具有重大性但不具有广泛性**。

(3) 否定意见

① 审计师的意见是,由于在否定意见基础段落内所提及事项的重大影响,上述财务报表**在所有重大方面都没有公允地反映**了发行方在 20×1 年 12 月 31 日的财务状况,以及截至年末当期的经营业绩和现金流。

② 根据会计准则,当审计师认定错报在个体上或整体上对于财务报表而言**不仅是重大的而且具有广泛性**,审计师应该出具否定意见。

(4) 无法发表意见

① 由于在无法发表意见基础段落内所提及事项的重大影响,审计师**无法获得用于形成审计意见的充分适当的审计证据**。因此,审计师对这些财务报告不发表意见。

② 根据审计准则,当审计师无法获得能够形成审计意见的充分适当的审计证据,而且认定尚未发现的错报的潜在影响**不仅是重大的而且具有广泛性**,审计师应不发表意见。如果审计师不独立或财务报表没有经过审计,则也应不发表意见。

EQ5.1-2

如果财务报告在整体上都没有遵守会计准则和公允地反映信息,审计师必须出具(　　)。

A. 无保留意见　　B. 保理意见

C. 无法发表意见　　D. 否定意见

【答案】D

【考点】出具恰当的审计意见

根据会计准则,当审计师认定错报在个体上或整体上对于财务报表而言不仅是重大的而且具有广泛性时,审计师应该出具否定意见。

5.2 系统控制与安全措施

5.2.1 一般控制

1. 基础

一般控制(general controls)是指那些在信息系统和用户环境中对绝大多数的应用活动都会产生作用的控制活动。

类似的控制活动包括:职责划分、数据安全、硬件安全、存储与备份和应急规划与和灾后数据的恢复。

2. 职责划分

(1) 与其他子系统的区分

一个组织的会计和信息处理子系统为组织的其他子系统提供支持，且应该独立于那些使用数据和执行不同业务活动的子系统。

表 5 - 1 呈现了需要进行相应区分的职能。

表 5 - 1　与其他子系统的职责划分

由用户子系统提出并授权所有系统的调整和交易
由指定的运营子系统负责资产的监管
对在数据处理过程发现的并需要更正的错误应记入更正日志，并交还给子用户子系统进行更正；后续由数据控制组跟进
对于现有系统的调整及其对于全新系统需求都需要有用户子系统出具的正式书面授权

(2) IT 环境内的划分

① 对于控制流程设计和落实有效的职责划分可以确保任何员工没有机会成功实施舞弊行为。

当两名或多名员工可以通过合谋凌驾于控制流程的职责划分时，发现舞弊行为就会变得极为困难。

② 企业 IT 环境内若干项职能的划分见图 5 - 15。

图 5 - 15　IT 环境内的职责划分

A. **系统分析师(systems analysts)**协助用户单位确定它们的信息需求并设计可以满足其需求的系统。

B. **程序员(programmers)**根据系统分析师的设计，对计算机程序进行开发、编码和测试。

C. **计算机操作员(computer operators)**负责在企业的计算上运行程序。他们要确保恰当地输入数据，正确地处理数据和产生所需要的输出。

D. **信息系统库管员(information system librarian)**负责将企业数据库、文件和程序独立地存储在一个称为信息系统库的地方。信息系统库管员禁止将文件或程序运送至其他存储区域或另一个计算机房。

E. **数据控制组**(data control group)需要确保源数据是经过恰当核准的,监督计算的工作流程,核对输入和输出的信息,对错误的输入进行记录以确保对其修正和再提交,最后还需要负责传送系统输出的信息。

3. 逻辑和物理访问控制

(1) 数据安全

① 企业通过逻辑安全系统对数据进行保护,也称为逻辑访问控制。

A. **逻辑安全**(logical security)使用相关的技术只允许获得授权的个人访问组织的系统和信息。

B. **逻辑访问**(logical access)是指一种用于识别授权用户的逻辑或程序系统。

② 数据安全系统最重要的职能就是对于用户的认证。

A. **认证**(authentication)是指对试图访问系统的个人或设备进行身份验证的过程。

B. 有 3 种方式可以用来验证个人的身份:

a. 密码或个人身份识别码。

i. 需要对密码加密,使其无法被浏览。

ii. 在一定天数之后,强制修改密码。

iii. 密码必须包括至少 8 个字符(大小写),至少 1 个数字(1, 2, 3…)和 1 个特殊符号(#,$,% ,&…)。

iv. 密码永远都不要由易于推算的内容构成。

b. 智能卡或身份标识。

c. 个人的物理或行为特征(指的是生物识别标识符),比如指纹或打字方式。

C. 将 2 种或 3 种方式结合在一起使用被称为**多重身份验证**(multifactor authentication),是一种有效的身份识别方式。

在有些场景下,对同一种验证方式进行多次使用被称为**多重模式验证**(multimodal authentication)。这种验证方式也能提高数据的安全。

D. 除了密码控制之外,数据安全软件会对不同数据的访问进行监督和控制。

a. 对于文件和在线交易的访问仅限于个人和部门。

b. 如果试图多次使用无效密码进行登录,应暂停用户的 ID,从而避免无限制的密码猜测。

c. 交易仅限于某些特定的终端和/或员工。

d. 通过每天的时间或每周的天数来限制终端的运行。

e. 在操作暂停一段时间之后,利用超时限制强制终端退出,从而减少非法用户在授权用户临时离开后使用后者电脑的机会。

f. 当用户登入时,安全系统显示该 ID 最后使用的时间和日期。

g. 当交易中有大量敏感信息时,系统设置要求每次交易都需要输入密码。

③ 逻辑安全也会使用授权。

A. **授权**(authorization)是指对认证用户访问系统特定部分进行限制的过程,同时也对其被许可实施的活动进行限定。

B. 通常利用**访问控制矩阵**(access control matrix)来实施授权控制,见表 5-2。

表 5-2　访问控制矩阵

	文档			程序		
	I	II	III	1	2	3
AAA	√	×	√	×	×	×
BBB	×	√	×	×	√	×
CCC	×	×	√	×	×	×
…	×	√	×	×	×	√

兼容性测试(compatibility test)通常对认证凭证和访问测试矩阵进行比对,以此来判断该员工是否可以访问该资源和是否可以执行所请求的活动。

④ 信息系统几乎都需要通过互联网在不同点之间传送大量的数据,那么评估组织网络的完整性、安全性、可靠性和性能,以此来确定数据是否准确和及时就变得十分重要。

A. 为了最大程度地降低通过**电子窃听**(electronic eavesdropping)方式非法获取数据的风险,企业可以使用加密技术,防止竞争对手对机密数据的传输进行电子监视。

加密(encryption)是指将**明码文本**(正常文本)转变成**密文**(不可读的杂乱信息)的过程;**解密**(decryption)就是反向操作上述过程,即将密文转变成正常文本。

B. 两种加密技术

a. 加密系统有两种基本形式:对称的**私密密钥加密**(secret-key encryption)和非对称的**公用密钥加密**(public-key encryption)。

b. 私密密钥加密使用同样的密钥对信息进行加密和解密。

这个方法最明显的难点就是密码必须安全地传输到被加密信息的接受者,这意味着这个秘密可能难以防止被中途拦截。

c. 最常用的加密方式就是公用密钥加密。这种加密方法将两个密钥与每个被加密的信息联系在一起,一个用来对信息加密,另一个用来解密。

在发送一个秘密信息时,需要用接受者的公用密钥来加密信息,然后接受者再用自己的私密密钥解密信息。

⑤ 企业还需要构建防火墙阻止对该企业网络未经授权的访问,从而避免外部入侵者对于敏感信息的获取、篡改或毁损。

防火墙(firewall)是指一种具有特殊目的的硬件或者在一般电脑上运行的软件,通过硬件和软件来控制在受防火墙保护的系统与其他网络之间往来的信息传递。

(2) 物理安全

① **物理安全**(physical security)是指一家企业为了保护其设备、资源或存储在物理介质中的专属信息而采取的措施。

物理安全是抵御诸如火灾、断电、蓄意破坏和信息偷窃等大量风险的重要手段。

② 只有被**授权的个人**才能出入数据中心和/或受到安全保护的处理重要业务的建筑物。

A．磁卡门禁和生物测定门禁系统是认证授权个人的有效方式。

B．**时间与空间分区**是安全系统另一个重要的方法。负责安全的管理者可以通过分区来有选择地分配访问。时间分区可以把访问限定在特定的时间。

③ 对于计算机中心，需要考虑以下因素：

A．数据中心应位于不起眼的区域。

B．位于易受地震、洪水或其他自然灾害影响区域的数据中心应具备合理的程序，使中心在自然灾害发生期间或之后仍能运行。

C．应确保空调能力的充足并对湿度和温度进行监控。

④ 数据中心的防火装置包括：

A．火警系统应连接到安全中心，并进行定期检查。

B．烟雾检测装置应分布在整个建筑物内。

C．应安装灭火系统。

⑤ 无法提供备用电源的企业可能会遭受断电和电压不足所带来的损失。企业可以采用两种备用的电力系统：

A．能为数据中心提供数天或数周电力供应的柴油机或其他独立的长期发电设备；

B．短期系统能在电池或能源消耗之前允许计算机系统正常关机，比如**不间断电源**（uninterruptible power supply，UPS）。

4. 系统终端/解决方案

（1）备份

① **数据备份**（data backup）流程旨在解决那些因人为失误、软件问题或人为差错使相关文件或数据库毁损进而无法访问信息的状况，虽然信息系统依然能正常运行。

② 在批处理下常用的备份和重建的方法被称为**祖—父—子**（grandfather-father-son）程序。

三个层级的参考数据（即之前处理的并存储在主文件内的数据）与在总账更新过程中所使用的交易数据一并保存（见图5－16）。

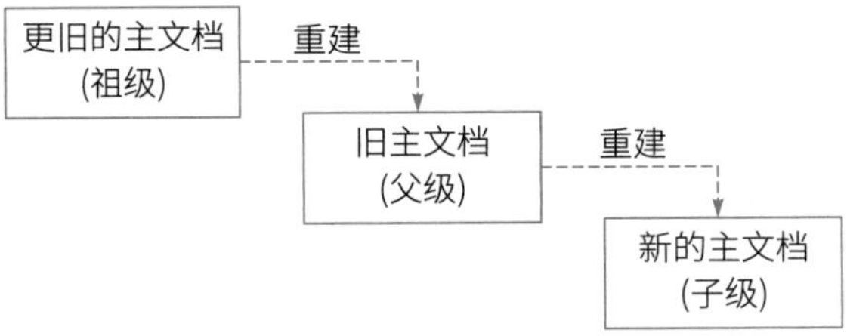

图5－16 三级处理程序

A. 如果最近的主文档（子级文档）被毁损了，则可以根据之前版本的参考数据（父级文档）来重新运行相关的交易数据，以此来重建数据。

B. 如果在重建运行的过程中出了问题，企业还有一套备份的数据（祖级主文档）来重建父级主文档，然后再用父级主文档来重建子级主文档。

③ 文档管理系统应包括安全考量及其对于文档转移至另一个存储地的管理，即异

地存储。

由于电信技术的发展，许多企业现在将备份的文档传送至较远的无人操作的备份站使用点，被称为在线备份。

④ 通过标签来识别不同的文档。

(2) 灾后恢复计划

① 灾后恢复计划(disaster recovery plan)是指当数据中心遭到毁损时，企业恢复其IT能力的计划。

A. 作为应对灾难的程序，灾难恢复计划应由公司的董事会批准，并在公司的最高层级中贯彻执行。

B. 灾后恢复计划应由管理高层和计划委员会审批通过，并完整地记录和存档。

② 灾后恢复计划的设计应包括 3 个要素：

A. 企业需求的评估；

B. 基于这些需求的恢复顺序清单；

C. 一套恢复的战略和程序。

③ 灾难恢复计划中最重要的部分就是明确指定备份的站点，如果企业首要的计算站点发生毁损或无法使用的情况(见图 5-17)。

A. 冷站点(cold site)是指需要依靠备用设备的备份站点；该备用设备需要预先布置电话和网络，但不包括任何计算设备，所以需要花费几天的时间才能充分恢复数据运行能力。

B. 热站点(hot site)是指需要依靠备用数据中心的备份站点；该数据中心能够充分运行，不仅预先布置了电话和网络，还包括所有必须的硬件和软件，所以能使企业在几小时内恢复数据运行能力。

C. 温站点(warm site)是指有备用硬件和软件的备份站点，恢复数据运行能力介于冷站点和热站点之间。

D. 实时镜像(real-time mirroring)在两个独立的数据中心内维持两套完整的数据库；当每次交易发生时，两套系统进行实时的更新。

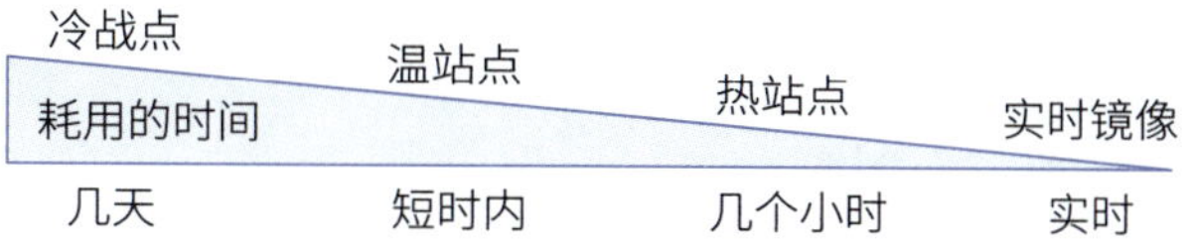

图 5-17　备份站点

EQ5.2-1

灾后恢复计划的一个重要组成部分就是要能够尽快地重新获得系统运行能力。为了实现这一目标，企业可以和计算机硬件供应商合作，来获取充分运行的系统供企业使用。这种系统被称为(　　)。

A. 不间断电源系统　　B. 温站点

C. 冷站点　　D. 热站点

第 5 章

【答案】D

【考点】识别热站点和冷站点的区别

冷站点是指需要依靠备用设备的备份站点;该备用设备需要预先布置电话和网络,但不包括任何计算设备,所以需要花费几天的时间才能充分恢复数据运行能力。

热站点是指需要依靠备用数据中心的备份站点;该数据中心能够充分运行,不仅预先布置了电话和网络,还包括所有必须的硬件和软件,所以能使企业在几小时内恢复数据运行能力。

5.2.2 应用控制

1. 应用控制的目的

应用控制(application controls)是指嵌入业务流程应用之中的,旨在预防、检测和纠正在交易处理过程中的差错和异常。

2. 应用控制的步骤(见图 5-18)

数据处理工作分为 3 个阶段:汇集输入的数据、处理数据和以输出的方式报告已经过处理的数据。

第5章

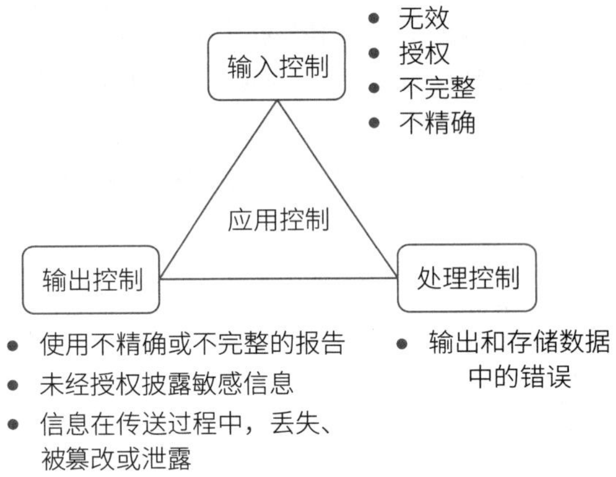

图 5-18 应用控制的 3 个步骤

(1) 输入控制

输入控制(input controls)协助管理者确保输入信息系统数据的有效性、精确性和完整性。

① 授权(authorization)——将交易的发生或处理的实施权限限制在经严格挑选的少数人手中。

例如,只有记时员才能递交供处理的工作时间的数据。

② 批准(approval)——交易启动后给予接受。

例如,在给员工发工资前,公司的一位主管批准工资单。

③ 格式化输入(formatted input)——在数据被输入一个记录设备时,数据领域的自动空格和格式转换。

例如,在员工使用数据终端进行输入时,计算机自动在数字间添加逗号。

④ 背书(endorsement)——用于指导或限制进一步处理而在表单或文件上所做的标记。

例如,在收到支票的同时立即在上面做出限制性标记:“仅限于对 XXX 公司的支付”。

⑤ 撤销(cancellation)——在交易文档只能完成后进行识别,以避免进一步的使用,或防止重复使用。

例如,在发票上标注“付讫”字样,以防止重复支付。

⑥ 意外性输入(exception input)——处理过程以预先设定的方式进行,除非遇到某些特殊的输入,这种特殊输入意味着需要不同的数值或不同的顺序进行特殊处理。

例如,加班时间记录在特殊表单上。

⑦ 密码(passwords)——通过提供只有授权者才能知道的编码或信号,赋予个人存取数据或处理的权利。

例如,自动银行终端在处理开始前要求使用者输入密码。

⑧ 预期(anticipation)——在特定的时间进行既定的交易或活动。

例如,每日现金存款总是在下午 3 点进行。

⑨ 传送文档(批处理标签)[transmittal document(batch control ticket)]——通过数据的移动对总量进行控制,特别是从源文件到处理点,或处理与处理点之间起沟通作用的媒介。

例如,每日现金存款总是伴随着有说明存款总数的存款单。

⑩ 批序列号(批序列)[batch serial number(batch sequence)]——成批的交易文档被连续编号并加以说明。

例如,销售票据每天被集中成批,编号并按日期存档。

⑪ 控制注册(批控制日志)[control register(batch control log)]——一个体现成批交易的处置和控制数值的日志或注册表。

例如,注册表被用于记录通过快递邮件的时间和批控制序号。

⑫ 数值控制总量(amount control total)——一组交易或记录的同质数值总量,通常以美元或数量表示。

例如,净支付总额是一个关于工资处理应用的数值控制总量。

⑬ 文档控制总量(document control total)——单一文件的数量。

例如,在工资处理中,时间卡的数量是一个文档控制总量。

⑭ 排列控制计数(line control count)——一个或多个文件中数据的排列数量。

例如,在销售订单中,列示在发票上的每种已销售产品的数量就是排列控制数量。

⑮ 数字总和(hash total)——对非货币信息求合计,可以防止数据处理过程中的丢失。

例如,数字总和的变化意味着文件已被修改。所有工资已处理的部门数量总和是一个只对控制目的有帮助但无意义的总量。

⑯ 批控制(批总量)[batch control(batch totals)]——任何控制总量或数量,用于一类特殊的交易文档或特定时间内的交易文档。

例如,在账单处理中,销售的美元总数是一个批控制总量。

⑰ 目测验证(visual verification)——以查看文件的方式保证一般合理性和适当性。

例如,在文档送进一步处理之前,员工需查看每张发票。

⑱ 顺序检查(sequence checking)——对待处理项目关键栏内字母数字的顺序进行验证。

例如,将预编号码的支票按次序分类,以进行进一步的处理。

⑲ 溢出检查(overflow checks)——对数据栏、文档或设备的限定性控制。

例如,无法将数字 12345 输入到一个只有 4 位数的数据栏中。

⑳ 形式检查(format check)——检查数据是否以适当的数字形式或文本形式输入到相应的数据栏。

例如,检查供应商编号,以确保相关栏目内所有的字符都是数字。

㉑ 完整性检查(completeness check)——确保各数据栏不能在空白的状态下进行处理的测试。

例如,如果"供应商编号"栏为空白,则不能处理凭证。

㉒ 校验数位(check digit)——为测试转录是否准确而设计的一种数字,该数字是记录或编号中其他数字的函数。

例如,一个账号包括一个正在处理期间有效的检查数字,比如该账号为 1234,这 4 个数字之和为 10,而校验数位就是 10 的最后一位,即 0。

㉓ 合理性测试(reasonableness test)——通过对交易或主记录中的其他信息进行比较,对多个数据栏中的数据进行测试。

例如,医院的妇产科不可能给一名男性病人开具账单。

㉔ 限制性检测(limit check)——检测只有在预先设定的范围内的数据才可以输入系统并被认可的测试。

例如,为确保每小时的工资不低于最低法定限度,也不高于工会合约的最高限度而进行的检查。

㉕ 有效性检查(validity check)——在编码区域内的字符或者与表格中可接受的数值相符,或者以非表格的逻辑或数学方法检测其固定形式,合法性子码或字符的意义。

例如,所有的社会保险号码都应有 9 位数字。

㉖ 反馈(feedback)——为了比较和验证,输入的信息应立刻反馈给原先的传送者。

例如,计算机将从数据终端接收到的信息立即返回终端以供目测查验。

㉗ 按键验证(key verification)——将交易数据再次输入,利用计算机将初次输入与第二次输入进行比较,从而发现错误。

例如,第二个职员将薪酬数据键入计算机,计算机将此输入结果与第一个职员的数据输入进行逐个字符的对照,并汇报差异。

㉘ 冗余处理(redundant processing)——重复处理和同时比较各结果之间是否相等。

例如,第二位负责薪酬的职员计算每位员工的总工资额和净额,以便比较结果。

(2) 处理控制

处理控制(processing controls)关注的是在数据输入计算机系统之后,对于会计数据的操纵。

① 机械化(mechanization)——机械或电子化的处理以保证一致性。

例如,现金存款用点钞机汇总清点。

② 标准化(standardization)——为所有的处理制定统一的、结构化的和一致性的程序。

例如,会计科目表记录账户的正常借、贷方向。

③ 默认选项(default option)——在输入的交易某些数据栏为空时,可以自动应用一个预设值。

例如,雇员每周拿 40 小时的薪水。

④ 批结余法(batch balancing)——将实际处理的项目、文档与一个预设控制总额进行比较。

例如,将出纳员的批结余存根与现金汇款的控制总额比较。

⑤ 运行到运行的总计(run-to-run totals)——将某一流程产生的输出控制总量作为后续处理的输入控制总量。

例如,这里控制总额的作用在于把处理序列中某段时间内的某两个处理联系在一起,以确保两者的一致性。期初应付账款的余额减去支付金额加上净采购金额应等于期末的应付账款余额。

⑥ 配平(balancing)——测试两个等价的项目或一批项目之和与一个控制总额是否相等。

例如,任何差异都表示有错误发生。应收账款明细分类账户的结余应等于总分类账的结余。

⑦ 配比(matching)——将项目与从独立信息源得到的其他信息相配比,以控制交易的处理。

例如,负责应付账款的员工将供应商的发票与采购单和验收报告进行配比。

⑧ 待结账户(clearing account)——从处理等价的独立项目中得到的数值。净控制额应为零。

例如,预付工资账户在所有薪水都被支付后应为零。

⑨ 概括处理(summary processing)——使用一个概括账户进行重复处理。这种方法被用来比较控制总额与细节项目是否相等。

例如,用于生产的总间接成本可以用间接成本率乘以所有工作的直接总劳动成本重新计算。

⑩ 自动差错更正(automated error correction)——自动更正违反检查性控制的交易或记录。客户多付账款时,自动生产一个信贷备忘录加以记录。

(3) 输出控制

输出控制(output controls)用于检验输入和处理是否产生了有效的输出,且是否恰当地传送了输出的信息。

① 对账(reconciliation)——确认和分析两个实质上等价的文档之间的差额以及细节文档与控制总额之间的差额;确认差错是基于调节项目的性质而不是余额的差异。

例如,根据银行对账单来确认尚未记录在公司账户上的银行服务费。

② 定期审计(periodic audit)——通过定期检验文档或流程来查找控制中存在的问题。

例如,每月邮寄信函给所有的客户以确认他们的账户余额。

③ 差异报告(discrepancy report)——一个包含所有违反检查性控制而需要进一步调整的项目列表。

例如,一个包含所有超出信用额度的客户列表被发送至信贷经理,用以重新审查。

④ 追溯提交(upstream resubmission)——将修正后的交易重新提交给交易处理流程中,以此让它们经过其他检查性控制。

例如,将之前被拒的项目视为一个新的交易,作为一个特殊的批次进行提交。

EQ5.2-2

信息系统的控制包括一般控制和应用控制。在评估信息系统内部控制时,下列哪项不属于一般控制?(　　)

A. 文件存储　　B. 数据安全　　C. 输出　　D. 物理设备

【答案】C

【考点】确定应用控制的范围

应用控制包括:输入、处理和输出。

5.2.3 信息安全

1. 基础

信息安全涉及保护信息和信息系统,使之免受未经授权的获取、使用、披露、干扰、篡改或毁损,以此来确保:

保密性——确保对于获取和披露必须有经过授权的限制,包括保护个人隐私和个人信息的手段。

完整性——保护信息免于不恰当的修改或毁损,并确保信息的不可否认性和真实性。

可获得性——确保能够及时和可靠地获取和使用信息。

2. 攻击的方式

(1) 输入操纵

输入操纵是大多数计算机舞弊所采用的方法,这种方法要求的技术技能最少。一个人不用懂得计算机系统操作就可以改变输入内容。

(2) 程序变更

程序变更可能是计算机舞弊中使用最少的方法。这是因为它需要的编程技术只有少数人才能掌握。

(3) 文档直接变更

在某些情况下，个人可以避开正常程序，用其他方法把数据输入到计算机程序里，以此来直接进入并偷取信息或修改计算机文件。

(4) 数据窃取

数据窃取是现今商业中一个严重的问题。在高度竞争的行业中，关于竞争对手定性和定量信息的搜集从未停止过。大量的信息是通过互联网在公司间传送的。未经良好加密的信息很容易在传送的途中被窃取、拦截或窃听。

(5) 恶意破坏

计算机恶意破损对于任何信息系统都能构成严重的威胁。对公司不满的员工，尤其是已被解雇的员工，是对电脑系统恶意破坏的始作俑者。有许多方法可以对计算机产生严重的破坏，例如，只需将一块磁铁放在磁带或磁性光碟附近便可以清除其中的内容，将一束雷达信号流指向有磁性载体的建筑也能起到类似的效果。

(6) 钓鱼

钓鱼通过直接诱骗受害者，使其将一些诸如密码、存款等重要的信息透露给网络欺诈者。

(7) 病毒

病毒以自我复制的方式，通过计算机或网络进行传播。有些病毒极具破坏性，可以删除存储在受害电脑中的重要数据和文档。大多数计算机病毒隐藏在二级存储介质中，直到它们找到能够进行自我复制和自我执行的机会。

(8) 特洛伊木马

特洛伊木马作为一种恶意软件，潜藏在良性软件中或伪装成良性软件。它让软件的编写使用者可以对受害电脑进行远程控制。特洛伊木马与病毒的不同之处在于，木马不会自我复制。

EQ5.2－3

电脑病毒不同于特洛伊木马，因为病毒可以(　　)。

A. 破坏数据　　B. 改变程序指令

C. 自我复制　　D. 删除可执行文件

【答案】C

【考点】区分病毒与木马

病毒可以自我复制和自我执行，而特洛伊木马不会自我复制。

5.2.4 流程图

1. 基础

流程图(flowchart)是由符号组成的图表，用于表示系统中的数据流和运行的顺序。流程图让管理者可以观察系统的运行，并识别出系统中的低效率、缺失的步骤和控制弱点。

2. 4种类型的流程图

① **系统流程图**(systems flowchart)在一个系统中确定整体和主要的运营流向,说明输入的产出、输入的次序、处理模式及输出的形式或内容。

② **程序流程图**(program flowchart)主要是由系统开发人员使用。与系统流程图类似,它更关注详细的处理功能。

③ **分析流程图**(analytic flowchart)用于确定一个应用系统中所有重要的处理程序并重点分析实施控制的任务流程。

④ **文件流程图**(document flowchart)用于列出应用系统中所使用的所有文档并确定这些文档组织、分步和最终处置的控制点。

例5.2-1

FENG审计公司正在利用流程图分析GE公司现金收取的流程(见图5-19)。

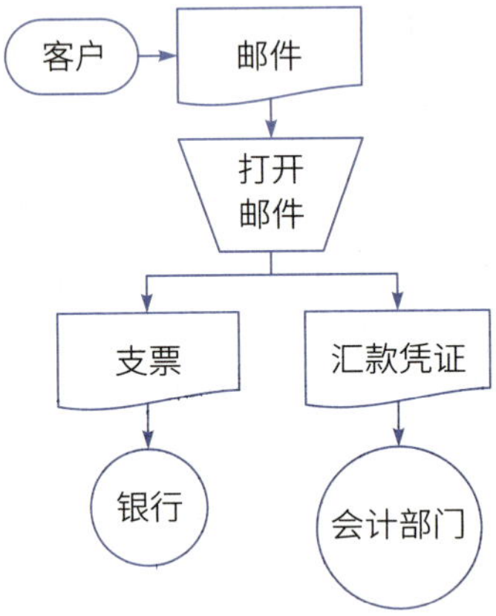

图5-19 现金收取的分析流程图

EQ5.2-4

FENG公司的中西部厂的数据输入员负责将该厂所有的运输信息转换成电脑记录。信息流起始于运输部门并将一份运单送至数据输入员。数据输入操作员将运单信息扫描进磁盘。然后验证人员会将输入的记录与原始记录进行核对。当某一个批次的文件经过必要的检查与修正后,信息会上传至公司的主机系统。理解这一组活动最有效且直观的方法是( )。

A. 程序流程图

B. 决策表

C. 文件流程图

D. 甘特图

【答案】C

【考点】理解不同类型的流程图

程序流程图主要是由系统开发人员使用，与系统流程图类似，更关注详细的处理功能。

文件流程图用于列出应用系统中所使用的所有文档并确定这些文档组织、分步和最终处置的控制点。

决策表是一种精确但简洁的为复杂规则及其相应行动建立模型的方法。

甘特图列示了一个项目中终端元素和概括元素的起始和终结的时间点。

扫码做题
即学即练

本章思维导图

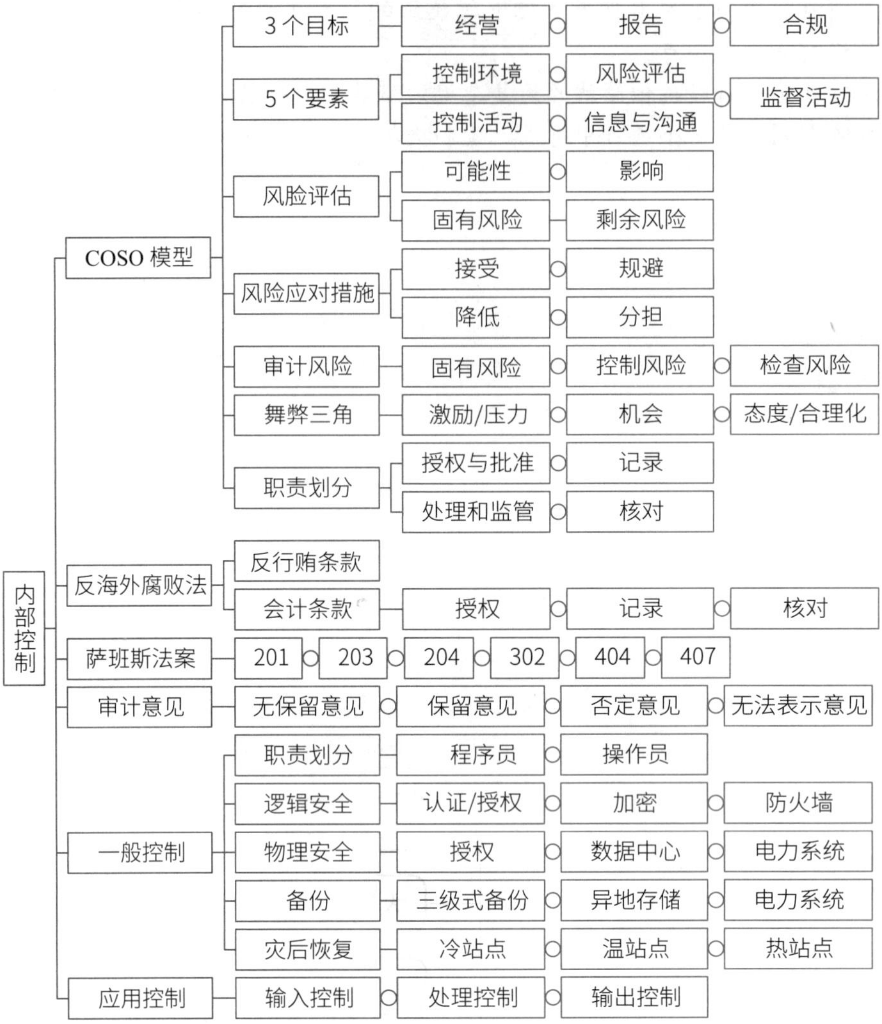
内部控制
COSO 模型
3 个目标
经营
报告
合规
5 个要素
控制环境
风险评估
监督活动
控制活动
信息与沟通
风险评估
可能性
影响
固有风险
剩余风险
风险应对措施
接受
规避
降低
分担
审计风险
固有风险
控制风险
检查风险
舞弊三角
激励/压力
机会
态度/合理化
职责划分
授权与批准
记录
处理和监管
核对
反海外腐败法
反行贿条款
会计条款
授权
记录
核对
萨班斯法案
201
203
204
302
404
407
审计意见
无保留意见
保留意见
否定意见
无法表示意见
一般控制
职责划分
程序员
操作员
逻辑安全
认证/授权
加密
防火墙
物理安全
授权
数据中心
电力系统
备份
三级式备份
异地存储
电力系统
灾后恢复
冷站点
温站点
热站点
应用控制
输入控制
处理控制
输出控制

第 6 章

科技与分析

大数据、数字技术和设备驱动了商业决策和运行。社交媒体、移动技术、大数据、分析技术、云计算、软件即服务和数据可视化的汇聚创造了这个全新的时代。因此，管理会计师需要掌握信息系统能够做什么和不能做什么，以此来实现个人和组织的目标。

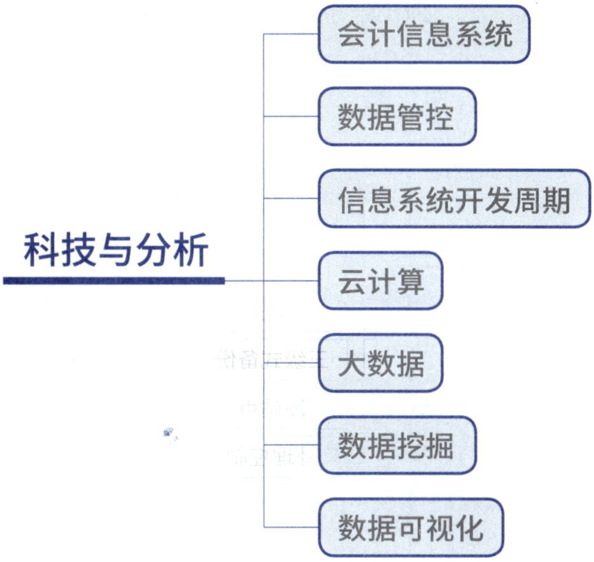

本章导学
扫码观看

6.1 信息系统

6.1.1 会计信息系统

1. 会计信息系统的定义

会计信息系统(accounting information system,AIS)是指收集、记录、储存和处理数据并为决策者提供信息的系统。

2. 会计信息系统的6个要素和3大功能(见图6-1)

(1) 会计信息系统的6大要素

① 使用系统的**人员**;

② 收集、处理和存储数据的**流程和指令**;

③ 关于组织及其业务的**数据**;

④ 用于处理数据的**软件**;

⑤ **信息系统基础设施**,包括计算机、周边设备和用于会计信息系统的网络沟通设备;

⑥ 保护会计信息系统数据的**内部控制和安全措施**。

(2) 会计信息系统3项**重要的业务功能**

① **收集和存储**与组织业务活动、资源和人员相关的数据。

② 将**数据转换成信息**,让管理层能够计划、执行、控制和评估其业务活动、资源和人员。

③ **提供足够的控制**来保护组织的资产和数据。

第6章

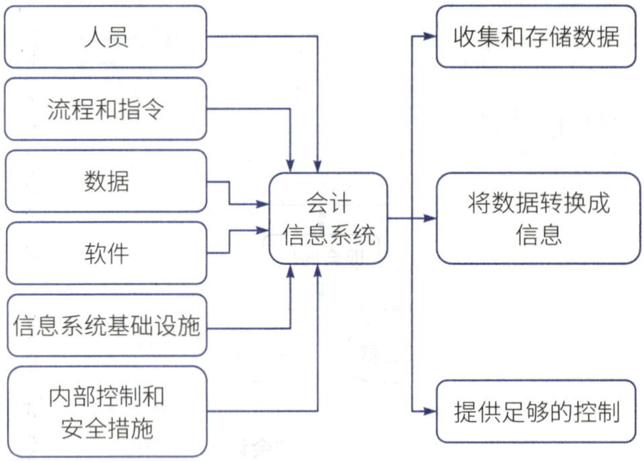

图6-1 会计信息系统的6个要素和3个功能

3. 会计信息系统在价值链中的作业

会计信息系统为主要活动和辅助活动提供了财务和非财务的信息,以此在价值链上对业务进行决策和控制(见表6-1)。

① 价值链的**主要活动**直接为客户提供价值,包括研发、生产、营销、运输和售后服务。

② 价值链的**辅助活动**让组织有效和高效地开展主要活动。

A. 企业的基础设施包括会计、金融、法律和行政管理，这些活动可以让组织运转起来。会计信息系统就是企业基础设施的一个组成部分。

B. 人力资源活动包括招聘、雇佣、培训员工并向其支付工资。

C. 技术活动用于提升商品或服务，比如研发、IT 投资和产品设计。

D. 采购活动用来购置开展主要活动所需的原材料、物料、机器设备和建筑物。

表 6－1　会计信息系统产生的各业务职能的信息

财务	信用卡交易的汇总、现金和资产管理、多企业和多币种的管理
人力资源	劳动力培训和员工管理、福利管理、薪资汇总和管理
营销	客户关系管理、销售管理和年度汇总
生产	物料需求计划、存货管理和汇总、产品成本分析
供应链管理	供应商管理、需求趋势、存货水平、仓储管理

作为价值链的扩展，企业通过使用最先进的整合式会计信息系统来提升其供应链的效率和效果。整合式会计信息系统让企业和外部相关方能够及时地获得精确的信息。

4. 会计信息系统循环

(1) 收入循环

收入循环(revenue cycle)是指一整套重复的业务活动及其相关的数据处理流程，这些活动和流程涉及向客户提供商品和服务以及收取这些销售的现金货款(见图6－2)。

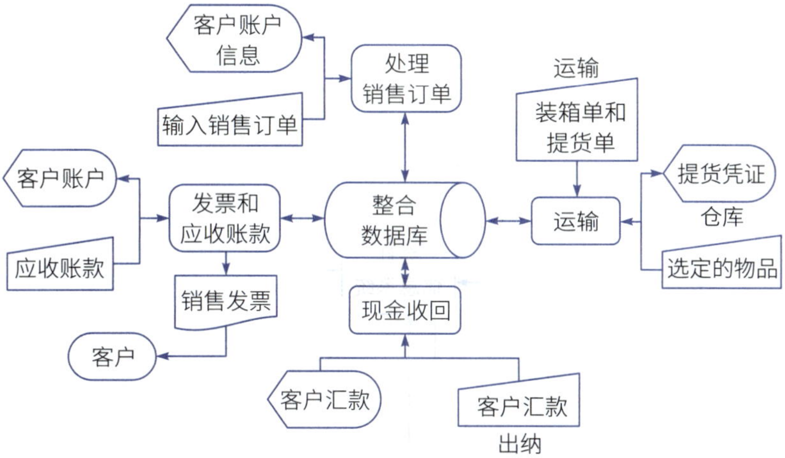

图 6－2　支持收入循环的会计信息系统

收入循环的主要目标是，在正确的时间和地点，以正确的价格提供正确的商品。收入循环的 4 项基本活动包括：输入订单、运输、寄送发票和回收现金货款。

① 收入循环起始于从客户那里**获取订单**。

A. **客户订单数据**记录在销售订单文档中，涉及的信息包括商品编号、数量、价格和其他销售条款。

B. 通过授权对给予客户的**信用进行审批**可以让企业减少出现坏账的概率及金额。

C. 在告知客户预期的装运期之前，销售人员需要**确认企业是否有足够的存货**来交付订单。

D．除了需要处理客户订单之外，销售订单输入的处理还应该包括回复**客户的询问**。

② 收入循环的第 2 个基本活动是交付订单和**装运正确的商品**。

A．交付客户订单的第一步是将正确的商品从存货中进行**分离**处理并对其进行运输**包装**。

B．在装运前，运输部门应对存货实物数量与销售订单上显示的数量进行比较；此外，该部门还需要编制一份**装箱单**和多份**提货单**。

③ 收入循环的第 3 个基本活动涉及**向客户寄送账单**。

A．**寄送发票**只是一项信息处理活动，它汇总了销售订单和运输的信息，并且通知客户当期应支付的金额。

B．**应收账款部门**使用销售发票上的信息借记客户的账户；后续当收到货款时，贷记这些账户。

④ 收入循环的最后一步是**从客户处收取货款并对此进行相应的处理**。

汇款单交给应收账款部门，客户实际的支付转交给出纳。

收入循环的输入与输出总结见表 6－2。

表 6－2 收入循环的输入与输出

输入	输出
• 销售订单 • 销售发票 • 汇款单 • 运货通知 • 借项/贷项通知单	• 财务报表信息 • 客户账款信息表 • 账龄表 • 坏账报告 • 现金回收预测表 • 客户名单 • 销售分析报告

（2）开支循环

开支循环（expenditure cycle）是指一整套重复的业务活动及其相关的数据处理流程；这些活动和流程涉及采购商品和服务以及支付相应的货款（见图 6－3）。

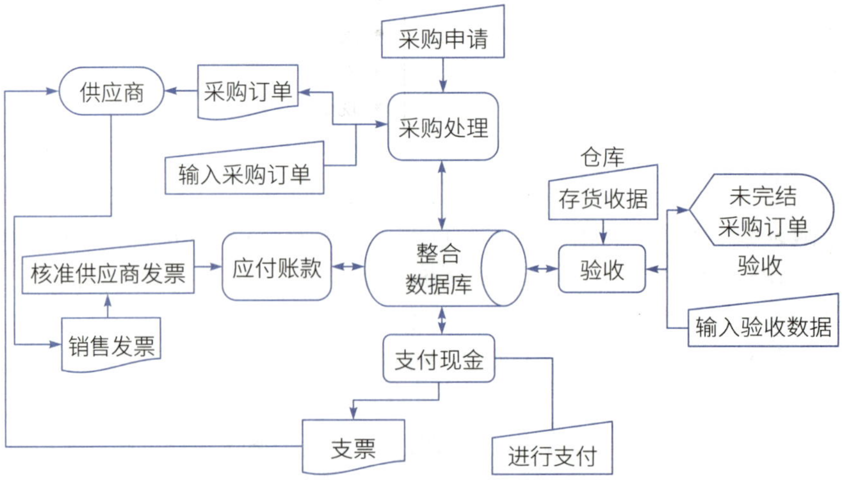

图 6－3 支持开支循环的会计信息系统

开支循环的首要目标是尽可能地降低存货、物料和组织所需各项服务的采购和维持成本；企业通过开展 4 项基本活动来实现该首要目标：订购材料、物料和服务，验收材料、物料和服务，审批供应商发票和支付现金。

① 开支循环的第 1 项重要业务活动是**订购存货、物料或服务**。

存货采购起始于**采购申请单**；它详述了申请人、申请物品的规格和数量以及装运地点与需要的时间。

一旦选定了某一商品的供应商，就会下**采购订单**并将其发送给供应商；订单中会列示要求运输的日期、运输的地点和方式以及订购物品的信息。

② 开支循环的第 2 项重要业务活动是**验收并存储订购的物品**。

当采购的物品运抵时，验收人员需要对供应商装箱单所显示的采购订单号与采购订单文件进行比较，以此来验证物品就是所订购的商品。在清点了运抵商品的数量之后，验收人员需要填写一份验收报告；该报告包含了每件物品的详细信息。

采购商品在完成验收之后，直接送入仓库。

③ 开支循环的第 3 项主要活动是审批**用于付款的供应商发票**。

在收到供应商的发票后，应付账款部门有责任将其与相应的采购订单和验收报告进行比对。

一旦审批人确认已经收到企业所订购的物品，就可以批准付款发票。

④ 开支循环的最后一项活动是**向供应商付款**。

出纳负责向供应商付款。

在应付账款部门向出纳递交付款凭证后，出纳用支票或电子汇款的方式向供应商付款。

开支循环的输入与输出总结见表 6 - 3。

表 6 - 3 开支循环的输入与输出

输入	输出
• 采购申请单 • 采购订单 • 供应商名单 • 验收报告 • 提货单 • 装箱单 • 借项/贷项通知单	• 财务报表信息 • 供应商支票 • 支票登记簿 • 差异报告 • 现金需求预测表 • 销售分析报告

（3）生产循环

生产循环（production cycle）是指一整套重复的业务活动及其相关的数据处理流程；这些活动和流程涉及产品生产，见图 6 - 4。

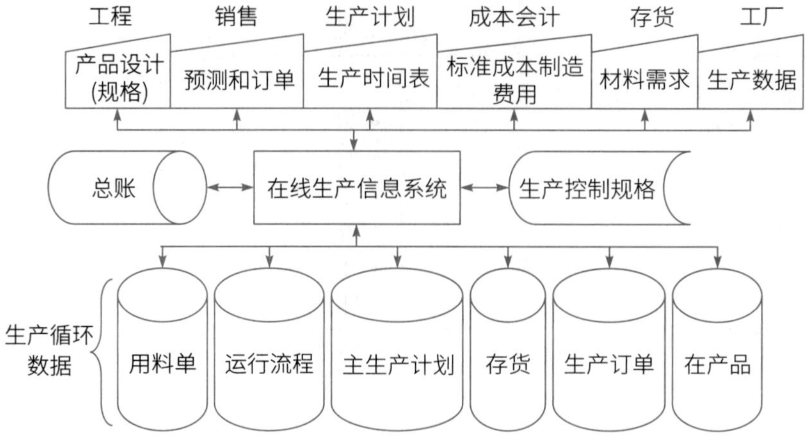

图 6-4 支持生产循环的会计信息系统

生产循环旨在为管理层提供可靠的信息,用来评估生产循环活动的效率和效果。企业通过开展 4 项基本活动来实现目标:产品设计、计划与排产、生产经营和成本会计。

① 生产循环的第 1 个步骤是产品设计。

产品设计活动会产生两个结果。

用料单(bill of materials)详细规定了产成品所需每种配件的型号、规格和数量。

作业程序表(operations list)详细规定了产品生产步骤的顺序、所需使用的设备和每个步骤所需的加工时间。

② 生产循环的第 2 个步骤是计划与排产。

有两种常用的生产计划编制方式可以用来制定**主生产计划**(master production schedule)和其他相关的文件,包括生产指令单、材料需求和入库单。

制造资源计划(manufacturing resource planning,MRP-II)寻求在现有产能和用于满足未来预测销量所需原材料之间建立平衡。

精益生产(lean manufacturing)旨在尽可能地减少原材料、在产品和产成品,有时甚至是消除这些存货。

③ 生产循环的第 3 个步骤是产品的实际生产。

计算机集成制造(computer-integrated manufacturing,CIM) 可以通过计算机控制的设备来执行和监督生产活动。

CIM 可以让企业每个订单单独生产产品。这要求企业对存货管理系统和工作流程重新设计,以此来协助企业对生产进行快速调整。

④ 生产循环的最后一个步骤是成本会计,旨在为控制、决策和财务报告提供信息。

企业可以使用各种方法来计算产品的单位成本。

生产循环的输入与输出总结见表 6-4。

表 6-4　生产循环的输入与输出

输入	输出
• 材料请购单 • 用料单 • 主生产计划 • 生产指令单 • 工时卡	• 财务报表信息 • 材料价格清单 • 定期用料单 • 存货状况报告 • 生产成本报告 • 生产状况报告

(4)人力资源管理/薪酬循环

人力资源管理/薪酬循环[human resources management(HRM)/payroll cycle]是指一整套重复的业务活动及其相关的数据处理流程,这些活动和流程涉及有效的员工管理(见图 6-5)。

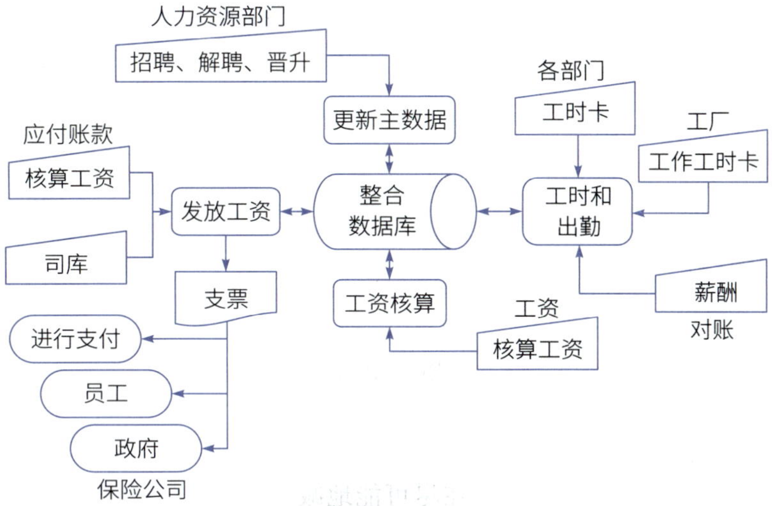

图 6-5　支持人力资源管理/薪酬循环的会计信息系统

人力资源管理/薪酬循环的首要目标是招聘、培训和雇佣合格的人员来完成组织的工作。

① 人力资源管理/薪酬循环的第 1 步**涉及更新工资主数据库**,用来反映企业内部各种调整。

② 人力资源管理/薪酬循环的第 2 步是**确认每个员工的工作时间和出勤数据**。

对于支付时薪的员工,许多公司会使用工时卡来记录员工每天到达和离开企业的时间;对于支付固定薪酬的员工,他们的主管会非正式地检查员工是否在岗。

③ 人力资源管理/薪酬循环的第 3 步是**准备工资单**。

首先,需要编辑工资交易数据,根据员工编号对确认过的交易进行分类;然后使用分类的交易文档来准备员工薪酬支票。

④ 下一步是将薪酬支票**实际发放**给员工。

A. 薪酬支票准备完毕之后，应付账款需要审核并批准工资登记簿。

B. 需要编制支付凭证对资金转移进行授权，将资金从企业普通支票账户转移至其薪酬银行账户。

C. 在审核了工资登记簿和支付凭证后，出纳会准备支票并让财务主管签发这些支票，或是启动电子资金转账（EFT）交易，将资金转移至企业的薪酬银行账户。

⑤ 薪酬活动的最后一步是计算所得税和员工福利并支付给相应的政府部门或其他实体。

人力资源管理/薪酬循环的输入与输出见表 6-5。

表 6-5 人力资源管理/薪酬循环的输入与输出

输入	输出
• 员工工作表 • 工作时间表 • 薪酬扣减授权 • 所得税扣缴表	• 财务报表信息 • 员工清单 • 薪酬支票 • 支票登记簿 • 扣减报告 • 所得税报告 • 薪酬汇总表

（5）财务循环

财务循环（financial cycle）是指一整套重复的业务活动及其相关的数据处理流程，这些活动和流程涉及对资源的获取和使用。

财务循环的目标是有效地管理现金、使资本成本最小化、进行回报最大的投资和预测现金流。

① 对于现金管理，企业会使用**锁箱法（lock-box systems）**来减少收款浮差，使用**电子资金转账**来取消纸质文档并进行电子支付。

② 财务经理使用**财务预测模型**来选择最优的战略，用来获取并投资财务资源。

财务循环的输入与输出总结见表 6-6。

表 6-6 财务循环的输入与输出

输入	输出
• 存款单 • 支票 • 银行对账单 • 股市数据 • 利息数据 • 财务机构特征	• 财务报表信息 • 现金预算 • 投资报告 • 债务和利息报告 • 财务比率 • 财务预测模型报告

（6）固定资产循环

固定资产循环（property，plant and equipment cycle）是指一整套重复的业务活动及其相关的数据处理流程，这些活动和流程涉及企业的固定资产。

固定资产循环的目标是购置、维护、计量和处置固定资产。

与存货采购相似，固定资产的购置包括订购、验收、批准和支付等活动。

此外，企业需要开展保护、计量、维修和销售活动来符合固定资产循环的要求。

固定资产循环的输入与输出见表 6－7。

表 6－7　固定资产循环的输入和输出

输入	输出
• 采购申请单 • 验收报告 • 供应商发票 • 建造工程指令单 • 维修记录 • 固定资产变更表	• 财务报表信息 • 固定资产登记簿 • 折旧登记簿 • 维修报告 • 报废资产报告

（7）总账和报告系统

总账和报告系统（general ledger and reporting system）汇总了一家企业所有的活动，见图 6－6。

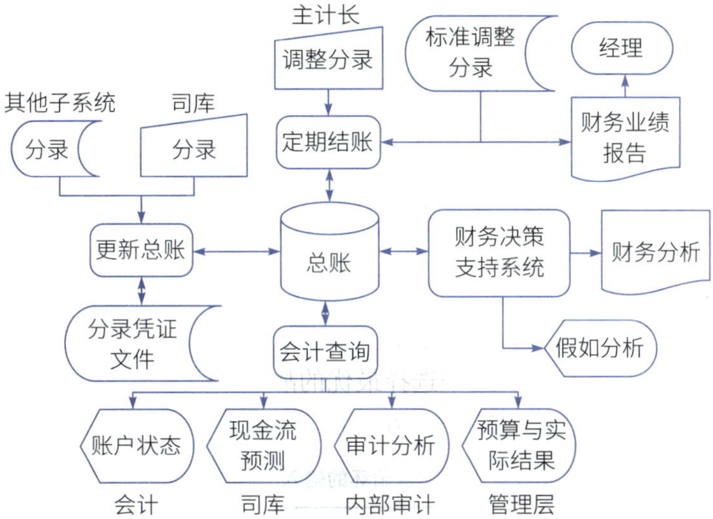

图 6－6　支持总账和报告系统的会计信息系统

该系统旨在收集和组织各类信息并为内部管理层编制各类报告；相关信息包括：各会计子系统的数据，由财务主管提供的融资和投资的信息，由主计长编制的预算信息和调整分录。

① 总账和报告系统的第 1 项活动是更新总账。

每个**会计子系统**（收入、开支、人力资源、财务和固定资产）会编制分录来更新总账。

财务主管办公室的人员会通过提供非常规融资和投资交易的分录信息来更新总账。

② 总账和报告系统的第 2 项活动是登账。

在编制完初始的试算平衡表之后,主计长办公室的人员会为应计、递延、预估、重估和修正编制调整分录。

③ 总账和报告系统的第 3 项活动是编制财务报表。

大多数企业在每个月、每季度和每年年末关账,然后编制财务报告。

④ 总账和报告系统的最后一项活动是编制各类管理报告,包括预算。

6.1.2 企业资源计划

1. 定义

企业资源计划系统[enterprise resource planning(ERP) system]是指一个将组织活动的所有方面都整合成一个体系的系统,具体包括:会计、财务、市场营销、人力资源、制造和存货管理等。

2. 目的

传统上,会计信息系统只收集财务数据和会计交易信息,而其他非财务数据的收集和处理不在会计信息系统中进行。

多重系统同时存在会给信息整合带来麻烦,还会产生低效率的问题。

ERP 系统通过将企业经营的全部活动与传统的会计信息系统进行整合,来解决这些问题。整合后的信息系统可以让信息在企业不同的业务部门之间进行流通,还能与外部的利益相关者进行沟通(见图 6-7)。

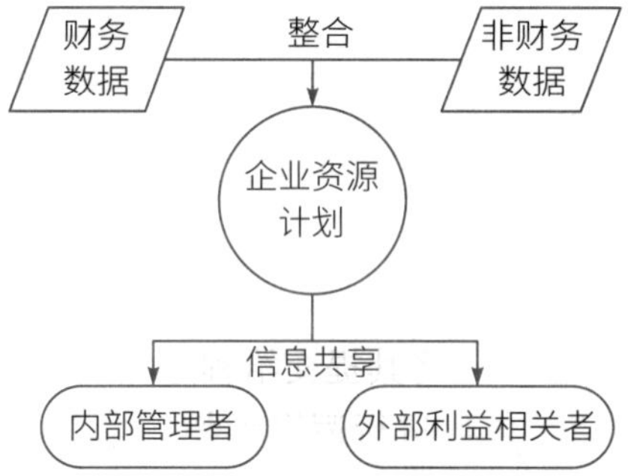

图 6-7 ERP 系统的数据整合与信息共享

3. ERP 系统的优点和缺点

(1) 优点

① ERP 系统可以打破部门之间的壁垒,通过将企业所有的信息存储在一个数据库中,使信息高效地流通。

② ERP 系统可以**提升企业的生产率和效率**,管理层和员工能够更快地从部门内部和外部获取数据和信息。

③ ERP 系统可以将多重许可与安全模式整合在一个数据访问结构中,使组织可以更好地控制数据访问。

④ ERP 系统采用标准化的流程,可以为信息使用者编制和提供标准化的报告供其分析和比较。

⑤ ERP 系统可以让员工快速地获取订单、存货、运输和售后客户交易的详细信息，帮助企业提升客户服务。

⑥ ERP 系统可以让制造工厂实时查看新的订单，自动化的生产流程可以提高企业的生产率。

（2）缺点

① ERP 系统的硬件、软件和咨询会让企业产生巨额的费用。

② ERP 系统的选择和实施是一个极其耗时的过程。

③ ERP 系统实施失败的机率很高。

④ 企业必须要让标准化的 ERP 系统与其现有的业务流程相适应，除非该企业愿意花费更多的支出来订制一套 ERP 系统。

⑤ ERP 系统的复杂度是显而易见的，因为该系统试图将众多不同的业务活动和系统整合在一起，而每个活动和系统都有不同的流程、业务规则、数据含义、授权层级和决策中心。

⑥ 员工的抵制也是导致众多 EPR 系统失败的原因，因为单一系统可能会削弱员工多元化的利益。

6.1.3　数据库管理系统

1. 数据库管理系统的定义

数据库管理系统（database management system，DBMS）是指管理和控制数据的程序；该程序还用来连接数据和使用存储在数据库中的应用程序。

数据仓库（data warehouse）是指容纳了积累多年的详细汇总数据的大型数据库；这些数据主要用于分析而不是处理交易。

2. 数据库管理系统的特征

① 数据库管理系统是应用程序和物理数据文档之间的**界面**；数据库管理系统在数据库中查找应用程序需要的项目并将其提交给程序。

② 数据库管理系统通过对数据进行逻辑和物理的区分，使程序员和终端用户不必掌握数据实际存储的位置和方式。

③ 数据库管理系统有**数据定义的能力**，可以通过规定数据内容的结构来创建数据列表，还能定义每个列表中字段的特征。

④ 数据库的信息记录在**数据字典**中；数据字典是一项自动或手动的文档，用来存储数据要素的定义及其特征。

⑤ 大多数的数据库管理系统会使用**数据处理语言**，用来添加、调整、删除和检索数据库中的数据。

3. 数据库管理系统的优点

① 主文件被整合进了有大量应用程序访问的大规模数据池。

② 整合的数据更容易与授权的用户共享，能够更便捷地浏览数据来研究问题和获取报告的详细信息。

③ 因为数据项目通常只需要存储一次，所以尽可能地减少了数据冗余和不一致。

④ 因为数据与程序是互相独立的，所以对一项进行修改不会对另一项产生影响。这使得编程更为方便，简化了数据管理。

⑤ 在数据库系统中，类似于销售成本和促销活动这样的关系可以被明确地定义并用于管理报告的编制。

6.1.4 企业绩效管理

1. 企业绩效管理的定义

企业绩效管理（enterprise performance management，EPM），也被称为业务绩效管理或公司业绩管理，是指用于监督和管理一家企业业绩的商业智能模式。

2. 企业绩效管理与平衡计分卡（见图 6－8）

① 企业绩效管理采用与平衡计分卡相同的理念，但它更侧重于战略。

② 企业绩效管理试图以系统的方式将企业的战略（比如，差异化、低成本的生产商、市场分配的增长和经营范围）转化为经营目标。

③ 一旦确定了战略和目标，企业就需要设定一套关键绩效指标（KPI）来衡量目标完成的进度。

④ 使用从企业数据库系统中提取的信息来衡量企业的业绩。

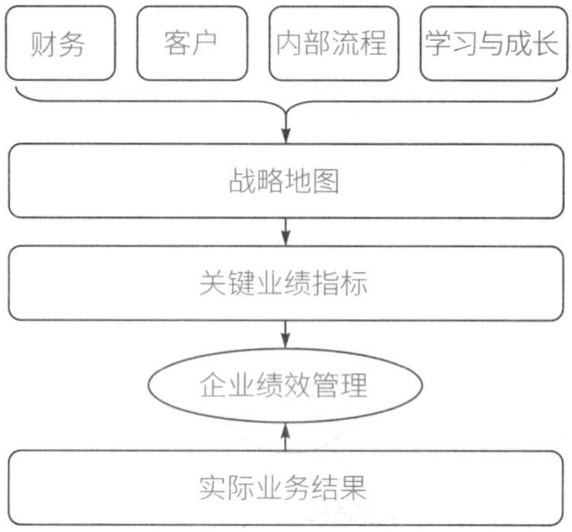

图 6－8 企业绩效管理与平衡计分卡

3. 企业绩效管理的作用

① 企业绩效管理让企业从各种来源高效地收集数据，通过分析数据和使用分析结果来提升企业的业绩。

② 企业绩效管理可以在问题恶化和传播到企业其他部门之前就发现问题。

③ 最后，企业绩效管理还能用来进行更多可靠的预测。在企业绩效管理过程中进行持续和实时的数据评估。

第6章

EQ6.1-1

以下哪项是会计信息系统的功能？(　　)

A. 减少识别战略和战略地位的必要性　　B. 将数据转化成有用的信息

C. 分配组织资源　　D. 对所有的决策过程实施自动化

【答案】B

【考点】理解会计信息系统的作业

会计信息系统是指收集、记录、储存和处理数据并为决策者提供信息的系统。

6.2 数据管控

6.2.1 数据管控

1. 基础

数据管理(data management)是指一整套用于界定流程的功能；这些流程用来获取数据，确定数据的适用性，并存储、保护和处理数据，以此来确保数据的可用性、可靠性和及时性，最终用于满足组织内数据使用者的需求。

国际数据管理协会(DAMA)确定了数量管理的 10 项关键功能。数据管控是数据管理的核心要素(见图 6-9)。

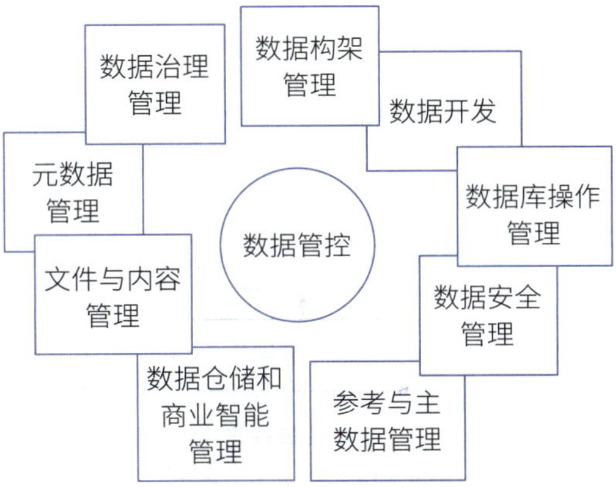

图 6-9　数据管理的 10 项功能

数据管控(data governance)是指通过正式的政策和流程对企业的数据进行控制，以此确保数据是可信和可使用的。

数据管控管理着整个实体所使用数据的可用性、适用性、全面性和安全性。

2. 有效的数据管控

① 应使用跨职能的团队来进行数据管控，因为有多个不同的部门会使用数据和信息系统。数据管控团队应由总监、项目经理、一线管理者和**数据管理者**(data stewards)组成。

② 数据管控团队需要界定企业中的数据资产拥有者，并制定相应的政策来规定由

谁负责不同部分或方面的数据,包括数据的精确性、可获得性、一致性、完整性、更新和存档。

③ 数据管控团队需要确定相应的流程来存储、存档和备份数据,以及确保数据避免网络攻击、意外破坏或泄露或失窃,还需要制定标准和流程来确定谁有权对数据进行更新、访问和使用。

④ 数据管控团队还需要执行一套控制和审计的流程,以此确保持续地遵守组织的数据政策和政府的法律法规。

3. 数据生命周期管理

数据生命周期(data life cycle)管理是一整套基于政策的方法,用于管理企业数据的流转,即从数据最初的获取、创建和存储到数据过期和删除(见图 6-10)。

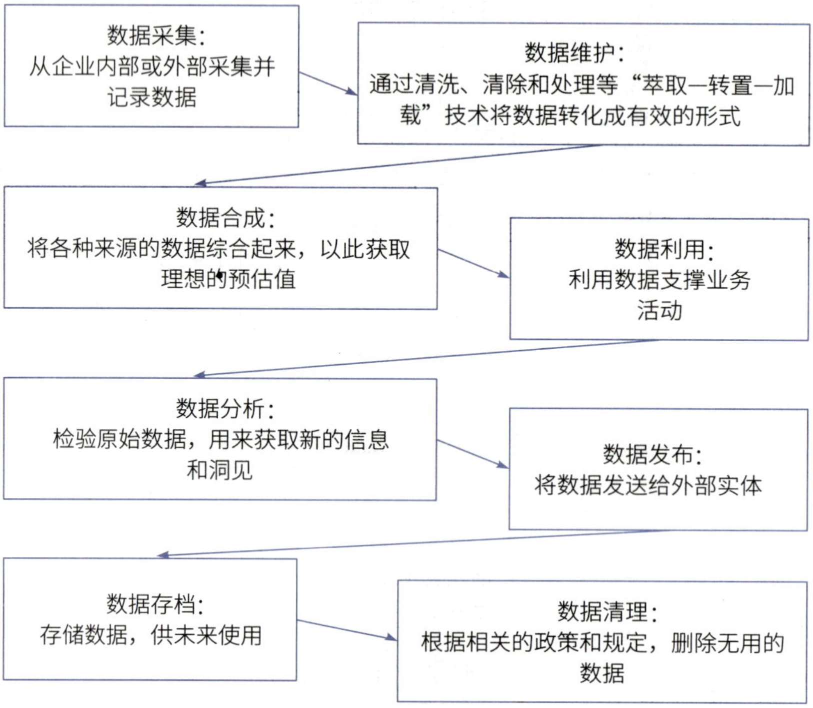

图 6-10 数据生命周期

6.2.2 COBIT 框架

1. 基础

国际信息系统审计协会(ISACA)制定了**《信息及相关技术控制目标》**(COBIT)框架。COBIT 通过对不同来源的控制标准进行整合,以此形成一个统一的框架。

COBIT 让管理层对 IT 环境的安全和控制活动进行测试,让使用者确信企业有充分的 IT 安全和控制,让审计师可以证实其对内部控制发表的意见及其对 IT 安全和控制实行提出建议。

COBIT 5 是一个**综合性的框架**,它可以协助企业实现其 IT 治理和管理目标。

COBIT 5 是基于 IT 治理和管理的 5 项基本原则。COBIT 的 5 大原则可以协助组织构建一个有效的治理和管理框架，以此保护利益相关者的投资和创建最佳的信息系统。

2. COBIT 5 大原则

COBIT 5 大原则见图 6－11。

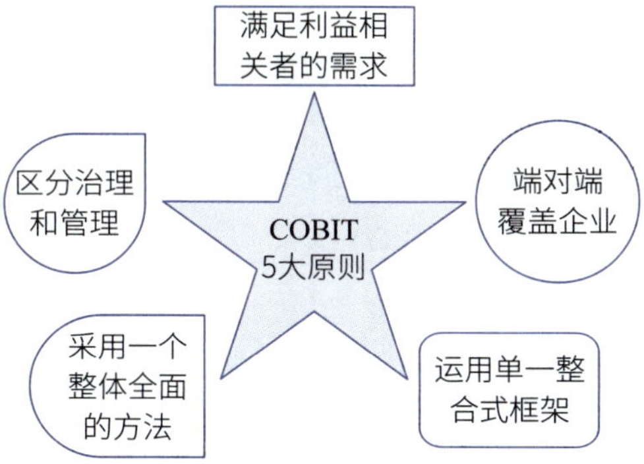

图 6－11　COBIT 5 大原则

① **满足利益相关者的需求**。COBIT 5 协助用户根据自己的需求对业务程序和流程进行调整，以此创建一个信息系统为其利益相关者创造价值，并让企业能够有效地对风险和收益进行平衡。

② **端对端覆盖企业**。COBIT 5 将 IT 职能和流程整合到企业的职能和流程中。

③ **运用单一整合式框架**。COBIT 5 能在更高的层级上与其他标准和框架保持一致，所以能够创建一个极为重要的 IT 治理和管理框架。

④ **采用一个整体全面的方法**。COBIT 5 提供了一个整体性的方法，用于对企业所有的 IT 职能进行有效的治理和管理。

⑤ **区分治理和管理**。COBIT 5 对治理和管理进行区分，这两种控制方法包括了不同的活动，要求不同的组织结构实现不同的目标。

3. COBIT 中的董事会和管理层

COBIT 5 框架对治理和管理进行了明确的区分（见图 6－12）。

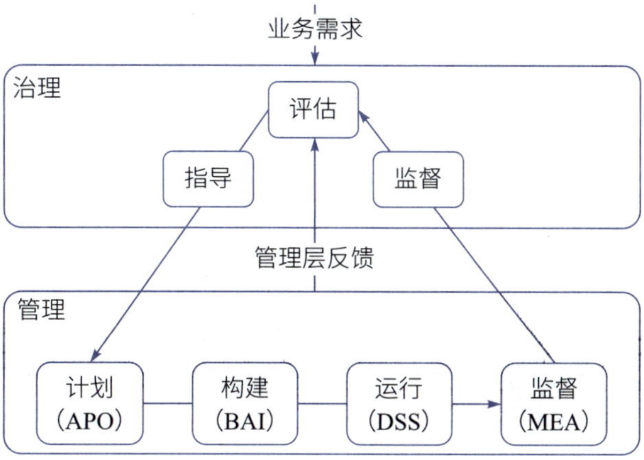

图 6－12　COBIT 的治理和管理

① 治理是**董事会**的责任;董事会需要评估利益相关者的需求来确定目标,通过对目标排序为管理层提供指导,并监督管理层的业绩。

企业 IT 的治理流程被称为评估、指导和监督实践。

② **管理层**需要对组织的活动和流程进行计划、构建、运行和监督,以此来实现董事会设定的目标。

企业 IT 的管理流程包括 4 个领域,与**计划**(plan)、**构建**(build)、**运行**(run)和**监督**(monitor)的责任领域一致。

每个领域都有其核心要素:

A. 计划——定位、计划和组织(APO);

B. 构建——构建、购置和实施(BAI);

C. 运行——交付、服务和支持(DSS);

D. 监督——监督、评价和评估(MEA)。

6.2.3 记录管理

1. 基础

所有组织都会产生和保留业务记录。而且大多数的业务记录在其生命周期内都以电子格式保存和维护。

电子记录管理(electronic records management,ERM)是一个包含硬件和软件的系统;该系统用于管理和存储电子文件和生产纸质文档的图像;然后根据企业政策为这些文档编制索引并进行保存。

2. 保留业务记录的法律责任

企业需要为应对审计、联邦调查、法律诉讼或其他对其采取的法律行动而做好准备,所以管理高层必须确保该公司能够遵守相应的法律法规。

成功的电子记录管理在很大程度上都取决于许多关键参与者的合作,包括管理高层、记录使用者、记录管理者、文档管理员、行政人员和最重要的 IT 人员。

对在公共和私人领域内的企业,管理电子记录是一种战略事项。有效管理的记录是一项战略资产,无效管理或毁损的记录将成为企业的负担。

3. 电子记录管理的作用

电子记录管理可以通过以下方式来协助某项业务活动提高其效率和生产率。

① 让企业能够访问和使用包含在文件中的信息。

② 通过使业务流程自动化来降低人工成本。

③ 减少用于查找业务所需决策信息的时间和精力。

④ 提升内容的安全性,以此来降低知识产权失窃的风险。

⑤ 尽可能地降低打印、存储和查找相关内容的成本。

6.2.4 对于网络犯罪的控制

1. 基础

作为一个常规术语,**网络犯罪**(cybercrime)是指任何涉及计算机或网络的犯罪活动。

网络犯罪涉及对计算机或网络的直接攻击;使用的方法包括病毒或拒绝服务(denial of service)攻击。

网络犯罪还能利用计算机或网络犯罪,包括偷盗身份、骚扰他人或实施欺诈。

2. 控制工具

① **渗透测试**(penetration test)是指一项由内部审计团队或外部安全咨询企业执行的授权活动;该活动试图侵入组织的信息系统。

渗透测试旨在确定系统的哪些部分最需要增加额外的保护;这些保护措施可以大幅增加侵入系统所需要的时间和精力。

② **脆弱性测试**(vulnerability test)是指一种旨在识别和评估系统中风险并且降低非法访问可能性的软件测试技术。

脆弱性评估用于检测那些 IT 系统中容易被黑客、病毒或员工恶意利用的漏洞。当企业通过人工测试或自动软件工具进行脆弱性评估时,它就能在网络被入侵前找到这些漏洞并且在被利用前对其修复。

③ **生物识别控制**(biometric control)是指根据行为特征来自动验证个人身份的一种方法。

大多数生物识别系统将个人的某一特征与存储的配置文件进行比对。常见的生物识别方式包括指纹、声纹、视网膜扫描和签名。

④ **防火墙**(firewall)是指一种特殊硬件设备或在通用电脑上运行的软件,用于控制在防火墙内部的系统和其他网络之间的内部和外部通讯。

防火墙用于阻止外部互联网用户在未经授权的情况下访问企业的敏感信息。

EQ6.2-1

以下哪一项不属于 COBIT 5 的 5 项原则?( )

A. 满足利益相关者的需求

B. 业务流程

C. 端对端覆盖企业

D. 采用一个整体全面的方法

【答案】B

【考点】理解 COBIT 5 的 5 项原则

COBIT 5 的 5 项原则包括:

① 满足利益相关者的需求。

② 端对端覆盖企业。

③ 运用单一整合式框架。

④ 采用一个整体全面的方法。

⑤ 区分治理和管理。

6.3 技术支持的财务转型

6.3.1 系统开发生命周期

1. 定义

系统开发生命周期(systems development life cycle, SDLC)是指用来设计和实施一套新系统的5步流程(见图6-13)。

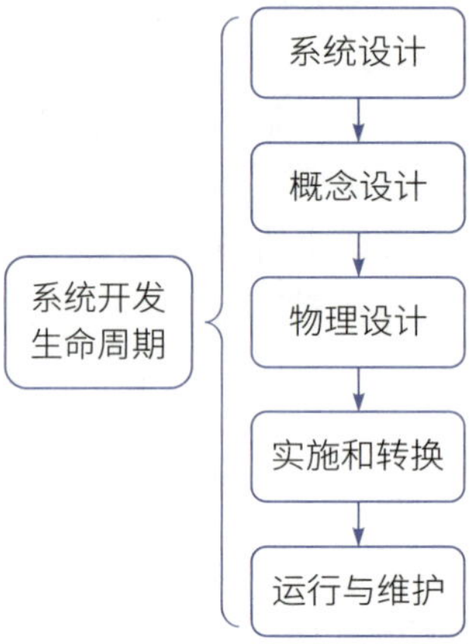

图6-13 系统开发生命周期

2. 5步流程

(1) 系统设计

系统开发的第1个步骤是**系统设计**(见图6-14)。在该步骤中,需要收集各种信息来确定所提议项目的性质和范围,还需要调查现有系统的优势和劣势,最后需要判断计划项目的可行性;需要向信息系统统筹规划委员会提交一份系统分析报告,涉及的内容包括:信息的需求和系统的要求。

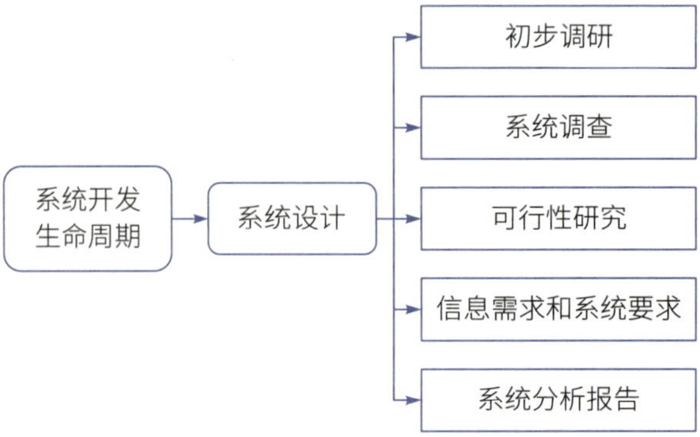

图6-14 系统开发生命周期中的系统设计

(2) 概念设计

系统开发生命周期的第2个步骤是**概念设计**(见图6-15)。在该步骤中,系统分析师需要决定如何实现用户的需求，识别和评估不同的设计方案，编制详细报告来说明需要实现何种系统以及如何对其进行控制。

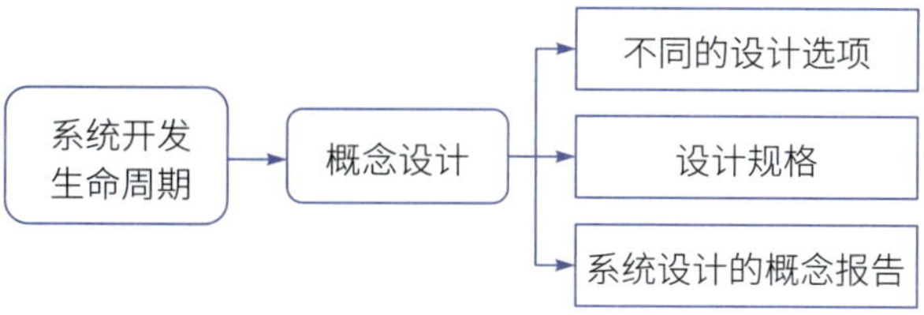

图 6－15　系统开发生命周期中的概念设计

（3）物理设计

物理设计是系统开发生命周期的第 3 个步骤（见图 6－16）。在该步骤中，以用户为导向的笼统概念设计要求会被转化成详细的规格要求；这些要求被用来编程和测试软件，设计输入/输出，创建文件/数据库，编制流程和实施控制。

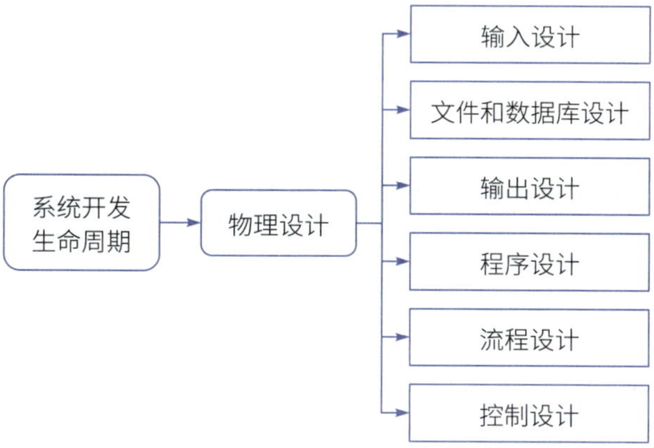

图 6－16　系统开发生命周期中的物理设计

（4）实施和转换

系统开发生命周期的第 4 个步骤是**实施和转换**（见图 6－17）。在该步骤中，企业招聘和培训相应的员工，测试和调整流程，建立标准和控制、完成文档存储，转移至新系统，检查和修正设计缺陷。

① 系统实施是指安装硬件和软件并且让会计信息系统上线运行的过程。

② 转换会将旧的会计信息系统改变成新的会计信息系统。

A．**直接转换**会在新信息系统导入后，就立即终止旧的系统。

B．**并行转换**是让新旧系统在一段时间同时运行。

C．**渐进转换**是逐步地用新会计信息系统来替换旧系统的模块。

D．**试点转换**是在组织的一个部门中实施新系统。

第 6 章

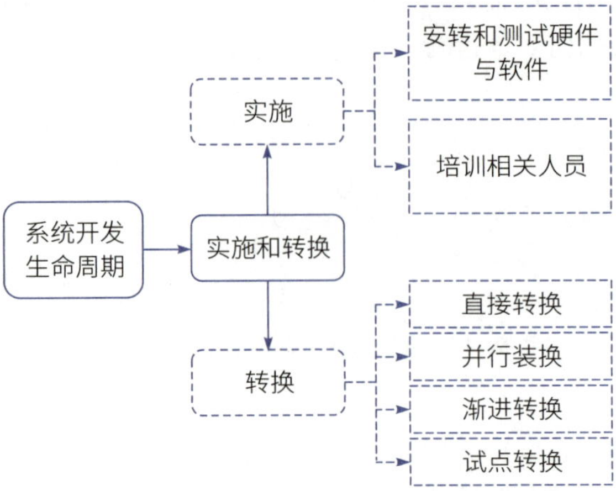

图 6-17　系统开发生命周期中的实施和转换

(5) 运行与维护

运行与维护是系统开发生命周期的最后一个步骤。在该步骤中,需要对系统进行定期的检查并作出相应的调整和改进。

① **上线后的评审**用来判断系统是否能够满足预期的目标。

需要出具上线后评审报告用于分析新交付的系统并且判断该系统是否能够实现预计的使用目的,整个系统开发和实施是否超出预算。

② 用户的验收报告是整个系统开发流程的**最后一项活动**。

3. 系统开发生命周期的参与者

① **管理层**在系统开发中最重要的作用就是,强调用户在整个流程中的重要性,为项目开发提供支持,并且确保系统能与企业战略相匹配。

② **会计信息系统的使用者**需要就他们对于信息的需求与系统开发者进行沟通。

③ **信息系统统筹规划委员会**(information systems steering committee)会对信息系统的功能进行规划和预判。

④ **系统分析师**(systems analysts)会协助用户确定他们的信息需求,研究现有的系统并设计新的系统,编制计算机程序员需要的规格要求。

⑤ **计算机程序员**根据系统分析师设定的规格要求进行程序的编写和测试。

6.3.2　业务流程分析

1. 业务流程

业务流程(business process)是指由员工、计算机或机器执行的一系列相关的、协调的且有结构性的活动和任务;这些活动和任务可以协助组织实现其特定的目标。

2. 业务流程图

① **业务流程图**(business process diagram)用一种可视的方式来描述业务流程中的不同步骤或活动。

A. 所有的业务活动都能显示在业务流程图上,让读者可以通过简便的图示来理解在业务流程中会发生何种活动。

B. 专业组织设定了一套标准的符号用来绘制业务流程图(见图 6－18)。

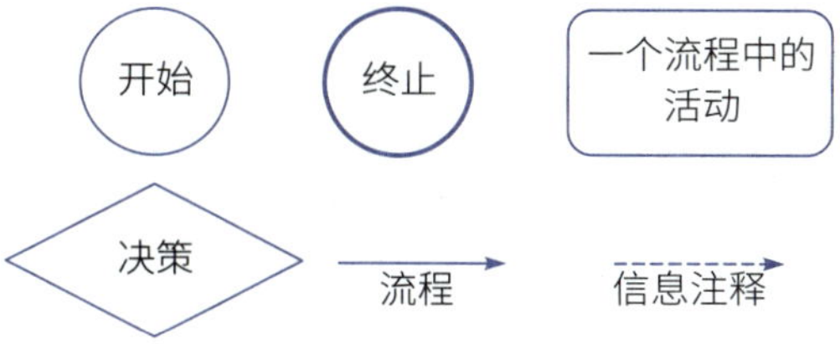

图 6－18　业务流程图符号

② 业务流程图可以协助分析师理解流程并且为他们提供机会来改善流程,见图 6－19。

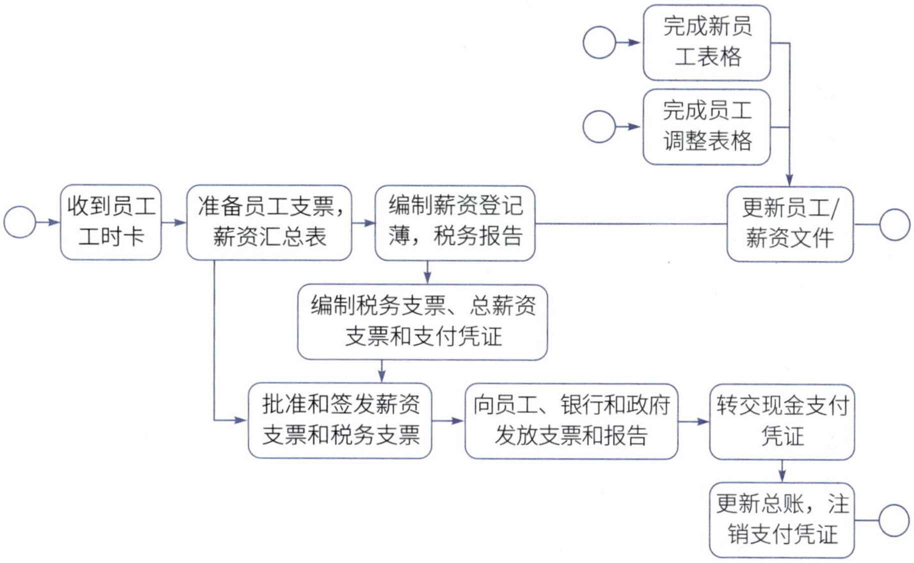

图 6－19　薪资处理的业务流程图

A. 通过对流程进行检查,来判断是否还需要这些流程和活动。在识别和剔除了不必要的流程和活动之后,对于剩余的流程和活动进行再设计(或再造),使它们的运行更顺畅。

B. 这些消除流程中多余步骤的方法和努力被称为业务流程再造。

业务流程再造旨在消除多余和非增值的流程,以此来简化剩余的流程并使其以自动化的方式运行,最终实现大幅缩短生产周期、人工和成本。

6.3.3　机器人流程自动化

1. 定义

机器人流程自动化(Robotic Process Automation,RPA)是指那些简易编程的软件;它们能够快速、精确且不知疲倦地从事常规性和重复性的人类工作。

第
6
章

2. 优势

① 由于可以降低人为的失误和提高合规性，机器人流程自动化促进提升工作质量。

② 由于机器人可以 24 小时连续工作，提升的可用性和产生销量意味着可以大幅降低经营成本。

③ 机器人可以快速地执行任务，速度的提升可以用更短的时间响应指令和更多地完成任务。机器人快速的工作方式还可以让员工将更多的时间投入战略和增值活动。

④ 在执行任务时，机器人不会偏离设定的流程，所以它必定会大幅提升运营的一致性与合规性。

⑤ 无论业务规模的大小和流程的复杂程度，机器人流程自动化都能在不同的行业中应用，执行不同类型的任务。

⑥ 机器人流程自动化具有高度的伸缩性。无论是要求增加或减少虚拟劳动力，企业都能在极短的时间内以几乎零成本的方式来调配机器人，同时还能维持工作质量的一致性。

3. 适用性

为了能够进行自动化操作，应具备以下特征：

① 所需执行的任务应具备逻辑性，有明确界定和规则导向的步骤。

② 所需执行任务的输入能转入软件系统。

③ 软件系统可以通过现有的方法来解读输入的信息。

④ 可以通过现成的方法输入。

⑤ 使用者可以获取输出系统。

⑥ 收益大于成本。

6.3.4 人工智能

1. 定义

人工智能（artificial intelligence，AI）是指试图模仿人类行为的基于计算机的系统。

该系统能够学习语言、完成实际任务、使用能够影响实际行为和语言的感知装置以及模拟人类的专长和决策。

2. 人工智能的分支

① **专家系统**（expert system）包括一系列硬件和软件，用来执行如知识的获取、存储和推论等人类擅长的活动。

A. 企业使用专家系统进行众多财务和会计决策，比如资本投资、授予客户商业信用。

B. 企业可以使用专家系统编制预算和制定计划。

C. 专家系统还可以为管理者提供关于员工绩效评估和职业发展的专业意见和建议。

D. 专家系统还能协助管理层深入了解财务报告和业绩等情况。

② **机器人**（robotics）涉及开发机械或计算机设备来执行各种高精度的任务，或是繁重、对人类有危险的任务。

机器人能承担的最重要的工作就是能够比人类会计师更高效和有效地执行大量账务的处理。此外,还能以更高的精确性来编制和提交财务报表。

③ **模糊逻辑**(fuzzy logic)是指一种基于规则的技术,通过创建那些使用近似值或主观值的规则来展现不准确性。

模糊逻辑技术能够让企业确定某些不确定的数值,比如无活跃市场的商品的公允价值和坏账与保修费用的预估百分比。

④ **机器学习**(machine learning)是指在没有显式编程的情况下,研究计算机程序如何提升其自身的性能。

学习能力可以提升会计信息系统收集、处理以及分析数据和信息的能力。

⑤ **神经网络**(neural networks)是指将同时执行多项运行任务且能够动态互动的处理器连接成一个网络,然后由计算系统使用该网络来模拟人脑的学习过程。

企业可以使用神经网络在海量数据中识别出不同的模式,以此来预测权益的业绩、公司债券的评级或公司破产的可能性。

⑥ **基因算法**(genetic algorithms)是指一种基于进化论的问题解决方法,它采用适者生存的思路作为其解决问题的策略。

基因算法可以用来解决动态和异常复杂的问题,包括那些有成千上万变量或公式的难题,比如风险评估和资产估值。

6.3.5　云计算

1. 定义

云计算(cloud computing)是指一种能够在任何地方,以按需的方式便捷地接入配置性计算资源(例如,网络、服务器、存储、应用和服务) 共享池的模式。云计算能够以最少的管理投入或以服务供应商互动的方式快速地提供和释放这些资源。

2. 核心特征

① **按需自助式服务**(on-demand self-service)——使用者可以根据需求,以自助的方式访问云资源,而不必与服务提供者进行冗长的协商;在大多数情况下,客户无需与每个服务提供者进行人为的互动就能获取云资源。

② **广泛的网络接入**(broad network access)——由于可以通过互联网来访问云服务,所以在任何一个地方,都可以通过支持上网的设备(比如智能手机、平板电脑、手提电脑和工作站) 来获取这些服务。

③ **资源汇聚与共享**(resource pooling)——可以将提供者的计算资源进行汇聚,然后采用多租户模式向众多客户提供服务,并且根据客户的需求动态地分配不同的物理和虚拟资源。这意味着位置具有独立性,因为客户通常不会控制或不知道所提供资源的精确位置,但是大体上能够描述出资源的位置(比如,国家、州或数据中心)。

④ **极速弹性**(rapid elasticity)——在云环境中,可以依据用户的需求即时地自动增加或缩减计算资源。因此,无需为了预计可能出现的需求上升而添置昂贵的设备。

⑤ **可度量的服务**(measured service)——通常在效用计算模式中使用可度量的服务;在该模式中,服务提供者可以检测服务的使用量,客户只需为其使用的服务付费。

不同的资源会使用不同的计价方式。

3. 3 种服务

① **基础设施即服务**(Infrastructure as a service, IaaS)是指一种信息系统的策略;在该策略下,企业外包其用于数据处理活动的设备,包括服务器、存储设备和网络组件。

A. 服务提供者拥有这些设备并负责设备的安置、运行和维护。

B. 外包企业可以根据使用次数或按月支付费用。

② **平台即服务**(platform as a service, PaaS)是指为用户提供计算平台的一种服务方式,包括操作系统、编程语言的执行环境、数据库服务和网页服务器。

A. 用户可以使用提供者的工具和/或资料库来创建应用程序或服务,还可以控制软件部署与配置设定。

B. 平台即服务提供者向用户提供了其主机应用程序所需的网络、服务器、存储和其他服务。

③ **软件即服务**(software as a service, SaaS)是指一种让业务活动能够订阅网页传递应用软件的服务。

A. 在软件即服务模式下,客户只能使用由云基础设施提供的应用程序。常见应用包括网页支持的电子邮件服务和网页支持的生产力套件(比如 Google 文档),还包括诸如客户关系管理系统的高级应用程序。

B. 软件即服务模式让用户通过互联网设备就能获取软件,大大提升用户使用的灵活性,而且还能让用户节约成本,因为诸如升级和排除故障这样的维护服务外包给第三方。此外,软件即服务还根据"随用随付模式"(pay-as-you-go-model)让用户按月支付费用。最后,软件即服务的伸缩性(scalability)可以轻而易举地让用户根据他们实际的需求进行调整。

C. 软件即服务主要的一项风险在于,员工或者黑客可能通过非法访问危及敏感信息。此外,提供主机服务的公司可能无法确保其计算机和网络持续运行,进而使得企业不得不临时停止其业务活动。还有一些企业发现,软件即服务模式无法与其某些操作软件兼容。

6.3.6 区块链、分布式账户和智能合约

1. 区块链

① **区块链**(blockchain)是指一种数据结构,它能创建数据的电子账户并使其在由独立的各方组建的网络中共享。

A. **区块**(block)是指在一段时间内,一连串记录在账户中的交易。

B. **链**(chain)即**散列法**(hash)(一种加密算法),通过数学的方法将一个区块与另一个区块链接在一起。

C. **网络**由结点组成;每个结点包含着一个完整的记录信息,在每个信息中,所有的交易都记录在区块链中。

② 需要强调的几项区块链的特征。

A. 从数据库的结构中**消除中心管理机构**是区块链技术最重要和最强大的特征之一。

所有类型的区块链技术都使用**加密技术**(cryptography)让网络中的每一个参与者都能够以安全的方式来管理账户,而无需要求中心管理机构来强制执行规则。

B. 区块链是一种无中央权威的、**对等的**数据流管理系统。

消除中央控制同时又能确保数据完整性的关键方法之一就是建立由独立用户构成的**分布式网络**。

C. 区块链创建的是**永久性的**记录和交易历史,记录的性能取决于网络的可靠性与健康。

在区块链的环境中,只有区块链社区的大部分参与者希望变更写入他们区块链中的信息,他们才能够进行调整。

使用**加密货币**(cryptocurrency)作为奖励,可以通过竞争机制来激励大多数的使用者促进网络的健康运行。

D. 数据一旦被记入区块链,**几乎无法更改或消除**。

如果有人想要在区块链中添加记录、交易或分录,网络中进行核实控制的用户会对提交的交易进行验证。

E. 区块链以新颖的方式建立**互信**。

每种区块链都使用不同的激励系统来建立互信,从而让网络中的每个参与者都能通过协作来确保记录在数据库中用于分享的交易或分录具备完整性和真实性。

③ 区块链的特征使其在未来的商业中变得极为重要。

A. 区块链可以让数据以数码格式永久地、可靠地、无瑕疵地进行记录和存储。

B. 区块链能够以全新的、高效的、可靠的方式进行有价值和私人信息的交换,而这种交换原先必须要有第三方的参与。

C. 区块链还能够基于互信,高效且有效地执行合同。

2. 分布式账户

分布式记账技术(distributed ledger technology, DLT)采用独立的计算机(结点)来记录、分享和同步化在各自电子账户中的交易信息(而不是像传统账户那样将数据集中在一起)。

分布式记账技术可以提升数据的完整性、精确性、安全性和经济性。

① 在不同地区和不同人之间以分散方式来维护数据,可以避免使用中心管理机构来核查数据的篡改。

② 所有信息都是**不可变更的**,因为需要使用加密技术对数据进行安全和精确地存储,而且需要密钥和加密签名才能访问这些存储的信息。

③ 分散的分布式账户对于网络犯罪具有更强的天生免疫力,因为只有对所有分布的文件同时进行攻击才能让一次攻击成功。

④ 同时(点对点)分享和更新记录可以提高整个流程的速度、效果和成本效益。

3. 智能合约

智能合约(smart contracts)是指可以自我执行的合约;合约中买卖双方确认的条款被直接写入程序代码。

智能合约赋予了交易可追溯、公开透明和不可逆的特征。

① 分布式账务系统包含了所有以分散方式记录的数据，所以该系统在理论上也包含了让智能合约进行自我执行的必要能力。

② 必要的条件都通过代码写入了智能合约，所以一旦条件满足，就能自动执行合约义务。

③ 智能合约允许在不同的匿名交易方中履行可信的交易与协议，而无需配备中心管理结构、法律制度或外部执行机制。

6.4 数据分析

6.4.1 商业智能

1. 大数据的定义和特性

大数据(big data)是指极为庞大和复杂的数据集，其主要特征包括：大容量、多样性、高速度和可靠性(见图 6－20)。

图 6－20 大数据的 4 大特征

第6章

① **大容量**(volume)是指每一秒都会产生大量的数据。

大数据技术可以协助企业通过分散的系统来存储和使用这些数据集；这些分散的系统让数据存储在不同的区域，并通过网络和软件将这些数据连接在一起。

② **多样性**(variety)是指有不同种类的商用数据，包括结构化的数据、半结构化的数据和非结构性的数据。

利用大数据技术可以在业务活动中掌控不同类型的数据，包括信息、社交媒体的对话、照片、传感数据、视频或音频记录，并将这些数据与传统的结构性数据结合在一起。

③ **速度**(velocity)是指数据产生和移动的速度。

大数据技术可以让使用者在数据产生的时候就对其进行分析，而无需将其存储在数据库中。

④ **可信度**(veracity)是指数据的杂乱性或可靠性。

大数据技术可以让使用者使用那些质量或精度不高的数据。数量通常用来弥补质量或精度上的不足。

2. 大数据带来的机会和挑战

① 由大数据提供的机会。

A. 与小规模的数据集相比,大数据能揭示更多数据的模式和关系,而且更有可能在众多领域提出新的洞见。

B. 大数据包含了大量多样化的数据类型和形式,其中有许多信息是传统统计方法难以处理的动态、非结构化或半结构化的数据。

C. 大数据的可靠性与速度为决策提供了更可靠的信息,让企业可以更快速地应对内部和外部的变化。

② 为了能够充分获取大数据的价值, 企业必须应对和解决一些挑战性的问题。

A. 为了从数据中获得商业价值,组织需要使用能够同时管理和分析传统和非传统数据的新技术和工具。

B. 企业还必须知道需要从数据中找到哪些问题的答案以及大数据的不足之处。

C. 大数据的获取、存储和分析是极其昂贵的,而且从大数据中获得信息未必一定能协助决策者完成决策。

3. 结构化和非结构化的数据

① 有用的数据一般来自**结构化数据**(structured data),比如交易数据,它们可以较好地符合电子表格或数据库的要求;**半结构化数据**(semi-structured data)有个人网页浏览记录和传感数据;**非结构化数据**(unstructured data)涉及文本、音频和视频数据、社交网络的评论等。

半结构化和非结构化数据通常都是杂乱和不完整的,诸如用户生成内容数据的质量和来源一般都不清晰,有时还会出现疑问;因此,分析非结构化数据在精力、时间和专业上都需要很大的投入。

现在电脑上 80%的数据都是非结构化数据,所以这些数据可以让使用者发现更多全新的信息和模式,这对于结构化数据而言是无法做到的。因此,有效的开发非结构化数据可以让我们获得原本无法想象的洞见。

② 传统上,组织会使用**关系数据库管理系统**(relational database management systems,RDBMSs),通过使用结构性数据来支持其决策。

关系数据库管理系统会采用一种专门的语言——**结构化查询语言**(Structured Query Language,SQL)对数据库总的数据进行添加、更改、删除和检索。

然而,关系数据库管理系统无法处理大量的非结构化的数据。

③ 如今,企业开始转向**非关系数据库管理系统**(non-relational database management system);该系统可以处理大量的结构化数据和难以用关系模式处理的非结构化数据。

A. 非关系数据库管理系统技术和数据库可以使用结构化、半结构化和非结构化的信息,但又可以不采用冗长昂贵又费时的数据库映射查找法。

B. 对于处理大量的非结构化和半结构化数据及其结构化数据而言,组织可以使用分布式系统基础结构。

分布式系统基础结构(Hadoop)将一个大数据问题分解成次级问题,然后将它们分配给成千上万个廉价的计算机处理结点,最后将处理结果组合成更易于分析的小规模数据集。

C．企业80%的数据是由非结构化或半结构化数据构成的，所以目前很多企业都试图利用文本挖掘和网页挖掘来分析非结构化数据，从而获得整体的信息。

文本挖掘(text mining)是指利用分析技术从文本文档中获取关于业绩、竞争对手活动或遵守法规的重要信息。

网页挖掘(web mining)是指从互联网中发现和分析模式与信息。

4. 数据分析

① **数据分析**(data analytics)是指分析大数据、从数据集中剔除多余的噪音并为了得出决策结论，组织数据的科学方法。

② 数据分析的过程旨在将原始数据转化成对行动有意义的洞见(见图6-21)。

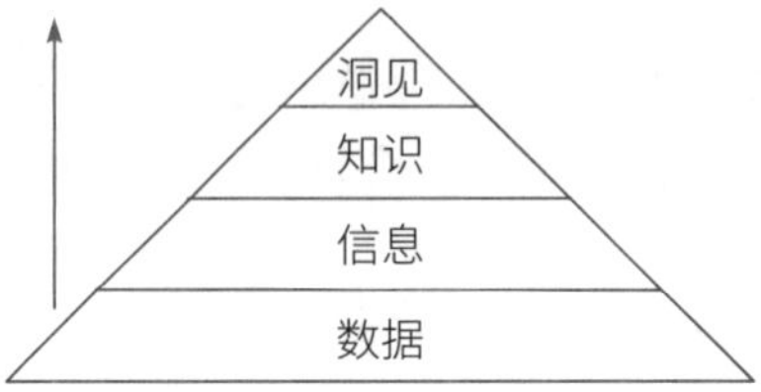

图6-21 数据的进程

A．有效的数据分析起始于搜寻大量的数据，用于识别其中的模式或关系。

B．然后，依据一种有意义的结构来组合这些数据，并通过提炼获得有用的信息。

C．当通过对信息的学习进而发现了模式、规则和背景，那么知识就形成了。

D．最后，当综合和单一地应用知识，来解决问题并做出及时准确的商业决策时，人们就产生了洞见。

③ 数据分析给企业带来的机会和调整。

应用数据分析能使企业获取更强大的能力来发现各类模式、调查异常现象和预测未来的行为等。

使用数据也是有很高成本的；数据本身不会从天而降，而是需要耗费成本来获取的。此外，还需要花费大量的成本将原始数据中的无效数据和噪音清洗掉，才能获得有用的数据。

5. 商业智能

① **商业智能**(business intelligence)是指一系列广泛使用的应用程序、实践和技术方法，用来对数据进行提取、转化、整合、可视化、分析和呈现，以此支持和提升决策。

② 商业智能可以在众多的职能领域内应用；它关注贯穿于企业所有管理层级中业务流程的执行。

A．使用企业资源计划系统将所有的业务流程(制造与生产、财务与会计、销售与营销和人力资源)整合到一个单一软件系统中。

B．使用供应链管理系统协助供应商、采购企业、分销商和物流企业共享关于订单、生产、存货和商品与服务运送的信息，从而让这些机构能更高效地采购、生产和运送商品与服务。

C. 客户关系管理系统旨在为销售、营销和服务等业务流程的协调提供信息，从而识别、吸引和留住最有价值的客户。

D. 会计信息系统是指收集、记录、储存和处理数据并为决策者提供信息的系统。

E. 知识管理系统通过收集企业内所有相关的知识和经验并在必要时传递给需要的人员，从而提升组织的业务流程和管理决策水平。

6.4.2　数据挖掘

1. 定义

数据挖掘（data mining）是指通过对大量的数据进行分析，然后发现可以用来指导决策和预测未来行为的模式与规则。

2. 迭代过程

数据挖掘是**“从数据中发现知识”**（knowledge discovery from data, KDD）这一迭代过程的核心步骤（见图 6－22）。

① 数据清洗——清除噪音和不一致的数据。

② 数据整合——将众多数据源结合在一起。

③ 数据选择——从数据库中调取与分析任务相关的数据。

④ 数据转化——通过汇总或聚合，对数据进行转换，然后以适应挖掘的形式进行合并。

⑤ 数据挖掘——通过使用智能的方法来提炼数据模式。

⑥ 模式评估——根据趣味性标准，对能够真正体现知识的兴趣模式进行识别。

⑦ 知识呈现——使用可视化和知识呈现技术向用户提交挖掘的知识。

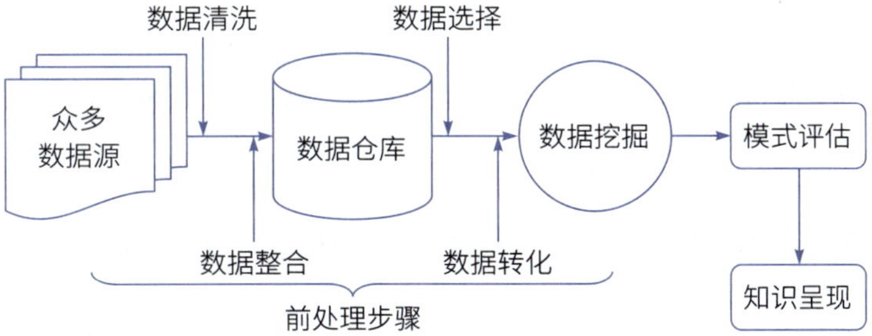

图 6－22　从数据中发现知识

3. 数据挖掘的挑战

① 如果数据挖掘算法被用来处理大量的数据集，那这些算法必须具备**扩容性**（scalable）。

② 不像十几年前的数据集只有区区几个特征属性，现在遇到的数据集通常都有成千上万个属性，所以具有空间或时间因素的数据集都倾向于具有**高维度性**（high dimensionality）。

③ 传统的数据分析方法所处理的数据通常只包含属性相同的数据集，即连续的或分类的。由于数据挖掘在商业、科学、医学和其他领域中越来越重要，对能够处理**异质**

属性(heterogeneous attributes)数据的技术的需求也在日益增长。

④ 针对属于不同实体的资源,需要对数据进行在不同地理区域的分配;这就要求建立分布式数据挖掘技术,包括如何降低分布式计算所需的沟通数量,如何有效地整合从众多数据源获得的数据挖掘结果,以及如何解决数据的安全性与隐私问题。

⑤ 由于目前的数据分析任务通常会产生和评估成千上万的假设条件,所以,现在数据挖掘技术的开发具备强大的动力来推进假设生成和评估过程的自动化。

4. 结构性查询语言

结构性查询语言是一种标准化的语言,用来管理关系数据库并在数据库中执行各类数据操作。

结构性查询语言的使用包括调整数据库表和索引结构;添加、更新或删除数据行;从用于交易处理和分析应用的数据库中检索并提取信息子集。

6.4.3 分析工具

1. 数据分析的类型

① **描述性分析**(descriptive analytics)包括分析过去的数据并以易于解释的格式来呈现这些数据。

A. 描述性分析旨在回答——过去发生了什么事情?

B. 描述性分析使用统计功能来描述数据的模式并且以汇总的方式来呈现这些数据。

② **诊断性分析**(diagnostic analytics)包括分析过去的数据并判断某些特定事件发生的原因。

A. 诊断性分析旨在回答——这件事情为什么发生?

B. 诊断性分析用来提供更多事件发生的深层原因和数据。

③ **预测性分析**(predictive analytics)包括使用预测模型来预测事件的发生、事件可能的结果或预测未来的价值。

A. 预测性分析旨在回答——未来可能发生什么事情?

B. 预测性分析利用现有数据来学习模式与趋势,然后通过预测模型来预测事件的发生、事件可能的结果或预测数值。

④ **规范性分析**(prescriptive analytics)使用多种预测模式来预测各种结果,以及每种结果的最佳行动方案。

A. 规范性分析旨在回答——需要完成什么事情才能使之发生?

B. 规范性分析用于确定行动方法或从备选的方案中找到最佳方案。

图 6-23 展示了上述几种类型的数据分析。

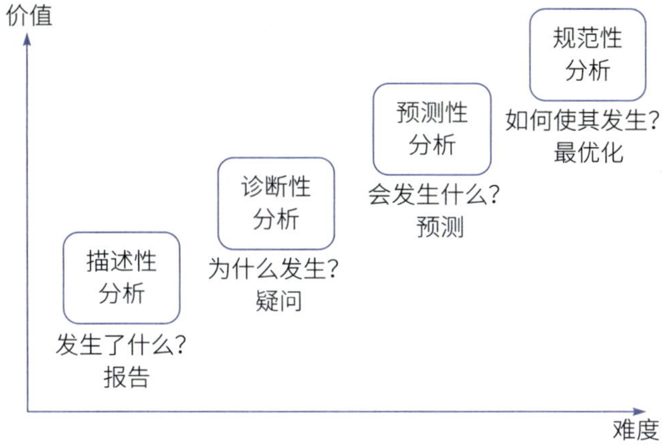

图 6－23　数据分析的类型

2. 分析模式的类型

① **聚簇分析**(clustering)是指将相似数据项组合在一起的过程,将彼此之间更相似的数据项(基于某些相似性的标准)放入一个簇。

将大数据聚类是一项有趣的活动,聚簇分析可以应用于以下领域:

A. 对社交网络数据进行聚簇分析来找到一组相似的用户;

B. 对电子健康记录数据进行聚簇分析来发现相似的病人;

C. 对传感数据进行聚簇分析来将机器中相似或相关的故障进行归类;

D. 对市场调研数据进行聚簇分析来将相似的客户进行归类;

E. 对点击流数据进行聚簇分析来将类似的用户进行归类。

② **分类分析**(classification)是指将事物归入预设类别的过程。

分类分析可以帮助人们发现可能会转投其他商家客户的特征,然后为管理者提供一个模型来预测哪些客户不再会购买其商品,从而帮助管理者制定留住这些客户的特殊方案。

图 6－24 展示了聚簇分析与分类分析的过程。

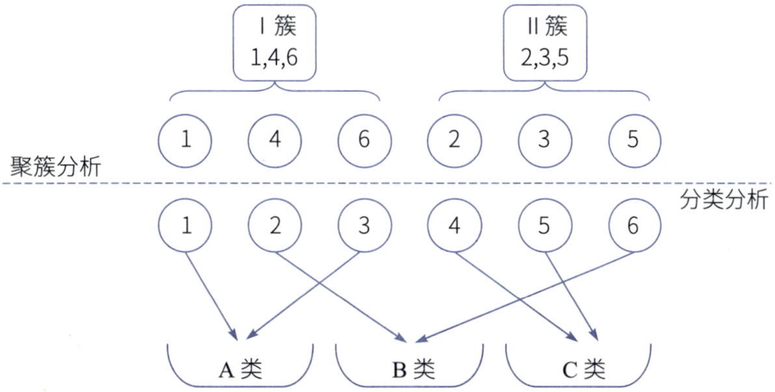

图 6－24　聚簇分析与分类分析

③ **回归分析**(regression)涉及在一个因变量(反应变量)与一个或多个自变量之间建立关系模型。

回归分析的目的是从训练集中掌握函数 $f(x)$,以此来预测 y 的值。

3. 回归分析

① 回归分析的两种形式。

A. **一元回归分析**(simple regression analysis)用来预测因变量与一个自变量之间的关系。

一元回归可以用公式 $y=f(x)$ 来表示。

B. **多元回归分析**(multiple regression analysis)用来预测因变量与两个或两个以上自变量之间的关系。

多元回归可以用公式 $y=f(x, s, t)$ 来表示。

② **确定系数** [coefficient of determination(R)]显示了有多少百分比的因变量,其变化可以通过自变量的变化来解释。

A. 如果 $R=0.998\ 3$,意味着有 99.83%的因变量的变化可以通过自变量来进行解释。

B. 更高的确定系数可以提高预测的可靠性。

4. 时间序列分析

① **时间序列分析**(time series analysis)是一种统计预测技术;它只依靠在一段时间内收集的历史数据。

时间序列分析的目标就是发生历史数据或时间序列的模式,并将该模式推广至未来。

② **时间序列**(time series)是指一个变量在连续时点或连续时期上测量的观测值的序列(见图 6-25)。

A. 当数据在一定时间内围绕着恒定的均值随机波动时,就会出现**无规则模式**(irregular pattern)。

B. 如果在一段时间内呈现出向更高值或更低值逐渐变化或移动,那么就存在**趋势模式**(trend pattern)。

C. 在连续的时间段内能观察到重复出现的模式,意味着可以确认**季节性模式**(seasonal pattern)。

D. 如果时间序列显示一年以上的交替式点序列出现在趋势线的上下两侧,则存在**周期性模式**(cyclical pattern)。

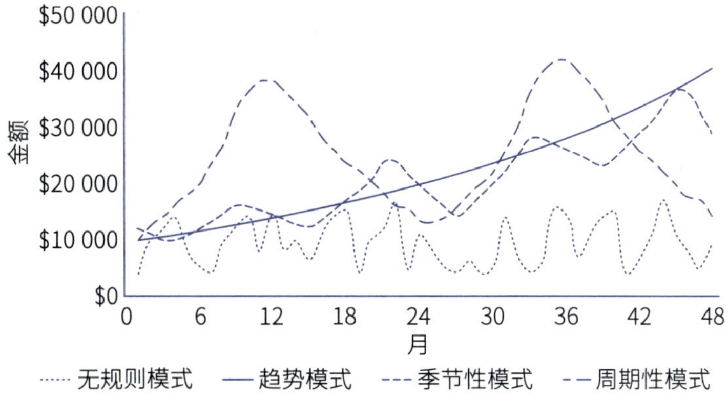

图 6－25　时间序列模式

③ 时间序列有 3 种预测方法。

A. **移动平均法(moving average method)**使用最近的几个数值来进行预测。

$$\widehat{Y}_t+1=\frac{Y_t+Y_{t-1}+\cdots+Y_{t-k+1}}{k} \tag{6.4.1}$$

在公式(6.4.1)中：

$\widehat{Y}_{t+1}$——第 $t+1$ 期的时间序列预测值；

Y_t——第 t 期的时间序列实际值；

k——用于预测的时间序列时期数。

例 6.4-1

FENG 公司采用移动平均法来预测其销售收入，预测是基于过去 3 个月的实际销售收入(见表 6－8)。

表 6－8　月度销售收入的历史数据

月份	时间序列值
1	$ 4 098
2	$ 10 000
3	$ 12 090
4	$ 14 090
5	$ 8 075
6	$ 5 090

4、5、6、7 月的销售预测值：

$$\widehat{Y}_4=\frac{\$\,12\ 090+\$\,10\ 000+\$\,4\ 098}{3}=\$\,8\ 729$$

$$\widehat{Y}_5=\frac{\$\,14\ 090+\$\,12\ 090+\$\,10\ 000}{3}=\$\,12\ 060$$

$$\widehat{Y}_6=\frac{\$8\ 075+\$14\ 090+\$12\ 090}{3}=\$11\ 418$$

$$\widehat{Y}_7=\frac{\$5\ 090+\$8\ 075+\$14\ 090}{3}=\$9\ 085$$

B. **移动加权平均法**(weighted moving average method)是指将最近几期数据进行加权的时间序列预测方法。

$$\widehat{Y}_{t+1}=w_tY_t+w_{t-1}Y_{t-1}+\cdots+w_{t-k+1}Y_{t-k+1} \tag{6.4.2}$$

在公式(6.4.2)中:

$\widehat{Y}_{t+1}$——第 $t+1$ 期的时间序列预测值;

Y_t——第 t 期的时间序列实际值;

w_t——第 t 期实际值的权重;

k——用于预测的时间序列时期数。

例 6.4-2

FENG 公司采用移动加权平均法来预测其销售收入,预测是基于过去 3 个月的实际销售收入。该公司将(3/6)的权重赋予最近观察到的数据,(2/6)的权重赋予第二近的观测值,(1/6)的权重赋予第三近的观测值(见表 6-9)。

表 6-9 月度销售收入的历史数据

月份	时间序列值
1	\$ 4 098
2	\$ 10 000
3	\$ 12 090
4	\$ 14 090
5	\$ 8 075
6	\$ 5 090

4、5、6、7 月的销售预测值:

$$\widehat{Y}_4=\$12\ 090\times\left(\frac{3}{6}\right)+\$10\ 000\times\left(\frac{2}{6}\right)+\$4\ 098\times\left(\frac{1}{6}\right)=\$10\ 061$$

$$\widehat{Y}_5=\$14\ 090\times\left(\frac{3}{6}\right)+\$12\ 090\times\left(\frac{2}{6}\right)+\$10\ 000\times\left(\frac{1}{6}\right)=\$12\ 742$$

$$\widehat{Y}_6=\$8\ 075\times\left(\frac{3}{6}\right)+\$14\ 090\times\left(\frac{2}{6}\right)+\$12\ 090\times\left(\frac{1}{6}\right)=\$10\ 749$$

$$\widehat{Y}_7=\$5\ 090\times\left(\frac{3}{6}\right)+\$8\ 075\times\left(\frac{2}{6}\right)+\$14\ 090\times\left(\frac{1}{6}\right)=\$7\ 585$$

C．**指数平滑法**(exponential smoothing method)是移动加权平均法的一种特殊形态；该方法只使用一个权重并将其赋予最近的观测值。

$$\widehat{Y}_{t+1}=\alpha Y_t+(1-\alpha)\widehat{Y}_t \tag{6.4.3}$$

在公式(6.4.3)中：

$\widehat{Y}_{t+1}$——第 $t+1$ 期的时间序列预测值；

Y_t——第 t 期的时间序列实际值；

$\widehat{Y}_t$——第 t 期的时间序列预测值；

α——平滑常数($0\leqslant\alpha\leqslant 1$)。

$\widehat{Y}_2=Y_{1\,t+1}$

例 6.4－3

FENG 公司采用指数平滑法来预测其销售收入。赋予实际值的平滑常数为 0.2(见表 6－10)。

表 6－10　月度销售收入的历史数据

月份	时间序列值
1	\$4 098
2	\$10 000
3	\$12 090
4	\$14 090
5	\$8 075
6	\$5 090

4、5、6、7 月的销售预测值：

$\widehat{Y}_3=0.2\times\$10\,000+(1-0.2)\times\$4\,098=\$5\,278$

$\widehat{Y}_4=0.2\times\$12\,090+(1-0.2)\times\$5\,278=\$6\,641$

$\widehat{Y}_5=0.2\times\$14\,090+(1-0.2)\times\$6\,641=\$8\,131$

$\widehat{Y}_6=0.2\times\$8\,075+(1-0.2)\times\$8\,131=\$8\,119$

$\widehat{Y}_7=0.2\times\$5\,090+(1-0.2)\times\$8\,119=\$7\,514$

④ 回归分析还可以利用线性趋势来预测时间序列(见图 6－26)。

第 6 章

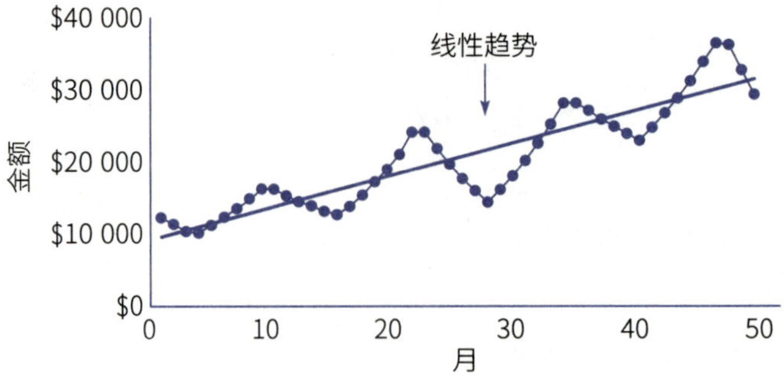

图 6－26　附有线性趋势的季节性模式

⑤ 回归分析与时间序列分析的作用和局限。

A．回归分析和时间序列分析是定量的预测方法，它们都能够通过提供客观的信息让管理层进行决策，例如变量之间的相关性、模式和变化趋势。

B．这两种方法都必须完全依靠历史数据并假定过去的模式会在未来继续存在。此外，两种方法所需的全部信息都必须是量化的信息，它们排除了定性的信息。最后，预测中的误差也是不可避免的。

5. 模拟

模拟（simulation）是指利用可由计算机分析的数理模型对实际系统进行复制。

① **敏感性分析**（sensitivity analysis）是指对于一个最优模型的系数或变量发生变化后将如何影响其最优解的研究方法。

② **假如分析法**（what-if analysis）是指一种交互式决策分析的模式；该模式使用计算机来确定模型发生多种变化之后的结果。

③ **目标搜寻法**（goal-seek analysis）让决策者确定一个输入值；该输入值可以使相关的输出值等于某一个规定值（目标）。

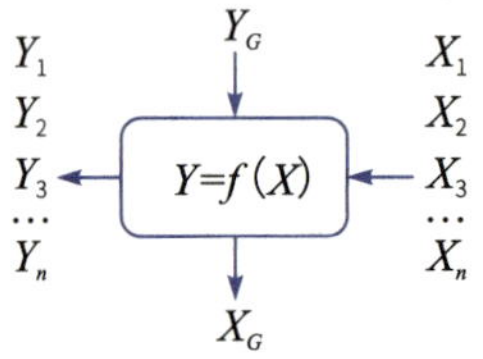

图 6－27　假如分析法和目标搜寻法

④ **蒙特卡洛模拟**（Monte Carlo simulation）是指从概率分布中随机选择进而生成某一变量数值的方法。

例 6.4－4

FENG 公司正在利用蒙特卡洛模拟来预测其每周的平均销量。根据过去 5 年的销售数据，该公司编制了需求的概率分布，见表 6－11。

第 6 章

表 6－11　需求的概率分布

每周的需求量	需求的概率
1 000	20%
2 000	40%
3 000	20%
4 000	10%
5 000	10%

为每一需求数值创建每个需求数值的随机数区间表，见表 6－12。

表 6－12　每周需求的随机数

每周的需求量	需求的概率	随机数区间
1 000	20%	0～19
2 000	40%	20～59
3 000	20%	60～79
4 000	10%	80～89
5 000	10%	90～99

通过重复多次从随机数表中选择数值来确定每周的需求量，见表 6－13。

表 6－13　随机生成 15 周的每周需求量

周	随机数	每周的需求量
1	39	2 000
2	87	4 000
3	65	3 000
4	12	1 000
5	9	1 000
6	45	2 000
7	64	3 000
8	45	2 000
9	35	2 000
10	28	2 000
11	19	1 000
12	78	3 000
13	82	4 000

续表

周	随机数	每周的需求量
14	52	2 000
15	11	1 000
合计		33 000

$$预计的每周需求量=\frac{33\ 000}{15}=2\ 200$$

期望的每周需求量=1 000×0.2+2 000×0.4+3 000×0.2+4 000×0.1+5 000×0.1=2 500

⑤ 模拟方法的优点和缺点。

A. 模拟方法的主要优点是易于理解而且还能对复杂系统的行为进行建模和学习。模拟的另一个优点是,模拟模型为真实系统提供了一个简便的实验室。对假设或模拟模型的操作政策进行调整并重新运行所提供的结果可以帮助我们理解这些变化将如何影响真实系统的运行。

B. 开发、验证和证明模拟模型的有效性都是一个费时和费钱的过程。由于使用数理模型,分析师必须充分考虑模型的假设条件,以此来理解该模型的局限性。此外,每次模拟的运行只能提供真实系统运行方式的一个样本,所以模拟数据的汇总信息也只能提供关于真实系统的预估值或近似值。

6.4.4 可视化

1. 定义

数据可视化(data visualization)是一种以图形的方式来呈现数据的方法;该方法可以帮助使用者识别蕴含在大量数据中的模式和关系。

可视化可以是静态的、动态的或是互动式的。

① 当数据库已经存储了使用者掌握的分析结果,该使用者只想呈现该分析结果时,使用静态可视化即可。

② 如果应用程序要求对分析结果进行定期的更新,那么此时需要使用动态可视化。

③ 如果应用程序需要从使用者那里获得输入的信息并呈现相应的结构,则需要使用互动式的可视化。

2. 图形和表格

数据可以划分为**分类数据**和**数量数据**。

(1) 分类数据

按照特定的类别进行归类的数据被称为**分类数据**(categorical data)。

图形和表格可以对分类数据进行可视化处理。

① **频数分布**(frequency distribution)是指一种数据的表格汇总,表示在几个互不重叠组别中的每一组项目的个数(频数)。

A. **相对频数分布**(relative frequency distribution)是指每一组相对频数数据的表格汇总。

B. **百分数频数分布**(percent frequency distribution)是指每一组百分数频数数据的表格汇总。

② **柱状图**(bar chart)是一种图形方法,用于描绘已汇总的分类数据的频数分布、相对频数分布或百分数频数分布。

A. 在图形的横轴上,分析师对数据(分类)的标记进行规定。在图形的纵轴上,标出频数、相对频数或百分数频数的刻度。

B. 使用一个固定宽度的长条绘制在每一组的标记上,将这个长条的高度延伸至该组的频数、相对频数或百分数频数。

C. 对于分类数据而言,应将这些长条进行分隔,以此来凸显每一组数据都是独立的。

③ **帕累托图**(Pareto chart)是一种以降序的方式排列的柱状图。

④ **饼图**(pie chart)是另一种描绘分类数据的相对频数和百分数频数分布的图形方法。

A. 为了描绘饼图,分析师首先画出一个圆形来代表所有的数据。

B. 然后用相对频数把圆形分割成若干部分;这些部分与每一组相对频数相对应。

例 6.4-5

FENG 公司正在分析它在整个 CMA 市场中的竞争力,在 CMA 市场中一共有 5 家机构。该公司收集和处理了相关数据,并以 3 种方式进行可视化。

A. 频数分布、相对频数分布和百分数频数分布(见表 6-14)。

表 6-14　市场份额分析

公司	频数 (销售收入)	相对频数	百分数频数
FENG 公司	$ 200 000 000	0.40	40%
GE 公司	$ 150 000 000	0.30	30%
HENG 公司	$ 80 000 000	0.16	16%
SU 公司	$ 50 000 000	0.10	10%
MAR 公司	$ 20 000 000	0.04	4%
合计	$ 500 000 000	1.00	100%

B．柱状图(见图 6－28)。

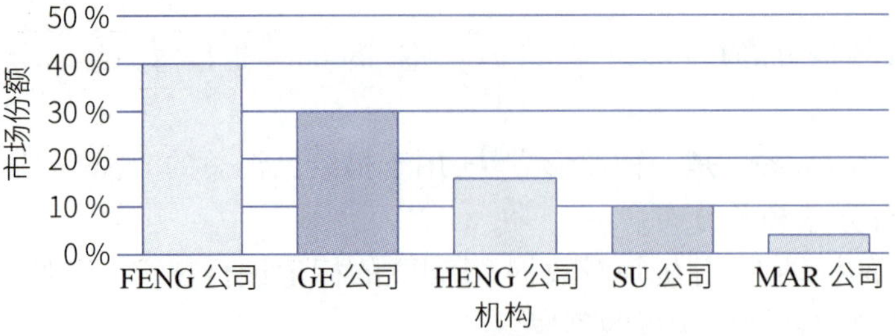

图 6－28 CMA 市场份额

C．饼图(见图 6－29)。

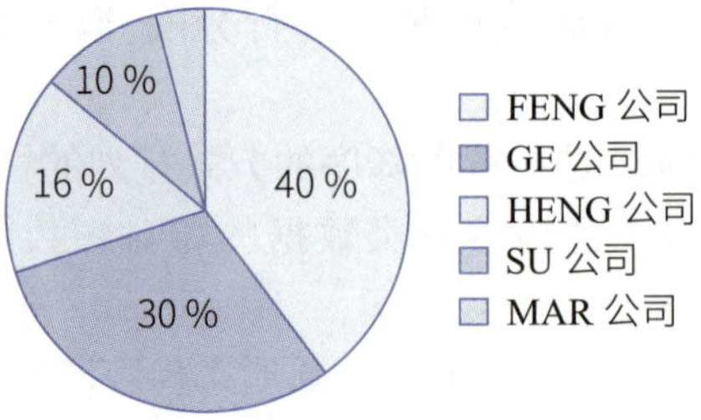

图 6－29 CMA 市场份额

(2) 数量数据

使用数值来表示多少的数据是**数量数据**(quantitative data)。

数量数据的可视化工具如下。

① 作为一种频数分布的变体,累积频数分布用来提供数量数据的表格汇总方式。

A．累积频数分布使用编制频率分布的组数、组宽和组限。

B．累积频数分布表示的是小于或等于每一组上限的数据项个数,而不是表示每一组的频数。

② **直方图**(histogram)是一种常用的数量数据的图形描述方式。

A．由先前已汇总出的频数分布、相对频数分布或百分数频数分布等信息可绘制直方图。

B．将感兴趣的变量置于横轴上,将频数、相对频数或百分数频数置于纵轴上,就能绘制一幅直方图。每组的频数、相对频数或百分数频数用一个长方形绘制,长方形的底放置于横轴上,以组宽为底,以每组相应的频数、相对频数或百分数频数为高。

例 6.4－6

FENG 公司正在分析其过去 500 周的销售量,见表 6－15。

表 6－15 每周的需求量及其发生次数

每周需求量(个)	发生次数(周)
0～999	75

续表

每周需求量(个)	发生次数(周)
1 000~1 999	100
2 000~2 999	150
3 000~3 999	100
4 000~4 999	75

A．相对频数、百分数频数和累积频数分布(见表 6-16)。

表 6-16　每周需求量的频数分布

每周需求量(个)	相对频数	百分数频数	累积频数
0~999	0.15	15%	15%
1 000~1 999	0.20	20%	35%
2 000~2 999	0.30	30%	65%
3 000~3 999	0.20	20%	85%
4 000~4 999	0.15	15%	100%

B．直方图(见图 6-30)。

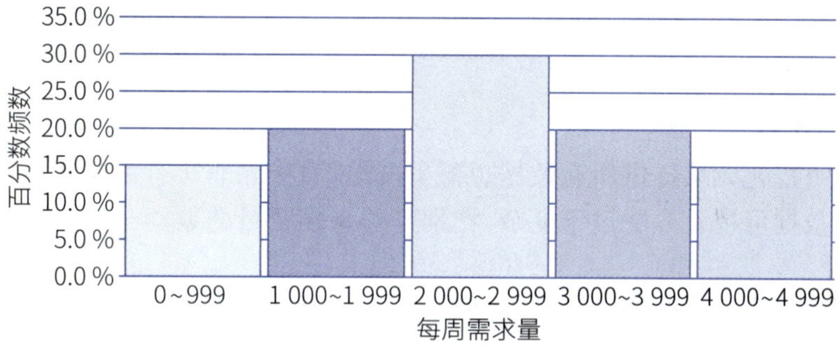

图 6-30　每周需求量的直方图

(3) 其他可用于数据可视化的方法

① **线图**(line chart)是最为简单的图形之一，它使用一条线段将一系列数据点连接起来，以此呈现信息。

② **散点图**(scatter plots)通过横、纵坐标轴对两个变量进行可视化，用来确定两组数据之间的关系。

③ 对散点图略作变化就能得到**气泡图**(bubble chart)，它能根据其他数值变量来调整点的大小(特别是面积)。

④ **箱型图**(box plot)用来呈现一组数据的最小值、中值和最大值。

⑤ **热力图**(heat map)利用颜色以二维的方式来呈现，它通过凸显两组分类数据的关系对简单或复杂信息进行可视化。

各类数据可视化工具的用途总结见表 6-17。

表 6-17　数据可视化工具的用途

工具	用途
柱状图	比较数据的类别
饼图	比较数据类别的比例
直方图	在某一区间内展示数据的分布
线图	展示趋向信息
散点图	识别两个变量之间的关系
气泡图	通过调节点的大小来呈现数值变量
箱型图	使用测量值来呈现数据的分布
热力图	使用颜色来凸显两组分类数据之间的关系

3. 数据可视化的优缺点

(1) 数据可视化的优点

① 数据可视化利用所有的相同值和类似值来查找错误和缺失的数值、重复的行列，以此来对数据进行清洁。

② 数据可视化技术还有助于判断分析中应包含哪些变量，而哪些变量又是冗余的。

③ 作为数据简化的流程，数据可视化还能对类别进行合并。

④ 如果数据尚未收集且收集的费用很高，可视化方法可以通过使用样本来判断哪些变量和指标是有用的。

(2) 数据可视化的缺点

① 数据可视化无法提供所有数据想要呈现的信息，除非所有数据都是可以量化的。

② 有些数据可视化方法过于复杂，特别是对于多变量的数据，它需要极其复杂的可视化方法。

③ 数据可视化可以强化好的信息，弱化不好的信息。

扫码做题
即学即练

本章思维导图

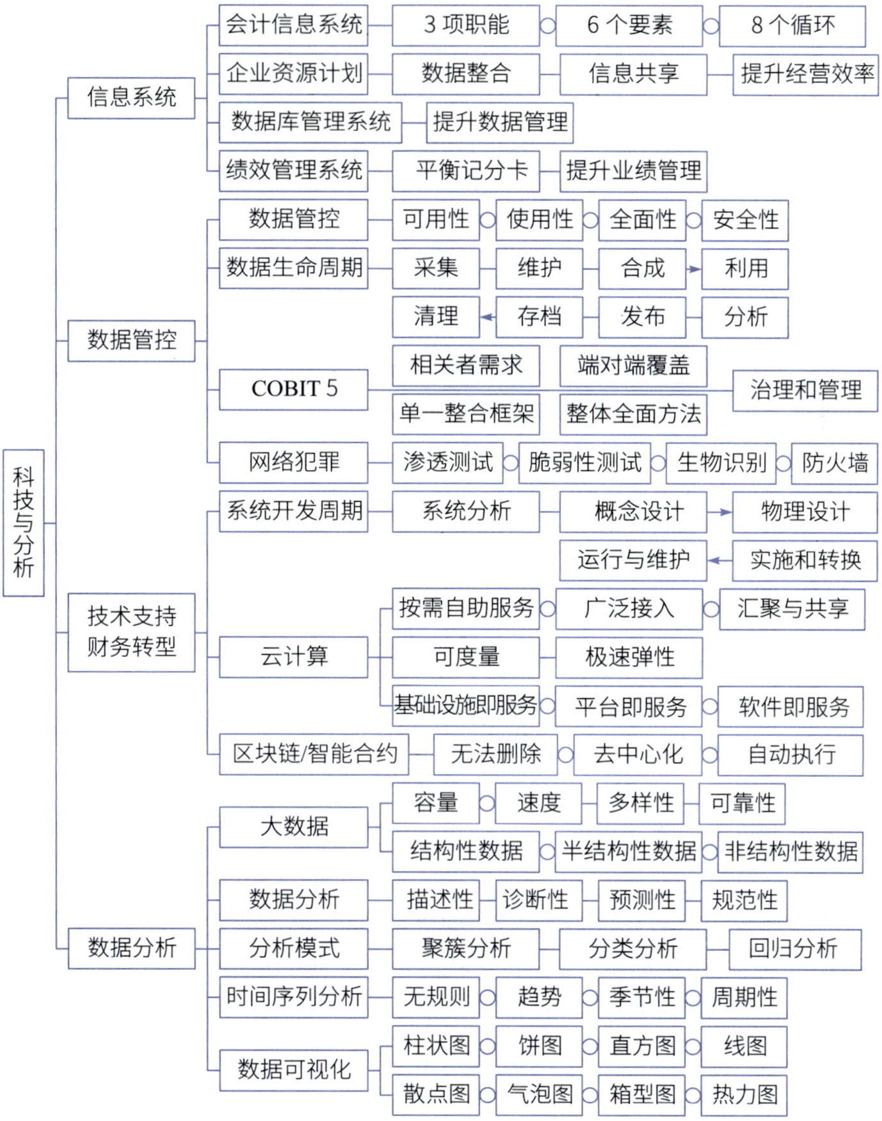

科技与分析
信息系统
会计信息系统
3 项职能
6 个要素
8 个循环
企业资源计划
数据整合
信息共享
提升经营效率
数据库管理系统
提升数据管理
绩效管理系统
平衡记分卡
提升业绩管理
数据管控
数据管控
可用性
使用性
全面性
安全性
数据生命周期
采集
维护
合成
利用
清理
存档
发布
分析
COBIT 5
相关者需求
端对端覆盖
单一整合框架
整体全面方法
治理和管理
网络犯罪
渗透测试
脆弱性测试
生物识别
防火墙
技术支持财务转型
系统开发周期
系统分析
概念设计
物理设计
运行与维护
实施和转换
云计算
按需自助服务
广泛接入
汇聚与共享
可度量
极速弹性
基础设施即服务
平台即服务
软件即服务
区块链/智能合约
无法删除
去中心化
自动执行
数据分析
大数据
容量
速度
多样性
可靠性
结构性数据
半结构性数据
非结构性数据
数据分析
描述性
诊断性
预测性
规范性
分析模式
聚簇分析
分类分析
回归分析
时间序列分析
无规则
趋势
季节性
周期性
数据可视化
柱状图
饼图
直方图
线图
散点图
气泡图
箱型图
热力图

考试大纲*

第 1 章　外部财务报告决策(15%)

1.1　财务报表

对资产负债表、利润表、所有者权益变动表和现金流量表,考生应能:

a. 识别这些财务报表的使用者及他们的需求。

b. 理解每一种财务报表的目的及用途。

c. 识别每一种财务报表的主要组成部分及分类。

d. 识别每一种财务报表的局限性。

e. 识别不同财务交易事项如何影响每一种财务报表的各个要素,确定对财务交易事项的正确分类。

f. 理解财务报表之间的关系。

g. 理解如何编制资产负债表、利润表、所有者权益变动表和现金流量表(间接法)。

关于综合报告,考生应能:

a. 定义编制综合报告、整合思维和综合报告,并理解它们之间的关系。

b. 识别综合报告的主要目的。

c. 解释综合报告中价值创造、六项资本和价值创造过程的基础概念。

d. 识别综合报告中的各项组成部分,如机构概述和外部环境、管控、商业模式、风险和机遇、战略和资源配置、绩效、前景展望以及编制和列报基础。

e. 识别并解释采用综合报告的优点和挑战。

1.2　确认,计量,计价和披露

考生应能:

<u>资产计价</u>

a. 识别应收账款计价的相关问题,包括确认坏账的时间和对坏账准备的估计。

---

* 此为 IMA 官方发布的 2020 年 CMA 考试新大纲,供学员使用参考。本书的知识体系和内容以官方考纲为依据,但为了使中国考生更易于使用,对部分知识做了串讲和精简,故书中并没有涵盖官方考纲中的每一个知识点,特此说明。

b. 区分有追索权的方式销售(出让)应收账款和无追索权的方式销售应收账款,并确定其对资产负债表的影响。

c. 识别存货计价的相关问题,包括哪些货物可计入存货,哪些成本可计入存货,以及使用哪种成本假设。

d. 识别与比较存货的成本流转假设。

e. 理解在后进先出存货计价时使用成本与市价孰低法,并理解其他存货计价时使用零售价格法及成本与可变现净值孰低法。

f. 计算使用不同存货计价方法对利润与资产的影响。

g. 分析存货计价错误的影响。

h. 识别不同存货计价方法的利弊。

i. 在给定条件下为公司推荐存货计价方法和存货的成本流转假设。

j. 理解以下债务性证券类型:交易证券、可供出售证券以及持有至到期证券。

k. 理解债券和权益证券的计价。

l. 确定使用不同折旧方法对财务报表产生的影响。

m. 在给定数据下推荐一种折旧方法。

n. 理解对长期资产和无形资产减值的会计处理,包括商誉减值的会计处理方法。

负债计价

a. 识别短期负债再融资的分类问题。

b. 比较使用保证担保计提法或服务担保计提法记录售后担保成本对财务报表的影响。

所得税(适用于资产与负债的子课题)

a. 理解所得税的跨期分摊/递延所得税。

b. 区分递延所得税负债和递延所得税资产,区别暂时性差异和永久性差异,并分别举例。

租赁(适用于资产与负债的子课题)

a. 区分经营性租赁和融资租赁。

b. 识别对经营性租赁和融资租赁的正确财务报表列报。

权益性交易

a. 识别影响实缴资本和留存收益的交易。

b. 确认大额股票股利、小额股票股利以及股份分割对股东权益的影响。

收入确认

a. 将收入确认原则应用于各种类型的交易。

b. 运用收入确认所要求的五个步骤,理解与客户合同的收入确认问题。

c. 理解收入与支出配比原则，并能根据特定情况运用这一原则。

收益计量

a. 定义利得与损失并说明其正确的财务报表列报。

b. 理解处置固定资产损益的会计方法。

c. 理解费用确认实例。

d. 定义并计算综合收益。

e. 识别正确处置终止经营的会计方法。

美国公认会计原则与国际财务报告准则的差异

a. 对比采用美国公认会计原则（GAAP）与采用国际财务报告准则（IFRS）对报告的财务结果带来的主要差别，以及分析带来的影响。

b. 识别并描述美国 GAAP 与 IFRS 之间的下列差异：（i）以股份为基础支付和员工福利费用确认方面的差异；（ii）与无形资产的开发成本和重新估价相关的差异；（iii）存货的成本计算、计价和减记方法（例如后进先出）方面的差异；（iv）经营性租赁和融资性租赁方面的差异；（v）长期资产的重新估价、折旧和借款成本资本化方面的差异；（vi）资产减值的确定、计算和损失转回方面的差异。

第 2 章　规划、预算和预测（20%）

2.1　战略规划

考生应能：

a. 讨论战略规划如何决定一个组织为达到其长期目标、愿景以及使命所选择的途径；区别愿景和使命。

b. 识别战略规划的适当时限。

c. 识别在战略规划制定过程中应分析的外部因素，理解这项分析如何有助于识别组织所面临的机会、局限以及威胁。

d. 识别在战略规划制定过程中应分析的内部因素，解释这项分析如何有助于识别组织的优势、劣势以及竞争优势。

e. 理解公司使命如何有助于长期业务目标的形成，例如，多种经营，增加或终止产品线，或者渗透新市场。

f. 解释为什么短期目标、达到这些目标所用的策略以及经营性规划（总预算）必须与战略规划相符合，并有助于长期战略目标的实现。

g. 识别成功的战略规划的特点。

h. 描述波特的一般竞争战略，包括低成本战略、差异化战略和重点集中战略。

i. 理解以下规划工具和技术：强弱危机分析（SWOT analysis），波特五力（Porter's 5 forces），形势分析、政治、经济、社会和技术（PEST）分析，情境规划，竞争力分析，应急计划以及波士顿咨询公司成长占有率矩阵(BCG Growth-Share Matrix)。

2.2 预算概念

考生应能:

a. 描述一个组织的预算编制在整体规划和绩效评价过程中的角色。

b. 解释经济情况、行业形势和企业规划及预算之间的相互关系。

c. 识别预算编制在制定短期目标和规划及控制营运状况以达到这些目标中所起的作用,理解预算在衡量绩效是否达标中所起的作用。

d. 识别成功的预算编制过程的特点。

e. 解释编制预算的流程如何促进组织的各单位之间相互沟通,并提高组织的各项作业之间的协调。

f. 描述可控成本的概念及其相关的预算编制和绩效评价。

g. 解释在预算编制过程中,如何规划组织资源的有效分配。

h. 识别对不同种类的预算应如何确定其不同的时限。

i. 识别谁应该参与预算的编制过程,以使预算达到最佳的结果。

j. 描述在成功的预算编制中最高层所起的作用。

k. 理解在编制预算中标准成本的运用。

l. 区分理想(理论)标准和当前可以达到(可行)的标准。

m. 区分主管决定的标准和群众参与制订的标准。

n. 识别在制订直接材料和直接人工的标准时应该采取的步骤。

o. 理解制订标准所采用的技术,诸如作业分析和采用历史数据。

p. 讨论在原定预算假设发生重大变化时,为适应变化造成的影响,要对预算进行修改的重要性。

q. 解释预算在监督和控制开支以达到战略目标中所起的作用。

r. 定义预算松弛,并讨论它对目标一致性的影响。

2.3 预测技术

考生应能:

a. 理解简单回归方程。

b. 定义多元回归方程,并识别在何种情况下多元回归适用于预测。

c. 计算简单回归方程。

d. 理解学习曲线分析。

e. 用累积平均时间学习模式进行计算。

f. 列示回归分析和学习曲线分析的优点与缺点。

g. 计算随机变量的期望值。

h. 识别期望值技术的优点与缺点。

i. 应用概率值对未来的现金流量作出估计。

2.4 预算方法

对各项不同的预算(年度/总预算、项目预算编制、作业预算编制、零基预算编制、连续(滚动)预算和弹性预算编制),考生应能:

a. 定义其目的、适当的用途和时限。

b. 识别预算的组成,并解释各组成部分的相互关系。

c. 理解如何制定预算。

d. 比较并对比预算制度的优点及局限性。

e. 评价企业的状况,并推荐适用的预算方法。

f. 按所提供的信息编制各项预算。

g. 计算预算发生增量变化的影响。

2.5 年度利润计划和附表

考生应能:

a. 解释销售预算在制定年度利润计划中所起的作用。

b. 识别在编制销售预算中应考虑的因素。

c. 识别销售预算的组成部分,并编制销售预算。

d. 解释销售预算和生产预算之间的关系。

e. 识别存货水平在编制生产预算中所起的作用,并定义在编制生产预算时应该考虑的其他因素。

f. 编制生产预算。

g. 理解直接材料预算、直接人工预算和生产预算之间的关系。

h. 解释存货水平和采购政策如何影响直接材料预算。

i. 根据相关信息编制直接材料和直接人工预算,并根据这些预算对达成生产目标的可行性作出评价。

j. 理解间接费用预算和生产预算之间的关系。

k. 把成本分离为固定和变动两个组成部分。

l. 编制间接费用预算。

m. 识别销货成本预算的组成部分,并编制销货成本预算。

n. 理解单位边际贡献和边际贡献总额;识别对这些概念的适当应用,并计算单位边际贡献和边际贡献总额。

o. 识别销售与管理费用预算的组成部分。

p. 解释销售与管理费用预算的一些特定的组成部分如何影响边际贡献。

q. 编制业务(营业)预算。

r. 编制资本支出预算。

s. 理解资本支出预算、现金预算和预计财务报表之间的关系。

t. 定义现金预算的目的，并描述现金预算与其他各项预算之间的关系。

u. 理解信贷政策和采购(应付账款)政策与现金预算之间的关系。

v. 编制现金预算。

2.6 顶层规划与分析

考生应能：

a. 定义预计利润表、预计资产负债表和预计现金流量表的目的；理解这些报表与其他预算之间的关系。

b. 根据若干项收入和成本的假设，编制预计利润表。

c. 根据预计利润表，评价一个公司是否达到其战略目标。

d. 应用财务预测数据，编制预计资产负债表和预计现金流量表。

e. 识别编制中期现金预测和长期现金预测所需的要素。

f. 应用财务预测数据，确定外部融资的需求额和股利政策。

第 3 章 绩效管理(20%)

3.1 成本与差异核算

考生应能：

a. 根据所考核的责任中心或单位的类型，采用收入、制造成本、非制造成本和利润为衡量指标，分析其绩效是否达到经营目标。

b. 在一个绩效监督体系中，解释造成差异的理由。

c. 经由实际结果与总预算对比来编制绩效分析，计算有利和不利差异，并对差异作出说明。

d. 识别并描述把实际成果与总预算对比来衡量绩效的优点与局限性。

e. 根据实际销售(产出)量分析弹性预算。

f. 比较弹性预算与总(静态)预算，计算销售数量差异和销售价格差异。

g. 比较实际结果与弹性预算，计算弹性预算差异分析弹性预算差异并确定实际与预算的投入价格的差异和投入数量的差异。

h. 解释在按例外原则管理的情况下如何利用预算差异报告。

i. 定义标准成本制度，并识别采用标准成本制度的理由。

j. 理解价格(费率)差异，并计算直接材料价格差异和直接人工价格差异。

k. 理解效率(用量)差异，并计算直接材料效率差异和直接人工效率差异。

l. 理解与固定和变动间接费用有关的开支差异和效率差异。

m. 计算销售组合差异，并解释它对收入和边际贡献的影响。

n. 计算并解释组合差异。

o. 计算并解释产出差异(实得差异)。

p. 说明价格、效率、开支和组合差异如何既用于制造业公司,也用于服务性公司。

q. 通过计算变动间接费用开支差异、变动间接费用效率差异、固定间接费用开支差异和产量差异,来分析工厂间接费用的各项差异。

r. 分析各项差异,识别原因并提出改进措施。

3.2 责任中心和报告部门

考生应能:

a. 识别并解释不同类型的责任中心。

b. 给定某业务场景,推荐适用的责任中心制度。

c. 计算边际贡献。

d. 分析边际贡献报告并评估其绩效。

e. 识别组织对其绩效进行评估的各个分部,包括生产线、地理区域或依其他目的而划分的分部。

f. 解释为什么共同成本在各个分部之间的分配可能成为绩效评估中的一个问题。

g. 识别共同成本的各种分配方法,诸如独立成本分配法和增量成本分配法。

h. 定义转移价格定价,识别转移价格定价的目的。

i. 识别确定转移价格的各种方法,并列出和解释每一种方法的优缺点。

j. 采用变动成本、全部成本、市场价格、协商价格和双重定价法,识别和计算转移价格。

k. 解释业务问题如何影响转移价格定价,例如外部供应商的存在和与产能利用相关的机会成本。

l. 描述跨国公司的一些特殊问题,诸如关税、汇率、税收、货币限制、征收风险和获得材料和技术的可能性对其绩效评估的影响。

3.3 绩效考核

考生应能:

a. 解释为什么绩效评估考核应该与战略和经营目标直接相关;为什么及时反馈至关重要;以及为什么绩效考核应该与驱动因素相联系,例如成本动因和收入动因。

b. 解释与确定产品获利能力、经营单位获利能力和顾客获利能力有关的各项问题,包括成本计量、成本分摊、投资计量和计价。

c. 计算产品线的获利能力、经营单位获利能力和顾客获利能力。

d. 根据获利能力评估顾客和产品,并对提高获利能力和/或终止不盈利的顾客和产品提出建议。

e. 定义和计算投资回报率(ROI)。

f. 分析并解释投资回报率的计算。

g. 定义和计算剩余收益(RI)。

h. 分析并解释剩余收益的计算。

i. 比较和对比使用投资回报率和剩余收益来考核绩效的优点和局限性。

j. 解释收入与费用的确认政策可能如何影响收益的计量,并减少经营单位之间的可比性。

k. 解释存货计量政策、产权共有和总体资产计量可能如何影响投资的计量,并减少经营单位之间的可比性。

l. 定义关键绩效指标,并讨论其对于评估公司的重要性。

m. 定义平衡计分卡,并识别它的组成部分。

n. 识别并描述平衡计分卡的评估维度,包括财务、客户、内部流程以及学习和成长。

o. 识别并描述成功运用平衡计分卡所具备的特性。

p. 理解战略地图及其作用。

q. 分析并解释平衡计分卡,并在分析的基础上评估绩效。

r. 在给定经营目标和实际成果的情况下,推荐绩效考核指标和定期报告的方法。

第 4 章　成本管理(15%)

4.1　计量概念

考生应能:

a. 计算固定、变动和混合成本并理解每种成本在长期和短期内的习性以及改变成本类型与相关范围的假设对这些成本的影响。

b. 识别成本对象和成本归集点,并把各项成本分配到适当的作业中去。

c. 理解成本动因的性质和类型以及成本动因和发生的成本之间所存在的因果关系。

d. 理解成本核算的各种方法以及累积在产品和产成品成本。

e. 识别并定义成本核算方法,诸如实际成本法、正常成本法和标准成本法;分别使用这些方法计算成本;识别每一种方法适当的用途;描述每一种方法的优点和局限性。

f. 理解变动(直接)成本法和吸收(全部)成本法及其优点和局限性。

g. 采用变动成本法和吸收成本法,计算存货成本、销货成本和营业利润。

h. 理解运用变动成本法或吸收成本法如何影响存货价值、销货成本和营业收益。

i. 采用变动成本法和吸收成本法编制利润简表。

j. 确定联产品和副产品成本计算法的恰当使用。

k. 理解分离点和可分离成本的概念。

l. 采用实物计量法、分离点的销售价值法、固定毛利(边际毛利)法和可变现净值法,确定对联产品和副产品成本的分摊额;描述每一种方法的优点和局限性。

4.2 成本计算系统

对每一种成本累积制度(分批成本法、分步成本法、作业成本法、生命周期成本法),考生应能:

a. 定义该制度的性质、理解其成本流程并识别其恰当的用途。

b. 计算存货价值和销货成本。

c. 理解正常和非正常损耗的适当会计处理。

d. 讨论与产品和服务、定价、间接费用分摊和其他问题相关的成本信息的战略意义。

e. 识别并描述每一种成本累积制度的优点和局限性。

f. 理解分步成本法中约当产量的概念,并计算约当产量的价值。

g. 定义作业成本法中的各项组成部分,诸如成本归集点、成本动因、资源动因、作业动因和增值作业。

h. 采用作业成本法计算产品成本,并与采用传统制度计算出的成本相比较,分析其结果。

i. 解释作业成本法如何应用于服务性企业。

j. 理解生命周期成本法概念和将上游成本、制造成本及下游成本都包括在成本内的战略意义。

4.3 间接成本

考生应能:

a. 区分固定间接费用和变动间接费用。

b. 确定合适的时限来划分变动间接费用和固定间接费用。

c. 理解确定间接费用费率的不同方法,例如,全厂费率、部门费率和个别成本动因费率。

d. 描述用于确定间接费用费率所采用的每一种方法的优点和局限性。

e. 识别变动间接费用的组成部分。

f. 确定变动间接费用所适用的分配基础。

g. 计算单位变动间接费用。

h. 识别固定间接费用的组成部分。

i. 识别固定间接费用所适用的分摊基础。

j. 计算固定间接费用分配率。

k. 描述固定间接费用可能会分配过多或分配不足的原因,以及这一差额应如何计入销货成本、在产品和产成品账户。

l. 比较并对比传统的间接费用分摊方法与以作业为基础的间接费用分摊方法。

m. 采用作业成本法计算间接费用。

n. 识别并描述以作业为基础分摊间接费用的优点。

o. 解释为什么企业要把诸如人力资源部或信息技术部等服务部门的成本分摊给各个分部、部门或作业。

p. 采用直接法、交叉分配法、阶梯分摊法和双重分摊法计算服务或辅助部门的成本分摊。

q. 采用高低法估计固定成本,理解如何利用回归法估计固定成本。

4.4 供应链管理

考生应能:

a. 解释供应链管理。

b. 定义精益资源管理技术。

c. 识别并描述实施精益资源管理技术的运营优势。

d. 定义材料需求计划。

e. 识别并描述采用适时系统的经营优势。

f. 识别并描述企业资源计划的经营优势。

g. 解释外包的概念,并识别选用这一做法的优点和局限。

h. 理解约束理论。

i. 识别约束理论分析中的五个步骤。

j. 定义产量成本法(超可变成本法),并采用产量成本法计算存货成本。

k. 定义并计算产量贡献。

l. 描述产能水平如何影响产品成本计算、产能管理、定价决策和财务报表。

m. 解释采用实际产能作为计算固定成本分摊费率的分母如何能提高对产能的管理。

n. 计算实施上述各种方法在财务上产生的影响。

4.5 业务流程改进

考生应能:

a. 定义价值链分析。

b. 识别价值链分析的各步骤。

c. 解释如何使用价值链分析以便更好地理解一个企业的竞争优势。

d. 定义和识别增值作业并举出实例,解释增值的概念如何与提高绩效有关。

e. 理解流程分析和业务流程再造并计算相应的财务结余。

f. 定义最佳方法分析,讨论一个组织如何应用这项分析来提高绩效。

g. 理解流程绩效标杆分析。

h. 识别标杆分析对创造竞争优势带来的好处。

i. 应用作业管理原则提出改进流程绩效的建议。

j. 解释持续改进的方法、作业管理和质量绩效之间的关系。

k. 解释持续改进的概念,以及这个概念与实施理想标准和改进质量之间的关系。

l. 描述并识别质量成本的构成项目,通常称为预防成本、鉴定成本、内部故障成本和外部故障成本。

m. 计算实施上述流程的财务影响。

n. 识别并讨论提高会计运作效率的方法,包括流程穿行、流程培训、识别浪费和产能过剩、识别错误的根本原因、减少会计循环时间(加速关账)以及服务共享。

第 5 章　内部控制(15%)

5.1　管理,风险与法规遵守

考生应能:

a. 理解内控风险和内控风险管理。

b. 识别并描述内部控制的各项目的。

c. 解释一个公司的组织构架、政策、目的和目标,以及其管理理念和风格,如何影响其控制环境的范围和有效性。

d. 识别董事会所承担的有关确保公司的运作符合股东的最佳利益的各项责任。

e. 识别公司治理的等级;即公司的章程、法则、政策和程序。

f. 理解公司治理,包括首席执行官、董事会、审计委员会、经理和其他利益相关人的权利和责任;理解制定公司决策的程序。

g. 描述内部控制的设计。

h. 如何为达到一个实体的目标提供合理(但非绝对)保证,包括:(i)经营的效率和效果,(ii)财务报表的可靠性,(iii)对适用的法律法规的遵守。

i. 解释为什么人事政策和程序是有效控制环境的组成部分。

j. 定义职责分离并举例。

k. 解释为什么下列四项职能应由不同部门或同一职能部门中不同人员来担任:(i)执行事项的权力,(ii)记录该事项,(iii)保管与该事项有关的资产,(iv)定期核对现存的资产与记录的数额。

l. 理解独立核对和查证的重要性。

m. 识别保护资产控制的实例。

n. 解释为什么应使用预先编号的表格,以及制定具体的政策和程序规定何人被授权接受某些文件都是一种控制手段。

o. 定义固有风险,控制风险和检查风险。

p. 定义并区别预防性控制和检查性控制。

q. 描述萨宾斯-奥克斯利法案(Sarbanes-Oxley Act 第 201 节,第 203 节,第 204 节,第 302 节,第 404 节和第 407 节)对内部控制的主要规定。

r. 识别美国上市公司监督委员会(PCAOB)对审计内部控制所提供的指导作用。

s. 区分内部控制审计中自上而下(以风险为基础)和自下而上的方式。

t. 识别在第 5 号审计准则中美国上市公司监督委员会所推荐的审计内部控制的方法、识别并描述美国国外贪腐防治法关于内部控制的主要规定。

u. 识别并描述发起组织委员会(COSO)内部控制整合框架(2013 版)的五项重要组成部分。

v. 评估组织的内控风险水平,并推荐降低风险的策略。

w. 理解外部审计人员的责任,包括外部审计人员出具的审计意见类型。

5.2 系统控制和安全措施

考生应能:

a. 描述会计工作的职责分离如何能提高系统的安全性。

b. 识别对信息系统的威胁,包括输入操纵、程序变更、直接文件变更、数据盗窃、蓄意破坏、病毒、特洛伊木马软件、盗窃和网络钓鱼。

c. 理解如何通过系统开发控制提高系统输入、处理、输出和存储功能的正确性、有效性、安全性、保密性和适应性。

d. 识别对实体硬件设置访问权限的流程。

e. 识别管理层保护程序和数据库以免被越权使用所采取的方法。

f. 识别输入控制、处理控制和输出控制,并描述为什么这些控制是必要的。

g. 识别并描述储存控制的类型,并理解何时以及为何采用这些控制。

h. 识别并描述使用互联网相较于使用安全传输线路来传输数据的固有风险。

i. 定义数据加密,并描述为何在使用互联网时更有必要采用数据加密方法。

j. 识别防火墙及其用途。

k. 理解如何使用作业的流程图评估控制。

l. 解释将所有的程序和数据文件定期作备份并将备份储存于安全的偏远地区的重要性。

m. 定义业务连续性计划。

n. 定义灾难恢复计划的目的,并识别该计划的组成部分,包括热站点、温站点和冷站点。

第 6 章 科技与分析(15%)

6.1 信息系统

考生应能:

a. 识别会计信息系统在价值链中的角色。

b. 理解会计信息系统循环,包括从收入到现金、支出、生产、人力资源和工资、融资、物业、厂房和设备以及总账和记账系统。

c. 识别并解释实施财务和非财务系统分离面临的挑战。

d. 定义企业资源计划及其特点。

e. 解释企业资源计划如何帮助组织克服分离财务和非财务系统面临的挑战,并将其各个方面的作业进行整合。

f. 理解数据库管理系统并描述其特点。

g. 定义数据仓库。

h. 定义企业绩效管理(EPM),即公司绩效管理(CPM)和业务绩效管理(BPM)。

i. 讨论企业绩效管理如何促进业务规划和绩效管理。

6.2 数据管控

考生应能:

a. 定义数据管控,即管理数据的可用性、使用性、全面性和安全性。

b. 理解数据管控框架,如发起组织委员会(COSO)的内部控制和企业风险管理框架和国际信息系统审计协会(ISACA)的 COBIT(信息及相关技术控制目标)。

c. 识别数据生命周期的各阶段,即数据捕捉、数据维护、数据合成、数据使用、数据分析、数据发布、数据存档和数据清除。

d. 讨论确立记录留存(或记录管理)政策的重要性。

e. 识别并解释用于发现并阻止网络攻击的控制方法和技术工具,如渗透性和脆弱性测试、生物识别技术和高级防火墙。

6.3 技术支持的财务转型

考生应能:

a. 定义系统开发生命周期(SDLC),包括系统分析、概念设计、实体设计、实施和转换以及运营和维护。

b. 解释业务流程分析在提高系统绩效中的作用。

c. 定义机器人流程自动化(RPA)及其优势。

d. 评估技术在哪些方面能提高会计数据和信息处理的效率和效果(如人工智能(AI)。

e. 定义云计算并描述其如何提高效率。

f. 定义软件即服务(SaaS)并解释其优缺点。

g. 认识区块链、分布式账本和智能合约的潜在应用。

6.4 数据分析

考生应能:

<u>商业智能</u>

a. 定义大数据并描述从大数据中获取洞察力的机遇和挑战。

b. 解释企业如何使用结构化,半结构化和非结构化数据。

c. 描述数据的进展,从数据到信息,到知识,到洞察,到行动。

d. 描述管理数据分析的机遇和挑战。

e. 解释为什么数据和数据科学能力是战略资产。

f. 定义商业智能(BI);如,将数据转换为可操作信息的应用程序,工具和最佳实践的集合,以便做出更好的决策并优化绩效。

数据挖掘

a. 定义数据挖掘。

b. 描述数据挖掘的挑战。

c. 解释为什么数据挖掘是一个迭代过程,既是艺术又是科学。

d. 解释如何使用查询工具[例如,结构化查询语言(SQL)]来检索信息。

e. 描述分析师如何挖掘大数据集以揭示模式并提供见解。

分析工具

a. 解释将分析模型与数据契合的挑战。

b. 定义数据分析的不同种类,包括描述型、诊断型、预测型和规范型。

c. 定义以下分析模型:聚类、分类和回归;确定何时使用各模型。

d. 识别简单和多元回归方程的元素。

e. 根据特定情况计算回归方程的结果。

f. 理解决定系数(或 r^2)。

g. 理解时间序列分析,包括趋势、周期性、季节性和不规则模式。

h. 识别并解释回归分析和时间序列分析的优点和局限性。

i. 解释如何使用预测分析技术形成见解并提出建议。

j. 描述探索性数据分析以及如何使用它来揭示模式和形成见解。

k. 定义敏感性分析并确定何时适用此分析。

l. 理解模拟模型的运用,包括蒙特卡罗技术。

m. 识别敏感性分析和模拟模型的优点和局限性。

n. 理解假设(或目标寻求)分析。

o. 识别并解释数据分析的局限性。

数据可视化

a. 利用表格和图形设计的最佳实践来避免复杂信息沟通中的偏差。

b. 评估数据可视化选项并选择最佳表示方法。

c. 理解可视化技术的优点和局限性。

d. 确定沟通结果最有效的渠道。

e. 使用有效的可视化技术,以有影响力的方式沟通结果、结论和建议。

附录

附录一　终值系数表($FVIF_{i,n}$)

利率为 i,期数为 n　$FVIF_{i,n}=(1+i)^n$

期数(n)	利率(i)											
	1%	**2%**	**3%**	**4%**	**5%**	**6%**	**7%**	**8%**	**9%**	**10%**	**11%**	**12%**
1	1.010	1.020	1.030	1.040	1.050	1.060	1.070	1.080	1.090	1.100	1.110	1.120
2	1.020	1.040	1.061	1.082	1.103	1.124	1.145	1.166	1.188	1.210	1.232	1.254
3	1.030	1.061	1.093	1.125	1.158	1.191	1.225	1.260	1.295	1.331	1.368	1.405
4	1.041	1.082	1.126	1.170	1.216	1.262	1.311	1.360	1.412	1.464	1.518	1.574
5	1.051	1.104	1.159	1.217	1.276	1.338	1.403	1.469	1.539	1.611	1.685	1.762
6	1.062	1.126	1.194	1.265	1.340	1.419	1.501	1.587	1.677	1.772	1.870	1.974
7	1.072	1.149	1.230	1.316	1.407	1.504	1.606	1.714	1.828	1.949	2.076	2.211
8	1.083	1.172	1.267	1.369	1.477	1.594	1.718	1.851	1.993	2.144	2.305	2.476
9	1.094	1.195	1.305	1.423	1.551	1.689	1.838	1.999	2.172	2.358	2.558	2.773
10	1.105	1.219	1.344	1.480	1.629	1.791	1.967	2.159	2.367	2.594	2.839	3.106
11	1.116	1.243	1.384	1.539	1.710	1.898	2.105	2.332	2.580	2.853	3.152	3.479
12	1.127	1.268	1.426	1.601	1.796	2.012	2.252	2.518	2.813	3.138	3.498	3.896
13	1.138	1.294	1.469	1.665	1.886	2.133	2.410	2.720	3.066	3.452	3.883	4.363
14	1.149	1.319	1.513	1.732	1.980	2.261	2.579	2.937	3.342	3.797	4.310	4.887
15	1.161	1.346	1.558	1.801	2.079	2.397	2.759	3.172	3.642	4.177	4.785	5.474
16	1.173	1.373	1.605	1.873	2.183	2.540	2.952	3.426	3.970	4.595	5.311	6.130
17	1.184	1.400	1.653	1.948	2.292	2.693	3.159	3.700	4.328	5.054	5.895	6.866
18	1.196	1.428	1.702	2.026	2.407	2.854	3.380	3.996	4.717	5.560	6.544	7.690
19	1.208	1.457	1.754	2.107	2.527	3.026	3.617	4.316	5.142	6.116	7.263	8.613
20	1.220	1.486	1.806	2.191	2.653	3.207	3.870	4.661	5.604	6.727	8.062	9.646
25	1.282	1.641	2.094	2.666	3.386	4.292	5.427	6.848	8.623	10.835	13.585	17.000
30	1.348	1.811	2.427	3.243	4.322	5.743	7.612	10.063	13.268	17.449	22.892	29.960
35	1.417	2.000	2.814	3.946	5.516	7.686	10.677	14.785	20.414	28.102	38.575	52.800
40	1.489	2.208	3.262	4.801	7.040	10.286	14.974	21.725	31.409	45.259	65.001	93.051
50	1.645	2.692	4.384	7.107	11.467	18.420	29.457	46.902	74.358	117.391	184.565	289.002

期数(n)	利率(i)											
	13%	**14%**	**15%**	**16%**	**17%**	**18%**	**19%**	**20%**	**25%**	**30%**	**40%**	**50%**
1	1.130	1.140	1.150	1.160	1.170	1.180	1.190	1.200	1.250	1.300	1.400	1.500

续表

期数(*n*)	利率(*i*)											
	13%	14%	15%	16%	17%	18%	19%	20%	25%	30%	40%	50%
2	1.277	1.300	1.323	1.346	1.369	1.392	1.416	1.440	1.563	1.690	1.960	2.250
3	1.443	1.482	1.521	1.561	1.602	1.643	1.685	1.728	1.953	2.197	2.744	3.375
4	1.630	1.689	1.749	1.811	1.874	1.939	2.005	2.074	2.441	2.856	3.842	5.063
5	1.842	1.925	2.011	2.100	2.192	2.288	2.386	2.488	3.052	3.713	5.378	7.594
6	2.082	2.195	2.313	2.436	2.565	2.700	2.840	2.986	3.815	4.827	7.530	11.391
7	2.353	2.502	2.660	2.826	3.001	3.185	3.379	3.583	4.768	6.275	10.541	17.086
8	2.658	2.853	3.059	3.278	3.511	3.759	4.021	4.300	5.960	8.157	14.758	25.629
9	3.004	3.252	3.518	3.803	4.108	4.435	4.785	5.160	7.451	10.604	20.661	38.443
10	3.395	3.707	4.046	4.411	4.807	5.234	5.695	6.192	9.313	13.786	28.925	57.665
11	3.836	4.226	4.652	5.117	5.624	6.176	6.777	7.430	11.642	17.922	40.496	86.498
12	4.335	4.818	5.350	5.936	6.580	7.288	8.064	8.916	14.552	23.298	56.694	129.746
13	4.898	5.492	6.153	6.886	7.699	8.599	9.596	10.699	18.190	30.288	79.371	194.620
14	5.535	6.261	7.076	7.988	9.007	10.147	11.420	12.839	22.737	39.374	111.120	291.929
15	6.254	7.138	8.137	9.266	10.539	11.974	13.590	15.407	28.422	51.186	155.568	437.894
16	7.067	8.137	9.358	10.748	12.330	14.129	16.172	18.488	35.527	66.542	217.795	656.841
17	7.986	9.276	10.761	12.468	14.426	16.672	19.244	22.186	44.409	86.504	304.913	985.261
18	9.024	10.575	12.375	14.463	16.879	19.673	22.901	26.623	55.511	112.455	426.879	1477
19	10.197	12.056	14.232	16.777	19.748	23.214	27.252	31.948	69.389	146.192	597.630	2216
20	11.523	13.743	16.367	19.461	23.106	27.393	32.429	38.338	86.736	190.050	836.683	3325
25	21	26	32	40	50	62	77	95	264	705	4499	25251
30	39	50	66	85	111	143	184	237	807	2619	24201	191751
35	72	98	133	180	243	327	440	590	2465	9727	130161	1456109
40	132	188	267	378	533	750	1051	1469	7523	36118	700037	11057332
50	450	700	1083	1670	2566	3927	5988	9100	70064	497929	20248916	637621500

附录二 现值系数表（$PVIF_{i,n}$）

利率为 i，期数为 n $PVIF_{i,n}=1/(1+i)^n$

期数(n)	利率(i)											
	1%	2%	3%	4%	5%	6%	7%	8%	9%	10%	11%	12%
1	0.990	0.980	0.971	0.962	0.952	0.943	0.935	0.926	0.917	0.909	0.901	0.893
2	0.980	0.961	0.943	0.925	0.907	0.890	0.873	0.857	0.842	0.826	0.812	0.797
3	0.971	0.942	0.915	0.889	0.864	0.840	0.816	0.794	0.772	0.751	0.731	0.712
4	0.961	0.924	0.888	0.855	0.823	0.792	0.763	0.735	0.708	0.683	0.659	0.636
5	0.951	0.906	0.863	0.822	0.784	0.747	0.713	0.681	0.650	0.621	0.593	0.567
6	0.942	0.888	0.837	0.790	0.746	0.705	0.666	0.630	0.596	0.564	0.535	0.507
7	0.933	0.871	0.813	0.760	0.711	0.665	0.623	0.583	0.547	0.513	0.482	0.452
8	0.923	0.853	0.789	0.731	0.677	0.627	0.582	0.540	0.502	0.467	0.434	0.404
9	0.914	0.837	0.766	0.703	0.645	0.592	0.544	0.500	0.460	0.424	0.391	0.361
10	0.905	0.820	0.744	0.676	0.614	0.558	0.508	0.463	0.422	0.386	0.352	0.322
11	0.896	0.804	0.722	0.650	0.585	0.527	0.475	0.429	0.388	0.350	0.317	0.287
12	0.887	0.788	0.701	0.625	0.557	0.497	0.444	0.397	0.356	0.319	0.286	0.257
13	0.879	0.773	0.681	0.601	0.530	0.469	0.415	0.368	0.326	0.290	0.258	0.229
14	0.870	0.758	0.661	0.577	0.505	0.442	0.388	0.340	0.299	0.263	0.232	0.205
15	0.861	0.743	0.642	0.555	0.481	0.417	0.362	0.315	0.275	0.239	0.209	0.183
16	0.853	0.728	0.623	0.534	0.458	0.394	0.339	0.292	0.252	0.218	0.188	0.163
17	0.844	0.714	0.605	0.513	0.436	0.371	0.317	0.270	0.231	0.198	0.170	0.146
18	0.836	0.700	0.587	0.494	0.416	0.350	0.296	0.250	0.212	0.180	0.153	0.130
19	0.828	0.686	0.570	0.475	0.396	0.331	0.277	0.232	0.194	0.164	0.138	0.116
20	0.820	0.673	0.554	0.456	0.377	0.312	0.258	0.215	0.178	0.149	0.124	0.104
25	0.780	0.610	0.478	0.375	0.295	0.233	0.184	0.146	0.116	0.092	0.074	0.059
30	0.742	0.552	0.412	0.308	0.231	0.174	0.131	0.099	0.075	0.057	0.044	0.033
35	0.706	0.500	0.355	0.253	0.181	0.130	0.094	0.068	0.049	0.036	0.026	0.019
40	0.672	0.453	0.307	0.208	0.142	0.097	0.067	0.046	0.032	0.022	0.015	0.011
50	0.608	0.372	0.228	0.141	0.087	0.054	0.034	0.021	0.013	0.009	0.005	0.003

期数(n)	利率(i)											
	13%	14%	15%	16%	17%	18%	19%	20%	25%	30%	40%	50%
1	0.885	0.877	0.870	0.862	0.855	0.847	0.840	0.833	0.800	0.769	0.714	0.667

续表

期数(*n*)	利率(*i*)											
	13%	14%	15%	16%	17%	18%	19%	20%	25%	30%	40%	50%
2	0.783	0.769	0.756	0.743	0.731	0.718	0.706	0.694	0.533	0.592	0.510	0.444
3	0.693	0.675	0.658	0.641	0.624	0.609	0.593	0.579	0.356	0.455	0.364	0.296
4	0.613	0.592	0.572	0.552	0.534	0.516	0.499	0.482	0.237	0.350	0.260	0.198
5	0.543	0.519	0.497	0.476	0.456	0.437	0.419	0.402	0.158	0.269	0.186	0.132
6	0.480	0.456	0.432	0.410	0.390	0.370	0.352	0.335	0.105	0.207	0.133	0.088
7	0.425	0.400	0.376	0.354	0.333	0.314	0.296	0.279	0.070	0.159	0.095	0.059
8	0.376	0.351	0.327	0.305	0.285	0.266	0.249	0.233	0.047	0.123	0.068	0.039
9	0.333	0.308	0.284	0.263	0.243	0.225	0.209	0.194	0.031	0.094	0.048	0.026
10	0.295	0.270	0.247	0.227	0.208	0.191	0.176	0.162	0.021	0.073	0.035	0.017
11	0.261	0.237	0.215	0.195	0.178	0.162	0.148	0.135	0.014	0.056	0.025	0.012
12	0.231	0.208	0.187	0.168	0.152	0.137	0.124	0.112	0.009	0.043	0.018	0.008
13	0.204	0.182	0.163	0.145	0.130	0.116	0.104	0.093	0.006	0.033	0.013	0.005
14	0.181	0.160	0.141	0.125	0.111	0.099	0.088	0.078	0.004	0.025	0.009	0.003
15	0.160	0.140	0.123	0.108	0.095	0.084	0.074	0.065	0.003	0.020	0.006	0.002
16	0.141	0.123	0.107	0.093	0.081	0.071	0.062	0.054	0.002	0.015	0.005	0.002
17	0.125	0.108	0.093	0.080	0.069	0.060	0.052	0.045	0.001	0.012	0.003	0.001
18	0.111	0.095	0.081	0.069	0.059	0.051	0.044	0.038	0.001	0.009	0.002	0.001
19	0.098	0.083	0.070	0.060	0.051	0.043	0.037	0.031	0.001	0.007	0.002	0.000
20	0.087	0.073	0.061	0.051	0.043	0.037	0.031	0.026	0.000	0.005	0.001	0.000
25	0.047	0.038	0.030	0.024	0.020	0.016	0.013	0.010	0.000	0.001	0.000	0.000
30	0.026	0.020	0.015	0.012	0.009	0.007	0.005	0.004	0.000	0.000	0.000	0.000
35	0.014	0.010	0.008	0.006	0.004	0.003	0.002	0.002	0.000	0.000	0.000	0.000
40	0.008	0.005	0.004	0.003	0.002	0.001	0.001	0.001	0.000	0.000	0.000	0.000
50	0.002	0.001	0.001	0.001	0.000	0.000	0.000	0.000	0.000	0.000	0.000	0.000

附录三　年金终值系数表（$FVIFA_{i,n}$）

利率为 i,期数为 n　$FVIFA_{i,n} = \sum_{i=1}^{n}(1+i)^{n-t}$

期数(n)	利率(i) 1%	2%	3%	4%	5%	6%	7%	8%	9%	10%	11%	12%
1	1.000	1.020	1.030	1.040	1.050	1.060	1.070	1.080	1.090	1.100	1.110	1.120
2	2.010	2.020	2.030	2.040	2.050	2.060	2.070	2.080	2.090	2.100	2.110	2.120
3	3.030	3.060	3.091	3.122	3.153	3.184	3.215	3.246	3.278	3.310	3.342	3.374
4	4.060	4.122	4.184	4.246	4.310	4.375	4.440	4.506	4.573	4.641	0.110	4.779
5	5.101	5.204	5.309	5.416	5.526	5.637	5.751	5.867	5.985	6.105	1.110	6.353
6	6.152	6.308	6.468	6.633	6.802	6.975	7.153	7.336	7.523	7.716	2.110	8.115
7	7.214	7.434	7.662	7.898	8.142	8.394	8.654	8.923	9.200	9.487	3.110	10.089
8	8.286	8.583	8.892	9.214	9.549	9.897	10.260	10.637	11.028	11.436	4.110	12.300
9	9.369	9.755	10.159	10.583	11.027	11.491	11.978	12.488	13.021	13.579	5.110	14.776
10	10.462	10.950	11.464	12.006	12.578	13.181	13.816	14.487	15.193	15.937	6.110	17.549
11	11.567	12.169	12.808	13.486	14.207	14.972	15.784	16.645	17.560	18.531	7.110	20.655
12	12.683	13.412	14.192	15.026	15.917	16.870	17.888	18.977	20.141	21.384	8.110	24.133
13	13.809	14.680	15.618	16.627	17.713	18.882	20.141	21.495	22.953	24.523	9.110	28.029
14	14.947	15.974	17.086	18.292	19.599	21.015	22.550	24.215	26.019	27.975	10.110	32.393
15	16.097	17.293	18.599	20.024	21.579	23.276	25.129	27.152	29.361	31.772	11.110	37.280
16	17.258	18.639	20.157	21.825	23.657	25.673	27.888	30.324	33.003	35.950	12.110	42.753
17	18.430	20.012	21.762	23.698	25.840	28.213	30.840	33.750	36.974	40.545	13.110	48.884
18	19.615	21.412	23.414	25.645	28.132	30.906	33.999	37.450	41.301	45.599	14.110	55.750
19	20.811	22.841	25.117	27.671	30.539	33.760	37.379	41.446	46.018	51.159	15.110	63.440
20	22.019	24.297	26.870	29.778	33.066	36.786	40.995	45.762	51.160	57.275	16.110	72.052
25	28.243	32.030	36.459	41.646	47.727	54.865	63.249	73.106	84.701	98.347	21.110	133.334
30	34.785	40.568	47.575	56.085	66.439	79.058	94.461	113.283	136.308	164.494	26.110	241.333
35	41.660	49.994	60.462	73.652	90.320	111.435	138.237	172.317	215.711	271.024	31.110	431.663
40	48.886	60.402	75.401	95.026	120.800	154.762	199.635	259.057	337.882	442.593	36.110	767.091
50	64.463	84.579	112.797	152.667	209.348	290.336	406.529	573.770	815.084	1163.909	46.110	2400.018

期数(n)	利率(i) 13%	14%	15%	16%	17%	18%	19%	20%	25%	30%	40%	50%
1	1.000	1.140	1.150	1.160	1.170	1.180	1.190	1.200	1.250	1.300	1.400	1.500

续表

期数 (n)	利率(i)											
	13%	**14%**	**15%**	**16%**	**17%**	**18%**	**19%**	**20%**	**25%**	**30%**	**40%**	**50%**
2	2.130	2.140	2.150	2.160	2.170	2.180	2.190	2.200	2.250	2.300	2.400	2.500
3	3.407	3.440	3.473	3.506	3.539	3.572	3.606	3.640	3.813	3.990	4.360	4.750
4	4.850	4.921	4.993	5.066	5.141	5.215	5.291	5.368	5.766	6.187	7.104	8.125
5	6.480	6.610	6.742	6.877	7.014	7.154	7.297	7.442	8.207	9.043	10.946	13.188
6	8.323	8.536	8.754	8.977	9.207	9.442	9.683	9.930	11.259	12.756	16.324	20.781
7	10.405	10.730	11.067	11.414	11.772	12.142	12.523	12.916	15.073	17.583	23.853	32.172
8	12.757	13.233	13.727	14.240	14.773	15.327	15.902	16.499	19.842	23.858	34.395	49.258
9	15.416	16.085	16.786	17.519	18.285	19.086	19.923	20.799	25.802	32.015	49.153	74.887
10	18.420	19.337	20.304	21.321	22.393	23.521	24.709	25.959	33.253	42.619	69.814	113.330
11	21.814	23.045	24.349	25.733	27.200	28.755	30.404	32.150	42.566	56.405	98.739	170.995
12	25.650	27.271	29.002	30.850	32.824	34.931	37.180	39.581	54.208	74.327	139.235	257.493
13	29.985	32.089	34.352	36.786	39.404	42.219	45.244	48.497	68.760	97.625	195.929	387.239
14	34.883	37.581	40.505	43.672	47.103	50.818	54.841	59.196	86.949	127.913	275.300	581.859
15	40.417	43.842	47.580	51.660	56.110	60.965	66.261	72.035	109.687	167.286	386.420	873.788
16	46.672	50.980	55.717	60.925	66.649	72.939	79.850	87.442	138.109	218.472	541.988	1311.682
17	53.739	59.118	65.075	71.673	78.979	87.068	96.022	105.931	173.636	285.014	759.784	1968.523
18	61.725	68.394	75.836	84.141	93.406	103.740	115.266	128.117	218.045	371.518	1064.697	2953.784
19	70.749	78.969	88.212	98.603	110.285	123.414	138.166	154.740	273.556	483.973	1491.576	4431.676
20	80.947	91.025	102.444	115.380	130.033	146.628	165.418	186.688	342.945	630.165	2089.206	6648.513
25	156	182	213	249	292	343	402	472	1055	2349	11247	50500
30	293	357	435	530	647	791	967	1182	3227	8730	60501	383500
35	547	694	881	1121	1426	1817	2314	2948	9857	32423	325400	2912217
40	1014	1342	1779	2361	3135	4163	5530	7344	30089	120393	1750092	22114663
50	3460	4995	7218	10436	15090	21813	31515	45497	280256	1659761	50622288	1275242998

附录

附录四 年金现值系数表（$PVIFA_{i,n}$）

利率为 i，期数为 n $FVIFA_{i,n}=\sum_{i=1}^{n}(1+i)^{t}$

期数(n)	利率(i) 1%	2%	3%	4%	5%	6%	7%	8%	9%	10%	11%	12%
1	0.990	0.980	0.971	0.962	0.952	0.943	0.935	0.926	0.917	0.909	0.901	0.893
2	1.970	1.942	1.913	1.886	1.859	1.833	1.808	1.783	1.759	1.736	1.713	1.690
3	2.941	2.884	2.829	2.775	2.723	2.673	2.624	2.577	2.531	2.487	2.444	2.402
4	3.902	3.808	3.717	3.630	3.546	3.465	3.387	3.312	3.240	3.170	3.102	3.037
5	4.853	4.713	4.580	4.452	4.329	4.212	4.100	3.993	3.890	3.791	3.696	3.605
6	5.795	5.601	5.417	5.242	5.076	4.917	4.767	4.623	4.486	4.355	4.231	4.111
7	6.728	6.472	6.230	6.002	5.786	5.582	5.389	5.206	5.033	4.868	4.712	4.564
8	7.652	7.325	7.020	6.733	6.463	6.210	5.971	5.747	5.535	5.335	5.146	4.968
9	8.566	8.162	7.786	7.435	7.108	6.802	6.515	6.247	5.995	5.759	5.537	5.328
10	9.471	8.983	8.530	8.111	7.722	7.360	7.024	6.710	6.418	6.145	5.889	5.650
11	10.368	9.787	9.253	8.760	8.306	7.887	7.499	7.139	6.805	6.495	6.207	5.938
12	11.255	10.575	9.954	9.385	8.863	8.384	7.943	7.536	7.161	6.814	6.492	6.194
13	12.134	11.348	10.635	9.986	9.394	8.853	8.358	7.904	7.487	7.103	6.750	6.424
14	13.004	12.106	11.296	10.563	9.899	9.295	8.745	8.244	7.786	7.367	6.982	6.628
15	13.865	12.849	11.938	11.118	10.380	9.712	9.108	8.559	8.061	7.606	7.191	6.811
16	14.718	13.578	12.561	11.652	10.838	10.106	9.447	8.851	8.313	7.824	7.379	6.974
17	15.562	14.292	13.166	12.166	11.274	10.477	9.763	9.122	8.544	8.022	7.549	7.120
18	16.398	14.992	13.754	12.659	11.690	10.828	10.059	9.372	8.756	8.201	7.702	7.250
19	17.226	15.678	14.324	13.134	12.085	11.158	10.336	9.604	8.950	8.365	7.839	7.366
20	18.046	16.351	14.877	13.590	12.462	11.470	10.594	9.818	9.129	8.514	7.963	7.469
25	22.023	19.523	17.413	15.622	14.094	12.783	11.654	10.675	9.823	9.077	8.422	7.843
30	25.808	22.396	19.600	17.292	15.372	13.765	12.409	11.258	10.274	9.427	8.694	8.055
35	29.409	24.999	21.487	18.665	16.374	14.498	12.948	11.655	10.567	9.644	8.855	8.176
40	32.835	27.355	23.115	19.793	17.159	15.046	13.332	11.925	10.757	9.779	8.951	8.244
50	39.196	31.424	25.730	21.482	18.256	15.762	13.801	12.233	10.962	9.915	9.042	8.304

期数(n)	利率(i) 13%	14%	15%	16%	17%	18%	19%	20%	25%	30%	40%	50%
1	0.885	0.877	0.870	0.862	0.855	0.847	0.840	0.833	0.800	0.769	0.714	0.667

续表

期数 (*n*)	利率(*i*)											
	13%	14%	15%	16%	17%	18%	19%	20%	25%	30%	40%	50%
2	1.668	1.647	1.626	1.605	1.585	1.566	1.547	1.528	1.440	1.361	1.224	1.111
3	2.361	2.322	2.283	2.246	2.210	2.174	2.140	2.106	1.952	1.816	1.589	1.407
4	2.974	2.914	2.855	2.798	2.743	2.690	2.639	2.589	2.362	2.166	1.849	1.605
5	3.517	3.433	3.352	3.274	3.199	3.127	3.058	2.991	2.689	2.436	2.035	1.737
6	3.998	3.889	3.784	3.685	3.589	3.498	3.410	3.326	2.951	2.643	2.168	1.824
7	4.423	4.288	4.160	4.039	3.922	3.812	3.706	3.605	3.161	2.802	2.263	1.883
8	4.799	4.639	4.487	4.344	4.207	4.078	3.954	3.837	3.329	2.925	2.331	1.922
9	5.132	4.946	4.772	4.607	4.451	4.303	4.163	4.031	3.463	3.019	2.379	1.948
10	5.426	5.216	5.019	4.833	4.659	4.494	4.339	4.192	3.571	3.092	2.414	1.965
11	5.687	5.453	5.234	5.029	4.836	4.656	4.486	4.327	3.656	3.147	2.438	1.977
12	5.918	5.660	5.421	5.197	4.988	4.793	4.611	4.439	3.725	3.190	2.456	1.985
13	6.122	5.842	5.583	5.342	5.118	4.910	4.715	4.533	3.780	3.223	2.469	1.990
14	6.302	6.002	5.724	5.468	5.229	5.008	4.802	4.611	3.824	3.249	2.478	1.993
15	6.462	6.142	5.847	5.575	5.324	5.092	4.876	4.675	3.859	3.268	2.484	1.995
16	6.604	6.265	5.954	5.668	5.405	5.162	4.938	4.730	3.887	3.283	2.489	1.997
17	6.729	6.373	6.047	5.749	5.475	5.222	4.990	4.775	3.910	3.295	2.492	1.998
18	6.840	6.467	6.128	5.818	5.534	5.273	5.033	4.812	3.928	3.304	2.494	1.999
19	6.938	6.550	6.198	5.877	5.584	5.316	5.070	4.843	3.942	3.311	2.496	1.999
20	7.025	6.623	6.259	5.929	5.628	5.353	5.101	4.870	3.954	3.316	2.497	1.999
25	7.330	6.873	6.464	6.097	5.766	5.467	5.195	4.948	3.985	3.329	2.499	2.000
30	7.496	7.003	6.566	6.177	5.829	5.517	5.235	4.979	3.995	3.332	2.500	2.000
35	7.586	7.070	6.617	6.215	5.858	5.539	5.251	4.992	3.998	3.333	2.500	2.000
40	7.634	7.105	6.642	6.233	5.871	5.548	5.258	4.997	3.999	3.333	2.500	2.000
50	7.675	7.133	6.661	6.246	5.880	5.554	5.262	4.999	4.000	3.333	2.500	2.000

参考文献

[1] Albright, S. C, Winston, W. L. Business Analytics: Data Analysis and Decision Making[J]. Rev Derecho,2013,56(3):205 - 232.

[2] Anderson, D. R,et al. Quantitative Methods for Business[M]. 13th ed. Stamford, CT: Cengage Learning,2016.

[3] Blocher, E. J, et al. Cost Management: A Strategic Emphasis[M]. 8th ed. New York: McGraw-Hill Education,2019.

[4] Brealey, R. A. , Myers, S. C. , Allen, F. Principles of Corporate Finance[J]. computer program,2005.

[5] Brooks, L. J,Dunn, P. Business & Professional Ethics for Directors, Executives & Accountants[M]. 6th ed. Mason, OH: South-Western Cengage Learning,2012.

[6] Carroll, A. B,Buchholtz, A. K. Business & Society: Ethics, Sustainability, and Stakeholder Management[J]. Cengage Learning,2014.

[7] COSO. The Committee of Sponsoring Organizations of the Treadway Commission: Enterprise Risk Management-Integrated Framework,2017.

[8] COSO. The Committee of Sponsoring Organizations of the Treadway Commission: Internal Control-Integrated Framework,2013.

[9] Datar, S. M. , Rajan, M. V. Horngren's Cost Accounting: A Managerial Emphasis [M]. 16th ed. Hoboken, NJ: Pearson Education,2018.

[10] Gibson, C. H. Financial Reporting & Analysis[M]. 12th ed. Mason, OH: South-Western Cengage Learning,2011.

[11] Gordon, E. A. , Raedy, J. S. , Sannella, A. J. Intermediate Accounting[M]. New York: McGrow-Hill,2015.

[12] Hoyle, J. B. , Schaefer, T. F. , and Doupnik, T. S. Advanced Accounting[J]. Accountancy,2015.

[13] IMA. Enterprise Risk Management: Frameworks, Elements, and Integration. Hoboken, NJ: Institute of Management Accountants,2018.

[14] IMA. Enterprise Risk Management: Tools and Techniques for Effective Implementation. Hoboken, NJ: Institute of Management Accountants,2018.

[15] Ferrell, O. C, Fraedrich, J. , Ferrel, L. Business Ethics: Ethical Decision Making &Cases[M]. 10th ed. Stamford, CT: Cengage Learning,2015.

[16] Kieso, D. E. , Weygandt, J. J. , Warfield, T. D. Intermediate Accounting[J].

Intermediate Accounting, 2015, 61(2): 80-84.

[17] Romney, M. B., Steinbart, P. J. Accounting Information Systems [M]. 14th ed. New York: Pearson Education, 2018.

[18] Sharda, R., Delen, D., Turban, E. Business Intelligence, Analytics, and Data Science: A Managerial Perspective[M]. 4th ed. New York: Pearson Education, 2018.

[19] Shmueli, G., et al Data Mining for Business Analytics: Concepts, Techniques, and Applications with JMP Pro[J]. 1st ed. Hoboken, NJ: John Wiley&Sons, 2018.

[20] Simkin, M. G., Worrell, J. L., Savage, A. A. Core Concepts of Accounting Information Systems[M]. 14th ed. Hoboken, NJ: John Wiley & Sons, 2018.

[21] Spiceland,. J. D., Nelson, M. W., Thomas, W. B. Intermediate Accounting[M]. 10th ed. New York: McGraw-Hill Education, 2018.

[22] Stair, R. M., Reynolds, G. W. Principles of Information Systems [J]. China Machine Press, 2009.

[23] Subramanyam, K. R. Financial Statement Analysis[M]. 10th ed. New York, NY: McGraw-Hill Education, 2009.

[24] Turban, E., Volonino, L., Wood, G. Information Technology for Management: Digital Strategies for Insight, Action, and Sustainable Performance[M]. 10th ed. Hoboken, NJ: John Wiley & Sons, 2015.

[25] Van Horn, J. C., Wachowicz, J. M. Jr. Fundamentals of Financial Management [M]. 13th ed. Harlow, England: FT/Prentice Hall, 2010.

[26] Wheelen, T. L., et al Strategic Management and Business Policy: Globalization, Innovation and Sustainability[M]. 15th ed. New York: Pearson Education, 2018.